KB043877

독재는 어떻게 태어나는가

나의 자서전

베니토 무솔리니 지음
김 진 언 옮김

玄 人

독재는 어떻게 태어나는가

나의 자서전

베니토 무솔리니
Benito Mussolini

목   차

역자의 말

이탈리아의 베니토 무솔리니(Benito Mussolini)하면 가장 먼저 떠오르는 것이 파시즘(Fascism)이다. 아직도 파시즘이라는 말이 여기저기서 들려오기는 하나 정작 그 뜻을 명확히 아는 사람은 그리 많지 않을 것이다. 우선 파쇼(Fascio)라는 이탈리아 단어의 사전적 의미를 살펴보면 '묶음, 결속'이라는 뜻이다. 그렇다면 파시즘이란 '결속주의'라 해석할 수도 있겠다. 결속주의라면 그렇게 부정적으로 들리지는 않는다. 그런데 우리는 파시즘이라는 단어를 결코 긍정적으로는 받아들이지 않는다. 어째서일까?

이번에는 파시즘이라는 단어를 국어사전에서 찾아보기로 하겠다. '제일 차 세계 대전 후에 나타난 극단적인 전체주의적 · 배외적 정치 이념. 또는 그 이념을 따르는 지배 체제. 자유주의를 부정하고 폭력적인 방법에 의한 일당 독재를 주장하여 지배자에 대한 절대적인 복종을 강요한다. 또한 대외적으로는 철저한 국수주의 · 군국주의를 지향하여 민족 지상주의, 반공을 내세워 침략 정책을 주장한다.' (표준국어대사전)

이쯤 되면 '결속'이 모두의 결속을 말하는 것이 아니라는 사실을 알게 된다. 즉, 배타적인 결속이라는 뜻이다.

제1차 세계대전 이후 이탈리아의 파시즘을 주도한 인물이 바로 무솔리니다. 이 책은 무솔리니가 독재체재를 확립하고 난 직후인 1928년에 출간한 『나의 자서전』을 번역한 것이다. 파시스트당이 전권을 휘두르고 있을 때 나온 책인 만큼 무솔리니의 성장 과정은 물론 파시즘 체제의 구축 과정도 한눈에 볼 수 있다.

하지만 이 책은 '파시즘'에 대해서 결코 비판적이지 않다. 아니, 오히려 '파시즘'을 보기 좋게 포장해놓았다. 그렇다면 왜 포장술이 필요했던 것일까? 이 책의 행간을 꼼꼼하게 읽어나간다면 그 이유를 저절로 알게 될 것이다. 그러기 위해서는 이 책의 내용을 역으로 읽어나가는 독서법이 필요하다. 물론 쉬운 작업은 아닐 테지만 이러한 사실을 염두에 두고 천천히 읽어나간다면 크게 어려운 일도 아닐 것이라 믿는다.

이 책에 아쉬운 점이 몇 가지 있는데 하나는 레닌이 인정했을 정도로 뛰어난 사회주의자였던 무솔리니의 사회주의자로서의 활동 부분이 매우 미약하다는 점이다. 이는 훗날 사회주의에서 벗어나 거기에 맞섰던 무솔리니로서는 어쩔 수 없는 선택이었으리라 여겨진다. 그리고 무솔리니 및 이탈리아 파시스트당의 몰락 과정도 이 책에서는 살펴볼 수가 없다. 이는 의도적인 부분이 아니니 어쩔 수가 없다.

또 하나는 독재체제를 구축해나가는 모습이 선명하게 그려져 있지 않다는 점이다. 그 점에 대해서는 오히려 자신이 왜 그럴 수밖에 없었는지를 여러 가지로 이야기해놓았다. 바로 이 때문에 이 책의 부제를 '독재는 어떻게 태어나는가?'로 정한 것이다. 독재는 자신을 결코 독재라 부르지 않는다. 자신의 당위성을 주장한다. 그리고 그를 따르는 사람들이 있기 때문에 하나의 체제를 구축할 수 있는 것이다.

이 책을 번역하면서 여러 가지 각주를 달아 독자가 역으로 읽어나가는 데 도움을 주려 했으나 자칫 논란을 불러일으킬 소지가 있기에 그러한 부분은 생략하기로 했다. 다소 일방적인 느낌은 있으나 이 책을 있는 그대로 읽고 각자가 판단해주기 바란다.

아울러 이 책을 읽으며 우리 사회의 현재 모습과 비교해보는 것도 꽤나 흥미로운 일이 아닐까 싶다. 하나의 역사적 예를 놓고 지금의 우리 모습과 비교해본다면 우리 사회의 현주소를 분명히 알게 될 것이다.

이 책에 대한, 그리고 우리의 현 모습에 대한 여러분의 많은 의견을 듣고 싶다.

서문을 대신하여

내 자서전의 독자 중에는 이들 페이지를 나의 완성된 생애의 이야기라고 생각하는 사람이 있을지도 모르겠다. 만약 이 이야기가 완료된 것이라고 생각한다면 그것은 착각이다. 45세에 투쟁의 생애를 완결할 수 있다고 생각하는 것은 우스운 일이다.

자질구레한 개인적 추억에 대한 차분한 회상은 노년과 난롯가의 특징이다. 나는 나의 추억담을 당장은 쓸 생각이 없다. 그것은 그저 일정하게 완료된 그림을 나타내는 것에 불과하다. 가장 왕성하게 활동하며 열정에 불타오르고 있는 사람에게 그와 같은 추억은 그다지 중요하지 않다고 생각된다.

나는 39세에 혁명의 지도자이자 정부의 재상이 되었다. 나는 내 사업을 아직 완료하지 않았을 뿐만 아니라, 때로는 아직 시작하지도 않은 것이 아닐까 생각하는 적조차 있다.

보다 좋은 역할이 나를 향해 다가오고 있다. 나는 그것을 향해 나아가려 한다. 하지만 나는 파시즘 건설의 굳건한 기초를 다졌다고 자부심을 가지고 단언할 수 있다. 많은 사람들이 장래에 대한 나의 정책은 어떠한 것인가, 그리고 나의 궁극적인 목적은 어디에 있는가를 내게 물을 테지만, 그에 대한 나의 대답이 여기에 있다.

베니토 무솔리니

제1장 **청년 시절**

우리 아버지는 대장장이였다

　나는 이것을 '인생의 첫걸음'이라 부르고 싶다. 나에 관해서 출판된 대부분의 책들은 그 첫 페이지에 나의 출생증명서라고도 할 수 있는 것을 공명하고 정확하게 삽입하고 있다. 그것은 대부분 나의 문서에서 취한 것이다.

　어쨌든 여기에도 그것을 다시 싣도록 하겠다. 나는 바라노 디 코스타(Varano di Costa)에서 1883년 7월 29일에 태어났다. 그곳은 역사가 깊은 조그만 마을이다. 그곳은 언덕 위에 있다. 마을의 집들은 돌로 만들어져 있는데 태양의 빛과 그림자가 집들의 벽과 지붕을 채색한다. 그것을 나는 아주 또렷하게 기억하고 있다. 그 조그만 마을의 공기는 깨끗하며 경치가 아름답다. 그 조그만 마을은 아래로 도비아(Dovia)라는 마을을 내려다보고 있다. 도비아는 이탈리아의 최북단인 프레다피오[1] 주 안에 있다.

---

1) Predappio. 무솔리니의 고향인 프레다피오는 파시스트 집권기간 동안 '두체의 고

무솔리니의 생가

　내가 이 세상에 태어난 것은 일요일 오후 2시였다. 그날은 마침 카미나테(Caminate)의 오래된 교회와 교구의 수호신을 기리는 날이었다. 토지의 구조를 말하자면 포를리(Forli)의 널따란 평원을 황폐해진 탑 하나가 자랑스럽다는 듯, 엄숙하게 내려다보고 있다. 겨울이면 산 정상에 하얀 눈의 관을 쓰는 아펜니노(Appennino) 산맥에서부터, 여름밤이면 안개가 자욱하게 끼는 라발디노(Ravaldino)의 기복이 있는 저지대까지 완만한 경사를 그리며 뻗어 있는 평원.

　내 기억을 다시 불러일으키면 정겨운 시골의 분위기가 떠오른다. 거기에 프레다피오 지방의 오래 전 일들을 덧붙일 수 있게 해주기 바란다. 그곳은 13세기에 잘 알려진 지방이었다. 문예부흥기에는 훌륭한 가족을 여럿 배출했다. 그곳은 유황분이 많은 토지다. 익은 포도에서 향기롭고 강한 술이 나온다. 거기서는 아이오딘을 함유한 광천수가 많이 솟아오른다. 그 평원과 기복이 있는 기슭의 언덕과 산

─────────────────

향'으로 불렸다.

위에는 폐허가 된 중세의 성과 탑의 누렇게 변한 벽이 파한 하늘을 향해, 지금은 지나버린 용기에 넘친 세기의 표상으로 우뚝 솟아 있다.

이것이 그 지방의 정경이었다. 그리고 내게는 한없이 그리운 땅이다. 왜냐하면 그곳은 내가 태어난 고향이기 때문이다. 민족과 고향은 모든 사람들에게 강한 감화를 주는 법이다.

나의 민족, 나의 혈통에 관해서는 많은 사람들이 유전적 방면을 연구하여 분석했다. 나의 계보를 따라 올라가는 것은 조금도 어려운 일이 아니다. 교구의 기록에 의하면 나는 성실한 사람의 혈통 속에서 태어났는데 호의를 가지고 연구해주는 사람들에게 이를 밝히기란 그리 어려운 일이 아니다. 우리 조상들은 땅을 경작했다. 그리고 그 비옥한 땅 덕분에 조상들은 행복한 삶을 얻을 수 있었다.

거기서 더욱 거슬러 올라가면 무솔리니 가는 13세기에 볼로냐(Bologna) 시의 뛰어난 집안이었다는 사실을 알 수 있다. 1270년대에 무솔리니 집안의 지오반니 무솔리니(Giovanni Mussolini)는 호전적이고 침략적인 도시의 지도자였다. 갑옷으로 몸을 두른 무사가 세력을 떨치던 시절에 그와 함께 볼로냐를 지배한 것은 풀치에리 파올루치 데 칼보리(Fulcieri Paolucci de Calboli)였다. 그 역시 프레다피오 지역의 집안에서 태어난 사람으로 그 집안은 지금도 여전히 명문가 중 하나다.

볼로냐의 변해가는 운명과 당파로 갈라진 내분과 권력을 다투는 끊임없는 분쟁과 변천 때문에 무솔리니 일족은 마침내 아르젤라토(Argelato)로 추방되었다. 일족은 거기서 가까운 지방으로 흩어졌다. 그 시대에 그들은 여러 가지 모험을 했으며, 때로는 운명의 변화에 몰락하기도 했을 것이다. 우리 조상들의 17세기에 관한 소식은 알

아버지

길이 없다. 18세기 런던(London)에 무솔리니라는 이름을 쓴 집안이 있었다. 이탈리아인은 자신들의 지혜와 노동으로 외국에서의 생활을 결코 망설이지 않는 민족이다. 그 런던의 무솔리니는 세상에 약간은 이름이 알려진 작곡가였다. 그리고 나는 틀림없이 그 조상으로부터 바이올린을 사랑하는 피를 물려받은 것이리라. 지금도 나는 바이올린을 손에 쥐면 일상의 현실생활에서 잠시나마 벗어나 편안한 휴양의 시간을 얻게 된다.

그 후 19세기가 되면 계보는 한층 더 명확해진다. 우리 조상은 국위군(國衛軍)의 중위였다.

우리 아버지[2]는 대장장이였다. 근육이 발달된 크고 튼튼한 팔을 가진 다부진 사람이었다. 동네 사람들은 아버지를 알레산드로라고 불렀다. 아버지의 감정이나 영혼은 언제나 사회주의적 성향이 강한 사고로 넘쳐나고, 또 맥박치고 있었다. 아버지의 열렬한 마음에는 주의와 정의가 혼합되어 있었다. 아버지는 밤이면 친구들과 함께 그것을 논하며 눈을 반짝이셨다. 국제운동은 아버지의 마음을 강하게 사로잡았다. 그리고 이탈리아의 사회운동으로 유명한 사람들과 깊은 교류를 가졌으며 특히 안드레아 코스타[3], 발두치(Balducci), 아밀

---

2) Alessandro Mussolini(1854~1910). 직업은 대장장이였으며, 아나키스트로도 활동했다. 아버지는 자신의 신념에 따라 혁명가들의 이름으로 아들의 이름을 지었는데 멕시코의 혁명가이자 대통령이었던 베니토 후아레스에게서 베니토를, 이탈리아 사회주의자였던 아밀카레 치프리아니와 안드레아 코스타에게서 아밀카레, 그리고 안드레아를 각각 따랐다. 무솔리니의 이름은 베니토 아밀카레 안드레아 무솔리니(Benito Amilcare Andrea Mussolini).
3) Andrea Costa(1851~1910). 이탈리아의 사회주의자. 처음에는 아나키스트로 활

카레 치프리아니[4] 그 외에 한층 더 온화한 정신을 갖고 있던 지오반니 파스콜리[5]와도 친밀하게 지냈다. 훌륭한 목적을 위해 최선의 노력을 다하는 사람들과 서로 왕래하고 있었다. 아버지에게는 개최되는 모든 회의가 세계의 운명과 관계가 있고, 모든 부적이 구원을 가져다주고, 모든 이론이 불멸의 것이라 여겨졌던 것이다.

무솔리니 가에서 태어난 사람 중에는 영원한 족적을 남긴 인물도 있다. 볼로냐에는 아직도 무솔리니 가의 이름이 붙은 거리가 있다. 또한 얼마 전까지만 해도 하나의 탑과 하나의 광장이 그 이름으로 불렸다. 문장(紋章) 기록을 수집한 것들 중에는 무솔리니 가의 문장도 있다. 그것은 오히려 유쾌하고 틀림없이 뛰어난 도안이다. 노란 바탕에 강인함과 용기와 힘을 나타내는 여섯 개의 검은 형상이 묘사되어 있다.

나의 유년 시절은 이제 안개 속으로 멀리 사라졌지만 때로는 기억 가운데서 섬광처럼 모습을 드러내곤 한다. 기억은 그리운 광경과 함께 되살아난다. 봄비가 내린 후 젖은 땅에 코를 가져다대고 맡았던 향기, 혹은 복도에 울리던 발소리. 천둥소리가 들려오면 돌계단이 떠오른다. 이제는 나 자신이라고 여겨지지 않을 정도로 조그만 소년이 오후가 되면 그 돌계단 위에서 곧잘 놀곤 했다.

이런 먼 기억 가운데 부모님이 아들의 훌륭함을 기뻐할 만한 특질을 내가 가지고 있었던 듯한 기억은 전혀 없다. 나는 선량한 사내아이가 아니었다. 또한 나는 가족들의 자랑이 되거나, 학급에서 수

동했으나 이후 이탈하여 사회주의자로서 최초의 의원이 되었다.
4) Amilcare Cipriani(1844~1918). 이탈리아의 아나키스트.
5) Giovanni Pascoli(1855~1912). 시인으로 대학에서 이탈리아 문학을 가르쳤다.
   대학시절 인터내셔널에 가맹하여 투옥되기도 했다. 대표작으로는 『미리카에』가 있다.

석을 차지하여 어린 내 급우들로부터 존경을 받은 적도 없었다.

그 무렵 나는 차분하게 가만히 있지 못하는 아이였다. 그것은 지금도 마찬가지다.

당시 나는 어째서 활동을 위해 쉴 필요가 있는지 이해하지 못했다. 당시의 내게 조용히 쉰다는 행위는 지금 이상으로 의미를 갖지 못했다.

그러한 어린 시절의 하루하루는 지금과 마찬가지로 의지의 활동, 활동의 의지에 의해 시작되고 그것에 의해 끝났다.

지금 생각해보면 나의 어린 시절은 칭찬받을 만한 것이 아니었으며 모든 면에서 보통 사람 이상의 인간이었다고는 말할 수 없다. 아버지는 검은 머리의 호인으로 잘 웃었으며 다부진 인상을 주었고, 강한 눈빛을 가진 사람이었다는 사실을 나는 기억하고 있다. 내가 태어난 집에는 돌로 만들어진 벽이 있었는데 그 틈새에 이끼가 껴 있었다. 그 집 가까운 곳에 시냇물이 흐르고 있었으며 그 너머에 작은 강이 있었다는 사실을 나는 기억하고 있다. 양쪽 모두에 물은 그리 많지 않았지만 가을이나 다른 계절에 예상과 달리 비가 많이 오면 그 2개의 강은 무시무시한 기세로 물이 불었다. 하지만 그 급류는 내게 유쾌한 도전이었다. 그 물줄기는 나의 첫 번째 놀이터였던 것으로 기억된다. 지금은 일간신문 『일 포폴로 디탈리아[6]』의 발행인인 동생 아르날도[7]와 함께 강물을 조절하기 위한 제방을 멋지게 만들었다. 새가 둥지에 칩거하는 시기가 찾아오면 알과 새끼 새가 있는 새들의 숨겨진 둥지를 찾기 위해 정신없이 돌아다녔다. 이렇게

---

6) Il Popolo d'Italia. 이탈리아 국민신문. 무솔리니 자신이 사회당 탈퇴 이후 직접 창간한 신문으로 무솔리니는 이 신문에 커다란 애정을 품고 있었다.
7) Arnaldo Mussolini(1885~1931).

지내는 동안 나는 자연이 진보하는 율동을 느낄 수 있었다. 영원한 신비를 간직한 세계, 끊임없이 변화하는 세계를 엿볼 수 있었다. 나는 어린 생명을 열렬히 사랑했다. 나는 지금과 마찬가지로 그 무렵에도 어린 생명을 지켜야겠다고 생각했다.

나는 어머니를 가장 사랑했다

나의 가장 커다란 사랑은 어머니[8]에게 바쳐졌다. 그녀는 매우 조용하고 다정했으나 한편으로는 매우 강인한 면도 가지고 있었다. 어머니의 이름은 로사였다. 어머니는 우리를 낳고 길러주셨을 뿐만 아니라 초등학문까지도 가르쳐주셨다. 나는 어린 마음에도 어머니가 매우 충실하고 인내심 강하게 일하신다고 종종 생각하곤 했다. 나는 어머니의 마음을 상하게 하는 일을 두려워했다. 그랬기에 나의 장난, 개구쟁이 짓, 좋지 않은 짓의 결과를 숨기기 위해 할머니나 이웃사람까지 끌어들이곤 했다. 그들은 어머니에게 걱정을 끼칠까봐 두려워하는 나의 마음을 이해해주었다.

세상일 가운데서 내가 가장 먼저 배운 것은 알파벳이었다. 나는 그것을 열심히 외웠다. 그리고 나는 이유도 없이 학교에 가고 싶어졌다. 그곳은 8km쯤 떨어진 프레다피오의 학교[9]였다. 아버지의 친구인 마라니(Marani)가 그 사실을 가르쳐주었다. 나는 그 학교까지 걸어 다녔다. 그런데 프레다피오의 아이들이 다른 마을에서 낯선 아

---

8) Rosa Maltoni(1858~1905). 독실한 로마 가톨릭 신자로 초등학교 교사였다. 프레다피오에 초등학교가 건설되었을 때 이곳으로 왔으며, 거기서 알레산드로를 만나 결혼했다.
9) 이 학교는 당시의 의무교육만을 담당하던 2년제였다.

어머니

이가 오는 것을 좋아하지 않는다는 사실을 알았으나 그런 일에는 신경 쓰지 않았다. 그들이 내게 돌을 던지기에 나도 그들의 포화에 보복했다. 나는 혼자서 많은 아이들을 상대했기에 종종 졌다. 하지만 나는 그것을 즐겼다. 그 즐거움 덕에 투쟁에 의해서 주위 아이들과 친구가 되어, 돌을 던지는 사이에서 애정을 품는 사이가 되었다. 내가 아무리 용기가 있다 할지라도 내 몸에는 싸움의 흔적이 남았다. 내가 모습을 드러내기 시작한 그 세계를 어머니에게 알리지 않기 위해서 어머니에게는 상처를 숨겼다. 저녁 식사 시간에는 팔목의 상처가 보이지나 않을까 걱정되어 빵 쪽으로 팔 뻗을 때면 조심을 해야 했다.

얼마 지나지 않아 그런 일은 완전히 사라져버리고 말았다. 놀이의 일종이었던 돌 던지기도 서로를 노려보는 것도 끝나버렸으며 모두 비슷한 또래의 멋진 학교 친구가 되었다. 옛 생활에 대한 추억의 목소리는 내게 강하게 작용한다. 몇 년 전 끔찍한 눈사태가 프레다피오 사람들의 생명을 위험에 빠뜨렸을 때 나는 그것을 느꼈다. 나는 신 프레다피오(프레다피오 누오보<Predappio Nuovo>)의 건설에 착수했다. 나의 마음은 고향 집으로 강하게 기울어 있었다. 그리고 어렸을 때 평원에 서서 라비(Rabbi) 강을 가로질러 멘도라(Mendola)로 이어지는 오래 된 대로를 바라보며, 거기에 훌륭한 도시를 만들겠다고 상상했던 일을 기억하고 있다. 지금 그 도시(프레다피오 누오보)는 진보, 발전의 과정에 있다. 그 도시의 석조 문에는 파시즘의 표상과 나의 명료한 의지를 표현한 말이 새겨져 있다.

하급 학교를 졸업한 뒤 나는 기숙학교10)로 보내졌다. 그 학교는 15세기에 도자기 제조로 유명했던 파엔차(Faenza)에 있었다. 그 학교는 살레시오회 성직자(Salesiani priests)들에 의해서 관리되고 있었다. 나는 이제 틀에 박힌 생활 속으로 들어가 엄한 규율 속 중생들의 삶의 길을 배우려 하고 있었다. 나는 공부를 하고 잘 자며 성장해 나갔다. 나는 해가 뜰 무렵에 일어났고 저녁이 되어 박쥐가 날기 시작할 무렵이면 잠자리에 들었다.

그것은 조그만 우리 마을의 경계를 넘어 바깥세상으로 나가기 시작한 시기였다. 나는 여행을 시작했다. 사람을 난롯가나 마을에 묶어두는 일들을 나는 조금씩 끊기 시작했다.

나는 포를리 시를 보았다. 상당히 큰 도시였기에 나에게 감명을 줄 법도 했지만 실제로는 그렇지 않았다. 하지만 라벤나(Ravenna)! 어머니 쪽의 한 친척이 라벤나의 평원에서 살고 있었다. 그리고 어느 여름방학 중에 우리는 그들을 방문하기 위해 함께 출발했다. 사실 그곳은 그리 멀지 않은 곳이었으나 내 생각에는 산을 넘고 계곡을 건너, 해안—지중해의—으로 가는 대여행—거의 마르코 폴로(Marco Polo)의 여행과도 같은—처럼 여겨졌다.

---

10) 이 학교에서는 학비의 많고 적음에 따라 학생들에 대한 대우가 달랐는데 서민, 평민, 귀족으로 학급을 나누었으며 침식 등 모든 면에서 차별이 있었다. 무솔리니는 사회의 불공평함을 실감했으며 거짓된 평등을 주장하는 교회를 증오하게 되었다고 한다. 이러한 상황에서 학업성적은 '예민한 지성과 기억력을 가지고 있다.', '어느 과목이나 한 번 읽으면 암기한다.', '시험성적에서는 다른 학생을 압도한다.'는 등의 높은 평가를 받았으나, 교사에게 잉크병을 던지기도 하고 상급생을 칼로 찌르기도 하고 미사를 방해하기 위해 돌을 던지는 등 폭력사건을 일으키는 문제아가 되었다. 이에 5학년 때 퇴학처분을 받았으며, 종교색이 없는 조수에 카르두치 기숙학교로 전학했다. 아버지는 수도회에 학비 내기를 거부하여 후에 재판을 받기도 했다.

나는 어머니와 함께 라벤나로 갔다. 그리고 고대의 향기에 잠긴 그 도시를 구석구석까지 세심하게 살펴보았다. 라벤나의 유명한 예술적 보물들을 여럿 보았기에 수세기에 걸친 아름답고 강한 매혹을 가진 그 도시의 역사와 그 도시의 이름이 내 눈앞에 떠올랐다. 깊은 감동이 지금까지도 남아 있다. 인생과 아름다움과 문명의 발흥에 대한 나의 개념이 깊고 넓게 확대되어가는 것을 나는 경험했다. 조용한 오후, 감격을 주었던 단테[11]의 무덤, 산 아폴리나레(San Apollinare) 성당, 하구에 삼각형의 돛을 단 어선이 떠 있는 칸디아노(Candiano) 운하, 그리고 지중해의 아름다움이 나를 감동하게 했다. 내 속에 잠재되어 있던 무엇인가에 닿은 것이었다.

신기하고 또 영원히 사라지지 않는 무엇인가를 품은 채 나는 집으로 돌아왔다. 나의 마음과 정신 모두 확대된 의식으로 가득 차 있었다. 그리고 나는 친척에게서 받은 선물도 하나 가지고 돌아왔다. 그것은 힘차게 날 수 있는 오리였다. 동생 아르날도와 나는 집 앞의 조그만 강에서 그 오리를 길들이기 위해 많은 고생을 했다.

아버지는 나의 성장에 깊은 관심을 가지고 계셨다. 아마도 내가 생각하고 있던 것 이상으로 나를 주의 깊게 지켜보셨을 것이다. 나의 마음과 육체가 발달해 어른이 되어감에 따라서 아버지와 나의 관심이 서로 통하게 되었기에 한층 더 깊은 유대관계를 맺게 되었다. 그 무렵 처음으로 우리의 시골 생활에도 도입되었던 증기를 뿜는 기계에 나는 가장 먼저 매료되었다. 아버지와 손을 잡고 기계 장치를 배우기 위해 일터로 갔다. 그리고 나는 움직이는 창조적 세계의 일부가 되는 조용한 기쁨을 맛보았다. 그것은 내가 한 번도 맛본

---

11) Alighieri Dante(1265~1321). 이탈리아의 시인. 불멸의 대작 『신곡』을 남겼다. 문예부흥의 선구자로 주요 작품으로는 『신생』, 『향연』 등이 있다.

적이 없는 기쁨이었다. 기계장치라는 것은 어떠한 종류의 매력을 가지고 있었다. 그리고 나는 기관차의 기관사나 선박의 주유원이 기계에 인격을 부여하고 있다는 사실을 알게 되었다. 그 인격이란 때로는 미친 듯이 날뛰지만, 때로는 친밀해지기도 한다. 그리고 무한한 관대함과 구원, 힘과 예지를 가지고 있다.

하지만 아버지의 대장간에서 손으로 하는 노동만이 아버지와 나의 공통된 흥미였던 것은 아니다. 근처 사람들과 나누는 논의 속에 등장하는 정치문제, 사회문제는 내게 이해할 수 없는 것이었고 따라서 한심한 말들의 세계로 여겨졌으나 그것을 점점 명확하게 이해할 수 있게 된 것은 당연한 이치였다고 할 수 있을 것이다. 어린 나이에 탁자를 둘러싸고 벌어지는 긴 논의의 논점을 파악하기란 그리 쉬운 일이 아니었다. 또 경찰이 감시의 눈을 번뜩이기도 하고 여러 가지 방법을 취한 이유도 내게는 잘 이해할 수 없는 일이었다. 하지만 마침내 그것은 내 자신의 생활뿐만 아니라 타인의 생활까지도 지배하려는 위대한 인간의 생활과 관계가 있다는 사실을 어렴풋이나마 알게 되었다. 곧 꽃을 피우려 하는 새로운 정치적 이상을 향해 서서히, 그러나 결정적으로 내 정신과 마음을 전환시켜 나가고 있었던 것이다[12].

나는 어린 마음에도 내 주변의 조그만 세계가 가난의 고통 밑에 깔려 불안을 느끼고 있다는 사실을 깨닫게 되었다. 겉으로 드러내지는 않았으나 깊은 원한이 사람들의 마음을 어둡게 했다. 평범한 시

---

12) 아버지는 사회주의자이자 제2인터내셔널의 멤버로 사회주의와 무정부주의와 공화주의가 혼합된 독특한 사상을 가지고 있었으나 국가주의적인 경향을 보였다. 아버지는 오스트리아-헝가리 제국 치하에 있던 이탈리아인들의 저항을 지지하기도 했다. 이 시절 아버지의 영향으로 '정치의 목표는 사회정의의 실현이다.' 라는 정치적 신념을 품게 되었다고 한다.

골의 신사는 경제적으로 아무런 도움이 되지 않았으며, 지식적으로 봐도 공헌하는 부분이 조금도 없었다. 하지만 그들은 부당한 특권을 휘둘러 민중을 무겁게 짓누르고 있었다. 우리 지방뿐만 아니라 이탈리아의 다른 지방도 역시 비참한 암흑의 시대였다. 어떤 사람은 비참한 사실들을 듣고, 또 어떤 사람은 개혁안에 대한 새로운 희망을 품고 우리 아버지와 이야기를 나누러 찾아왔다. 나는 그러한 사람들의 원한에 가득 찬 불평의 목소리를 잊을 수가 없다.

내가 아직 10대 초반이었을 때의 일이었다. 부모님이 진지하게 서로 의견을 교환한 뒤, 급히 가족회의를 열어 내 운명의 사다리를 새로운 방향으로 향하게 했다. 내가 대장간 일을 하는 것은 나에 대한 부모님의 야심과 일치하지 않으며, 또한 나 자신의 능력에도 적합하지 않다고 부모님께서는 말씀하셨다. "이 아이는 뭔가 큰일을 할 거예요."라고 하신 어머니의 말씀이 지금도 내 귓가에 남아 있다.

당시 나는 그와 같은 결론에 그다지 마음이 들뜨지는 않았다. 나는 학자가 되기를 진심으로 갈망하고 있었던 것은 아니었다. 사범학교에 가지 못해 선생이 될 준비를 하지 못하는 것이 원망스럽다며 번민하지는 않았다. 하지만 가족들의 나에 대한 생각은 옳았다. 나는 학생으로서의 능력을 발휘했으며 그것을 확대해나갔다.

나는 포를림포폴리(Forlimpopoli)라는 곳의 사범학교에 들어갔다. 그 조그만 도시에 도착했을 때의 일을 기억하고 있다. 그곳 시민들은 쾌활하고 근면했으며 상인으로서, 중개자로서 수완이 좋은 사람들이었다. 그리고 그 학교는 한층 더 특색이 있었다. 그 학교의 교장은 발프레도 카르두치(Valfredo Carducci)로 당시 로마(Rome) 고전문학의 영향을 받은 시와 영감으로 명예를 얻고 있던 위대한 문호 조수에 카르두치(Giosue Carducci)의 동생이었다[13].

내 앞길에는 긴 학습의 세월이 가로 놓여 있었다. 교사가 되기 위해서는— 교사 자격증을 따기 위해서는— 책과 연필과 잉크와 종이와 6년 동안 친하게 지내야 했다. 자백하겠는데 나는 결코 열심히 공부하는 학생이 아니었다. 교사가 되기 위해 준비를 하는 동안 어두운 면도 있었지만, 교육제도 개혁에 대

1897년의 무솔리니

한 나의 흥미, 그리고 그 당시 나의 마음에 일어난 하나의 흥미로 이후 계속 흥미를 갖게 된 것, 즉 민중(군중)심리에 대한 커다란 흥미라는 밝은 면도 있었다.

돌아보면 나는 말썽꾸러기였다고 생각한다. 종종 성실하지 못한 모습을 보였다. 청년 시절에는 과도기의 난폭함과 무분별함을 갖기 마련이다. 어쨌든 나는 잘도 용서를 받았다. 우리 선생님들은 이해심이 깊었다. 그리고 대체로 관대했다. 하지만 나는 선생님들이 나의 장래에 기대를 품고 있었기에 관대하게 대해주신 것인지, 혹은 점점 높아져갔던 아버지의 도덕적 · 정치적 명성이 선생님들을 그렇게 하게 만든 것인지는 잘 알지 못한다.

---

13) 조수에 카르두치 기숙학교는 노벨문학상을 받은 이탈리아의 대표적 시인의 이름을 딴 학교로 그의 동생이 교장으로 있었다. 카르두치 형제는 무솔리니 부자와 마찬가지로 공화주의와 애국주의를 신념으로 가지고 있었으며, 이탈리아 통일에 방해가 되었던 교회를 싫어하는 세속주의자이기도 했다. 무솔리니는 이 학교를 우수한 성적으로 졸업했다. 그리고 역시 카르두치 일족이 운영하던 사범학교 예비과정에 입학했다. 예비과정은 3년제였는데 이때는 공부보다 독서에 더 몰두했다. 이후 사범학교에서는 다시 우수한 성적을 거두어 결국은 수석으로 사범학교를 졸업했다.

교사로서의 출발

그렇게 해서 마침내 자격증을 손에 넣었다. 나는 교사가 된 것이다! 교사로 인생을 시작했다가 정치 활동을 하게 된 사람은 많다. 하지만 당시의 내게는 오로지 구직을 위해 소개장과 유력자의 추천장을 받기에 급급한 앞길밖에 없었다.

레지오 에밀리아(Reggio Emilia) 구알티에리(Gualtieri)에서의 교사의 지위를 얻기 위한 경쟁에서 나는 이겼다. 그것은 내 적성에 맞는 일이었다. 1년 동안 나는 교편을 잡았다. 학년 마지막에는 짧은 글 하나를 발표했다. 나는 그 제목을 아직도 기억하고 있다. 그것은 「인내하면 성공한다」였다. 선배가 그것을 칭찬해주었다.

이렇게 해서 학교는 끝났다. 나는 우리 가족이 있는 곳으로 돌아가고 싶지는 않았다. 내게 있어서 그곳은 좁은 세계였다. 틀림없이 애정이 가득한 곳이기는 했으나 속박이 있었다. 프레다피오에서는 무슨 일을 하든, 무슨 생각을 하든 답답함을 느끼지 않을 수 없었다. 나는 자신을 생각하고 자신의 장래를 생각하게 되었다. 나는 무슨 일이 있어도 달아나고 싶었다.

나는 돈을 아주 조금밖에 가지고 있지 않았다. 용기만이 나의 재산이었다. 나는 마치 추방자와도 같았다. 달아나야겠다고 결심했다.

인생의 어려움이 내 정신을 강하게 했다

나는 국경을 넘어 스위스로 들어갔다.

곤란, 어려움, 궁핍, 불안으로 가득했던 방랑생활을 하는 동안 내 가슴속에서는 무엇인가가 향상되어갔다. 그것은 내가 성숙했음을 보여주는 이정표였다. 나는 인간으로서, 그리고 정치가로서 이 새로운 심경에 들어갔다. 이제는 자신감에 찬 내 영혼이 내 마음의 중심축이 되어가고 있었다. 나는 자랑스럽다는 듯 인기를 얻기 위해 선동정치를 펼치는 정치가에게는 그 무엇도 양보하지 않았다. 나의 모습은 초라했으나 나는 마음속의 자부심에 따랐던 것이다. 나는 내 정신의 옷을 입은 나 자신을 본 것이었다.

오늘에 이르기까지 나는 어려움에 감사하고 있다. 즐겁고 행복한 일보다 어려운 일이 더 많았다. 하지만 행복한 일은 내게 아무것도 가져다주지 않았다. 인생의 비바람이 나의 정신을 강하게 해주었다. 어려움이 어떻게 살아야 하는지를 내게 가르쳐주었다.

만약 몇 년 동안의 내 인생행로에서 우연히도 편안한 관료적 직무에 영원히 종사하게 되었다면 그것은 끔찍하고도 치명적인 일이 되었을 것이다. 이기심으로 가득하고, 중요한 사회계층에 반하는 세상 속에서 내가 어찌 그처럼 짐짓 점잖을 빼며 살아가는 생활에 안주할 수 있었겠는가? 걸핏하면 정체되기 쉬운 승진을 참으며 따분한 인생행로의 끝에 노년연금이 있다는 사실만을 염두에 두고, 편안하기는 하나 조바심을 내며 나의 향상을 가로막는 생활을 내가 어찌 견딜 수 있었겠는가? 그 어떤 '편안함'이든 그 속에 빠졌다면 나의 정력은 사라져버리고 말았을 것이다. 내가 가지고 있는 정력은 장애와 영혼의 고난에 의해 연마된 것이다. 정력은 인생행로 속의 환희가 아닌, 투쟁에 의해서 길러지는 법이다.

스위스에 머무는 동안 나는 고난의 늪 속에 있었다. 오래 지속되지는 않았으나 그것은 다각적이고 날카로운 생활이었다. 나는 노동자로서 일을 했다. 나는 대부분 석공으로 일하면서 건설의 장엄한 기쁨을 맛보게 되었다. 나는 이탈리아어를 프랑스어로, 프랑스어를 이탈리아어로 번역하는 일도 했다. 무슨 일이든 닥치는 대로 했다.

나는 흥미·애정·오락을 바탕으로 해서 친구들과 교제했다.

특히 나는 이민자, 도피자 문제의 해결을 촉구하는 사람들의 정치문제에 몰두했다.

정치로는 단 한 푼도 돈을 벌지 못했다. 나는 사회 분쟁의 가장자리에 서서 피를 빨며 기생충처럼 살아가는 사람을 싫어한다. 나는 정치문제를 이용해 부를 쌓는 사람을 증오한다.

당시 나는 굶주림, 먹고 싶어도 먹을 것이 아무것도 없는 굶주림을 알게 되었다. 하지만 나는 돈을 꾸기 위해서 머리를 숙인 적은 단 한 번도 없었다. 또한 내 주위 사람이나 정치상의 동료에게 동정을 구한 적도 결코 없었다. 나는 최소한도, 집에서 송금해주는 최소한도—최소한도 이하—로 나의 생활을 유지했다.

일종의 열정과도 같은 감정을 담아 나는 사회과학을 연구했다. 파레토(Pareto)가 로잔(Lausanne)에서 경제학 강의를 하고 있었다. 나는 그 모든 것에 대해서 기대를 품고 있었다. 지적 수양의 결과, 육체노동을 하고 있던 내게 일대 전환기가 찾아왔다. 나의 마음은 그 전환을 향해 약진했다. 그리고 학문에 흥미를 느끼게 되었다. 왜냐하면 거기에 미래의 기초적 경제철학을 들려준 훌륭한 스승이 있었기 때문이었다[14].

---

14) 이 무렵 소렐의 사상에 커다란 영향을 받아 후에 '파시즘의 정신적 지도자', '나의 스승'이라고까지 말했다. 그리고 스위스에 머무는 동안 레닌과 만났는데, 레닌의 광적인 지지자이자 비서였던 바라바노프(Balabanoff)로부터 마르크스레닌주의에 관한 철저한 교육을 받아 사회주의에 대한 완전한 지식을 얻게 된다. 레닌자신도 무솔리니의 연설회에 참석했으며 그의 재능을 높이 평가했다. 훗날 이탈리아 사회당이 그를 제명하자 '이것으로 이탈리아 사회당은 혁명을 일으킬 능력

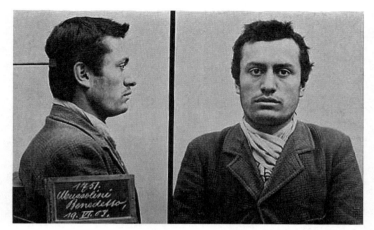

1903년의 무솔리니

나는 공부를 하며 짬짬이 정치집회에 참가했다. 나는 연설을 했다. 나의 어떤 말이 과격했기 때문에 스위스의 관헌은 나를 좋아하지 않았다. 당국은 2개의 주에서 나를 추방했다. 대학 생활도 끝났다. 나는 새로운 땅으로 갈 수밖에 없었다. 그리고 내가 이탈리아 수상이 되어 1922년의 로잔 회의에 가기까지, 희비가 엇갈린 추억으로 가득한 나의 옛집은 두 번 다시 보지 못했다.

나의 군대생활

스위스에는 머물 수 없게 되었다. 모든 이탈리아인의 마음속에 피어나는 망향의 정이 있었다. 게다가 징병 소집령이 나를 부르고 있었다. 나는 귀국했다[15]. 인사 · 질문, 모험가가 돌아왔을 때 특유

을 잃었다.', '그를 추방하다니 너희들은 바보다.' 라고까지 질타했다.
15) 귀국 후에는 징병기간을 외국에서 보냈다는 이유로 이탈리아 경찰에 구속되나,

의 장면이 있었다. 그 후 나는 역사적으로 유명한 베로나(Verona) 시의 베르살리에리(Bersaglieri, 저격대) 연대에 들어갔다. 베르살리에리 연대는 모자에 수탉의 녹색 깃털을 꽂는다. 이 연대는 속보— 단조롭게 지면을 스치듯 하는 구보—와 엄격한 규율에 의해 단련된 정신으로 유명했다.

나는 군대생활이 마음에 들었다. 복종의 정신이 기질에 맞았던 것이다. 나는 난폭한 사람, 물불 가리지 않는 사람, 과격파라는 평판이 벌써부터 유포되어 있었다. 그러나 사실은 그와 반대였다. 대위나 소령이나 우리 연대장 등이 나를 칭찬하지 않을 수 없었을 때의 그 놀라는 모습을 상상해보기 바란다! 그것은 내 정신의 냉정함과 인격의 힘을 나타낼 좋은 기회였다[16].

우리 연대의 병영이 있던 베로나는 예전에 이름 높았던, 암시적 아름다움으로 가득한 친애하는 베네치아(Venezia)식 도시 중 하나였다. 또한 앞으로도 거기에는 변함이 없을 것이다. 그것은 나의 성정 안에 무한한 반향을 일으켰다. 나는 인간으로서 그 도시의 향기를 즐겼다. 그러나 한편으로는 일개 병사로서 모든 훈련과 가장 어려운 연습을 씩씩하게 행했다. 나는 개개인으로 이루어진 집단을, 전체를, 그 훈련을, 그 전술을, 방어와 공격 훈련을 사랑했다.

나 자신은 일개 병사에 지나지 않았으나 나는 상관의 인격, 능력, 개성을 늘 저울에 올려놓고 평가했다. 모든 이탈리아 병사들은 어느 정도까지는 이를 중히 여긴다. 그를 통해서 군사에 대한 깊은 지식

이탈리아 사회당 및 스위스 사회당이 석방운동을 일으켰고 결국은 입영을 한다는 조건으로 석방되었다.
16) 이 무렵 무솔리니는 이탈리아 사회당의 젊은 정치가로 주목받고 있었다. 우파계열의 신문들은 그를 '제네바 이탈리아 사회당의 두체'라는 비판적인 이름으로 불렀다.

을 갖고, 병사를 섬세하고 민감하게 살피고, 우리 병사의 집단 속에 엄숙한 라틴적 규율이 있다는 사실을 인식하고, 그 매력을 체득하는 것이 사관에게 매우 중요한 사항이라는 사실을 나는 깨달았다.

나는 모든 면에서 뛰어난 병사였다고 할 수 있을 것이다. 나는 하사관이 되기 위한 훈련을 받을 수도 있었다. 그러나 나를 아버지의 대장간에서 교사로, 교사에서 방랑자로, 방랑자에서 군대로 떠돌게 한 운명이 내게 직업군인이 되어서는 안 된다고 명령했다.

나는 휴가를 낼 수밖에 없었다.

그때 나는 내 생애 가운데서도 가장 커다란 슬픔을 맛보았다. 그것은 어머니의 죽음 때문이었다.

어느 날 우리 부대의 대위가 나를 옆으로 불렀다. 그가 너무나도 신중한 태도를 취하고 있었기에 나는 내게 무슨 일인가가 일어났다는 사실을 진작부터 짐작할 수 있었다. 내게 전보를 읽어보라고 말했다. 그것은 아버지에게서 온 전보였다. 어머니가 위독하다! 아버지는 내가 돌아오기를 바라고 있었다. 나는 가장 먼저 오는 기차에 오르기 위해 달리기 시작했다.

내가 도착했을 때는 이미 늦었다. 어머니는 죽음의 고통 속에서 괴로워하고 있었다. 하지만 아주 희미하게 고개를 끄덕이신 것을 보면 내가 왔다는 사실을 인식하셨던 모양이다. 어머니는 미소를 지으려 노력했다. 그러다 머리가 점점 떨어지더니 마침내 세상을 떠나고 말았다. 나의 모든 불굴의 정신력도, 모든 이지와 철학적 근거도, 그리고 깊은 신앙심조차도 그 커다란 슬픔을 달래줄 수는 없었다. 나는 며칠 동안을 넋이 나간 사람처럼 보냈다. 친밀히 사랑하던, 가장 친근하던 사람, 가장 가까운 곳에서 나의 응답을 영원히 들어줄 영혼이 내게서 떠나가 버렸다.

조문의 뜻을 표하는 말, 친구들의 편지, 나를 위로하기 위한 가족들의 노력 모두 이 커다란 공허함의 일부조차도 채울 수가 없었다. 또 닫혀버린 문을 단 한 치라도 열게 할 만한 힘을 가지고 있지 못했다.

어머니는 나 때문에 여러 가지로 괴로움을 맛보셨다. 어머니는 나 때문에, 나의 방랑과 투쟁적 생활 때문에 오랜 세월 마음속 걱정을 떨치지 못하셨다. 어머니는 내가 성공할 것이라고 예언하셨다. 그녀는 온갖 괴로움을 맛보았으며 너무나도 커다란 희망을 품고 있었기에 겨우 48세가 될까 말까한 나이에 저승으로 떠나버리고 말았다. 그녀는 매우 정숙했으나 초인적인 노동에 종사했다.

어머니가 지금도 살아 계셨다면……. 어머니가 살아 계셔서 모성적 본능의 힘으로 나의 정치적 성공을 기뻐해주셨다면……. 그렇게 되지는 않았다. 하지만 그녀가 지금도 나를 지켜보고 있으며 무엇과도 비할 수 없는 사랑으로 나를 격려해주고 있다는 생각은 내게 하나의 위안이다.

나는 세상에 홀로 남겨진 듯한 기분으로 연대에 복귀했다. 나는 병역의 마지막 몇 개월을 모두 마쳤다. 그로부터 나의 생활과 미래는 다시 불안정한 것이 되었다.

사람을 가르치는 일이 내 성격에 맞지 않는다는 사실을 늘 인식하면서도 나는 다시 교사가 되어 오페그리아(Opeglia)로 갔다. 이번에는 중학교의 교사였다. 그로부터 얼마 지나지 않아서 나는 당시 포폴로(Popolo) 신문의 편집장이었던 케사레 바티스티[17]와 함께 출발했다. 그는 훗날 우리 이탈리아의 국가적 영웅 가운데서도 가장 위대한 인물이 될 운명을 짊어지고 있었다. 자신의 목숨을 건 그, 전

---

17) Cesare Battisti(1875~1916).

쟁 중 적인 오스트리아인에 의해 처형된 그, 오스트리아의 지배에서 트렌토(Trento)를 해방시키기 위해 자신의 사상과 의지를 모두 바쳤던 그. 그의 고귀한 성격과 훌륭한 정신은 언제나 내 기억 속에 남아 있다. 사회주의적 애국자로서의 그의 포부가 나를 감동케 했다.

어느 날, 나는 이탈리아의 국경은 알라(Ala)가 아니라고 주장하는 논설을 썼다. 알라라는 조그만 도시는 당시 우리 왕국과 옛 오스트리아의 중간에 위치한 옛 국경에 있었다. 그것 때문에 나는 빈(Wien) 제정정부의 명령에 의해 오스트리아에서 추방되었다.

나는 추방에는 익숙해져 있었다. 다시 방랑자가 되어 포를리로 돌아갔다.

나는 선망의 대상이었던 신문기자가 되었다

나는 언론에 대한 갈망을 가지고 있었다. 지방의 사회주의 신문을 편집할 기회가 내게도 찾아왔다[18]. 이탈리아 정계의 고르디우스의 매듭[19]은 폭력에 의하지 않고는 해결 방법이 없다는 사실을 깨달았다.

이에 나는 당원으로서 기본적으로 호전적 관념을 공공연히 부르짖는 사람이 되었다. 인간의 영혼을 흔들어 마음을 활동하게 만드는

---

18) 『아반티』의 편집장이 되기 전 무솔리니는 『노동자의 미래』, 『라 리마』, 『계급의 투쟁』 등의 신문에 관여했다.
19) Gordian knot. 고르디우스는 그리스 신화에 등장하는 인물로 농부에서 왕이 되었다. 그의 마차를 신전에 묶어두었는데 매듭이 매우 복잡하게 얽혀 있었다. 이를 푸는 자가 아시아를 지배할 것이라는 신탁이 있었는데 알렉산드로스 대왕은 매듭 풀기에 실패하자 그것을 칼로 끊어버렸다. 이후, 대담한 행동으로 복잡한 문제를 해결한다는 의미로 쓰이게 되었다.

『아반티!』 편집장 시절

불을 붙일 가을이 찾아왔다. 내가 타협을 용납하지 않는 혁명적 사회당의 대변자가 된 것도 그 무렵이었다. 세계대전이 발발하기 2년 전, 즉 1912년에 레지오 에밀리아(Reggio Emilia)에서 회의가 개최되었을 때, 나는 『아반티!(Avanti!, 전진)』의 편집장으로 선출되었다. 당시 나는 29세, 그것은 사회주의의 대의를 표방하는 유일한 신문이었다. 그리고 밀라노(Milano)에서 발행되고 있었다.

그 새로운 사무실로 가기 직전에 나는 아버지를 잃었다. 아버지는 겨우 57세였다. 생애의 대부분인 40년을 정치를 위해서 바치셨다. 그는 올곧은 마음, 현명한 정신, 관대한 사랑을 가진 사람이었다. 아버지는 처음 국제주의 운동가(internationalist agitators)와 이론가(philosophers)들에게 공명했다. 그는 당신의 관념을 위해 투옥되기도 했었다.

우리의 출생지이자 이탈리아의 일부인 로마냐(Romagna), 외국의 압박에서 벗어나기 위한 전쟁의 전통을 가진 정신적 지방은 아버지의 공적을 잘 알고 있었다. 그는 평생 어려움과 싸웠다. 그리고 정치투쟁에 너무 깊이 개입한 친구들을 돕기 위해 얼마 되지 않는 세습재산까지도 잃고 말았다.

아버지와 접한 사람들은 모두 그의 위신(威信)을 인정했다. 동시대의 훌륭한 정치가들은 아버지를 좋아했으며, 또 존경했다. 아버지는 가난 속에서 돌아가셨다. 아버지는 오래도록 살아서 당신의 아들이 사회로부터 정당하게 평가받는 모습을 보는 것이 가장 커다란 소망이었을 것이라고 나는 생각한다.

자본이라는 낡고 영구적인 전통세력을 정치혁명으로는 언제까지고 뒤엎을 수 없다는 사실을 아버지는 마침내 깨달으셨다. 돌아가실 무렵이 되어서야 개인의 정신을 개선하는 방향으로 관심을 돌리셨다. 그는 인간을 참된 사랑의 동물로 보셨으며, 동포애를 중히 여기도록 만들고 싶어 하셨다. 아버지가 눈을 감고 나신 뒤, 많은 사람들이 아버지에 대해서 연설을 하고 글을 써주었다. 그를 알고 있던 3천 명의 남녀들이 그의 장례행렬에 참석해주었다. 아버지의 죽음으로 우리 가족의 결합은 끊어지고 말았다.

『아반티!』의 편집장으로 밀라노에서 살고 있을 때 나는 커다란 정치문제에 몰입하게 되었다. 동생 아르날도는 공업 방면의 공부를 계속했으며, 최고의 청혼을 받은 여동생 에드비제[20]는 로마냐의 프레밀쿠오레(Premilcuore)라는 조그만 도시로 남편과 함께 살기 위해 떠나버렸다. 우리 형제는 각자가 끊어져버린 가족의 실의 끝자락을 쥐고 있었다. 우리는 각자 떨어진 곳에서 살았지만 마음은 언제나 연결되어 있었다. 1914년 8월, 우리가 정치와 전쟁을 논의하기 위해 모일 때까지 다시 만나는 일은 없었다. 세계대전이 시작되었다. 전쟁, 공포와 매력을 함께 갖추고 있는 여성.

세계대전이 일어나기까지 나는 『아반티!』의 유포, 세력, 위신을 확장하기 위해 한껏 애를 쓰며 동분서주했다[21]. 당시 나는 당의 지

---

20) Edvige Mussolini. (1888~1957).
21) 무솔리니는 편집장이 된 지 2년도 지나지 않아서 신문의 발행부수를 2만 부에서 10만 부로 확장했다.

배적 지위를 차지하고 있었다. 하지만 나는 인기를 얻기 위한 정치에는 단 한 걸음도 발을 내딛지 않았다. 나는 결코 민중에 영합하지 않았다. 또 단 한 사람도 감언이설로 속이지 않았다. 나는 처음부터 끝까지 승리의 원가(元價)—희생, 노력, 유혈—에 대해서만 이야기했다.

우리 가족은 아내인 라켈레[22]와 함께 간소한 삶을 살고 있었다. 라켈레는 총명하고 훌륭한 여성이다. 그리고 내 생애의 넓은 범위에 걸친 부침을 인내와 신뢰로 나와 함께 해주었다. 딸인 에다[23]는 우리 집안의 기쁨이었다. 우리는 더 이상 그 무엇도 바라지 않았다. 나는 격렬한 투쟁 속에서 살고 있었다. 하지만 우리 집은 오아시스처럼 나에게 늘 안정과 휴양을 가져다주는 무풍지대였다.

세계대전 전의 몇 년 동안은 정치적 소용돌이와 변화의 연속이었다. 이탈리아인들의 생활은 편안하지 못했다. 국민 다수가 궁핍했다. 트리폴리타니아[24]를 정복하기 위해 우리는 예상했던 것보다 훨씬 더 많은 피를 흘려야 했고, 세금을 징수해야 했다. 이탈리아 사람들은 정치적 이해가 부족했기 때문에 적어도 일주일에 한 번꼴로 폭동이 일어났다. 졸리티[25] 내각 동안에 33번의 폭동이 일어났다는 사실을 나는 기억하고 있다. 그들의 수확은 사람을 죽이고, 사람을

---

22) Rachele Guidi(1890~1979). 원래는 트렌토에 머물고 있을 때 이다 달세르와 결혼하여 장남 알비노를 낳았으나 후에 헤어졌으며, 1915년 12월에 라켈레와 재혼했다. 첫 번째 아내와 아들에 대해서는 정권 획득 후 은폐되었다. 애인에 대한 소문도 종종 들렸는데 유대계 이탈리아 신문기자인 마르게리타 사르파티와 최후를 함께한 로마 교황청 고관의 딸 클라라 페타치가 일반적으로 알려져 있다.
23) Edda(1910~1995).
24) Tripolitania. 리비아 북서부에 걸친 지방. 1919년에 이탈리아의 보호령이 되었다가 1923년에 식민지가 되었다.
25) Giovanni Giolitti(1842~1928). 총 4차례에 걸쳐 총리직에 올랐다. 제1차 세계대전 이후 사회당의 진출을 저지할 목적으로 파시즘의 대두를 허용하고 그들의 도움을 받았다.

다치게 하고, 마음을 부식시키는 것이
었다. 일용노동자들의 폭동, 포(po) 계
곡 농민들의 무장봉기, 남부의 모반,
우리나라의 종교분리주의 운동조차
폭동화 되었다. 어쨌든 국내의 건전한
생활은 위축되어 갔다. 그러한 가운데
서도 정권을 장악하려는 일만이 가장
현저하게 눈에 띄었다.

졸리티

모두가 커다란 피의 희생을 치르지
않으면 전 이탈리아 국민은 평등한 권리와 의무를 되찾을 수 없을
것이라고 나는 생각했다. 혁명을 기도한 '붉은 주간26)'은 혁명이 아
니라 혼란에 지나지 않았다. 지도자가 없었다! 어떻게 나아가야 할
지 방법을 알지 못했다! 중산계급과 부르주아도 역시 그들의 무기력
한 정신을 폭로했다.

이에 우리는 6월부터 현미경으로 우리 자신의 문제를 연구하기
시작했다.

느닷없이 사라예보(Sarajevo)에서 암살사건27) 소식이 청천벽력처
럼 날아들었다.

7월, 전쟁.

이 사건 이전까지 나의 진로는 몇 갈래로 약간 갈려 있었다. 내
능력의 성장에도 약간은 통일성이 없었다. 돌아보면 일반적으로 인

---

26) Settimana rossa. 안코나 지방에서 일어났던 무정부주의적 폭동이 마르케, 로마
냐 지방으로 확산되어 주요 도시에서 총파업이 단행되었다. 정부의 진압 도중에
제1차 세계대전이 발발했다.
27) 당시 오스트리아에 합병되었던 세르비아의 두 청년이 사라예보에서 오스트리아
의 황태자 프란츠 페르디난트(Franz Ferdinand)와 황태자비를 암살한 사건. 제1
차 세계대전의 도화선이 되었다.

간은 커다란 감화력이라 여겨지는 여러 가지 요소들의 경중을 평가할 능력을 가지고 있다.

일반적으로 좋은 친구, 혹은 나쁜 친구가 한 인간의 방향을 결정적으로 바꿀 수 있다고 믿어지고 있다. 근본적으로 정신이 나약해서 자신의 방향키를 늘 타인이 쥐게 하는 사람에게 있어서 이것은 틀림없는 사실일 것이다. 나는 평생토록 나의 학우, 전우, 정계의 친구가 내게 조금이라도 감화를 주었다고 생각한 적은 한 번도 없었다. 나는 그들의 말, 그들의 암시, 때로는 그들의 충고에 커다란 흥미를 갖고 늘 거기에 귀기울여왔다. 하지만 단호한 결심을 할 때는 내 안에서 솟아오르는 의지와 자각의 확고한 명령에만 따랐다.

나의 위대한 스승

책은 감화력을 가지고 있다고 여겨지고 있지만 나는 그것을 믿지 않는다. 인간의 생활과 인격에 관한 책을 꼼꼼하게 읽으면 감화를 받게 된다고들 말하지만 나는 거기에 수긍할 수 없다[28].

나는 단지 한 권의 커다란 책만을 사용해왔을 뿐이다.

나는 단지 한 명의 위대한 스승만을 모시고 있을 뿐이다.

그 책은 인생이다. 살아 있다는 사실이다.

그 스승은 나날의 경험이다.

경험을 통해서 얻은 실재(實在)는 말이나 책을 통해서 배우는 온갖 이론이나 철학보다 훨씬 더 웅변적이다.

나는 지금까지 사태가 통상적인 상태에 있든, 혹은 사물이 이상

---

28) 이렇게 말하고 있지만 실제로 무솔리니의 독서량은 상당했던 듯하다.

한 위치에 있든 타인이 사건이나 현실을 평가한 그 사상을 눈을 감은 채 그대로 받아들인 적은 단 한 번도 없었다. 나는 우리나라의 고대사 및 근대사 전부를 분석적 정신을 가지고 구명했다. 나는 역사적 사실의 근저에 자리 잡고 있는 우리 국민생활의 깊은 연원을 탐구하고, 또 다른 나라 국민의 능력과 우리의 능력을 비교해보고 싶었기에 여러 가지로 검토를 해보았다.

나의 가장 커다란 목적은 공공의 이익에 있었다. 내가 말하는 생활이란 자신의 생활, 우리 가족의 생활, 친구의 생활이라는 개인적 관념이 아니다. 전 이탈리아인의 생활을 전체로 전 국민이라는 의미로 이야기하고 생각하고 인식한 것이다.

그렇다고 해서 나를 오해해서는 안 된다. 왜냐하면 나는 우정에 대해서 일정한 가치를 인정하고 있기 때문이다. 하지만 그것은 정치적 분야, 혹은 추리 및 논리 분야에 논리적으로 필요한 것이 아니라 감정적 이론으로써 가치가 있는 것이다. 아마도 나는 보통 사람 이상으로 학창 시절의 친구들을 생각하고 있을 것이다. 나는 학우들의 다양한 생애를 추상해왔다. 나는 모든 전우, 선생님, 상관, 조력자들을 내 기억 속에 담고 있다. 이들에 대한 우정은 사령관이든 우리나라의 평범한 노동자이든 조금도 변함이 없다.

힘들기도 하지만 매력적이기도 한 참호 속에서의 전투는 내게도, 그리고 나의 전우들에게도 깊은 감화를 주었다. 절대적인 우정은 학교의 의자 위나 정치적 집회에서 완성되는 것이 아니다. 매우 위험한 전선에서 전쟁에 대한 걱정과 고통을 함께 맛보며 생활하면 견고한 우정의 가치를 알게 된다. 또한 그것이 미래에도 오래도록 계속될 것이라는 사실을 추측할 수 있다.

정계에 있어서의 이탈리아인의 생활은 그 범위가 매우 좁다. 모든 사람들이 서로를 알고 있다. 예전에 사회주의를 신봉하며 투쟁했을 때의 동지들을 나는 잊을 수가 없다. 그들이 많은 오류를 수정할 필요가 있다는 사실을 느끼고 있다면, 그리고 그들이 나의 정치적 진화는 외부를 향한 끊임없는 발전의 산물이자, 맥박 치는 생활 속 현실에 가장 가까운 샘에서 솟아오른 물줄기로, 사회학적 논리의 딱딱한 학설과는 언제나 거리가 있는 것이라는 사실을 이해할 수 있게 된다면 그들에 대한 나의 우정은 여전히 변함없을 것이다.

파시스트(Fascist) 친구들은 밤낮으로 나의 마음속에 살아 있다. 그 가운데서도 특히 젊은이들은 각별하다. 파시즘(Fascism)의 조직은 청년들에 의해서 특색 지어졌다. 파시즘은 젊은 정신을 갖게 됨과 동시에 청년들을 불러 모았다. 그것은 젊은 과수원처럼 미래를 향해 향후 몇 년 동안의 생산력을 가지고 있다.

지배상의 의무가 매일 내 주위로 확대되어 가지만, 나는 나와 함께 했던 자들—관대하고 총명한 건설자, 욕심 없고 성실한 공동 작업자 · 새로운 파시스트의 이탈리아 병사—을 결코 잊을 수가 없다. 나는 그들의 사적, 공적 운명을 하나하나 이야기할 생각이다.

나의 독서가 어떤 분야에 이르렀는지는, 어떤 사람들의 호기심을 자극할 것이다. 하나의 학설에 내 이름을 붙이거나 거기에 마음을 몰입시킨 적은 결코 없었다. 앞서 이야기한 것처럼 나는 책을 인생의 절대적이고 확실한 여행용 음식이라고는 생각지 않는다.

나는 이탈리아의 신구(新舊) 작가—사상가, 정치가, 예술가—를 독파했다. 나는 우리 문예부흥기의 여러 방면에 관한 연구에 마음을 빼앗겼다. 예술적 · 정신적 대조, 고전주의와 낭만주의 및 그 양자의 대조라는 점에서 봐서 19세기는 나의 주의를 끌었다. 나는 각성운동29) 시대의 도덕 및 정치를 철저하게 연구했다.

나는 1870년부터 현재에 이르기까지의 우리나라의 지적 생활의 발달에 대해서 매우 주의 깊게 분석하고 연구했다.

나는 하루 중에서도 가장 조용한 몇 시간을 이러한 연구에 바쳐 왔다.

외국 작가 중에서는 독일 사상가의 저작을 여럿 숙독했다. 나는 프랑스인을 찬미했다. 나를 가장 기쁘게 했던 책 중 하나는 귀스타 브 르 봉30)의 『군중의 심리(Psychology of the Crowd)』였다. 나는 앵글로 색슨인의 지적 생활에 특히 흥미를 느꼈다. 그것은 문화의 조직적 특성, 학자적 취향과 향기 때문이었다.

그러나 내가 예전에 읽었고, 또 현재 읽고 있는 모든 책은 단지 하나의 회화에 지나지 않는다. 그 그림은 내 눈앞에 펼쳐져 있지만 내 속으로 파고들 만큼 강한 인상을 주지는 못한다. 나는 우선 각 국민의 자질을 비교하는 데 필요한 요소를 제공해주는 주요한 점만 을 이끌어냈을 뿐이다.

나는 누가 뭐래도 이탈리아인이다. 나는 라틴 민족의 사명을 믿 고 있다.

나는 독일, 앵글로 색슨과 슬라브 민족의 역사 및 세계의 역사를 비판적으로 연구한 결과 이와 같은 결론에 도달했다. 또한 나는 다 른 대륙의 역사 역시 등한히 할 만한 어떤 이유도 발견하지 못했다.

생활을 확실하고 능동적으로 창조한다는 점에서 미국인은 나를 감동시켰다. 왜냐하면 나는 정부의 일원이자, 정당의 한 사람이기 때문에 창조적인 일로 생활의 법칙을 만들어내는 사람, 웅변적 음모

---

29) 19세기 이탈리아가 오스트리아의 속박에서 벗어나려 했던 반항운동.

30) Gustave Le Bon(1841~1931). 프랑스의 사상가, 사회심리학자. 군중심리에 대 한 연구로 사회심리학의 발판을 마련한 학자. 책을 통한 공부보다는 유익한 경험 을 더 중시했다.

가 아닌 천재적 능력으로 승리를 거머쥐는 사람을 무한히 찬미한다. 원소를 지배하기 위한 완전한 기술을 만들어내는 사람들. 미래를 위해 인간에게 확고한 기초를 부여하려 하는 식자들을 나는 존경한다.

나는 타인이 생산한 부의 10분의 1을 착취하는 사람을 존경할 수 없다. 나는 그들을 혐오한다.

미국인들은 직선적인 사상을 가지고 있으며 건전하고 창조력이 풍부한 국민이다. 합중국 사람들과 이야기를 나눌 때 나는 상대방을 이기거나, 혹은 설득하기 위해 외교술을 사용할 필요가 없다. 미국의 정신은 수정과도 같다. 인간은 교활한 언변이 아니라 책임감으로 승리를 획득하는 방법을 배워야 한다. 부의 보고가 각 대륙에서 북아메리카로 가버렸으니 세계 대부분의 시선이 그 국민의 활동으로 쏟아지는 것은 당연한 일이다. 이 나라는 위대한 가치를 가진 사람, 참으로 뛰어난 지혜를 갖춘 경제학자, 새로운 과학과 새로운 문화의 기초를 개설한 학자를 가지고 있다. 나는 미국 국민의 기강, 그들의 조직단체로서의 각오를 찬미한다. 무릇 한 국가가 융성 시대를 맞이하는 것은 분명한 역사적 사실이다. 합중국은 지금 그 황금시대의 영광을 맞이하고 있다. 이러한 경향과 그 결과를 연구하는 것은 필요한 일이다. 그것은 단지 미국의 이익이 될 뿐만 아니라 세계의 이익이 되기도 한다.

미국은 우리나라 이민의 다수가 상륙한 토지로 지금도 여전히 새로운 젊은이의 정신에 커다란 영향을 주고 있다.

나는 발달하고 있는 이상의 귀착점과 그 유지라는 점에서 미국 청년의 앞길을 지켜보고 있다. 이는 마치 파시스트 국가의 진보, 발전에 대해서 내가 이탈리아 청년에게 주목하고 있는 것과 같은 것이다. 청년의 중요성을 늘 잊지 않고 기억한다는 것은 쉬운 일이 아니다. 젊은 정신을 유지한다는 것은 쉬운 일이 아니다.

카르소(Carso)의 참호—연합국의 전선 중에서도 참담하게 가장 많은 피를 흘렸던, 따라서 가장 끔찍했던 지점— 속에, 혹은 생명을 건 투쟁의 힘겨웠던 경험과 변화무쌍함 속에 내 자신의 젊음을 남겨두고 오지 않았다는 것은 행운이었다.

제2장 세계대전이 나에게 미친 영향

인류사의 새로운 여명

나는 세계대전에 대해서 이야기하려 한다. 그리고 전쟁 중의 경험을 이야기하려 한다. 나는 전쟁에 대한 세계 일반의 오류를 이야기하려 한다. 전쟁에 대한 나의 소신을 밝히도록 하겠다. 그리고 나는 두 가지 견해—세계 정치라는 견해와 내가 직접 고통을 맛보았던 참호 속의 사실—를 바탕으로 전쟁을 이야기하려 한다.

어떻게 해서 우리나라가 대전에 참가했고, 대전을 느꼈고, 대전을 수용했는지를 명백히 하지 않으면 나의 전쟁에 대한 마음과 내 심경의 변화를 이야기할 수 없을 것이다. 나의 심리는 이탈리아인의 심리다. 나는 이탈리아인의 심리와 함께 살아가고 있으며 그것을 억누를 수는 없다.

세계대전이 전조도 없이 찾아왔으며, 또 새로운 경험으로 일어났다고 믿는 것은 어리석음의 극치다.

표면적으로 봐서 경제적으로나 정신적으로 평화가 유지되었던 시대, 즉 1914년에 세계대전이 갑자기 발발하여 홀연 야만의 시대로 되돌아간 것이라고 많은 낙천적 사회주의자와 민주주의를 신봉하는 자들은 국민에게 믿게 하려하고 있다. 그리고 지금도 여전히 그렇게 믿게 만들려 하고 있다. 하지만 이는 착각이다. 1904년에서 1905년에 걸친 오랜 기간 동안 러시아는 일본과 끔찍한 전쟁을 벌였다[31]. 1911년에는 리비아 전쟁이 있었다[32]. 1912년과 1913년, 두 번에 걸쳐서 일어났던 발칸 전쟁[33]은 이들 국가에 대한 유럽의 주의를 환기시켰다. 이 전쟁들에는 룰레-부르가스(Lule-Burgas) 사건과 아드리아노플(Adrianople)의 포위라는 이상한 극적 특징이 있었다.

긴장된 전쟁의 정신이 전 유럽으로 확산되었으며 모두가 그것을 호흡했던 것이다. 그것은 측량하기 어려운 일이었다. 그리고 우리는 인류역사상 새로운 비극의 여명을 맞이했던 것이다. 가혹한 역사에 특필할 만한 사건, 즉 세계대전 발발이 눈앞에 닥쳐온 것이었다. 절대적인 움직임이 각 국민과 각 대륙 사이에서 꿈틀거리고 있었다. 그 결과 1천만 명의 사람들이 참호 속에서 생활하며, 수년 동안에 걸친 비극적 전쟁에서 태어난 유혈의 참극을 연출했고, 1인치의 진출을 다투며 싸우지 않을 수 없었다. 수백만 명의 사상자, 승리와 패배, 복잡한 이해관계, 도덕적 · 비도덕적 원한과 혐오의 정신, 우정의 유대와 현실 폭로, 세계대전에서 일어난 모든 혼란과 격정의 세계는 선풍 전체 속의 일부에 지나지 않았다. 그와 같은 본체 전부를 이와 같은 일개 자서전 속에서 파악하고 정의하여 전적으로 묘사하

---

31) 만주와 한반도의 지배권을 놓고 러시아와 일본이 벌인 전쟁.
32) 이탈리아가 아프리카 식민지를 얻기 위해 오스만 제국과 치른 전쟁. 제1차 발칸 전쟁의 도화선이 되었다.
33) 발칸 동맹국과 오스만 제국 사이에서 벌어진 전쟁(제1차)과 불가리아와 다른 동맹국 사이에서 벌어진 전쟁(제2차)을 일컫는다. 전쟁 결과로 이탈리아는 트리폴리와 키레나이카를 손에 넣었다.

기란 어려운 일이다.

독일만 해도 이미 60책으로 이루어진 정부 편집의 전쟁문서를 발간했다. 그리고 다른 여러 국가들도 그것을 간행했으며, 혹은 간행하려 하고 있다. 이와 같은 전쟁문서 간행을 생각해보면, 인간은 사상적 미궁 속에 빠지지 않을 수 없을 듯하다.

이와 같은 끔찍한 혼란 가운데 패전국 사이에서는 지적 회의주의가 태어났다. 이러한 회의주의에서 현실의 철학이 태어났다.

이에 나는 인상과 기억에 의지하여 이야기를 해나가겠다. 나의 사상 및 행위와 병행해서, 그리고 인간이 경험한 가장 고민스러웠던 시대에 일어났던 무수한 사건과 풍부한 정경에 따라서, 나는 나의 비망록을 논리적으로 만들어가기에 노력할 것이다. 나는 그것을 어렵지 않게 구성할 수 있었다.

사라예보의 비극, 즉 오스트리아의 황태자인 프란츠 페르디난트와 그 황태자비를 암살한 사건은 전 유럽의 여론에 공황을 가져다주었다. 그 당시 나는 국제주의적 사회주의 신문의 편집장으로 있었다. 각 국민의 감수성에 상처를 준 이 사건은 전광석화와도 같은 속도를 가진 비극이었다. 오스트리아-헝가리의 경찰이 세심한 주의를 기울였음에도 불구하고 암살 계획에 성공한 것은, 조직이 치밀하고 확고하게 구성되어 있었기 때문이다. 유럽 여러 나라가 옛 합스부르크 왕조에 대한 세르비아의 불온한 동요에 동정하고 있었다는 사실은 나도 인정한다. 오스트리아가 보스니아-헤르체고비나를 합병한 이후, 그 지방은 한시도 평화롭지 못했다. 세르비아 사람들의 정신은 비밀결사의 지하도를 따라 움직였다. 지금도 여전히 그렇다. 그리고 이러한 정신 때문에 오스트리아-헝가리는 종종 위협을 느끼곤 했다. 대제국은 그 때문에 골머리를 썩었다. 그러나 로마는 더 이상

파리 때문에 번거로움을 겪지는 않는다.

그런데 내게 사라예보의 비극은 마지막에 일어난 하찮은 사건처럼 여겨졌다. 모든 사람들이 오스트리아가 어떤 행동에 나설 것이라고 생각하고 있었다. 그것도 강경한 수단을 쓸 것이라고! 각국의 대사관과 유럽의 각 정당은 중대한 사태와 그에 따른 무시무시한 결과를 예상했다. 그들은 가능성 있는 해결책을 찾기 위해 노력했다. 그리고 우리는 사태를 지켜보고 있었다.

이탈리아에서 사라예보 암살사건에 대한 반향은 단지 호기심과 그 이후의 보도에 대한 갈망만을 불러일으켰을 뿐이었다. 황태자와 황태자비의 유해가 트리에스테(Trieste) 항에 도착했을 때, 밤새 커다란 횃불이 항구를 밝혔다. 당시 이탈리아인에게 있어서는—아직 오스트리아의 지배하에 있던 이탈리아인에게조차— 비극의 장대한 절정을 보고 있다는 느낌 외에 깊은 감명은 없었다.

프란츠 페르디난트는 이탈리아의 적이었다. 그는 늘 우리 민족을 이해하지 못했다고 생각한다. 그는 오스트리아의 국기 아래에 있어도 이탈리아인의 심장은 커다랗게 맥박치고 있다는 사실을 이해하지 못했던 것이다. 그는 민족의식의 힘을 헤아리지 못했다. 그는 세 민족을 녹여 하나의 왕국을 만들겠다는 꿈을 꿨다. 민족이란 녹일 수 없는 것이라는 사실을 나는 알고 있었다. 프란츠 페르디난트는 이탈리아에 대한 반감을 노골적으로 드러냈다. 그가 이탈리아에 흥미를 갖고 있던 유일한 이유는 교황의 세력문제를 해결하기 위해서였다. 궁중에서 비밀리에 종교 고문 등과 함께, 로마에 바다로 나가는 출구를 가진 교황의 도시를 만들려는 계획을 세웠다고 한다.

나와 마찬가지로 가톨릭 교도였으나 그는 기독교를 무자비하고 흔해빠진 독재적 이상으로 인식하고 있었다. 그가 말하는 기독교는 독재정치의 무대를 만들어내는 낡은 전제주의의 기초였을 뿐, 영혼에 울림을 주는 그 무엇도 갖고 있지 않았다. 심리적 구조를 살펴보자면 자신은 '신'으로부터 지명을 받아 인민 위에 군림하는 자라고, 이 작고 심술궂은 대공은 자신하고 있었던 것이리라. 자신의 영토 주위에 접해 있는 작은 나라 국민의 가슴에는 위협을 심었다. 그의 죽음은 경탄할 만한 것이었다. 우리에게 있어서 그것은 조금도 슬픈 일이 아니었다. 황태자비의 슬픈 최후는 황태자에 대한 것 이상으로 동정심을 불러일으켰다. 우리 이탈리아인은 동정심으로 가득하며, 쉽게 감동하는 성격을 가지고 있다.

고아가 된 아이들에게 보낸 카이저(Kaiser)의 전보에 이미 극적인 표현과 템포가 존재한다는 사실을 우리는 간파했다. 오스트리아가 세르비아에 대해 어떤 행동을 취하든 독일은 그것을 적극 지지할 것이라고 나는 생각했다. 빈 정부는 베오그라드(Beograd)를 향해 형식적인 항의를 하리라. 하지만 세르비아의 감정, 명예, 자유에까지 결정적으로 상처를 줄 만큼의 치명적 최후통첩을 날리리라고는 누구도 예상하지 못했다[34].

나는 『아반티!』의 젊은 편집장으로서 천하의 대세를 주시하고 있었다.

최후통첩의 오만한 태도, 그 가운데 적힌 필법, 세계 각국은 전운이 하늘에 드리웠음을 깨닫고 깜짝 놀랐다. 우리는 이탈리아에서의 국제주의가 성공을 거두어가고 있는 것인지, 국제주의는 비실재적인 것은 아닌지 묻지 않으면 안 되었다. 나는 여기에 의심을 품었고,

---

34) 그 내용은 세르비아 내에서의 반오스트리아 출판 금지, 반오스트리아 단체 해산, 암살자 재판에 오스트리아 대표 참가, 오스트리아 정부가 지목하는 세르비아 관리 파면 등이었다.

하나의 결론에 도달했다.

각국 대사관은 분주히 활동했다. 각국의 정당은 외교정책에 더욱 힘을 쏟았다. 무기를 쥐고 일어서라는 외침과 병력을 동원하는 목소리가, 사회주의자와 국제주의자의 이론적 항의를 제2선으로 물러나게 했다.

이탈리아 국내에서 우리는 말뿐인 이론보다 더 어려운 현실에 봉착해 있었다. 우리나라의 외침을, 고립의 외침을 들은 것이다. 환상은 물거품처럼 사라져버리고 말았다. 독일과 프랑스 사회주의자의 회합, 파리(Paris)에서 조레스가 암살당한 사건[35]조차 그저 부차적인 일에 지나지 않았다. 내게 있어서 그러한 사건들은 각국이 운명의 손에 이끌려 다가가고 있던 거대하고 극적인 투쟁의 일부분으로밖에 여겨지지 않았다.

세계대전 몇 개월 전에 나는 프랑스 의회에서 터져 나온 하나의 목소리를 들었다. 지금도 그것을 잘 기억하고 있다. 그 목소리는 프랑스군대의 무능함을 비난하는 비관론으로 채색되어 있었다. 프랑스군은 경제전이라는 면에서도, 그리고 현대적 공방전에 필요한 무기가 부족하다는 면에서도 무능하다고 주장하는 소리였다. 클레망소[36]는 열변을 토하며 이 논의에 가담했다. 1871년 이후, 정치가로서의 생애 가운데 이처럼 극적인 장면을 목격한 적은 없었다고 클레망소는 훗날 이야기했다. 이 의회에서 프랑스 국민들은 군대가 무능하며, 곧 다가올 대전에 필요한 준비를 갖추고 있지 못하다는 사실을 분명히 인정할 수밖에 없었다. 그것은 하나의 교훈이다. 우리

---

35) Jean Jaures(1859~1914). 프랑스의 정치가로 제1차 세계대전 당시 프랑스와 독일의 전쟁을 막으려다 반대자들에 의해 암살당했다.
36) Georges Clemenceau(1841~1929). 프랑스의 정치가, 언론인. 제1차 세계대전에서 프랑스를 승리로 이끌었으며, 베르사유 조약을 강행했다.

는 그것을 잊어서는 안 된다.

짙은 전운이 감돌았다. 로마 교황과 연합국 이외의 박애적 국가가 공공연히, 혹은 은밀하게 망설이듯 미약한 간섭을 행했으나 그것은 아무런 효과도 없었다. 그들로는 사건의 진행을 저지할 수 없었던 것이다. 세계대전은 1914년 8월 초에 시작되었다. 그것은 한여름이었다. 전운이 짙게 감돌고 있는 하늘 아래 서 있던 유럽의 국민들은 두려움에 떨었다.

이탈리아는 2, 3년 전에 삼국동맹조약[37]을 새로이 맺었었다. 이 조약은 상호 존경에 의한 것도 아니고, 상호 신뢰에 의한 것도 아니었으며, 정치적 필요에서라기보다 군사적 세력의 균형을 위해서 맺은 것이었다. 안전보장과 군사동맹 사이에는 별다른 차이가 없다.

하지만 독일과 오스트리아 사이의 동맹이 있었기에 이탈리아의 행동은 어느 정도 자유로울 수 있었다. 외무장관이라는 요직에 있던 산 줄리아노(San Giuliano) 후작은 오스트리아의 대 세르비아 최후통첩, 그리고 수많은 난관에도 불구하고 전쟁을 시작하려는 오스트리아의 각오에 직면했다. 그리고 서둘러 이탈리아의 중립을 유지하지 않으면 안 되었다. 사실 그 조약은 삼국동맹 중 한 나라, 혹은 복수의 나라가 동맹국 이외의 나라로부터 공격을 받으면 행동을 함께한다는 내용만을 담고 있었다. 우리 이탈리아 사람들은 암흑 속에 갇혀 있었다. 나는 그 사실을 잘 알고 있었다. 조약을 파기하는 데는 이것—이 동맹에 대해서 한층 더 적극적인 의무를 가질 필요는 없다는 점—이면 충분한 이유가 되었다.

이탈리아가 자국의 독립과 힘을 알리기 위해 가장 먼저 취해야 할 용감한 행동이 삼국동맹조약을 파기하는 것이었다. 그러는 사이

---

37) 1882년부터 1915년까지 이탈리아, 독일, 오스트리아 3국간에 체결된 군사동맹.

에 세르비아를 편들기 위해 러시아가 간섭하기 시작했고, 이 때문에 오스트리아-헝가리의 동맹국인 독일에 프랑스가 대립하게 되었다.

나는 영국을 주시하고 있었다. 영국은 자신들이 취해야 할 행동에 대해 깊이 숙고하고 있었다. 마침내 자국의 우월권을 지키기 위해서, 자국의 자부심과 인류를 구하기 위해서 영국은 무시무시한 무기를 움직이기 시작했다. 그리고 독일의 수중에서 유럽 대륙의 통제를 빼앗기 위해 새로운 군대의 편성을 서둘렀다.

독일이 프랑스 동부로 침입하여 전쟁에 직면했을 때 이탈리아의 여론은 심하게 동요했다. 독일의 방법을 자세히 알게 되었다. 특히 정의, 인도라는 모든 점을 무시한 침략은 용인할 수 없는 것이었다. 프랑스군은 무기력하게 패하기만 했다. 한 나라뿐만 아니라 여러 나라의 운명을 생각하지 않을 수 없었다. 자신의 편집실 안에서 나는 늘 이에 대해서 생각했다. 또 거기에는 문화를 함께하고 있다는 감정도 있었다. 공동문화는 과거와 현재에 있어서 프랑스와 이탈리아의 장벽을 우리로 하여금 잊게 해주었다. 전쟁이나 이유도 없는 불행 때문에 유린당하고 있는 각국을 우리나라가 못 본 체한다는 점을 생각하면 나는 도저히 참을 수가 없었다.

독일은 선전 방법으로 이탈리아의 여론을 움직여보려 하기 시작했다. 이것이 우리 민족을 격분하게 만들었다. 나도 거기에는 화가 났다. 이 선전을 지휘하기 위해서 이탈리아와 로마 사회를 잘 알고 있는 대외교가 폰 뷜로(von Bulow) 공을 파견했다. 이탈리아로 온 그의 목적은 우리나라의 호의적이고도 완전한 국외중립을 확보하는 것이었다.

하지만 우리 국민들은 전쟁 쪽으로 마음이 기울어 있었다. 나는 그것을 선동하고 있었다. 당시 사회당은 다른 정당의 힘이 사회당보다 미약했기 때문에 이탈리아 사회에 어느 정도 영향력을 가지고 있었다. 하지만 사회당은 어떤 태도를 취해야 하는지 알지 못했다. 이탈리아의 사회당은 중심을 잡지 못하고 있었다. 사회당의 다수는 절대 중립—시간의 제한, 서약, 위엄 전부를 무시한 중립—을 주장하고 있었다. 같은 당 가운데는 공공연하게 독일에 대한 지지를 표하는 사람들도 다수 있었다. 나는 그쪽 편에 서지 않았다. 소수의 총명하고 굳건한 의지를 가진 인물들이, 프러시아 왕의 정치 목적을 위해 이탈리아인을 동원하는 것이 정당한 일인지, 그것이 이탈리아 및 세계의 장래에 행복을 가져다주는 일인지를 고민하기 시작했다. 나는 『아반티!』를 통해서 이러한 문제에 대한 질문을 던졌다. 그것을 각 계급의 시민들이 열심히 읽었다. 이 문제를 제출한 것이 저널리즘에 대한 나의 가장 뛰어난 노력이었다.

이 질문을 제출한 것만으로도 여론의 일부를 영국·프랑스와 손을 잡고 전쟁에 나서자는 방향으로 돌릴 수 있었다. 1886년에 오스트리아와 이탈리아가 총 끝을 맞댄 이후 우리 동부의 국경문제는 미해결인 채로 남아 있었다. 이 국경에 관한 옛 결의를 돌아보게 된 데는 개방되어 있는 국경에 관한 지난날의 결정을 수정해야 한다고 권고하는 실제적인 이유 외에 감정적 이유도 있었다. 우리는 그 사이의 소식을 잊을 수도 없으며, 또 잊어서도 안 된다.

밤이 되면 나는 가족이 있는 곳, 가정으로 걸어서 돌아갔다. 마음속에 문제를 품은 채 결의를 더욱 굳게 다지며, 해결을 굳게 다짐하며. 우리 조국이 무엇보다도 중요했다. 국제주의가 붕괴되어 가는 것을 나는 보았다. 충실함을 간판으로 내세운 결합은 너무나도 방대했다. 사회주의 국가가 창설되어도 민족과 역사적 투쟁이라는 옛 경계선이 있는 한, 전쟁을 막을 수는 없다고 나는 신문의 사설에 썼다.

이탈리아의 국경은 유드리오(Judrio) 강가까지 이어져 있었다. 하지만 오스트리아가 불법적으로 영유하고 있는 트렌티노(Trentino) 지대는 롬바르디아(Lombardia)와 베네치아 각 주 사이에 쐐기 모양으로 파고들어 있었다. 오스트리아-헝가리 제국과 우리나라의 관계는 정리될 필요가 있었다. 왜냐하면 단테가 예언한 국경이 각 이탈리아인의 마음속에 남아 있기 때문이었다. 국경은 피우메(Fiume)와 달마티아(Dalmatia)를 포함한 브레너(Brenner) 선과, 줄리안(Giulian)과 일리리아 알프스(Illyria Alps) 산맥의 선에 있어야만 했다.

나의 사고는 새로이 변했다

이 새로운 문제에 직면해서 각 정치가는—나도 그 가운데 한 명— 자신의 양심에 귀 기울이기 시작했다. 단지 이 문제를 잠깐 이야기하는 것만으로도 숨겨져 있던 국민의식의 고통을 분명히 알 수 있었다. 나는 마음속의 옷을 새로이 갈아입었다.

'천재일우의 기회'라고 케사레 바티스티는 외쳤다. 그의 고귀한 정신과 오스트리아의 처형으로 인해 순국하게 된 일은, 그로 하여금 이탈리아인의 마음속에 영원히 군림하게 했다. 다음으로 맹렬한 혁명적 정신의 소유자인 필립포 콜리도니(Filippo Corridoni)의 예견이 있었다. 그들의 영감에 감명을 받은 나는 전쟁을 주장하는 소수의 사회주의자를 이끌고 일어섰다. 나와 함께 각 당파의 모반자들이 일어섰다. 그들은 자신들의 투쟁을 치열하게 전개하다 결국은 마음을 돌려 우리 민족의 파괴할 수 없는 생명력을 기반으로 해서 다시 일어선 것이었다.

내가 어느 방향으로 나아가려하는지를 알아챈 사회주의자들은 『아반티!』를 나의 손에서 앗아갔다. 나는 그 신문으로 이탈리아의 전쟁 참가를 더는 주장할 수 없게 되었다. 나는 회의에서 사회당원에 대항했다. 나는 사회당에서 추방되었다. 하지만 나는 국민대회를 열었다.

파시스트—전쟁 참가를 강행해야 한다고 믿는 용맹한 청년의 일단—를 처음으로 조직했다. 그들의 행동이 이탈리아 독립 시대부터 1914년까지 존재했던 정치조직을 근본부터 뒤흔들어놓은 것은 의심의 여지도 없는 사실이었다. 나는 그들의 지도자였다.

의회에서 커다란 세력을 가지고 있었으며, 정치적 계획에 탁월한 지도자였던 조반니 졸리티를 선도자로 삼고 있던 자유주의적 민주주의 평화단체가 이탈리아의 국경 개정 문제를 해결하고, 모든 전쟁이 가져다주는 무거운 짐과 희생과 생명의 손실에서 벗어나기 위한 방식을 만들어내려 노력했다는 사실을 떠올리는 것은, 민주주의가 부인되고 있는 오늘날 흥미 있는 일이다. 졸리티는 전쟁을 하지 않아도 이탈리아는 '많은 것'을 얻을 수 있다고 분명히 말했다. 이 '많은 것'이 이탈리아인의 관대한 마음속에 냉소를 불러일으킨 것이다. 원래 이탈리아인은 실제적인 사람들로 모든 정치적 거래의 적이다.

이탈리아인은 이러한 평화적 양보나 소소한 국경의 수정보다 더 먼 앞날의 일을 목표로 하고 있었던 것이다. 그들은 이 책략의 진실성을 믿지 않았다. 나는 그것을 빈약정치, 타협정치라 여기고 있었다. 유럽 분쟁을 통해 국가적 이익뿐만 아니라 민족의 우월성을 실현할 수 있다고 본 식자도 있었다. 시대의 추이에 따라 다시 이탈리아가 그 군대의 힘으로 세계 주요 국가들과 동등하게 행동할 수 있는 극적인 시대가 찾아온 것이었다.

그것은 우리 이탈리아에게 있어서 더할 나위 없이 좋은 기회였다. 나는 그것을 쥐고 싶었다. 그것은 나의 가장 강력한 사안이 되었다.

세계대전은 1914년 7월 28일에 시작되었다. 60일도 지나지 않아서 나는 사회당과 정식으로 관계를 끊어버렸다. 하지만 그때 『아반티!』의 편집장이라는 지위에서 나는 이미 떠나 있었다.

나는 한층 홀가분하고 신선한 기분이 들었다. 나는 자유로웠다. 나는 정당의 도그마에 매여 있기보다 내 뜻대로 싸울 준비를 하는 편이 낫겠다는 생각이 들었다. 하지만 나는 공격과 방어 모두에 유효하고 언제나 무장과 조력이 가능하며 모든 가능성을 가진 현대적 무기—신문—를 가지고 있지 않았기에 나의 확신을 유효하게 발휘할 수 없었다.

나는 일간신문이 필요했다. 나는 그것을 갈망했다. 마지막 악전고투에서 나를 따라준 소수의 정치적 친구들을 모아 우리는 참모회의를 만들었다. 이제 남은 것은 돈 문제뿐이었는데 그럴 때면 나는 마법사가 아니었다. 계획을 시작할 수단인 자본이 문제가 되었을 때, 즉 어떻게 해서 신문의 자금을 마련할 것인가 하는 단계에 접어들었을 때도 나는 그 추상적 방면, 정치적 가치, 사태의 정신적 진수만을 알고 있었을 뿐이었다. 내게 있어서 돈은 매우 증오스러운 것이었다. 단, 돈의 작용은 때로 아름답고, 또 때로는 고결하기까지 하다[38].

---

38) 자금원으로는 여러 가지 소문이 있었는데, 볼로냐의 일간지 『일 레스토 델 칼리노』의 편집장 필리포 나르디와 제너럴 일렉트릭, 피아트 등과 같은 대자본, 그리고 이탈리아의 참전공작을 펼치고 있던 프랑스·영국 정부로부터의 자금원조, 거기에 당시의 외무장관이었던 안토니노 카스텔로로부터의 원조가 있었으리라 여겨지고 있다.

『일 포폴로 디탈리아』의 첫 번째 사무실(밀라노)

나는 『일 포폴로 디탈리아』를 창간했다

사상으로 불타오르는, 굳은 신조를 가지고 있는 몇몇 친구들이 전광석화처럼 조그만 방을 구해주었다. 다락과도 같은 그 조그만 방은 밀라노의 두오모(Duomo) 광장에서 가까운 파올로 다 카노비오(Paolo da Cannobio)의 좁다란 거리에 있었다. 그 근처에 인쇄소도 있었다. 그 소유주가 아주 저렴한 가격에 우리의 신문을 발행해달라는 요구를 승낙해주었다. 나는 이탈리아와 이탈리아인에게 사건의 진상—그들이 맞이한 절호의 기회—을 이야기하기에 열을 올렸다.

우리는 많은 자본을 필요로 하지 않았다. 우리는 밀라노 시를 요새처럼 장악하는 신문이 되고 싶었다. 이탈리아의 각 신문이 우리의 글을 다시 싣고, 인용할 정도로 가치 있는 사설을 싣는 신문으로 만들고 싶었다.

그렇게 하면 —정말 극적으로!— 독자의 숫자는 증가할 것이다. 그것이 나의 열망이었다. 우리 사무실은 하나의 책상과 두어 개의 의자로 곧 준비가 갖춰졌다. 비로소 전투를 개시한 지적 일엽편주, 신문의 참호에 대해서 나는 언제나 친애의 정을 가지고 있다. 인쇄소와의 계약—일주일에 필요한 비용인 수천 리라가 부족해서 매주 위기에 처했던 계약—에 조인했다. 하지만 우리는 하나의 이상 속에서 살아갔다.

1914년 11월 15일에 『일 포폴로 디탈리아』 제1호가 발간되었다. 나는 지금도 이 새로운 신문을 나의 가장 사랑하는 자식이라 부르고 있다. 시작은 미약했으나 나는 이 신문을 통해 정치생활의 전투에서 승리를 얻을 수 있었다. 나는 지금도 이 신문의 지도자다.

1914년에 태어난 이후부터 1922년에 이르기까지 나의 무대로써 도움을 주었던 이 신문에 대한 추억을 쓰려면 얼마든지 쓸 수 있다. 그리고 나는 쓸 것이다. 그것은 나를 만들어낸 하나의 도구였다. 『일 포폴로 디탈리아』라는 이름은 앞으로도 몇 번이고 등장하게 될 것이다. 어떠한 경우에라도 이 신문에 관한 이야기는 일개 신문기자로서, 일개 정치가로서, 일개 주전론자로서, 일개 병사로서, 이탈리아인으로서, 파시스트로서의 내 인격을 통해 이루어질 것이다.

『일 포폴로 디탈리아』에 게재한 나의 첫 번째 기사는 영국·프랑스와 손을 잡고 전쟁에 참가해야 한다는 쪽으로 여론을 크게 기울게 만들었다.

나의 편에 서서 신문경영자로서의 나의 일을 원조해준 것은 파시스트였다. 그것은 무력간섭을 신봉하는 혁명적 정신의 소유자들에 의해 조직되었다. 그들은 자신들의 이상에 따라서 마르크스의 신조

를 파괴하려 하는 청년들—대학생, 사회주의 생디칼리스트(socialist syndicalists)—이었다. 그리고 직업을 가진 사람, 국가의 참된 외침을 들을 줄 아는 노동자들도 가담했다.

이탈리아가 전쟁에 참가하기 전에 우리의 첫 번째 의용군이 조직되어 프랑스의 전선으로 향했다. 아르곤(Argonne)의 전투에

『일 포폴로 디탈리아』 제1호

서 리치오티 가리발디(Ricciotti Garibaldi)의 두 아들인 브루노(Bruno)와 코스탄테(Costante)가 전사했다. 그들은 이탈리아의 통일을 위해 북쪽의 시칠리아(Sicilia)와 나폴리(Napoli)를 정복한 위대한 가리발디39)의 조카였다. 이 두 영웅의 장례식은 로마에서 집행되었으며, 이탈리아 전역에 엄숙한 영향을 주었다. 옛날 이탈리아의 구제자로 유명했던 붉은 셔츠가 다시 프랑스 국토에 모습을 드러내 라틴민족의 영혼이 여전히 살아 있음을 증명했다.

지중해의 이권을 둘러싼 과거의 전쟁40)—그렇게 오래된 얘기는 아니다—은 불식되었다. 리비아 전쟁에서의 프랑스의 적대행위는 잊혀졌다. 1912년에 이탈리아와 포탄을 주고받았던 튀르키예를 위해 지원군을 싣고 왔던 프랑스의 배, 마누바(manouba)와 카르타고(Carthago)의 사건도 누구 하나 기억하는 자가 없었다. 하나에서부

---

39) Giuseppe Garibaldi(1807~1882). 이탈리아 통일에 이바지한 군인. 해방전쟁 때 알프스 의용군을 지휘했으며 남이탈리아 왕국을 점령했다.
40) 18세기 말에서 19세기 초에 걸쳐 있었던 프랑스의 이탈리아 원정.

터 열까지 전부 잊혀졌다. 벨기에가 강탈당한 이후, 프랑스는 위기에 직면했고 공격을 받았으며 침략을 받게 된 것이었다. 나는 이러한 상황을 외치며 전진했다. 프랑스는 누란지위(累卵之危)에 처해 있었다!

가브리엘레 단눈치오[41]가 5월 5일 제노바(Genova) 근처에 위치한 쿠아르토 데이 밀레(Quarto dei Mille)에서 연설을 했다. 쿠아르토 데이 밀레는 남부 이탈리아를 부르봉(Bourbon) 왕국의 굴레에서 해방시키기 위해 시칠리아로 내려간 가리발디와 그 휘하의 북방인 및 애국자들이 출발한 지점이었다. 단눈치오는 매우 훌륭한 웅변으로 이탈리아의 참전을 권고했다.

조국의 영혼이 되살아났다. 자유주의자 졸리티의 반대가 결단을 앞당겼다. 헌법의 문자적, 정통적 해석에 집착하는 추밀원 의원의 진언과 의회의 법칙에 속박당하고 있던 이탈리아 국왕폐하는 카이저의 사절을 만난 자리에서 옛 동맹국인 이탈리아는 암흑 속에 갇혔으며, 그렇게 해서 배신당했다고 항변했다.

밀라노에서 참전을 주장하는 폭동이 일어났으며, 또 로마, 파도바(Padova), 제노바, 나폴리 등에서도 그와 같은 양상의 강한 감정이 일었기에 비토리오 에마누엘레 3세[42] 폐하는 조반니 졸리티를 배제하고, 사직할 뜻을 밝혔던 살란드라[43]에게 새로운 내각을 재조직하

---

41) Gabriele D'Annunzio(1863~1938). 이탈리아의 시인, 소설가. 데카당스 문학의 대표자로 꼽힌다. 제1차 세계대전 당시 참전운동을 펼쳤으며, 베르사유 조약으로 유고-슬라비아에게 주어진 피우메를 점령했다.

42) Vittorio Emanuele III(1869~1947. 재위 1900~1946). 이탈리아의 국왕. 그의 재임 기간에 파시즘의 탄생과 대두, 그리고 몰락이 있었다. 제1차 세계대전 후 무솔리니에게 대권을 빼앗겼으며 제2차 세계대전 말기에 연합군에 항복했다.

43) Antonio Salandra(1853~1931). 자유당 좌파 소속의 정치인. 1914년~1916년까지 수상을 지냈다.

라고 명령했다. 이 정치적 싸움에서의 승리에 나도 일조했다고 생각하고 있다. 아직 젊고 미완성품이었던 내가 자유와 힘의 기록을 만든 것이다.

새로운 내각은 참전하자는 쪽으로 기울었다. 졸리티의 세력은 추방되었다. 문제는 전쟁에 뛰어들 적당한 시기와 적당한 방법을 선택하는 것뿐이었다. 우리는 숨을 크게 쉬고 가슴을 콩닥이며 천재일우의 기회를 기다렸다. 1915년 5월 24일에 그 때가 찾아왔다. 우리의 주장이 승리를 거두었다. 그 순간의 내 기분, 그것은 말로 표현할 수 없는 것이었다.

이탈리아 전선에서 일어났던 전쟁의 모습을 이 하나의 장(章)에서 전부 이야기할 수는 없다. 그것은 불가능한 일이다. 전쟁이 나를 한층 성숙하게 했다. 나는 일개 병사라는 제한적 입장이 되어, 이 극적 전개 속으로 타동적으로 들어갔다. 일개 병사로서, 혹은 정치가로서 가장 감격스러웠던 일을 이야기하겠다.

베르살리에리 연대—이탈리아 최강의 군대—의 명예로운 회녹색 군복을 다시 입은 그날부터 나는 가장 훌륭한 병사가 되겠다고 다짐했다. 징병 복역 기간 중에 나는 이미 그 연대에서 근무했었다. 나는 순종적이고 규율을 엄수하며 전력을 다해 의무를 수행하는 병사가 되고자 했다.

그러한 점에서 나는 성공을 거두었다고 생각한다. 나는 정치적 지위가 있었기 때문에 특권을 주겠다는 둥, 위험하지 않은 곳으로 가라는 둥의 말을 상관으로부터 종종 들었다. 하지만 나는 그것을 거부했다.

나는 하나의 이상과 완벽하게 일치했다는 감명을 얻고 싶었다. 나는 그것을 개인적 이익을 위해 원한 것이 아니었다. 그것은 내가 믿고 있는 자기 본성의 밑바닥에서 일어나는 깊은 욕구였다. 그리고 그것을 위해서 내 생명을 바치는 일까지도 굳이 마다하지 않았다. 사람이 일단 하나의 이상, 혹은 새로운 일파의 사상을 주장하기 시작한 이상, 그 사람은 일관된 삶을 살아야 하며 자신이 외치는 주의·주장에 대해서 승리를 얻을 때까지, 마지막 결과를 얻을 때까지 어떠한 희생도 두려워하지 말고 분투해야 한다는 의미다!

나는 조국을 위해 전선으로 나갔다

시간이 많은 일들을 지워버렸다. 무엇이든 쉽게 잊는 안이한 정신이 너무나도 많은 일들을 지워버렸다. 41개월 동안의 악전고투 끝에 승리가 찾아왔다. 여러 가지 깊은 원한이 이 승리로 인해 눈을 떴다.

앞서 이야기한 것처럼 선전포고가 있자마자 나는 의용병으로 군무에 복무하고 싶다는 사실을 군사부에 알렸다. 나를 의용병으로 받아줄 수 없다고 관헌은 답했다. 그것은 비극이었다. 육체적으로 부적합해서 징병에 불합격한 자, 혹은 다른 이유로 징병을 면제받은 자만 의용병으로 채용할 수 있다는 군사세칙이 있기 때문에 군사부는 그것을 근거로 거절한 것이었다. 나는 의용병으로 채용되지 못했다. 나의 상관으로부터 명령이 올 때까지 입영 순서를 기다릴 수밖에 없었다. 나는 낙담했다.

하늘의 도움이 있었는지 내 순서는 빨리 찾아왔다. 이탈리아가 선전포고를 한 지 불과 3개월 뒤, 즉 9월 1일에 나는 베르살리에리의 간편한 군복을 몸에 둘렀다. 나는 공습지역에서 그다지 멀지 않은 롬바르디아의 브레시아(Brescia)로 훈련을 위해 보내졌다.

얼마 지나지 않아서 나는 알프스 고지의 격전지대로 파견되었다. 몇 개월 동안, 나는 산 속의 참호 안에서 참으로 괴로운 시련을 맛보았다. 그 당시는 아직 참호와 병영 내에서의 노고를 달래줄 만한 것이 아무것도 없었다. 우리는 그저 비틀거리기만 했다. 모든 것이 결핍된 상태, 속행, 혼란! 처음 몇 개월 동안 우리는 매우 힘들었다. 추위, 비, 진흙, 굶주림! 그러한 어려움도 전쟁의 필요성과 불가피성에 관한 나의 열렬한 확신을 조금도 감쇄시키지는 못했다. 그러한 어려움은 나의 머리카락 한 올, 머릿속 사상 하나의 방향조차 바꿀 만한 힘을 가지고 있지 못했다.

나는 사령부의 서기로 선발되었다. 나는 그것을 거절했다. 단호하게 거절했다. 그 대신 나는 기꺼이 가장 위험한 정찰원정대에 참가했다. 그것은 나의 의지이자 염원이었다. 그 덕분에 나는 지반을 얻을 수 있었다. 2, 3개월 후에 나는 전공에 의해서 하사로 승진했다. 그리고 상관으로부터 '베니토 무솔리니는 용감하고 대담한 행동에 있어서 언제나 두각을 드러낸다.'는 칭찬을 들었다.

예전의 정치적 경력이 굉장한 의심과 눈에 보이지 않는 힘으로 여전히 나를 따라다녔다. 그것만으로도 상관이 나를 베르네초(Vernezzo)의 사관학교에 보내지 않을 이유는 충분했다. 일주일 동안의 휴양 후, 나는 참호로 돌아갔다. 거기서 몇 개월을 머물렀다. 열광, 모험, 필사의 생활이 계속되었다. 그 후, 나는 장티푸스에 걸려 치비달레(Cividale)에 있는 야전병원으로 보내졌다. 나는 몸이 좋아지기 시작했기에 잠시 페라라(Ferrara)로 보내졌으며 거기서 따분한 회복기를 보냈다. 거기서 나는 다시 알프스의 높은 정상으로 돌아갔다. 별이 반짝이는 새카만 밤하늘을 바라보고 있으면 광대한 하늘에 한

걸음 다가간 듯한 느낌이
들었다.

공세를 취하기 위해 우
리 군단은 카르소―144구
역―를 향해 전진하라는 명
령을 받았다. 나는 수류탄
투척 특과대의 일원이 되었
다. 우리는 적으로부터 수
십 미터 떨어진 곳에서 쉴
새 없이 쏟아지는, 때로는
영원이라 느껴질 정도의 포
화 속에서 커다란 위험에
직면한 채 생활했다.

제1차 세계대전 당시의 무솔리니(1917)

처음의 어려운 시기가 지나자 나는 참호 생활의 끔찍한 특질에
완전히 적응하여 오히려 편안해졌다. 나는 『일 포폴로 디탈리아』―
나의 신문―를 빠짐없이 읽었다. 나는 이 신문을 두어 명의 친구들
에게 맡기고 왔다. 사랑하는 혈연과 갑자기 헤어진 것처럼 그 신문
과 갑자기 헤어졌기 때문에 나는 이탈리아의 의무와 운명의 등불을
꺼뜨리지 말라고 그들에게 명령했다.

"최후의 승리를 얻을 때까지 싸울 것을 외쳐라."

나는 이렇게 명령했다.

나는 때때로 친구들에게 편지를 썼다. 나는 무엇보다 먼저 일개
병사로 상관에 복종해야 했기 때문에 나의 진심이나 참된 의견은
결코 밝히지 않았다. 장교와 군대의 심리를 연구하며 나는 참호 안
에서 휴양을 취했다. 그처럼 관찰을 연마했기에 훗날 커다란 도움이

되었다.

나는 거친 성격을 가진 사람이지만 이탈리아 각지에서 모여든 병사들에 대해서는 한없는 찬미를 바쳤다. 동부전선으로 가라는 명령을 받은 대부분의 사람들은 전쟁의 역사적 근거를 알지 못했다. 하지만 그들은 조금의 흐트러짐도 없이 상관의 명령에 복종해야 한다는 사실은 알고 있었다.

상관의 대부분은 대학생이었다. 그들은 정규 장교에 뒤지지 않으려 노력했으며, 예전의 강용함이 지금도 여전히 새로운 이탈리아인 속에 남아 있다는 사실을 증명하려 했다. 그들을 지켜보는 것은 즐거운 일이었다.

우리는 전쟁으로 사람과 물질의 상당한 희생을 치렀기에 놀라지 않을 수 없었다. 가리발디 시대의 전쟁과는 커다란 차이가 있었다. 질풍신뢰의 속도로 우리는 자신들의 생각을 개혁하고 군사조직을 변경하여 공방전의 방법을 바꾸지 않을 수 없었다. 우리 민족의 적응력은 놀라운 것이었기에 바로 효과를 발휘하기 시작했다. 그것을 목격한 나의 마음은 만족스러웠다. 사령부 및 거기에 속한 군사단체, 특히 야전병원은 도저히 잊을 수 없을 정도의 정확함으로 일에 임했다. 하지만 때로 우리 군의 후방에 있는 정치상황을 생각할 때면 나는 암흑에 휩싸이지 않을 수 없었다. 정권을 쥐고 있는 사람들, 로마를 중심으로 한 정객들의 동향과 행동이 나로 하여금 깊은 두려움을 품게 했다. 의회는 예로부터 계속되어온 과오에서 벗어나지 못할 것처럼 보였다.

참전 반대와 중립이라는 독소가 우리 앞에서 마지막 힘을 발휘하고 있었다. 그들은 완전히 패배한 것이 아니었다. 그들이 우리의 전투적 정신과 탄력성을 최소한도로까지 감소시키려 최선의 노력을 기울였다는 사실을 나는 알고 있다.

찻집에서 입으로만 떠들어대는 전략가, 전쟁에 아들을 내보낸 가족과는 동석하기를 달가워하지 않는 징병기피자들의 한심한 잠꼬대와 공포는, 반항정신을 압박하는 데 도움이 되었다. 예를 들어 수백 정의 기관총밖에 없는 루마니아가 왜 전쟁에 참가했는지, 일개 병사에 지나지 않는 내게는 이해할 수 없는 일이었다. 피레우스(Piraeus)에서 이사도라 덩컨[44]이 고전무용을 추었다고 해서 그리스는 왜 튀르키예를 향해 진격했던 것일까?

나는 우리 군의 나날의 행동, 1916년의 이손초(Isonzo)의 전투, 알프스 산맥의 전투에 주목하고 있었다. 이것보다 흥미는 약간 덜했지만 전쟁에서의 프랑스의 상황, 다르다넬스(Dardanelles)의 불행한 실패, 동부전선에서의 진행 상태도 주시하고 있었다. 이탈리아에 관해서는 최후의 승리가 우리 손에 쥐어질 것이라는 사실을 잠시도 잊지 않았다. 전쟁이 예상했던 것보다 훨씬 더 오래 계속되어 우리의 경제력은 전쟁에 대한 노력과 중압감으로 흔들리고 있었지만 나는 최후의 승리를 확신하고 있었다.

여러 가지 행동을 취하던 이탈리아군은 연달아 공세에 나서 적을 흔들어놓았다. 온갖 어려움을 겪었지만 모든 전선에서 규율은 조금도 흐트러지지 않았다. 1916년에 있었던 적군의 알프스 평원침략은 별 어려움 없이 물리쳤다. 카르소의 군대—그 가운데 나도 있었다—는 노련한 군대의 모습을 보여주었다.

수천 명의 우리 동포가 전사한 이 일대 연극 가운데서 내 자신의 일을 이야기한다는 것은 어리석은 짓이다.

---

44) Isadora Duncan(1877~1927). 미국의 현대무용가. 독일에서 활동했으며 소련에서 후진 양성에 힘썼다. 모던댄스의 선구자.

하지만 이탈리아 정계에서 혐오스러운 일이 벌어지고 있다는 사실을 증명하기 위해서 나는 때때로 나에 관한 보고를 신문에 쓰지 않을 수 없었다. 나는 어딘가의 사무실에 몸을 숨긴 채 우편물을 배포하고, 내심 전쟁에서 이기기란 불가능한 일이라 생각하고 있으리라 여겨지는 사람들의 의심을 깨뜨리기 위해서 그런 기사를 쓴 것이었다. 나는 이러한 비방을 뒤엎기 위해, 내가 거듭거듭 해온 일과 내가 하고 있는 일을 이야기할 수밖에 없었다. 나는 마침내 베르살리에리의 하사관이 되었다. 그리고 세계대전 초기에서부터 1917년 2월까지 전선의 참호 속에 있었다. 그 동안 늘 전투준비를 갖추고 있었고 언제나 적군과 대치하고 있었으나, 나의 마음은 확고부동했으며 나의 신념은 단 1인치도 흔들리지 않았다. 당시 나는 『일 포폴로 디탈리아』에 글을 보내 끊임없는 반항을 국민에게 촉구했다. 나는 마지막 승리를 손에 넣을 때까지 확고한 신조를 지키라고 권고했다. 군의 규율을 지키기 위해서 나는 가명을 사용했다. 거기서 나는 양 방면의 적—내 앞에 있는 외적과 내 뒤에 있는 국내의 정신박약한 적—들과 싸워야만 했다.

1917년 2월 22일 아침, 144구역에 있는 적의 참호를 공격할 때 참호 생활에서 일상적으로 일어나는 사건이 터졌다. 우리 군의 수류탄 중 하나가 참호 안 약 28명의 병사들 사이에서 폭발했다. 우리는 진흙과 연기에 휩싸였으며 철 조각에 몸이 찢겼다. 4명이 목숨을 잃었다. 다른 사람들은 중상을 입었다.

나는 적의 참호에서 몇 마일 떨어진 곳에 있는 론키(Ronchi)로 후송되었다. 피카그노니(Piccagnoni) 박사와 그 외의 외과의들이 매우 열심히 나를 치료해주었다. 나의 부상은 매우 심했다. 의사의 솜씨가 매우 좋았기에 수류탄 파편 44개가 나의 몸에서 제거되었다. 몸은 찢어지고 뼈는 부서졌다. 나는 커다란 고통에 직면했다. 그 고통은 도저히 말로 표현할 수 없는 것이었다. 나는 마취약의 도움을 받지 않고 모든 수술을 받았다. 나는 1개월 동안에 27번의 수술을 받았다. 그 가운데 마취약을 쓴 것은 겨우 2번이었다.

이 지옥과도 같은 고통이 계속되고 있던 중, 광포한 포

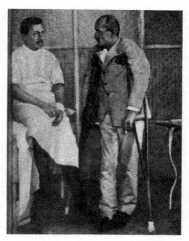

목발을 짚고 있는 무솔리니(1917)

탄이 론키의 병원에 명중하여 중앙의 일부와 왼쪽편 건물이 산산이 부서져버리고 말았다. 부상자들은 모두 멀리 있는 피난장소로 옮겨졌다. 하지만 나는 도저히 옮길 수 있는 상태가 아니었다. 몸을 움직일 수조차 없었던 나는 간헐적으로 쏟아지는 적탄의 포화를 받으며 지저분하고 엉망이 되어버린 건물의 잔해 사이에서 며칠인가를 보냈다. 나는 위험에 완전히 노출되어 있었다.

그럼에도 불구하고 나의 상처는 아물기 시작했다. 점점 좋아지기 시작했다. 나는 수많은 위문 전보를 받았으며, 한번은 황제폐하의 위문을 받은 적도 있었다. 나도 이탈리아도, 모든 희생자에 대한 폐하의 온정을 잊을 수 없을 것이다.

몇 개월 뒤, 나는 밀라노의 전시병원으로 옮겨졌다. 8월에 목발만으로 걷기 시작했으나 몇 개월 동안은 힘없이 비틀거렸다. 내 다리가 몸의 무게를 지탱하지 못했던 것이다.

나는 투사로서 우리 신문의 사무실로 돌아갔다.

러시아 전선이 무너진 것은 이상하기 짝이 없는 일이었다. 그 때문에 사태는 급박하게 돌아갔으며 새로운 임무가 이탈리아의 어깨에 지워졌다. 그 임무에 정면으로 임할 필요가 있었다. 그런데 이탈리아 국내에서 교묘한 선전이 행해졌다. 그 비열한 독소는 '우리는 겨울이 오기 전에 참호를 떠날 것'이라는 사회당 의원의 말로 드러났으며, 슬로건으로 유포되었다.

국민의 고통과 감정에 호소하는 이 이상한 힘을 제거하기 위해서 싸울 필요가 있었다. 두 주일 동안의 휴가가 끝나면 병사들은 무거운 마음을 안고 참호로 돌아갔다. 도시 생활은 전부 혼란스럽기 짝이 없는 상태였다. 당시는 국민이 당국의 힘을 분명히 느껴야만 할 중요한 시기였다. 정부는 확고한 지반 위에 설 필요가 있었다.

나는 나중에야 변명하기를 좋아하지 않는다. 1917년의 내정의 약점, 무기력한 의회의 모습, 증오해야 할 사회주의자들의 선전이 어처구니없는 사건의 지반을 다지고 있었다. 1917년 10월에 커다란 철퇴를 맞았다. 그것은 카포레토(Caporetto)라는 이름으로 출현했다.

이탈리아인으로서, 그리고 정치가로서의 일생 가운데서 나는 카포레토의 패보를 접했을 때만큼 비탄에 잠겼던 적은 없었다.

세계대전 중에 일어난 여러 무대에서의 다른 패배에 비해서 이 사건이 특기할 만한 것을 훨씬 많이 가지고 있던 것은 아니었다. 하지만 이것은 이탈리아에게 커다란 타격이었다. 우리의 전선이 갑자기 무너졌기에 적군이 이손초 계곡에 쐐기 모양으로 침입해 들어왔다. 개전 초기의 진격으로 우리 군은 구 오스트리아의 국경을 넘어 적의 영토에서 전투를 벌이고 있었다. 1916년에 알프스 산맥의 아지아고(Asiago)에서 우리 군은 적의 공격을 물리쳤다. 이탈리아는 바인시차(Bainsizza) 고원을 정복했다. 우리는 이손초에서 10번이나 승리를 거두었다. 우리의 감정과 고민스러운 영혼은 이제 심연으로 빠져버리게 되었다.

당시는 매우 힘든 시기였다. 이손초 건너편을 포위하고 있던 제3군을 구조하지 않으면 안 되었다. 어떤 수단을 동원해서라도 피아베(Piave)를 굳게 지키고, 그라파(Grappa) 산을 돌처럼 지켜내지 않으면 안 되었다. 그렇게 하지 않으면 베네치아 각 현의 북부가 이탈리아의 다른 부분에서 떨어져나갈 우려가 있었기 때문이었다. 우리 군은 신속하게 행동을 일으켜 잠시의 틈도 주지 않고 집합되었다. 그라파 산은 '철의 군'이 사수하고 있었다. 적은 피아베를 넘을 수 없었다. 새로운 세력이 가담했다. 사람들은 그것을 느낄 수 있었다. 전쟁에 대한 새로운 정신이 확립되었다. 고리치아(Gorizia) 및 벨루노(Belluno)와 우디네(Udine) 2개 주를 잃은 뒤, 우리 군은 다시 적과 대치하게 되었다. 우리 군은 커다란 타격을 입어 위태로운 시간을 보내고 있었다. 그 때문에 나는 실망했다. 하지만 이탈리아는 다른 국가가 겪었던 것과 같은 비극은 틀림없이 겪지 않았다. 우리의 어려움과, 세계대전의 전체적인 양상—마수리안(Masurian) 호수의 전투에서 잃은 3개의 현, 쾨니히스베르크(Konigsberg)의 침략, 적의 침략을 받은 프랑스의 14개 현, 적군이 범람하는 벨기에—을 비교해보면 그 사실을 잘 알 수 있다.

이처럼 어려운 시기에 임해서 우리 신문은 우리나라 정치에 자극을 주었다. 나는 이를 자랑스럽게 생각한다. 우리는 군대의 전투적 정신을 고양시켰다.

전쟁에서 부상을 입은 병사와 참전론자 선배들의 도움을 얻어 나는 '마지막까지 싸우라.'는 능동적인 운동을 개시했다. 나는 중앙 정부를 향해, 징병기피자와 호전적 정신을 감쇄시키는 자에 대해서는 차별 없이 단호하게 처치를 행하라고 맹렬하게 요구했다. 의용군의 편성을 주장했다. 북부 이탈리아의 군정을 요구했다. 사회당 신문의 금지를 주장했다. 병사들의 대우를 좀 더 향상시킬 것을 제안했다. 나는 전시훈련—처음에는 전선을 떠나 전국에서, 다음으로는 전선에서—을 하자는 운동을 전개했다. 이 운동은 신문지상에서 다음으로는 민중대회로, 그리고 전선의 회합으로 점차 발전되어갔다. 그것은 내가 기대하고 있던 것 이상의 결과를 낳았다. 정부는 전쟁과 승리를 향한 우리의 노력에 의해, 우리의 뒤를 뒤따라오고 있는 듯한 느낌이었다.

이렇게 해서 그해 겨울을 보냈다. 봄이 찾아오자 그와 동시에 모든 이탈리아 국민이 피아베와 그라파 전선에 자신들의 힘을 쏟아부었다.

마침내! 깊이 뿌리내린, 그리고 생생하게 살아 있는 거국일치의 정신이 병사와 그 가족들의 공동재산이 되었다. 의무를 다하고 희생을 아끼지 않겠다는 고매한 정신이 우리 이탈리아의 생명을 지배했다!

1918년, 우리는 용맹한 군대로 피아베를 더욱 굳건히 지켰다. 가장 용맹한 군대 중 하나인 아르디티(Arditi)는, 수류탄과 단검을 들고 산 정상을 넘어온 의용군으로 조직되어 있었다. 이 아르디티가 우리의 공격정신을 매우 강렬하게 자극한 것이었다. 모든 국민에게 카포레토 패전에 관한 기억을 지우고 싶다는 욕망이 있었다. 우리는 돌아가야 한다. 아직 살아 있는 자든, 죽은 자든 카포레토에 있는 우리의 동포가 우리를 기다리고 있다! 특히 목숨을 잃은 자에 대한 추억이 우리를 부르고 있었다. 피아베 강을 건너려는 적의 희망은 무슨 일이 있어도 용납할 수가 없었다. 그와 같은 무익한 희망은 우리 군의 공격으로 물리쳐야 했다.

비행기는 쉴 새 없이 정찰과 폭격의 역할을 수행했다. 승리를 향해 나아가는 이탈리아의 영혼을 나는 느낄 수 있었다. 필요에 의해서 빛나는 정신이 더욱 단련되었다. 6월이 찾아왔다. 그리고 적군의 공격이 시작되었다.

우리 군의 비밀첩보대는 적이 진출을 시작하는 시기를 정확히 탐지하고 있었다. 정확한 전략에 의거해서 우리 총사령부는 적군을 습격하기로 결의했다. 그리고 적군이 활동준비를 하기 몇 시간 전에 우리 군이 파도처럼 적의 제1선 및 후방부대로 쇄도해 들어갔다. 적의 계획은 분쇄되었다. 적은 피아베 강에 다리를 놓았으나 그것은 철저하게 파괴되어버렸다. 몬텔로(Montello)는 예전부터 이 전선을 타개하기 위한 열쇠가 되는 곳이었다. 그랬기에 적은 이곳을 점령하여 우리 군을 압박하려 했다. 따라서 이탈리아군은 몬텔로를 사수했다. 2, 3마일에 걸친 변동은 있었지만 격전은 쉴 새 없이 계속되었다. 우리의 역습은 세 번, 네 번, 몇 번이고 계속되었다. 처음 사흘이 지났을 때, '이번의 이탈리아인은 격파할 수 없는 철옹성 같다.'고 적군은 혀를 내둘렀다.

젠존(Zenzon)에 가까운 지점에서 적은 강을 건너 트레비소(Treviso)의 수도원이 있는 곳까지 진격해 들어왔다. 하지만 우리의 몇 개 여단이 재빨리 역습을 감행했기에 적은 다시 피아베로 쫓겨났다. 그때 강이 범람해서 교량과 병사를 바다로 휩쓸어갔기에 적은 커다란 손실을 입었다. 일대 결전의 막이 오른 지 닷새째 되던 날인 6월 23일, 총사령부는 '우리 군의 저항이 효과를 나타낼 것이다.'라고 이탈리아 전역에 약속했다. 이는 승리를 얻을 날이 머지않았음을 확증하는 것이라고 나는 생각했다. 피아베의 결전은 세계대전 전부를 놓고 봐도 가장 결정적인 것이었다고 나는 지금도 믿고 있다.

적군은 무수한 병사를 잃었다. 약 10만이나 되는 헝가리 사람이 피아베에서 목숨을 잃었다. 이 때문에 부다페스트(Budapest)에서 커다란 원한을 샀다. 오스트리아 제국 내의 각 민족으로 이루어진 국민들 사이에서, 제국 안의 각 민족이 어째서 그런 무거운 짐을 지지 않으면 안 되는가에 대한 논의가 시작되었다. 적의 보고에 의해서 그와 같은 취급은 도저히 견딜 수 없는 것이라는 사실을 각 민족은 깨달았다.

오스트리아-헝가리에서 우리에게로 정보가 흘러들어왔다. 그 나라의 국정이 시시각각으로 어려워지고 있다는 것은 분명한 사실이었다. 하지만 적의 군대는 결속력을 잃지 않았다. 그리고 필요에 쫓겨 아직 자신들의 수중에 있는 이탈리아의 2개 현에 대해서 더욱 폭압을 가했다.

전쟁에서의 승리를 축하하고 있을 바로 그때, 이탈리아 정계에 기묘한 움직임이 있다는 사실을 나는 깨달았다. 유해한 활동이 시작되려 하고 있었다. 그것을 폭로하고 강압할 필요가 있었다. 그것은 인도주의라는 가면을 쓰고 있었다. 민족적 자각도 없고 존엄함도 가지고 있지 않은 사람들, 전제 제국의 앞잡이가 되어 1세기 이상이나 오스트리아 치하에서 이탈리아인을 압박하는 도구로 쓰였던 사람들에게 많은 민족권을 주려는 계획이었다. 승리를 거둔 우리는 떠오르는 해처럼 기세등등했다. 하지만 완전한 승리를 얻기까지, 즉 우리 병사들이 빈으로 향하는 길을 행진하는 완전한 승리를 획득하기까지 잘못된 감정 때문에 망설여서는 안 되었다.

이러한 위기에 직면해서 낡고 녹슨 민주주의에 감화된 많은 거물들도 민족적 차별문제를 논할 만큼의 충분한 자극을 받았다. 그들은 언제나 최악의 적을 옹호하려는 경향이 있었다. 궤변적이고 유해한 감정론이 우리 제국주의의 정신을 공격하여 위축되게 만들었다. 이는 우리를 걱정하게 만들고, 정당한 감정을 격분하게 만들었다.

여름이 지난 1918년 10월, 우리 총사령부는 이탈리아의 51개 사단—거기에 영국군 3개 사단, 프랑스군 2개 사단, 미국군 1개 연대, 체코슬로바키아의 의용병을 더해—으로 오스트리아 전선에 결정적이고도 최종적인 돌격을 감행하기로 결심했다.

그 전략은 참으로 교묘했다. 적군의 전선은 세르나리아(Sernaglia)에서 절단되었고 우리 군은 그 틈으로 돌진해 들어갔다. 트렌토 방면에 좌익을, 우디네와 피아베 하류 방면에 우익을 배치하여 우리 군은 포위 공격을 개시했다. 병사들이 용감하게 돌격했고 장교들의 수완이 뛰어났기에 이 움직임은 완전히 성공을 거두었다. 그리고 적의 전선은 완전히 무너져버리고 말았다. 전황보고에 의하면 수많은 포로, 대포, 군수품이 우리 군의 손에 들어왔다고 한다.

오스트리아-헝가리의 육군은 패했다. 그 해군도 상당한 타격을 받았다. 우리 군은 트리에스테에 상륙했다. 우리 군은 트렌토를 점령했다.

마지막 승리는 전쟁에서의 승리뿐만이 아니었다. 나는 그 이상의 것을 보았다. 그것은 이탈리아 전 민족의 승리였다. 1천 년 뒤에 눈을 뜬 우리는 정신, 목적, 용기로 가득하다는 사실을 실증적으로 보여주었다. 우리는 다시 상무의 전통을 되살리게 된 것이다. 우리의 조국애는 다시 꽃을 피웠다! 새로운 유럽의 미래에 있어서 중요한 자리를 차지했다고 나는 느꼈다. 이탈리아의 도시가 다시 조국에 병합된 것을 보고 이탈리아 청년들은 기뻐했다. 우리 민족이 오랜 세월 희망했던 것처럼 트렌토와 트리에스테가 마침내 국경—14세기에 단테가 예언하고 확정했던 자연스러운 국경— 안으로 들어왔다.

전 국토의 구석구석에까지 교회의 종소리가 울려 퍼졌다. 그렇게 새로운 날을 축복했다. 그토록 오랜 기간, 그토록 많은 짐을 지게 했던 전쟁은 끝났다!

러시아는 파산했고, 징병기피자는 증오할 만한 일을 계속했으며, 전문적인 이상의 파괴자들이 날뛰었음에도 불구하고 이탈리아는 완전한 승리를 거두었다. 각 가족은 친애하는 사상자를 애도하는 완장을 차고 있었다. 전쟁이 낳은 미망인과 고아의 슬픔과 영광이 어린 표정에도 자부심이 묻어 있었다. 우리는 트렌토와 트리에스테를 점령했다. 피우메는 거의 정복되었다. 단, 달마티아만은 그 과정에 있었다.

이탈리아 전역에 승리자 특유의 자부심과 평온한 정신이 감돌고 있었다. 우리가 예상했던 것보다 전쟁이 길어져 우리의 부를 갉아먹었고, 우리의 장래를 최소한도로까지 감소시켰다.

하지만 승리는 우리의 마음과 영혼을 따뜻하게 해주었다. 승리는 이탈리아인에게 자부심을 갖게 했으며, 한층 더 고원한 일에 종사하도록 자극했고, 죽은 자와 산 자 구분 없이 영광의 관을 쓰게 했다. 1918년 10월부터 12월에 이르기까지 이탈리아는 전속력으로 진보하기 위해 일하는 공장과도 같았다. 전쟁은 비애 외에도 깊은 시적 기분을 우리 국민의 생활 위에 남겼다. 나만큼 이것을 깊이 느낀 사람은 아무도 없었다. 그리고 나 이상으로 거기에 잠겨 있던 사람 역시 아무도 없었다.

말로 표현할 수 없는 괴로움의 결과 얻은 승리에 이어 나타난 위대한 역사적 시기에 임해서, 우리의 젊은 국가—국가로서는 미국보다 젊다—는 내부의 적에게 배신당해 그대로 속고 말았다. 우리나라는 전쟁이라는 지옥에 사람과 부를 바쳐 분투했으나 연령으로 봐서 나라의 전통은 아직 성숙되어 있지 않았다. 다른 나라를 믿은 것이 화의 근본이 되어 베르사유 조약45) 체결에서 여지없이 농락당하고 말았다.

이탈리아가 세계대전에 지불한 무거운 대가는 65만 2천 명이라는 전사자, 45만 명의 불구자, 100만 명의 부상자였다. 41개월 동안의 전쟁 중, 국가의 제단에 가족의 일원을 바치지 않은 가정은 하나도 없었다. 10년이 지난 오늘, 전쟁이 낳은 불구자, 부상자, 미망인, 고아 등은 우리나라 인구의 커다란 부분을 차지하고 있을 것이다. 나는 이 사실을 한시도 잊지 않았다.

나는 결코 잊을 수 없다. 우리는 혼란에서 청정을 목적으로 하는 혁명에 이르기까지 수많은 내분을 겪었다. 하지만 스텔비오(Stelvio) 산에서부터 바다에 이르기까지의 무덤에(시간의 힘이 그것을 점점 희미하게 만들기는 하겠지만) 우리 조국과 이탈리아 국민의 운명을 장식하는 가장 강력한 전당이 남아 있다. 나는 그것을 결코 잊을 수 없다.

나는 무슨 일이 있어도 뜻을 굽히지 않은 주전론자였다. 나는 이탈리아인으로서의, 그리고 병사로서의 뜨거운 정신을 가지고 싸워 왔다. 나는 승리의 환희를 경험했다. 나는 전후의 불안정 속에서 생활했다. 하지만 희비가 교차하는 여러 사건에 봉착할 때마다 전사자에 대한 기억은 시금석으로써, 등대로써, 온갖 충고와 깊은 지혜의

---

45) Treaty of Versailles. 제1차 세계대전 이후, 1919년 6월 28일에 파리 평화회의 의 결과 독일과 31개 연합국 사이에 맺어진 조약. 국제연맹의 탄생과 독일에 대한 제재를 규정하는 내용이 포함되어 있었다. 연합국이 이탈리아에 대해 이스트라 반도, 달마티아, 트렌토 지방의 영토분할에 관한 약속을 제대로 이행하지 않았기에 이탈리아인들은 제1차 세계대전을 '단절된 승리'라고 불렀다. 무솔리니는 이러한 감정을 정치에 이용했다.

근원으로써 늘 내 마음에 떠올랐다. 그들은 모든 지방, 모든 방면에서 찾아왔다. 다른 나라의 통치 아래서 괴로워하던 사람, 다른 나라로 이주해 있던 사람조차도 그들은 자신의 피를 흘렸다. 그렇게 조국을 위해 앞장서서 최고의 희생을 치른 것이다. 한 나라가 다른 나라와 어깨를 나란히 할 권리를 획득하는 시대에 도달하기까지, 불멸의 조국을 위해 피와 목숨을 바친 전사자는 확고한 힘의 표상으로, 국가의 숭고함을 나타내는 최고의 칭호로 위대한 경지에 이르는 활력소가 되어줄 것이다.

이상이 한 인간의 육체, 정신, 영혼에 전쟁이 가져다준 인상이다.

비록 젊기는 했으나 인간의 본분을 알고 있던 한 인간에게 준 인상이 바로 이것이었다.

제3장 세계대전의 여진

세계대전 종국과 이탈리아의 위기

전쟁의 불꽃이 깜빡깜빡 흔들리다 곧 사라져버리고 말았다. 전쟁 끝에 찾아온 1919년과 1920년은 이탈리아의 생명에 있어서 가장 어둡고 가장 고통스러운 시기였다. 어두운 구름이 우리나라 위에 드리워져 있었다. 이탈리아 통일을 위한 발걸음에 위협이 가해졌다. 나는 점점 다가오고 있는 폭풍을 가만히 바라보았다.

불안한 사건은 이미 우리 국민의 생활을 위협하고 있었다. 그것은 경제적 위기에 원인이 있는 것이 아니라, 정치적 사건에 기인한 것이었다. 나는 1894년에 시칠리아에서 일어났던 가세이(Gasei) 운동, 1898년 밀라노에서 일어났던 유혈시위운동을 지적할 수 있겠다. 하지만 이러한 모반의 발발은 지방에만 국한되어 있었다. 그러한 폭동 속에서는 파멸의 강력한 싹이 움튼 것을 찾아볼 수가 없다. 하지만 1919년 및 1920년의 사건 속에는 틀림없이 세균들이 자리하고 있었다. 만약 그것을 단호하게 처단하지 않았다면 틀림없이 한 문명국의 생명을 앗아가버리고 말았을 것이다.

모든 일이 다시 논의되었다. 우리 이탈리아인은 정치문제라는 상자의 뚜껑을 열었다. 그리고 사회기구를 하나하나 뜯어냈다. 우리는 국왕에 관한 것에서부터 의회제도에 이르기까지, 군사에서부터 식민지에 관한 것까지, 자본가의 재산에서부터 이탈리아 국토를 공산적 소비에트 치하에 두어야 한다는 제안에 이르기까지, 학교제도에서부터 교황권에 이르기까지, 모든 일에 대해서 논하기 시작했다. 우리의 전투원과 전상자가 1918년 10월의 빛나는 승리 이후에 건설될 것이라 꿈꿔왔던 아름다운 화협, 일치된 기구는 산산이 부서져가고 있었다. 이상의 나뭇가지에서 잎이 떨어져나가고 있었던 것이다.

붕괴를 이겨내고 그것을 저지하기에 충분할 만큼의 결속력, 영웅적 기운, 옛날에 대한 회상, 정치철학, 이 모든 것이 우리의 손에 남아 있지 않은 것처럼 내게는 여겨졌다. 쇠퇴 및 파멸의 오한과 열병을 느꼈다.

벌써 1919년 1월, 전쟁 중에 예봉을 얼마간 숨기고 있던 사회주의당은 휴전조약의 잉크가 채 마르기도 전부터 폭동을 일으키기도 하고 뇌물을 뿌리기도 했다. 사회주의의 동시였던 밀라노는 빈의 이른바 동지에게 원조를 요청하는 특사를 파견했다. 병적인 국제주의가 이 허약한 봄에 싹을 내밀었다. 트리에스테에서 사회주의자인 피토니[46]가 그 도시의 조직을 변혁하기 위한 중요한 역할을 수행하고 있었다. 많은 이탈리아의 도시에서 옛날의 적이었던 오스트리아와 합스부르크의 자본에 의해 태어난 가난한 자식에게 우선권을 주라는 요구가 일어났다. 그것은 혐오스러운 감정주의였다. 전복을 꾀하

---

46) Valentino Pittoni(1872~1933). 주로 오스트리아-헝가리에서 활동한 트리에스테의 사회주의자.

려는 자, 그리고 자유주의를 신봉하는 졸리티 파의 마음속에는 이미 하나의 욕망이 존재하고 있었다. 그것은 전쟁에서 승리한 기분을 우리의 기억 속에서 지워버리겠다는 것이었다.

우리나라의 타락에 힘을 더한 자들을 나는 알고 있다. 그것은 독일과 오스트리아의 스파이이자, 러시아의 선동가였으며, 기묘한 보조금이었다. 몇 개월 만에 그들은 이탈리아 국민을 허탈감에 빠지게 했다. 세계 곳곳에서 발생한 경제적 위기가 우리 이탈리아에만 찾아오지 않을 리 없었다. 나와 같은 병사는 전쟁에서 돌아오자마자 가장 먼저 가족들에게로 달려갔다. 우리의 감정은 말로 표현할 수 없는 것이었다. 수백만에 이르는 병사가 병역을 마치고 가정으로 돌아가는 당당한 일이 암흑 속에서 조용히 행해졌다. 그것도 규율파괴의 분위기가 감돌고 있는 가운데서. 우리 앞에는 겨울에 대한 걱정과 평화에 어울리는 새로운 옷을 입고 거기에 복귀해야 한다는 어려움이 기다리고 있었다.

개선한 우리의 빛나는 군기에 경례하는 자도 없었고, 전쟁을 승리로 이끌고 돌아온 자를 맞이하는 따뜻한 환호성도 일지 않았다. 이러한 모습을 보는 것은 일종의 굴욕이었다. 나와 내 친구들에게는 사람들이 참된 승리를 얻었다고 생각하는 것이 아니라, 단지 그 손해가 비교적 적었기에 다행이라는 마음으로 전쟁의 막을 내린 것 같다는 느낌이 들었다. 사람들은 국가 간의 평화, 인도, 결합의 목소리를 들으려 귀와 마음을 기울였다. 깊은 밤, 잠들기 전이면 나는 전반적인 신념의 쇠퇴, 전승국의 이익과 운명의 폐기를 저지할 만한 방법이 없다는 사실 때문에 늘 번민했다. 파멸의 기운이 각 계급의 정신 속으로 깊고 빠르게 침투해 들어가고 있었다. 중앙정부도 이처럼 거세게 밀려오는 나약함의 홍수를 저지할 만한 방법은 가지고 있지 못했다.

정치가와 철학자와 부당한 이득을 얻은 자와 손해를 입은 자, 어쨌든 다수의 사람들이 꿈을 잃었다. 모두가 자신을 구제하기 위해 어렵게 생계를 꾸려가고 있었다. 전쟁을 주장했던 사람들은 용서를 빌기에 급급했으며, 선동정치가는 대중의 인기를 얻기에 부심했고, 스파이와 내분을 조장하는 자들은 모반의 대가를 기대하고 있었으며, 외국의 자금을 받고 있던 로비스트는 몇 개월 만에 우리나라를 무시무시한 정신적 위기로 내몰았다. 눈앞에서 국가의, 그리고 국민의 종말을 알리는 황혼이 점점 짙어져가고 있다는 사실을 바라보며 나는 두려움에 몸을 떨었다.

나의 마음은 혼란스러웠으며, 깊은 비애가 영혼을 잠식했다. 그리고 나는 위기의 냄새를 맡았다. 그 숫자는 많지 않았지만 용감한 사람들이 나와 함께 하고 있었다. 무엇보다 먼저, 비밀리에 계획을 세우고 있는 주요한 반역자와 싸우는 것이 나의 급선무였다. 맹목적이되어 전쟁의 승리에 대한 기억을 잃어가고 있던 어떤 이탈리아 사람들은 연합국들 간의 공모와 이기적인 욕망에 끌려다니고 있었다. 이러한 이탈리아인들은 조국을 향해 활을 쏘려는 자들이었다. 원래 이탈리아의 것이었던 달마티아, 그 신념에 있어서 성자처럼 열렬한 달마티아는, 런던 조약[47]에 의해서 이미 우리의 영토임을 인정받았다. 달마티아는 지난 몇 년 동안 전쟁의 승리를 간절히 기다렸으며, 그 가슴속에는 베네치아와 로마의 정신이 여전히 남아 있었다. 그런데 그 달마티아가 우리나라에서 분리되고 말았다. 외국인의 옹호를

---

[47] 제1차 세계대전 중인 1915년 4월에 러시아·영국·프랑스·이탈리아 사이에 체결된 비밀조약. 이탈리아는 전승 후에 달마티아 등의 영토를 보장받았다. 전쟁 후 이탈리아는 약속된 영토보다 훨씬 적은 영토만을 획득했으며, 런던 조약은 베르사유 조약으로 인해 무효화되었다.

받고 있던 포기정책이 약진한 것이었다. 윌슨[48] 대통령은 형식이론의 제조업자이자 지지자였다. 그는 이탈리아의 생활, 이탈리아의 역사를 이해하지 못했다. 무의식적이기는 하지만 그의 원조를 받아 우리에 대한 배신이 성장한 것이었다. 피우메는 희생을 두려워하지 않는 도시로 그곳 사람들

니티

은 광장에 모여 자신들의 의사를 표명했으며, 이탈리아와의 병합을 외쳤다. 그리고 그들은 군 사령관에게 소원(訴願)을 위한 사절을 보냈다. 그 피우메가 국제군의 군대에 점령당하고 말았다. 우리는 또 다른 전리품—오스트리아의 해군—도 잃으려 하고 있었다. 트리에스테에서 20㎞ 정도 떨어진 세자나(Sesana)로 국경을 삼아야 한다는 논의가 진행되고 있었다.

전승국으로서 이보다 더 한심한 권리 포기의 비극을 맛본 나라도 없다. 1919년 초의 몇 개월 동안 이탈리아는 니티[49]나 살베미니[50]와 같은 정치가의 지배하에 놓여, 내가 보기에는 광기와도 같은 소망을 품고 있었다. 그것은 전승의 모든 열매를 파괴하려는 것이었

---

48) Thomas Woodrow Wilson(1856~1924). 미국의 정치가이자 제28대 대통령. 유럽 문제에 관여하지 말라는 조지 워싱턴의 고립주의를 버리고 유럽 문제에 본격적으로 관여하기 시작했다. 제1차 세계대전에 참전하였으며, 민족자결주의를 전 세계에 알린 인물이다.

49) Francesco Nitti(1868~1953). 경제학자이자 정치가. 자유주의 좌파에 속했으며 국회의원과 장관을 역임한 뒤 수상의 자리에 올랐다. 파시스트 정권에 반대하여 프랑스로 망명했다가 후에 다시 돌아왔다.

50) Gaetano Salvemini(1873~1957). 이탈리아의 반파시스트 정치가, 역사가. 1930년에 미국으로 이주했다.

다. 우리나라 국경과 영토의 확장을 거부하는 데에만 유일하게 공헌하는 일이었다. 그것은 60만에 이르는 우리의 전사자와 100만에 이르는 부상자를 잊은 행동이었다. 그렇게 하면 용감한 병사들이 흘린 피는 헛된 것이 되어버리고 만다. 그 지도자들은 독으로 빚어진 이상한 동기와 주의(主義)에 의해 성립된 다른 나라의 희망을 들어주려 한 것이다. 모국을 교살하려는 이 계획은 뒤틀린 지식인과 전문 사회주의자와 같은 부류의 이탈리아인들에 의해 선동되고 있었다. 훗날 파시스트 혁명은 이러한 양자에 대해 관대함 이상의 관용을 보였다.

나는 다시 찾아온 퇴폐적 야수와 싸우기 위해 일어났다. 나는 우리 영토의 신성한 권리를 주장했다. 그를 위해서 나는 갈피를 잡지 못하고 무질서 속에서 몸부림치고 있던 국내의 사소한 정치문제를 어느 정도까지는 등한히 할 수밖에 없었다. 국제문제가 더 중요했다. 구할 수 있는 것을 구하기 위해서 국제문제에 힘을 쏟지 않을 수 없었다. 국내문제에 관해서는 강력한 정부가 나타나 사회주의자와 무정부주의자, 퇴폐주의자와 파괴주의자, 무질서를 조장하는 자들을 신속하게 단속하면 된다는 사실을 나는 잘 알고 있었다. 나는 그들의 정신을 직접적으로 알고 있었다. 그것은 어느 시대에서나 늘 마찬가지다. 그것은 겁쟁이 양과 흉악한 늑대의 정신이다.

그렇게 휴전에서 몇 개월이 지난 후의 어느 날(1919년 2월 26일), 나는 내가 상상했던 것보다 훨씬 더 중대한 사실을 밀라노에서 보았다. 사회주의자들의 행렬이 수많은 붉은 기를 들고 서른 명이 넘는 악대와 함께 전쟁을 저주하는 깃발을 흔들며 가는 모습을 보았다. 여자, 어린아이, 러시아인, 독일인, 오스트리아인으로 이루어진 군중의 행렬을 나는 거리에서 보았다. 이 군중들은 번화가에서 도시의 중심부를 향해 대열을 지어 천천히 걷다가 마지막에는 밀라노의 최고 중심부인 아레나(Arena)의 원형극장에서 해산했다. 그들은 수많은 집회를 열었다. 그리고 탈주병을 사면하라고 외쳐댔다! 그들은 토지의 분배를 요구했다!

밀라노는 예로부터 활동적 국민의 맥동을 느낄 수 있는 도시였다. 내가 예전에 이상을 품고 활동했던 그 밀라노는 1914년과 1915년의 처음 몇 개월 동안, 전쟁에 대해서 서사시적 시대를 가지고 있었다. 이 도시는 언제나 힘차고 용감한 정신을 가지고 있었다. 시민은 우리나라 다른 지방 사람들보다 활동적이었다. 전쟁을 수행할 만큼의 각오를 가지고 있었다. 그런데 전쟁에서 승리를 거둔 지금, 이 도시조차, 1만 명의 의용병을 보냈던 이 도시조차 병에 감염되려 하고 있었다.

내가 말한 그 행렬은 시민들이 깊은 수렁으로 빠져들고 있다는 사실의 증거였다. 시민 각 계급, 특히 무산자가 그 수렁 속으로 잠겨버리려 하고 있었다. 행렬이 거기를 지날 때 부르주아—상인, 호텔업자—는 허겁지겁 창과 문을 닫았다. 그들은 덧문을 내렸다.

"근심과 두려움에 지쳐 눈을 감는 것이다."라고 나는 말했다.

혁명당은 효과가 있다는 사실을 깨닫고 새로이 온갖 허풍을 떨며 거만한 태도를 취했다. 거리로 나가 무책임한 녀석들을 제지하려는 자도 없었다. 가장 사랑하는 이탈리아의 삼색기가 목표가 되었다. 그 때문에 삼색기는 노대에서 서둘러 내려졌다!

나는 이 수치스러운 시대의 일화를 하나 기억하고 있다! 서민들의 거리에 있는 한 학교의 여교사가 이탈리아 국기를 지키기 위해 달려들었다. 그녀는 몸을 던져 한 무리의 공산주의자에 용감히 맞섰으며 눈에서는 불꽃이 튀고 있었다. 성자와도 같은 용기를 가진 그 여성은, 우리가 다시 일어난 속죄와 부활의 시대에 그 강용함으로 금메달을 받았다.

내가 창립자이자 편집장이었던 『일 포폴로 디탈리아』는 격렬하게 투쟁을 계속했다. 하루하루가 싸움이었다. 사무실이 있던 비아 파올로 다 칸노비오(Via Paolo da Cannobio)의 좁은 거리는 경찰과 기총대와 병사들에 의해 늘 봉쇄되었다. 편집국원이 밖으로 나가면 언제나 감시가 따라붙었다. 정부는 우리에 대해 신경을 쓰고 있었다. 당국은 『일 포폴로 디탈리아』가 하고 있던 모든 일을 통제하여 정치투쟁에서의 강력한 수단인 선동을 저지하려 했다. 오로지 『일 포폴로 디탈리아』 때문에 검열제도가 다시 시행되었다. 혐오스러운 사회주의 대표자가 은밀하게 우리의 의중을 떠보려 했다. 그의 제안은 일언지하에 무시당했다.

'밀라노의 패배행진'이 있던 다음 날, 나는 기사 하나를 썼다. 그리고 거기에 조르다노 브루노[51]의 유명한 논쟁서에서 따온 제목—「짐승의 복귀에 반대한다」—을 붙였다.

이 기사는 2월 18일자 『일 포폴로 디탈리아』에 실렸는데, 다음과 같은 말로 마무리 지어졌다.

——만약 이미 끝났을 뿐만 아니라 승리를 거둔 전쟁에 대한 너희들의 반대가 지금 비열한 의혹의 구실이 되고 있는 것이라면, 참전론자였던 것을 부끄러워하지 않을 뿐만 아니라 자신들의 입장을 영광스럽게 생각하고 있는 우리는 하늘을 향해 '물러나라, 짐승이

---

51) Giordano Bruno(1548~1600). 르네상스 시대 이탈리아의 철학자. 처음에는 사제가 되었으나 가톨릭 교리에 회의를 품게 되었고 이단으로 낙인찍혀 로마에서 화형에 처해졌다.

여!'라고 외칠 것이다. 누구도 희생자들을 우리에게서 떼어놓을 수는 없다. 그들이야말로 하늘에까지 다다를 정도의 피라미드에도 필적할 만큼 신성한 집단, 모든 사람들의 것이자 누구의 것도 아닌 집단을 형성하고 있다. 그 누구도 희생자들을 빼앗아 갈 수는 없다. 그들은 어떠한 정당의 것도 아니며, 그들은 영원히 조국에 속하는 자들이다. 그들은 참으로 복합적이고 참으로 고귀하기 때문에 어떤 와인클럽에도 놓을 수 없으며, 어떤 조합의 방에도 놓을 수 없는 하나의 인격이다. 이 정치적 혼란은 커다란 불명예다. 우리는 우리의 전사자를 더럽히려는 모독에서 그들을 지켜야만 하는 사태에까지 이르게 된 걸까? 아아, 토티여! 로마인이여! 하나의 인물이여! 너의 생명과 너의 죽음은 전 이탈리아의 사회주의보다 훨씬 더 고귀하다! 그리고 너희들의 장엄한 행진이여! 전쟁을 원했고, 어떤 전쟁을 소망해야 하는지를 알았고, 전쟁이 어떠한 것인지를 알고 전쟁에 나갔으며, 죽음을 향해 나아가는 것이 어떤 의미를 갖고 있는지를 알고 죽음을 향해 나아간 수많은 영웅들이여! 너 데치오 라기(Decio Raggi)여, 필리포 콜리도니여, 체사레 바티스티여, 루이지 로리(Luigi Lori)여, 베네치안(Venezian)이여, 사우로(Sauro)여, 리스몬디(Rismondi)여, 칸투치(Cantucci)여! 너희 이탈리아 영웅주의의 뛰어난 성좌를 이루는 수천, 수만의 또 다른 영웅들이여! 너희는 한 무리의 짐승들이 너희의 뼈를 흩뜨리려 하는 것을 느끼는가? 그 짐승들이 너희의 피로 물든 흙을 파헤쳐 너희의 희생에 침을 뱉으려 하고 있다. 하지만 아무 걱정 말기 바란다, 광휘로운 영이여! 우리의 일은 이미 시작되었다. 너희에게 어떠한 해도 미치지 않도록 하겠다. 우리는 너희를 수호할 것이다. 우리는 전사자를, 모든 전사자를 수호할 것이다. 설령 우리가 공공광장에 엄호를 만들고 그 도시의 거리에 참호를 만들어야 한다 할지라도.——

그것은 경적—소집 나팔—이었다. 많은 자들이 얼굴을 두들겨 맞고 달아났다. 우리 주위의 사람들은 부들부들 떨었으며, 이 논쟁 때문에 우리에게 닥칠 위험을 두려워했다. 그리고 어떤 사람들—소수의 사람들—만이 우리 신문의 오래된 깃발 아래로 모여들었다.

우리의 항쟁에 조직을 부여하고, 국제문제에 대한 논의에 주목하고, 국내 정치 전선에 있어서 우리의 지반을 확보하고, 부정직한 친구에게 신경을 쓰고, 허위의 평화론자와 싸우고, 거짓 인도주의자를 놀라게 할 필요가 있었다. 우리는 여러 가지 퇴폐적 경향을 하나로 묶어 그것을 일제히 공격하지 않을 수 없었다. 여러 가지 퇴폐적 경향의 모습은 서로 달랐지만, 전승의 논리적 · 절대적 의의를 전혀 깨닫지 못한다는 점에서는 완전히 같은 것이었다.

파리로 간 우리의 대표단은 어떻게 손을 쓸 수도 없는 불행한 처지에 놓이게 되었다. 연합국의 정치가는 수완이 좋고 부정직했기에 우리의 대표는 거의 교살당할 것만 같았다. 자국의 내정 상태가 좋지 않았기 때문에 우리의 대표는 굳건한 지반 위에 버티고 서서 단호히 대항할 수가 없었다. 이탈리아에 반환되어야 할 지방에서는 계속해서 소요가 일고 있었다. 우리의 대부분은 그것을 우려했다.

참으로 중요한 순간! 우리의 얼마 되지 않는 사람들이 광장에서 활약한다 한들 분위기를 바꿀 수는 없었다. 싸우지 않으면 안 될 전선이 여기저기에 산재해 있었다. 내부에서부터 이탈리아를 수호하려 한 우리는 깨지지 않을 강력한 결합을 만들어, 예전의 참전론 동료들과 애국자, 그리고 나처럼 순수한 이탈리아인을 하나로 묶지 않으면 안 되었다. 밤낮으로 고민한 끝에 나는 우리 신문을 매개물로 하여 지옥에 떨어지려 하고 있는 현상에 비상 브레이크를 걸기 위한 소집회를 열어야겠다고 결심했다.

이탈리아 전투자 파쇼 결성

1919년 3월 23일, 나는 밀라노에서 일 파시 이탈리아니 디 콤바티멘토(Il Fasci Italiani di Combattimento)—이탈리아 전투자 파쇼—의 기초를 정했다.

이탈리아 전투자 파쇼의 제1회 대회는 밀라노의 세폴레로(Sepolero) 광장에서 열렸다. 그것은 밀라노의 상인점주조합이 제공해준 회관 안에서 개최되었다. 장시간 논의한 끝에 그 조합의 간부가 허가를 해주었다. 결국은 상식이 승리한 것이었다. 소란을 일으키지 않겠다는 약속을 했다. 그 조건으로 우리는 원하던 것을 손에 넣은 것이다.

그 대회는 순수한 정치적 모임이었다. 나는 『일 포폴로 디탈리아』를 통해 대회의 목적은 새로운 운동의 건설, 전쟁에서의 승리와 국가를 파괴하려는 세력에 맞서려는 나의 투쟁의 성공을 위한 활동방법 및 강령의 작성이라는 사실을 알렸다.

그리고 『일 포폴로 디탈리아』에 사설과 권고서를 발표하여 이 기념할 만한 대회의 분위기를 조성했다. 하지만 참석한 사람들의 숫자는 그리 많지 않았다. 호의를 가진 나의 투쟁적 동지 중 한 사람이 회관 안에서 노력하여, 서명을 흔쾌히 승낙한 사람들의 이름을 모았다. 이틀 동안의 논의 끝에 54명의 사람들이 우리의 강령에 서명해주었다. 그리고 우리 운동의 본질에 충실하겠다고 서약했다.

나는 운동에 대해서는 이야기했으나 정당에 대해서는 언급하지 않았다. 왜냐하면 파시즘은 반정당적 특질을 갖고 있어야 한다고 생각했기 때문이었다. 그것은 신구의 어떤 정파에도 속해 있지 않았다. 이탈리아 전투자 파쇼라는 이름은 좋은 명칭이었다. 이탈리아를 문란하게 만들려 하는 오랜 기생충과 강령에 대항해야 하는 정치운동에, 이 이름은 매우 잘 어울리는 것이었다. 우리가 검을 쥐고 일어선 것은 반사회주의 전투만을 위해서는 아니라고 나는 느꼈다. 이는 단지 도중의 한 전투에 지나지 않았다. 해야 할 일은 산더미처럼 쌓여 있었다. 이른바 역사를 가진 정당은 준칙, 틀, 양식, 습관의 옷을 두르고 있었다. 그들은 쓸데없이 화려하기만 했지 능력은 없었다. 예상치 못했던 급격한 정치적 변화의 물결에 대처하지도 못했으며, 현대생활의 새로운 역사나 새로운 상태에 적응해나가지도 못했다.

낡은 정당은 겉만 요란스러운 강령에 덧없이 매달려 있을 뿐이었다. 이들 정당은 가능한 한 신시대의 이론에 적응하려 해야 했고, 처절한 수정을 가해야 했으며, 여기저기 땜질을 해야 했다. 그렇기 때문에 사회주의의 제단에 반대하는 제단을 만드는 것—어떤 사람이 피상적으로 말한 것처럼—만으로는 충분하지 않았다. 우리는 전혀 새로운 정치적 관념을 만들어낼 필요가 있었다. 이 새로운 정치적 관념은 20세기의 생생한 현실에 입각해서, 그와 동시에 자유주의의 관념적 숭배에 승리하고, 노쇠한 민주주의의 한정된 지평선을 타파하고, 마지막으로 난폭한 볼셰비즘의 유토피아적 정신을 배격할 임무를 가지고 있었다.

한마디로 말해서 나는 역사의 새로운 시대에 인간생활의 풍요로운 리듬을 가진 독창적 관념이 무엇보다 필요하다고 느낀 것이었다.

새로운 문명의 초석을 다질 필요가 있었다.

아르디티

　이러한 목적을 향해—서로 다른 강도로 밤낮 일어나는 사건과 변화를 하루하루 지켜보며— 나는 혼신의 힘을 기울이고 있었다. 나는 내가 목표로 삼은 것을 매우 명확하게 인식하고 있었다. 이것—길을 찾고, 시기를 구별하고, 형식을 만들어내는 것—이 나의 문제였다.

　내가 주재한 이들 논의는 내 관념의 어떠한 부분을 더욱 강하고 굳게 해주었다. 그 관념은 지금도 여전히 근본 사상으로서 신선함을 잃지 않고 있다. 훗날, 오늘에 이르기까지의 내 생애를 회상할 때면 나는 우리 계획의 진화의 발자취를 어떠한 점에 한해서는 상세히 기술할 것이다. 우리의 모임 속에는 여러 부류의 사람들—생디칼리스트, 나이 든 참전론자, 여전히 군복을 입고 있는 전역 장교, 수많은 아르디티(용감하게도 수류탄과 단도를 들고 적을 떨게 만들었던 군대)—이 포함되어 있었다.

　이탈리아의 아르디티는 전쟁의 소산이었다. 이러한 사상은 가리발디의 용맹한 전투심과 돌진을 중요하게 생각하는 데서 태어난 것이다. 그리고 도시국가 시대에 이탈리아 각지에서 번성했던 용감한 도시 의용병에 먼 기원을 두고 있는 것이다. 아르디티는 전쟁 중에 혁혁한 전공을 세웠다. 그들은 우리의 공격부대이자, 가장 먼저 돌진하는 군대였다. 그들은 손에 수류탄을 들고 입에 단도를 물고 죽음조차 경멸한 채 장엄한 군가를 부르며 돌격했다. 그들 속에는 영웅주의적 관념뿐만 아니라 불굴의 의지도 있었다.

이탈리아의 이 대표적 단체는 전후에도 계속되고 있었다. 초기의 전투자 파쇼는 주로 이들 용감한 사람들에 의해서 조직되었다. 그들은 의지와 용기로 가득 차 있었다. 반사회주의, 반공산주의 투쟁의 초기에 있어서는 아르디티의 후방군이 중요한 역할을 담당했다. 나는 여러 차례 그들의 단장으로 지명되었다. 그리고 지금도 나는 아르디티단의 명예로운 단장이다. 이 단체는 그 시민적 무사정신을 유지할 필요가 있다는 생각에서 지금은 순수한 구제단체로 존속하고 있다.

이탈리아 전투자 파쇼의 결성회의에 참석한 사람들은 많은 말을 하지 않았다. 그들은 공상을 피력하는 우를 범하지 않았다. 그들의 목적은 명료하고 직선적이었다. 그들은 어떠한 희생을 치른다 할지라도 전승의 결과를 지키고, 전사자에 대한 신성한 기억을 잃지 않으려 노력했으며, 전사자 및 그 가족을 찬미하고, 상이용사와 종군자를 존경하는 것을 목적으로 삼았다. 하지만 그들의 현저한 특징은 반사회주의였다. 그리고 정치적 포부는 전승의 절대적 가치를 인정하는 새로운 이탈리아를 만드는 것이었다. 반역과 부패에 맞서서, 그리고 국내의 쇠퇴와 외부로부터의 음모에 전력을 다해서 대항하는 새로운 이탈리아를 건설하는 것이었다.

파시즘은 무엇을 목표로 하는지 모르겠다고 말하는 사람들이 있다. 그런가 하면 파시즘은 그것을 돌보는 정원사도 없이 제멋대로 자라난 것이라고 믿는 사람들도 있다. 당시 나는 조금도 발뺌을 하지 않고 새로운 운동의 근본적 기치를 정할 필요가 있다고 생각했다. 이에 나는 우리 활동의 토대로 삼은 세 가지 강령을 만들었다. 그 첫 번째는 다음과 같은 것이었다.

——3월 23일의 대회는 우리나라의 위대함을 나타내기 위해, 그리고 세계의 자유를 지키기 위해 전사한 이탈리아의 아들들에게, 상이용사에게, 전쟁에 참가했던 모든 사람들에게, 자신들의 본분을 지킨 전쟁포로에게 심심한 존경을 표한다. 전쟁에 종사했던 자의 물질적, 정신적 요구에 대해서 우리는 그것을 열성적으로 지지하는 바다.——

전투자 파쇼의 두 번째 선언은 이탈리아에 해를 가하려 하는 다른 나라의 제국주의에 반항한다는 것이었다. 이탈리아에 대한 국제연맹의 가장 커다란 요구조건은 승인했다. 하지만 피우메와 달마티아의 병합을 요구했으며, 알프스 산맥과 지중해 사이의 국경을 완전히 결정할 필요가 있다고 주장했다.

세 번째 선언은 새로운 미래를 위해 발표된 선거에 대한 언급이었다. 이 운동에 있어서 전투자 파쇼는, 어떠한 당파에 속해 있는 자든 무능한 후보자에 대해서는 모든 수단을 동원해서 싸울 것을 서약했다.

마지막으로 우리는 조직—새로운 운동에 어울리는 조직—을 이야기했다. 나는 관료적 형식에 사로잡힌 조직은 좋아하지 않는다. 각 대도시에 있는 『일 포폴로 디탈리아』의 통신원이 전투자 파쇼

지부의 조직자가 되고, 각 지부는 파시스트 사상의 중심이 되어 활동하는 것이 현명한 방법이라고 나는 생각했다. 초기 비용—2, 3천 리라—은 『일 포폴로 디탈리아』의 얼마 되지 않는 재원에서 지출했다. 모든 운동을 지휘하기 위해서 중앙위원회가 조직되었다.

이 대회가 세상의 이목을 거의 끌지 못했다는 사실을 지금 회상해보는 것은 내게 유쾌한 일이다. 경멸하는 듯한 조소를 보내던 사회주의자, 도량이 넓지 못한 이탈리아 자유당은 그 중대한 의미를 파악하지 못했던 것이다.

자유당의 위대한 신문인 『코리에레 델라 세라(Corriere della Sera, 저녁통신)』가 여기에 대해서 약 스무 줄 정도의 기사를 실었을 뿐이었다.

이탈리아의 대내정책, 이탈리아 정치의 모습은 여전히 불안하고 막막했다.

이상에 대한 환멸, 이상의 상실이 가장 눈에 띄었다. 종군자들 사이에서조차. 피로감이 각 계급의 모든 사람들을 지배하고 있었다. 세계대전 중에 무간섭을 주장했던 교회가 평화회의에서 발언하기 위해 활동을 개시했다. 그리고 전쟁에 참가했던 나라들의 이해관계에 간섭하려 했다.

우리 국민의 생활이라는 면에서 보자면 교회는 인민당—이른바 가톨릭당—의 창립 이외에는 기여한 바가 없었다. 그 당은 가족, 종교, 국민에 관한 어떤 중요한 강령을 굳게 지키고 있었다. 그 당시 인민당은 로마 및 지방을 분열시키려 하는 사회주의적 의회제도의 근본을 이루는 볼셰비키사상의 만연을 저지하려 했다. 하지만 인민당은 자신의 범위를 넘어 울타리 밖으로 뛰쳐나갔다. 사회당과 경쟁을 하려 한 것이다. 의심스러운, 얼마 되지 않는 애국심을 앞세워 파시스트와 참전당에 정면으로 부딪쳐 왔다. 인민당은 다른 정당과 하나가 되어 너무나도 성급하게 전쟁의 결말을 지으려 했다.

각 이탈리아 도시의 생활은 원활하게 돌아가지 못했다. 그 사이에 정치적 폭동, 소요, 파업이 번갈아가며 일어났다.

오를란도

세계평화회의는 무엇을 가져다주었는가

나는 여기서 우리가 봉착했던 정치상황을 대충 이야기해둘 필요가 있다. 수상 오를란도[52]는 성격적으로 봐서 내정을 지배할 만한 힘을 가지고 있지 못했다. 동시에 외교문제를 주도할 만한 인물도 아니었다. 그가 하는 일은 앞뒤가 맞지 않았으며, 언제나 잘못된 감정주의에 휘둘려 이탈리아의 참된 이익을 이해하지 못했다. 프랑스인들의 기질을 이해하지 못했고, 또 연합국과 체결한 조약에 무지했기 때문에 오를란도는 손니노[53]가 옆에 있었음에도 불구하고 베르사유 평화회의에서 어리석은 짓을 하고 말았다. 이탈리아에 관해서 윌슨은 애매한 태도를 취했다. 이 때문인지 4월 23일 이탈리아의 대

---

52) Vittorio Emanuele Orlando(1860~1952). 보수적 자유주의 입장을 취했다. 제1차 세계대전 당시의 수상이었으나 파리평화회의에서 이탈리아의 영토 요구를 관철시키지 못했기에 실각하고 말았다. 파시스트당이 대두하자 정계를 떠났다가 파시즘 정권 붕괴 후 다시 정치계에 복귀했다.

53) Sidney Sonnino(1847~1922). 2차례에 걸쳐 수상의 자리에 올랐다. 제1차 세계대전 당시 외무장관이었으며, 이탈리아 대표로 파리평화회의에 참석했다.

표는 파리를 떠나지 않을 수 없었다. 그리고 5월 5일에 귀국했다. 믿을 수 없는 상황이었다. 6월, 내각 불신임 결과 오를란도 내각은 사직했다. 그 사이에—역시 6월— 프랑스의 해군과 이탈리아의 육군이 피우메에서 충돌하는 중대한 문제가 발생했다.

그 다음으로 내각을 조직한 인물—니티—만큼 이탈리아의 이익과 계획을 망친 사람도 없을 것이다.

니티는 인생의 어떠한 이상도 받아들이지 않았으며, 당당하게 싸울 줄도 모르는 사람이었다. 지금도 마찬가지다. 그는 재정에 관해서는 충분한 지식을 가지고 있었다. 하지만 자신의 의견을 주장할 때는 뻔뻔스러울 정도로 고집스러웠다. 그는 매우 자기중심적인 사내였다. 그는 수상이 되어서도, 일개 장관의 자리에 앉아서도, 내각에서 가장 중요한 역할을 담당하려 했다.

그는 정권을 잡자마자 대사면을 행했다. 첫 번째 대사면에 이어서 두 번 더 대사면을 행했다. 첫 번째 대사면은 전반적인 것으로나 역시도 거기에는 찬성했다. 하지만 다른 두 번의 사면에서 니티는 매우 커다란 도의적 죄악을 범했다. 왜냐하면 희생적 용기의 휘장을 가진 사람들과, 전쟁 중에 조국을 팔거나 적에게 전향한 사람들 사이의 구별을 없애버렸기 때문이었다.

니티가 하는 일은 철두철미하게 사회주의자들의 환심을 사기 위한 미끼였다. 그는 미래의 이탈리아 공화국에서 대통령의 자리를 점하겠다는 야심을 품고 있었다. 선동정치의 옷을 입고 있던 그의 정책은 때로 사람의 목숨까지도 해치는 난폭함조차 막지 못했다. 그는 결코 볼셰비즘이나 파괴적 세력에 맞서려 하지 않았다. 그는 빵의 가격을 정한 법령을 제출해서 국왕의 서명까지 받았으면서도, 이튿날에는 그것을 철회하는 다른 법령을 제출해서 역시 폐하의 서명을 받아내곤 했다.

국민생활에 있어서 그가 물의를 일으키지 않은 부분은 하나도 없었다. 무슨 일에 있어서나 사회주의자를 마구 칭찬했다. 그들은 선거에서 커다란 성공을 거둘 것이라 생각하고 있었기에 남몰래 미소 짓고 있었다. 선거는 비례대표제도로 진행될 수밖에 없었다. 사회주의자는 선거전 끝에 이탈리아 정치의 지배자가 될 것이다!

이 시기가 고난과 결심의 가을이 될 것이라고 나는 생각했다.

1919년 6월, 독일과의 평화조약이 베르사유에서 체결되었다. 유럽에게 있어서 그것은 악몽의 끝이었다. 연이은 현실 폭로, 독일의 보류와 항의, 연합국 간의 격론은 수많은 나라에게 있어서 여전히 위험이자 걱정거리였다. 따라서 관계 각국에게 있어서 조약의 체결은 하나의 해방이었다.

이와는 반대로 이탈리아에게 있어서 그것은 이상의 전멸이었다. 우리는 실전에서 이겼다. 하지만 외교전에서는 완패하고 말았다. 우리는 달마티아의 전부—차라(Zara)를 제외한—를 잃었다. 달마티아는 전통과 역사, 풍속, 습관, 언어, 모국에 대한 달마티아인의 열렬한 희망 등으로 봐서 우리의 국토다. 도시 가운데서 가장 이탈리아적인 피우메도 역시 논쟁의 표적이 되었다. 식민지문제도 우리에게는 완전히 소극적인 해결이었다. 우리나라는 인구 과다 때문에 생산 재료, 출구, 시장, 토지가 필요했다. 세력이 있고 다산국인 우리 이탈리아와 같은 나라에 대해서 식민지라는 기둥을 제거하고, 또 말도 안 되는 국경의 개정을 행한다 한들 그것은 아무런 소용도 없는 짓이었다.

민중들 사이에서 불만이 들끓어 오르고 그것이 '전투원'에게도 감염되어가고 있다는 사실을 나는 느낄 수 있었다. 전쟁을 위해 재산, 자금, 청년을 희생한 이탈리아는 평화가 체결되자 완전히 빈털터리가 되었으며 여러 가지 환멸을 품게 되었다.

니티 내각은 변함없이 비관론을 고수하여, 우리나라의 상태는 경제적으로나 정치적으로나 파산 직전에 놓여 있다고 고백하는 것 외에는 달리 하는 일이 없었다. 니티 자신과 그의 신문, 그의 추종자들은 '베르사유 조약이야말로 우리에게 있어서 손에 넣을 수 있는 범위 내의 최상의 과실이다.'라는 말을 이탈리아 국민들에게 맹신시키려 했다. 굴욕감이 우리의 전 반도로 퍼져나갔다. 하지만 이 비극적인 사실을 수긍하려 들지 않는 사람들도 아주 많았다. 많은 사람들이 입을 다물고 있었지만 실은 결사의 행동을 취하려 하고 있다는 사실을 나는 알고 있었다. 나만큼 그 사실을 잘 알고 있던 사람도 없었다.

정부는 민심의 방향이 바뀌기 시작했다는 사실에 주목하고 있었다. 그럼에도 불구하고 현실적으로는 유해한 비례대표제도 선거법의 장치에 손을 대거나, 보완을 해보는 것 외에는 달리 손을 쓸 방법이 없었다. 무력적인 수단에 대해서, 정부는 비행대를 해산하겠다는 믿을 수 없는 결의를 발표했다. 그리고 1919년 8월, 카포레토의 비참한 사건에 관한 조사위원회의 보고가 발표되기에 이르러 상황은 극단으로 치닫기 시작했다.

'자칫하면 큰일이 벌어질지도 모르겠다.'고 나는 생각했다. 그 당시 사회당의 신문인 『아반티!』는 세 군데—토리노(Torino), 로마, 밀라노—에서 발행되고 있었는데 그것이 군대를 향해 맹렬하게 싸움을 걸기 시작했다. 인쇄공들의 파업 때문에 이 『아반티!』만이 수개월 동안 로마의 유일한 신문이었다! 가두시위운동을 하던 중, 장교가 군복을 입고 있었다는 이유만으로 욕을 먹기도 하고 공격을 받기도 했다. 국가의 체면을 손상시키는 일이니 나는 당시의 모습을 묘사할 수가 없다. 이제 와서 생각해보면 극악무도한 사람이라 할지라도 얼굴을 붉힐 만한 사건이었다. 1919년 3월에 서약한 몇몇 파시스트는 자신들의 일에 있어서 커다란 어려움에 봉착하게 되었다. 그들은 고립되었으며, 습격을 받았고, 때로는 파괴당으로부터, 또 때로는 정부로부터 감시를 받았다.

나는 『일 포폴로 디탈리아』를 통해서 매일 전투원들이 화를 당하는 모습에 대해서, 의용병의 끓어오르는 자부심에 대해서, 일치단결의 필요성에 대해서, 애국적 영웅들의 아름다움과 위대함을 모르는 정부의 비열한 적대행위에 대해서 붓을 휘둘렀다. 로마가 낳은 시인 가브리엘레 단눈치오는 '나의 공격이 매우 교묘해서 감동으로 몸이 떨려온다.'고 적었다.

그럼에도 불구하고 '전승'은 머리에 쓰고 있는 월계관의 잎을 하루하루 잃어가고 있었다. 국회는 새로운 선거법을 논의하여 이를 통과시키려 하고 있었다. 정부의 무질서와 뇌물은 나날의 일과였다. 국회의 토론은 자질구레한 일을 놓고 왈가왈부했으며 쓸데없는 이야기로 시종일관했고, 그것은 전쟁 · 도의 · 영웅주의에 대해서는 아무것도 모르는 비열한 사회의 집합이었다.

'선거! 선거! 선거! 이것이야말로 이탈리아 의회가 다루고 있는 유일한 문제다.'라고 나는 생각했다.

이탈리아와 프랑스 병사들 간의 돌발사건이 피우메에서 일어난 뒤였다. 그 도시의 시민들은 연합국에 대해 증대해가는 적의를 숨기지 않았다. 이에 연합국은 각 국가의 혼성군을 그 도시에 주둔시키려는 계획을 세우고 있었다. 이탈리아의 순수하고 늠름한 성격을 가지고 있는 이 도시, 피우메는 군대의 모자이크로 물들었다.

가브리엘레 단눈치오와 함께

이는 무능, 좀 더 극단적으로 말하자면 우매함의 정점이었다.

적막감에 떨고 있던 단눈치오는 무력으로 피우메를 점령할 생각을 가지고 있다고 내게 말했다. 그 외에는 구제할 방법이 없었다. 모든 것을 잃을 것만 같았다. 시인과 함께 그저 몇 안 되는 사람들밖에 없었다. 하지만 그들은 우리 군대 가운데서도 가장 믿을 만한 사람들이었다. 그들은 예전의 의용병들이었다. 그들은 로마와 그 외의 도시들을 감싸고 있는 뜨거운 분위기 속에서 다시 전쟁의 시를, 승리의 시를 느끼고 있는 파시스트들이었다. 그들은 론키에서 출발했다, 무기를 들고.

영국 해군이 철수준비를 하고 있을 때 피우메의 점령이 신속하고 폭발적으로 이루어졌다. 사람들은 그저 놀랄 뿐이었다. 그 사실을 알자마자 정부는 서둘러 점령을 철회시키려 했다. 정부는 이 도시를 봉쇄하려 했으며, 모반자에게 맹공을 퍼부었다. 하지만 단눈치오와 나의 군대는 조용히 행동을 준비하고 있었기에 즉시 기다란 장갑을 던져 니티의 변변치 않은 정책에 과감히 도전장을 내밀었다.

가브리엘레 단눈치오는 론키를 출발하기 전에 다음과 같은 편지를 내게 보냈다.

──친애하는 동지여.

주사위는 테이블 위에 놓여 있소. 나는 내일 군을 이끌고 가서 피우메를 점령할 생각이오. 이탈리아의 신이 우리를 도울 것이오!

나는 열이 나지만 병상에서 일어났소. 더는 지체할 수 없소. 다시 정신이 가엾은 육체를 지배하고 있소.

포폴로 신문에 발표할 기사를 정리해주시오. 우리의 목적을 충분히 알리도록 하시오.

이번 투쟁 중에 우리의 정의를 아낌없이 지원해주기 바라오.

1919년 9월 21일.

가브리엘레 단눈치오──

오랜 시간 억압받고 있던 이탈리아의 공기가 단눈치오의 새로운 행동이 발표되자마자 베수비오[54] 산처럼 폭발했다. 우리는 우애와 열정의 고원한 감정이 부르는 가곡을 다시 들을 수 있었다. 우리는 1915년 5월의 정신을 되찾았다. 우리 최고의 남성성이 니티 정부의 면전에서 당당하게 행해졌다. 이 신성한 해방운동에서 피어오른 시의 향기를 느꼈다.

파시스트 당원은 열렬한 피우메 군대에 가담했다. 또 국내에서는 신구의 패배주의자에 대한 저항을 지도하고 있었다. 전 세계의 이탈리아 이주민들이─이 이주민들은 걱정과 또 말로 표현할 수 없는 공포심을 품은 채 베르사유 회의에 주목하고 있었다─ 단눈치오의 원정을 원조하기 위해 거액을 송금했다. 피우메는 그 구원을 직감했다. 열광적인 기운이 일었다. 대담함이 불의를 바로잡았다. 피우메

---

54) Vesuvio. 나폴리 만 연안에 있는 산. 폼페이를 비롯한 여러 도시를 화산재로 덮은 산으로 유명하다.

는 견고하게 지켜졌다. 그 덕분에 무력과 용기로 니티와 각국의 간섭에 항쟁할 수 있었다.

수상 니티는 이때 의회에서 불명예스러운 태도를 취했다. 그는 총파업으로 여기에 항의하려는 위험한 생각을 품고 있었다. 그는 애매한 말로 사회주의에 기울어 있던 계급, 특히 사회주의자와 급진주의자를 선동해 단눈치오의 계획에 반대하는 가두시위운동을 일으키려 했다.

유고-슬라비아의 장관인 트룸빅(Trumbic)과 회담한 결과 니티는 얽히고설킨 자신의 모든 불명예스러운 견해가 몇몇 용감한 사내의 의지에 의해 산산조각 났다는 사실을 깨닫게 되었다.

니티는 단지 육체적 공포의 결과에 의해서만 생각하고, 행동했다. 광적이고도 초라한 꿈에 격분해서 피우메의 군대를 정복할 여러 가지 방법을 생각해냈다. 피우메로 간 병사들을 탈주병이라고 말했다. 경제적 압박으로 피우메 시민들의 정신을 위축시키기 위해 그 도시를 봉쇄했다. 의회는 해산되었고, 여러 재난을 내포한 비례선거제로 1919년 11월 16일에 선거를 행하기로 했다.

나는 선거에서 패했다

외면적으로 봤을 때 그 선거가 일시적인 휴전상태를 만들었다. 각 정당은 민중과 단체의 의향을 가늠하기에 노력했다. 사회주의자는 전쟁의 참화를 전면에 내세웠으며, 또 '단눈치오를 그대로 내버려두면 새로운 전쟁이 다시 일어날 것'이라고 지적했기에 대중에게 인기를 얻었다. 교회는 정치에 대해서 늘 애매한 태도를 취했으나 농촌에 있는 성직자들의 활약을 강요했다. 그리고 원래는 가톨릭교의 이익을 위해 조직된 인민당은 교회의 정책에 영합하여 의회에서 우세한 지위를 차지하려 했다. 자유당, 민주당, 과격파는 '질서의 힘'이라는 이름으로 알려진 연맹을 조직했다. 그들은 아무런 이상적 근거도 없고 명확한 목적도 없이 쉽게 변하는 무리들이었다. 몇 년 동안 내가 관찰한 바에 의하면 그들은 무익한 단체 내부에 다시 다른 단체를 만든 것이었다.

나는 파시스트가 단독으로 선거전에 임하기를 희망했다. 우리는 다른 정당, 우리와 가장 가까운 정당—국가주의정당—과도 손을 잡지 않았다. 일반적인 분위기는 우리에게 불리했다. 그래도 우리는 우리 당의 깃발을 치켜들고 나갈 필요가 있었다. 우리를 지지하는 사람이 얼마나 되는지 헤아려볼 필요가 있었다. 전승국인 이탈리아가 정신적으로 얼마나 붕괴되었는지, 또는 정신적으로 얼마나 각성했는지 선거를 통해서 측정해볼 필요가 있었다. 자금은 충분하지 않았으나 넘쳐나는 용기로 나는 선거위원회를 창설했다. 나는 이탈리아의 주요 도시, 특히 밀라노에서 대회를 개최할 것을 명령했다.

벨지오이오소(Belgioioso) 광장에서의 대회를 나는 지금도 생생하게 기억하고 있다. 그것은 참으로 대표적인 것이었다! 그 광장은 밀라노 구시가지의 적막한 한 모퉁이에 있었다. 어두운 밤, 나는 거기서 횃불을 밝히고 화물차 위에 연단을 급히 만들어 서로의 어깨를 비비고 있는 수많은 군중들을 향해 연설했다. 그 군중 가운데는 밀라노 시민들뿐만 아니라 다른 도시에서 찾아온 사람들도 있었다. 볼로냐, 토리노, 로마, 나폴리의 파시스트들이 이번 선거전에 대한 상세한 규약과 명확한 명령을 듣기 위해 대표자를 보낸 것이었다.

나는 이 기회를 놓치지 않고 몇 가지 원칙을 선언했다. 그 원칙은 파시스트들이 지금도 여전히 지키고 있는 것이다. 이 원칙이 내 정치활동의 이정표 역할을 해주었다.

혁명을 애초부터 부정해서는 안 되며 논고할 가치가 있다고 나는 말했다. 이탈리아 국민은 러시아의 볼셰비즘을 모방할 수는 없다고 말했다. 우리의 정치사를 살펴보면 우리는 특유의 위대한 요소를 가지고 있다, 시대정신에 힘찬 이탈리아의 천성과 이탈리아의 특질인 용기를 가미해야 한다고 말했다.

"만약 혁명을 일으켜야 한다면 마치니[55]의 웅대한 사상에 바탕을 두고, 카를로 피사카네[56]의 정신을 갖춘 이탈리아 특유의 것을 만들어야 한다."고 나는 공언했다.

사라져야 할 때 사라질 줄 모르는 노쇠한 계급에 대해서 반역을 일으켜야 한다는 명확한 개념을 나는 이때 이미 마음속에 품었다.

11월 16일의 선거가 시행되었다. 그리고 파시스트는 패배의 아픔을 맛보았다. 나와 우리 당의 후보자 전원이 하나같이 패하고 말았다. 우리 중 누구도 의회의 의원이 되기에 필요한 표를 획득하지 못했다. 몇몇 국가주의자가 로마에서 당선되어 훗날 사회가 그 방향을 잃고 혼란에 빠졌을 때 뛰어난 국가관념의 전달자가 되었다. 밀라노에서 나는 당선에 필요한 표에 훨씬 못 미치는 표를 얻었다. 우리의 기록은 참으로 비참했다. 하지만 시간이 지나고 보니 그것은 오히려 유쾌한 일이다. 그러나 우리 낙선자들은 그것을 잊어서는 안 된다.

이제 우리의 불안은 더욱 깊어졌다. 민중은 반파시스트였다. 민중

---

55) Giuseppe Mazzini(1805~1872). 공화주의자로 이탈리아의 통일공화국을 추구하였으며 청년이탈리아당을 결성했다. 밀라노 독립운동에도 참가했으며 망명생활 중에 군사행동을 일으켰으나 전부 실패로 돌아갔다.
56) Carlo Pisacane(1818~1857). 이탈리아의 혁명운동가로 외국의 지배하에 있던 이탈리아를 해방하기 위해 칼라브리아에서 무장봉기를 계획했으나 사전에 발각되어 실패로 돌아갔다.

들의 마음속에서는 우려할 만한 환상이 자라고 있었다. 그들의 마음속에서는 위험한 소망이 고개를 쳐들고 있었다. 볼셰비즘의 도래! 생산기관을 장악하려는 계획! 이탈리아에 소비에트를 건설하겠다는 계획!

『아반티!』는 이미 소비에트의 일반적인 계획과 그 상세한 내용을 발표했다. 나의 패배가 개인적인 면에서는 나를 조금도 괴롭히지 않았다. 그것은 내게 시국이 절체절명의 상황에 놓여 있음을 명백하고 정확하게 알려주었다. 사회주의 신문이 그 기회를 이용해서 나에 관한 짧은 기사를 실었다. '익사체 하나가 나빌리오(Naviglio) 강에서 발견되었다.'라고. 그날 밤, 밀라노를 두 개로 가르고 있는 좁다란 나빌리오 운하에서 익사체 하나가 건져졌다고 쓴 것이었다. 그리고 그 글에 의하면 그 시체는 베니토 무솔리니의 시체, 즉 나의 정치적 송장이라 인정할 수 있을 것이라고 적었다. 하지만 그들은 그의 눈이 전방을 응시하고 있었다고는 쓰지 않았다.

나는 사회주의의 난폭함에 항쟁했다

사회주의자는 자신들의 승리의 향연에서 장례식 흉내 내기를 잊지 않았다. 그 행렬은 불을 붙인 초에 둘러싸인 관을 짊어지고 가두를 지났다. 천박한 찬미가가 들려왔다. 하지만 그 기묘한 행렬은 그 대열의 불행과 열등함을 나타내는 것이었다. 그것은 밀라노 시를, 이제는 사회주의자의 완전한 소유가 되어버린 밀라노 시를 천천히 걸었다. 그 행렬이 우리 집 창 밑을 통과했다. 집에서는 우리 가족이 커다란 불안 속에서 걱정스러운 눈으로 점점 퍼져가는 난폭한 행동에 놀라움을 감추지 못하고 있었다. 나는 그 일을 잊을 수가 없다. 하지만 나는 그것을 언제나 하나의 액자 속에 든 풍경으로 떠올린다. 즉, 그 행렬에 참가했던 사람들의 비참함과 초라함이라는 액자 속에.

선거는 사회주의자에게 의회의 좌석 150개를 부여했다. 그들은 자신들의 뜻밖의 성공에 놀랐다. 사태는 이탈리아의 남부에 의해서 구제되었다. 이탈리아의 남부 사람들은 조직된 집단 정당보다 인물을 중히 여겼던 것이다.

말할 필요도 없이 이 승리는 대부분의 사회주의자에게 지배욕을 품게 했다. 그것은 그들로 하여금 난폭한 힘의 남용에까지 이르게 했다. 마구 소리 질러대며 가두를 지나는 붉은 기의 기다란 행렬. 항의를 위해서가 아니라 축하를 위해서 파업이 일주일 동안이나 계속되었다.

밀라노에서는 3만 명이나 되는 군중들이 시청사 위에 붉은 기를 걸라고 요구했다. 승리를 만끽하려는 소동 때문에 모든 제도와 법칙과 규율과 질서가 엉망이 되어버리고 말았다.

일을 하려는 자는 아무도 없었다. 마침내 이렇게 되고 말았다! 파시스트와 아르디티, 그리고 피우메 사람들에 의해 결성된 용감한 소수자들만이 이러한 광란에 반항했다. 그 때문에 하나의 사건이 일어났다. 폭탄이 투척되어 소수의 사망자와 다수의 부상자가 발생했다. 필리포 투라티[57]를 선두로 한 의회의 사회당 위원회가 밀라노 지사의 청사로 밀고 들어가 나와 파시스트 지도자들의 체포를 요구했다.

---

57) Filippo Turati(1857~1932). 이탈리아의 계량주의적 사회주의자. 이탈리아 사회당을 창설했으며, 탈당 후에는 통일사회당을 결성했다. 파시즘 정권에 맞서 싸우다 망명했으며, 반파시즘 운동에 힘을 기울였다.

이는 무익하고 유해한 정쟁의 한 일화였다. 당국은 저자세와 두려움을 내보였다. 그들은 사회당에게 만족감을 주려 했다. 하지만 나의 명백하고 공명한 정치행동이 그 권력의 남용을 용납하지 않았다. 나는 단 하루 동안만 구류되었을 뿐 바로 나와서 동지들과 우리 앞에 놓인 모든 일에 대해서 상의했다. 우리는 지금 어떤 방책을 선택해야 하는가? 이탈리아가 엉망진창이 되어 손을 쓸 수 없는 상태가 되기 전에, 우리는 어떤 행동을 취해야 하는가?

선거의 비극이 우리 중앙위원회를 파괴하고 말았다. 많은 동지들이 체포되었으며 많은 동지들이 협박을 받아 모습을 감추었다. 조금씩 평시로 복귀함에 따라서 나는 『일 포폴로 디탈리아』를 통해 우리의 대의명분을 다시 세우고 우리 조직의 골격을 새로 짜려 했다. 여러 모임에서 나는 이탈리아의 사태가 중대함을 설명했다. 나는 특히 파시스트의 특별한 태도에 대해서 이야기했다.

사회당의 승리는 그 사실 하나만이 위험한 것이 아니라 모든 유약한 사람들과 무능한 사람들이 사회주의자가 승리를 거둔 이튿날부터 자신들의 소굴 속으로 달아나버렸다는 점 때문에 더욱 위험한 것이었다. 그 승리는 자유당과 민주당을 분쇄했다. 한동안 패전국인 독일과 오스트리아 두 나라의 불안한 상태에 관해 쓴 저급한 이야기를 표절한 선전문학이 유포되었다. 이 문학은 하인이나 접시닦이가 된 교수나, 무용수로 고용된 러시아 귀족의 딸이나, 길거리에서 성냥을 파는 장군에 대한 이야기를 늘어놓고 있었다. 사회주의의 승리와 함께 이러한 선전이 하나가 되어 일어났기에 모든 계급 사람들 사이에서 공포의 파도가 일었다. 그리고 나는 무시무시한 파괴와 정치적 마비를 볼 수 있었다. 낡은 정당이 연약한 사회주의에 패하고 말았다. 그 사회주의는 아무런 목표도 가지고 있지 않았다. 그것은 다른 사람들의 마음속 두려움에 의해서, 그리고 국민의 전반적인 불안에 의해서 승리를 얻은 것에 지나지 않았다. 틀림없이 그것은 위대한 신념의 선언을 바탕으로 승리를 얻은 것이 아니었다.

나는 물론 조그만 나의 깃발 아래 팔짱을 낀 채 숨어 있지는 않았다. 점차 빈궁해져가는 편집실에서, 점차 줄어가고 있던 나의 독자들을 향해 나는 가장 격렬하고 매우 맹렬하게 반항, 반항을 권고했다.

나는 편집실을 조그만 요새로 삼았다. 신문은 매일 몰수당하고 검열을 받았다. 하지만 어려움과 자금부족에도 불구하고 나는 그 조그만 신문을 살려둘 수가 있었다. 나는 빈곤함으로 야윈 손에 목을 졸리고 있었다. 나는 신문사를 팔 수도 있었을 테지만 그래도 끝까지 노력했다.

신문의 순환을 완전히 멈추게 하기 위해 니티 정부의 여러 사자들이 나를 찾아와, 남부 러시아로 가서 자치공화국을 연구하지 않겠느냐고 제의했다. 나는 그 술책을 잘 알고 있었다. 그들은 단눈치오에게 로마에서 도쿄까지 날아가보는 것은 어떻겠냐고 권한 것과 같은 일을 내게도 한 것이었다. 하지만 단눈치오는 당시까지도 여전히 피우메에서 반항하고 있었다. 그리고 나는 나의 신문을 통해서 분산되었던 파시스트의 대열을 새로이 모아가고 있었다. 나는 끊임없이 모임을 열었다. 나는 단 한시도 활동을 멈추지 않았다. 내가 그 승리감에 젖은 야수에 정면으로 맞서지 못했다고 말할 사람은 아무도 없을 것이다.

선거가 끝난 직후의 어느 날, 나는 우편규칙에 따라 밀라노 중앙우체국의 우편환 담당창구로 가지 않을 수 없었다. 해외의 식민지에 머물고 있는 이탈리아인들이 피우메의 대업을 위해 보낸 상당한 액

수의 헌금을 내가 받기로 되
어 있었기 때문이었다. 그 중
앙우체국의 커다란 건물 안에
는 아직 선거의 분위기가 농
후하게 남아 있었다. 낮은 소
리로 주고받는 논의, 벽에 붙
은 인쇄물 모두가 아직 거기
에 있었다. 나는 동생 아르날
도와 함께 우편환 창구에 섰
다.

동생 아르날도

공산당원인 담당자가 비아
냥거리는 듯한 표정을 노골적으로 드러내며 내 이름을 말하라고 했
다. 그는 '진짜 베니토 무솔리니'를 모른다고 말했다. 짧은 말다툼이
시작되었다. 그러자 다른 공산당원들이 몰려들어 아무도 베니토 무
솔리니를 모른다며 신나게 웃었다. 이 터무니없는 말다툼을 우체국
의 나이 든 사무원이 와서 말렸다. 그는 사회주의의 승리에 한껏 취
해 있지 않은 충실한 국가의 하인이었다. 그가 말했다.

"이 우편환을 지불해주게. 모르는 소리 해서는 안 돼. 무솔리니라
는 이름은 지금 여기서 알려진 것 이상으로 전 세계에 알려져 평가
를 받게 될 게야."

나는 끝내 그 신사의 이름을 알아내지는 못했다. 그는 공명정대
했다.

사회주의의 승리에 대한 반동의 조짐이 보이기 시작했다. 어느
날, 신문사의 편집실에서 나는 우리 동료들의 나를 향한 반신반의와
불안에 대해 나의 희망과 신념을 토로하지 않을 수 없었다.

"걱정할 것 없어. 이탈리아는 병에 걸린 것과 같은 지금의 상태에서 회복될 거야. 하지만 우리가 감시를 하지 않으면 위험해. 우리는 저항해야 해. 저항이야! 나는 이렇게 단언하겠네. 2년 안에 분명히 나의 천하가 올 거야."

제4장 노쇠한 민주주의와의 결전

무능한 정당과 의회정치는 붕괴된다

모든 무능한 정당과 의회를 바탕으로 한 정부는 같은 원인으로, 그리고 같은 모습으로 붕괴되고 망한다는 사실을 나는 조금도 의심치 않는다.

나는 그중 하나가 사라져가는 것을 지켜보았다. 그리고 그 최후의 끔찍한 단말마를 들었다. 하지만 그것은 우리의 정신을 단련하는 시대였다. 우리는 약진하는 악마의 부대와 지옥의 무시무시한 파노라마가 눈앞으로 지나는 것을 보았다. 그 모습을 보고 있자면 우습기도 하고, 또 나라를 사랑하는 자에게는 말이 떨어지지 않을 정도로 비극적인 장면으로 여겨지기도 했다. 하지만 그들 세력은 가치가 없고 성실하지 못한 것이었다.

1919년 11월 16일의 선거로 인해 이탈리아 정계는 표면상 평온한 판자로 둘러쳐진 것처럼 보였다. 신속하고 용기 있는 해결이 필요한 국내 및 대외정책의 중요한 문제를 현미경에 올려놓고 검토하는 일

비토리오 에마누엘레 3세

조차 행해지지 않았다. 모든 일들이 정당의 결투 때문에 녹아버리고 말았다. 새로운 내각 조직에 대한 뻔하고도 근거 없는 예상이 난무하고 있었다.

사회당이 그 시국을 지배하고 있었다. 그들은 끊임없이 정부를 방해했다. 게다가 정부는 극좌파, 즉 공산당의 태도 때문에 고민에 빠져 있었다.

제21대 의회의 개회 때, 국왕폐하께서 친히 오셔서 말씀을 하시기로 되어 있었다. 이 의식 때문에 니티 정부는 고민에 빠져 있었다. 니티는 사회당을 억누르려 했다. 하지만 사회당원은 국왕에 대해서 차가운 적의를 드러내고 있었다. 나는 그 전부터 사회당이 국왕폐하가 오시는 날 의장에 출석하지 않을 것이라는 사실을 들어 알고 있었다.

의회 개회의 날, 폐하께서 엄숙하게 의장에 들어서려 한 순간 어떤 시위행동이 있었는지! 가슴에 붉은 깃발을 단 사회당원이 줄을 지어 『노동가』와 『인터내셔널』을 부르며 자리에서 나가버리고 말았다. 그들과 함께 애매한 정견을 가지고 있던 공화당과 독립당이, 그리고 좌익 의원들이 의장에서 나가버렸다.

폐하의 연설은 우리나라 전체의 통일을 위협하는 파괴적 세력에 대한 명백한 태도를 보이지 못했다. 그것은 피우메 문제—국가 정신을 불타오르게 한 커다란 횃불—를 잊고 있었다. 그 연설에는 국왕의 커다란 권한 중 하나까지도 포기하겠다는 내용이 담겨 있었다. 노병·종군자·부상자가 커다란 불안을 느끼고 있으니 그들을 위해서 상당한 왕실의 재산을 양보하겠다는 내용이 포함되어 있었다.

게다가 대외정책이 복잡하게 뒤얽혀 있고 경제가 커다란 위기상황에 처해 있었음에도 불구하고, 내각을 차지하려는 혐오스럽고 구태의연한 정쟁에만 몰두하고 있는 정치가들에게서는 그를 위해 의회의 휴게실이나 복도에서 행하는 하찮은 방책·운동 이외에 무엇 하나 봐줄 만한 것이 없었다.

처음 3개월 동안 니티 내각은 의회에서 3번이나 탄핵을 받았다. 하지만 간신히 살아남아서 같은 내각을 구성했다.

오랜 역사와 자유주의 색채를 가진 피에몬테(Piemonte)의 지방신문『스탐파(Stampa)』가 대전에 대해 비난하기 시작했다. 그리고 중립의 수창자이자 지도자였던 조반니 졸리티를 추대하려 했다. 교회는 인민당과 함께 그 이상한 시국에서 최대한의 이익을 끌어내려했다. 사회당은 그들의 승리에 대해서 준비가 거의 되어 있지 않았다는 점을 노출했다. 승리는 그들을 단지 어려움의 늪 속으로 빠트려버리고 말았다. 나는 그들이 공산주의와 극우파 사이에서 균형을 잡지 못하리라는 사실을 알고 있었다. 한편에는 국가가 있었고, 다른 한편에는 정당—무능력하고 공허한 정당—이 있었다.

그 사이에 가브리엘레 단눈치오는 자신의 군대와 함께 피우메로들어가 역시 봉쇄에 저항하며, 정치적 비밀기관의 감언을 물리쳤다. 파시즘은 1919년 11월 16일의 선거 패배 이후 분산되었던 대열을 다시 정비하고 있었다. 하지만 어디를 둘러보아도 빛은 희미했으며 공기는 이기적이고 사소하고 소심한 숨결로 더럽혀져 있었다.

그래도 우리에게는 우리가 가야할 앞길이 보이기 시작했다.

파시즘의 진열을 다시 조직하는 일은 불가능할 정도로 어려운 일이 아니었다. 왜냐하면 이탈리아 전투자 파쇼는 규율과 열정을 배웠기에 단지 선거의 패배 정도로는 흔들리지 않았다. 그리고 한편으로

는 전술적 지도자가 피렌체(Firenze)에서 나타나기 시작했다. 1919
년 10월에 이탈리아 전투자 파쇼의 제1회 국제대회가 피렌체에서
열렸다. 그 얼마나 특이한 대회였는지! 당원은 모임의 자유를 권총
으로 지키지 않으면 안 되었다. 친절함과 온정이라는 전통을 가진
피렌체 시는 흉포한 적의로 파시스트를 맞이했다. 복병! 선동! 그래
도 대회는 열렸다. 우리의 동지들은 그 장소를 점령하는 데 성공했
다. 그들은 위대한 노력으로 방해를 파괴하고, 우리를 반대하는 자
들의 이유 없는 폭행을 억압했다.

피렌체의 대회는 참된 국정문제를 만천하에 알린 것이었다. 10월
9일, 그에 앞서 나는 꾸밈없는 연설을 했다. 나는 국가의 모든 파괴
적 세력에게 분명하게 호소했다. 이튿날에는 시인 마리네티[58]의 날
카로운 연설 후에 서기장인 파셀라(Pasella)가 전투자 파쇼는 이탈
리아를 위해 국가의 근본적 변혁을 형성할 권리를 가지고 있다는
결의를 제출했다. 그것은 사회적으로나 경제적으로 전혀 새로운 국
가를 건설할 준비를 위한 정치적 편의에 관해 명료하게 규정한 강
령이었다.

나는 그 목적을 설명하고 실행에 옮겼다. 만약 지금 내가 추구하
고 있는 목적이 나 자신의 발전을 이끌어준 길을 나타내고 있는 것
이라고 한다면 그 가장 의의 있는 지도지침이 된 것은 이 훈련과 시
험, 시도와 오류의 시대에 있다.

파시스트의 강령은 모든 사람들에게서 찬성을 얻어냈다. 앞으로
다가올 파시스트 체제에 대한 예고를 발한 것이었다. 그런데 그 정

---

58) Filippo Tommaso Emilio Marinetti(1876~1944). 이탈리아의 시인, 소설가.
『미래파 선언』을 1909년에 발표하여 과거의 전통에서 벗어나 모든 해방을 목표
로 하는 미래파의 창시자가 되었다. 무솔리니와 개인적으로 친해져 파시즘에 동
조했다.

체성 문제에 연합체로서의 문제가 부가되려 하고 있었다. 그를 위해서 나는 10월 10일의 오후 석상에서 "그 운동에 경제구제와 노동자의 자치문제를 더하자."는 결의를 제안했다. 우리는 '지금 대중을 빈곤에 빠뜨린 채 기만함으로 해서 찬사와 보수를 얻으려 하고 있는, 주로 대소의 평범한 사람들로 구성되고 지배되고 있는 정당의 지도에 따르기를 바라지 않는 무산자·노동자의 수많은 모든 집단을 향해.' 모임을 제안했다. 다른 여러 나라는 어째서 이러한 일을 우리와 같이 느끼고 있지 않는지, 종종 이상하다는 생각이 들곤 한다.

그 대회는 마지막으로 피우메에 경의를 표한 뒤 폐회했는데 그 대회의 정신은 우리가 받아들일 수 없는 옛 사상을 타도하는 데 있었다.

나는 우선 비행기로 피우메에 갔다가 거기서 다시 피렌체로 간 것이었다. 피우메에서는 단눈치오와 이탈리아에서 해야 할 모든 일에 대해서 서로 마음을 터놓고 오랜 시간 이야기를 나누었다. 피렌체로 가는 중에 지중해의 거센 바람 때문에 우리 비행기는 도중의 비행장에 착륙하지 않을 수 없었다. 늦지나 않을까 초조해하며 기차로 피렌체까지 여행을 계속했다. 그렇게 대회 시간에 간신히 맞춰가서 모임의 사회를 볼 수 있었다. 그 모임에서 나는 반대자의 폭력에 용감히 맞서는 역할을 맡고 있었다. 마음속에는 거기에 있던 모든 사람들 가운데서 가장 깊은 근심을 가지고 있었다.

하지만 그 열렬한 군중의 눈에 나는 애국자이자 저항의 설교자, 매일 『일 포폴로 디탈리아』에 발표하는 강력한 논설로 공산주의의 분쇄에 착수한 인물로 비춰졌다. 그 대회는 파시스트식으로 막을 내렸다. 우리는 서로에게 다시 만날 것을 약속하고 어떠한 희생을 치르더라도 승리를 획득하겠다고 약속했다.

나는 피렌체에서 로마냐를 향해 자동차로 출발했다. 자동차를 운전한 것은 귀도 판카니(Guido Pancani)였다. 그는 피렌체에서도 의용병 및 비행기 파일럿으로 잘 알려진 위대한 용사였다. 차에는 판카니의 인척으로 이후 정치적 집회에서 유명해진 가스토네 갈바니(Gastone Galvani)와 레안드로 알피나티(Leandro Arpinati)가 함께 탔다. 그들은 볼로냐의 철도공장에 소속되어 있었다. 우리가 파엔차에 도착했을 때 그 자동차는 오르페움(Orpheum)의 커피숍 앞에 멈춰 섰다. 나는 거기서 몇 명의 옛 친구들을 만나 서로 인사를 나누었다. 그리고 다시 길을 떠났는데 전속력으로 달리던 자동차가 철도 건널목의 내려진 차단기를 세게 들이받고 말았다. 커다란 충돌 때문에 첫 번째 차단기가 산산조각 났으며 자동차는 레일을 넘어 두 번째 차단기 위에 올라타고 말았다. 운전을 하고 있던 판카니 이외에 우리는 모두 인형처럼 몇 미터나 튕겨져 날아갔다. 나는 아무런 부상도 입지 않았으며 알피나티도 약간의 찰과상을 입었을 뿐이었으나 신음하고 있는 다른 두 친구를 위해 커다란 목소리로 도움을 청했다. 사람들이 달려와 부상당한 두 사람을 자동차에 태웠고 그 자동차를 소에게 끌게 해서 파엔차의 병원으로 옮겼다. 치료를 하는 동안 나 역시도 그 친구들을 도왔다. 나는 전력을 다해 그들을 위로했다. 결국 나는 기차를 타고 다시 볼로냐로 향했다. 그 사건은 훨씬 더 중대한 결과를 부를 수도 있었으나 다행히도 나는 목숨을 건졌다. 나는 우리의 적에 대한 증오가 나의 부적이 되어준 것 같다는 느낌이 들었다.

1919년 11월 16일의 선거에서 패한 후, 몇몇 친구들은 공포에 사로잡혔으며 또 다른 사람들은 시대의 흐름을 거스르는 것은 손해라고 주장했다는 사실을 앞서 이야기했다. 그들은 당시 정치상의 전략적 우위를 점한 채 의회를 지배하고 있던 반대당과 타협하는 편이 훨씬 더 유리하다고 말했다. 그런 생각을 갖고 있는 사람은 언제나 존재하는 법이다. 그들은 내게 타협, 담합, 협약을 권했다.

나는 그 어떠한 타협도 단호하게 거절했다. 나는 단 한순간도, 전쟁 중에는 우리 이탈리아를 포기했으며 지금은 평화 속에서 이탈리아를 배신해가고 있는 무리들과 타협해야겠다는 생각이 내 마음속에 들어오지 못하도록 했다. 나를 이해해주는 사람은 얼마 되지 않았다. 나와 가깝게 지내던 사람들조차 나를 이해하지 못했다. 우리 신문인 『일 포폴로 디탈리아』의 편집자 2명이 탈퇴하고 싶다고 했다. 그들은 자신들의 정치적 견해를 바꾸고 싶다는 것을 구실로 삼았다. 그들은 피우메를 돕기 위해 『일 포폴로 디탈리아』가 모은 자금을 선거투쟁 중에 내가 자신을 위해서 썼다고 주장하며 나를 비난했다. 그랬기에 나는 내 친구였던 사람들로부터 자신을 방어하지 않으면 안 되었다. 그것은 참으로 씁쓸한 경험이었다.

나는 나를 향한 그런 비난에 대해서 해명할 것을 요구한 롬바르디아 지방의 신문기자회의에 출석했다. 내게는 명확한, 그리고 많은 양의 증명재료가 있었다. 그 회의는 그러한 자료들에 의해서 나의 공명함을 인정하지 않을 수 없었다. 그리고 훗날 내가 승리를 거두기 전에 나를 중상했던 그 사람들이 자신들의 잘못된 생각을 멋지게 사과했는데 이는 매우 공명한 태도였다.

그런데 이러는 사이에 그 일을 구실로 사회당원과 성직자들의 지도를 받고 있던 인민당 의원들이 내게 격렬한 증오심을 드러내기 시작했다. 나의 생활을 파헤치기 위해 밀정을 파견했다. 병사와 경찰관이 매수되었다. 은밀하게 내 나날의 일정, 모든 행동, 모든 신념이 조사되었다. 속은 자, 배척받은 자—이들은 여러 가지 이유로 나의 정직하고 맹렬한 영혼의 배척을 받은 자들이었다—, 사려 깊지 못한 자들이 모여 나를 공격했다. 그들은 아무것도 하지 못했다. 전면적인 조사에도 불구하고 내 속에서는 그 어떤 커다란 괴물도 나오지 않았다. 피우메 지원금에 대한 처분과 다른 가치 없는 중상에 대해서 나는 신문에 누구도 부정할 수 없는 문서와 증거를 발표했다.

당시 내가 도달한 결론은 내가 죽을 때까지 늘 변하지 않으리라. 청렴이라는 점에 있어서는 내게 어떠한 비난도 가할 수 없을 것이다. 나의 정치적인 면에 대해서는 많든 적든 이런저런 평가가 내려질 것이다. 그리고 어떤 사람들은 나를 칭찬할 것이며, 또 어떤 사람들은 비난할 것이다. 하지만 도덕적인 분야에 있어서는 그렇지 않을 것이다. 사람은 자신이 가진 신념과 조화를 이루며 살아가야 한다. 사람은 가장 절대적인 무아의 상태로까지 고양되지 않으면 안 된다. 참된 정치가는 절실하고 경건한 생각으로 살아가야 한다. 그들은 동포에 대해서 존경심과 사랑과 깊은 배려심을 가지고 있어야 한다. 그리고 이러한 미덕은 허위나 미사여구나 감언이나 타협이나 천박한 양보에 의해 훼손되어서는 안 된다. 적어도 이러한 면에 있어서 나는 의심스러운 인물이 아니며, 나의 이와 같은 도덕적 품성에 대해서는 누구에 비해서도 뒤지지 않는다는 사실을 알고 있고, 또 그렇게 느끼고 있다는 사실을 자랑스럽게 생각한다. 나는 이것이 다른 무엇보다도 강력한 나의 힘이자, 내가 성공할 수 있었던 요인이자, 나의 구성요소라고 믿고 있다.

1920년 초, 이탈리아는 매우 어려운 국제정세 속에 놓여 있었다. 파리에서 외교관들이 굴욕적인 논의를 하고 있는 동안 달마티아 지방의 문제는 여전히 해결되지 않았으며, 그러한 문제 가운데 단눈치오는 피우메에 있었다. 틀림없이 사회당은 선거에서 상당한 승리를 거두었다. 하지만 그들은 날이 갈수록 자신들이 무력하다는 사실을, 그리고 자신들의 정치적 지위를 위엄 있게 지켜낼 능력이 없다는 사실을 증명하고 있었다. 가장 온화한 자는 극단적인 자에 의해 압도당하고 말았다. 공산주의자 레닌의 화려한 신화가 있었다. 이탈리아 자유당은 그 특권을 전부 포기했다. 내각은 정권 강탈자, 악한, 이권만을 좇는 자들의 뜻에 농락당하며 하루하루를 버텨가고 있을 뿐이었다. 의회에서는 난투가 벌어졌고, 거리에서는 정치적 다툼이 행해졌다.

나는 적(赤)과 흑(黑)의 이단자

이러한 상황에 있었기에 설령 승리가 매우 어렵고 거의 얻기 힘든 것이라 할지라도 투쟁이 필요했다. 나는 그해 벽두에 「항해를 시작하자」는 제목으로 글을 실었다. 나는 이렇게 말했다.

——현 세계의 지배권을 놓고 두 개의 종교—적과 흑—가 서로 싸우고 있다. 두 개의 교황청에서—하나는 로마 교황청에서, 다른 하나는 모스크바에서— 회칙 서한이 보내졌다. 우리는 이 두 개의 종교에 대해서 이단자임을 선언한다. 우리는 거기에 전염되지 않을 것이다. 우리에게 있어서 투쟁의 결과는 부차적인 것이다. 여전히 승리의 관을 쓰지는 못했지만 우리에게는 투쟁 자체가 가치 있는 것이다. 오늘날의 세계는 배교자(背敎者)인 줄리안(Julian)과 어떤 점에서 기묘하게 일치한다. 붉은 머리털을 가진 갈릴레오(Galileo)!

그가 다시 승리를 차지할 수 있을까? 아니면 붉은색의 크렘린(Kremlin) 궁전에 있는 갈릴레오가 이길까? 모든 용감하고 씩씩한 사상은 전복되고 마는 것일까?

이 같은 문제가 우리 동시대인의 불안한 정신을 강하게 압박하고 있다.

하지만 그러한 중에도 배의 타를 쥐어야만 한다! 설령 흐름에 역행한다 할지라도, 설령 조류에 역행한다 할지라도, 설령 그 두 개의 종교에 반하는 고독하고 용감한 사람들 앞에 난파가 기다리고 있다 할지라도.——

이러한 고원한 논의를 주고받을 여유조차 거의 없었다. 사건은 매우 어려운 사태가 되어 연달아 찾아왔다. 1월에는 격렬한 논쟁 끝에 험악한 분위기가 감돌고 있던 철도종업원들의 파업을 막을 수 없게 되었다. 얼마 지나지 않아서 우편 · 전화 종업원들의 총파업이 돌발했으며 6일 동안 계속되었다. 그것은 국민의 개인적 이익을 파괴했을 뿐만 아니라 국가의 통신을 파괴했다. 그것은 국제시국 때문에 더욱 미묘해져 있던 시기에 사상의 통로를 차단했다. 이러한 때에 사회당의 기관신문인 『아반티!』는 '우편 · 전신 · 전화국은 현대의 사치품으로 고대 사람들은 전신기관 없이도 위대해졌다.'는 글을 실었다. 이 잠꼬대 같은 헛소리가 조소적인 정신에서 온 것인지, 아니면 극좌파에 물든 한 순수한 백치의 머리에서 나온 것인지 과연 누가 알겠는가?

그 소란의 표면적인 원인은 언제나 경제적인 것이었으나, 사실 그 목적은 완전히 정치적인 것이었다. 진짜 목적은 이탈리아에 소비에트를 건설하기 위해 국가 당국에, 중산계급에, 규율에, 질서에 대해 타격을 가하는 것이었다. 그것이 모든 장식과 가면 뒤에 숨겨진 명백한 목적이었다. 파업의 연대로 전국의 전화 교환과 통신과 도시를 지배해, 전 국가를 난폭한 소수자의 손에 얼마나 간단히 넘어가게 할 수 있는지에 대해서는 거의 알려진 바가 없다.

전반적인 어려움, 두려움, 무능한 자의 불평, 아둔한 비평가의 근거 없는 이야기 가운데서, 정부가 나약하다고 생각한 점에 있어서는 국가 종업원들의 생각이 맞는다 할지라도, 그들은 국가에 대해서 잘못을 하고 있는 것이라는 글을 쓸 만한 용기를 가진 사람은 거의 나밖에 없었다. 짧은 생각에서 시작한 파업의 고통을 국민에게 지우고 전체의 권리를 짓밟는 행동은, 사람들을 현대적 문명생활에서 다시 부락투쟁으로 끌어내리는 행동이었다.

나는 1920년 1월 15일자 우리 신문에 다음과 같이 썼다.

──이들 분쟁은 정치와 운영 사이의 분쟁이다. 희생을 치른 뒤에 더욱 고통스러워할 자는, 그리고 앞으로 더욱 많은 희생을 치러야 할 자는 이탈리아 국가, 즉 인류 공동체로서의 국가다.──

그리고 계속해서 다음과 같이 썼다.

──이러한 종류의 물질적 손해는 매우 크고 헤아릴 수 없는 것이다. 하지만 국내 및 국외에 있어서의 정신적 손해는 그것보다 훨씬 더 크다. 파업을 결행하기로 선택한 시기 때문에 그 파업의 성질은 연합 각국의 제국주의에 힘을 더해주는 꼴이 되고 말았다. 지금은 파리 회의가 절정에 이른 시기다. 지금은 오직 하나, 드디어 평화로 돌아갈 수 있는가 하는 문제가 걸려 있는 때이다. 우편, 전신, 전

화 종업원들은 어째서 니티가 돌아올 때까지 2주일을 더 기다리지 못했을까? 그들의 정부에 대한 최후통첩이 13일이어야만 했다는 사실이 어딘가의 책에 '적혀 있었던 것'일까? 그토록 '치명적'이었던 것일까? 이 모든 것들이 이번 파업이 사악한 정치적 성질을 가진 행동이라는 사실을 확증해주는 것이다.──

　다행스럽게도 1월 21일에 우편 · 전신의 파업은 끝났으나, 1월 19일에 이미 철도 파업이 시작되어 있었다. 그것은 무익한 파업이었다. 적색노동조합의 지도자는 그 파업이 노동자 자신의 감정과 이익에 반하는 것이라 할지라도 희생을 돌아보지 않고 파업을 강행시키려 했던 것이다. 나는 이 파업을 '국가에 대한 커다란 죄악'이라고 발표했다. 국가는 파멸 속에 있었다! 이탈리아는 혼돈과 폭동에 지배받고 있었다. 외국인은 우리나라의 아름다운 휴양지에서 떠나버리고 말았다. 금융은 전반적으로 신용을 잃게 되었다. 게다가 이 커다란 재앙에 대한 소문이 국제 세계에 퍼져, 우리의 외교적 교섭은 더욱 어려워지게 되었다.

　이처럼 더할 나위 없이 분방한 이기주의가 판을 치고 공공사업의 파업이 계속되는 동안에도 파시스트는 의연히 그 부서를 지켰다. 우리 동료로 이루어진 몇몇 단체가 신념으로 가득 차, 그 소란 속에서도 의무를 완벽하게 수행했다는 사실을 나는 결코 잊지 못할 것이다. 그들은 단호함과 대담함으로 파업을 하고 있는 동포들의 모욕과 위협에 맞섰다.

　그러는 사이에 올바른 여론의 공격에 부딪쳐 사회당원 중 어떤 자들은 두려움을 느끼기 시작했다. 그들은 파업을 선언한 지도자 밑에서 벗어나 책임을 지지 않으려 고심했다. 그러한 때인 1월 21일,

나는 『일 포폴로 디탈리아』에 「이미 늦었다!」라는 제하로 논설을 발표했다. 나는 사회주의의 실상을 명백하게 발표했다.

——투라티 파는 좀 더 일찍 눈을 떴어야 했다.——고 나는 말했다. 투라티 파란 우익의 지도자인 필립포 투라티를 우두머리로 하는 사람들을 일컫는다. ——이제 자동차는 험한 언덕길에 버려졌다. 그리고 개혁론자들의 브레이크가 요란한 소리를 올리고 있으나 차를 멈추게 할 수는 없다. 아니, 그것은 브레이크를 잡고 있는 사람들의 힘을 빠지게 할 뿐이다. 언덕 아래에는 견고하고 커다란 벽이 있다. 자동차가 거기에 부딪치면 산산이 부서지고 말 것이다. 그 파괴 속에서 지식이 태어날 것이다. 그것은 프랑스의 우화 작가인 라 퐁텐[59]도 한 말이다.

'불행도 좋은 것이다.

어리석은 자들에게 도리를 가르치기 위해서는'

하지만 어리석은 자가 국가를 파괴와 불행으로 빠뜨리기 전에 분별력을 되찾는 편이 좋을 것이다.——

그 철도 파업은 1월 29일까지 계속되었다. 그 사이에 행해진 외교적 논의에 따라 우리는 불행한 외교적 타협을 맺게 되었다. 이 무익한 계급투쟁이 벌어지고 있을 무렵, 최고의 이상주의로 채색된 하나의 사건이 벌어졌다. 피우메에서 고통 받고 있는 어린이들을 밀라노로 옮기겠다는 결정이 내려졌다. 어린이들은 경제적 자원도 없이 봉

---

59) Jean de La Fontaine(1621~1695). 프랑스의 시인이자 우화작가. 시의 음악성이 완벽에 가까웠으며, 동물을 의인화하여 보편적인 인간 전형을 그렸다. 대표작으로는 『우화시집』이 있다.

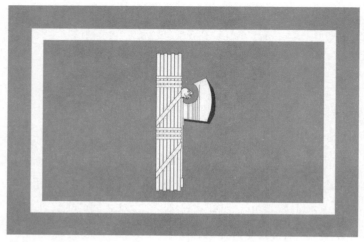

파시스트 깃발

쇄된 거리의 빈궁함을 견디고 있었다. 그들은 자신들의 불행에 몸을 맡기고 있었다. 우리의 적인 빈의 어린이들은 이미 밀라노에서 친절한 대우를 받고 있었다. 이탈리아 콰르네로(Quarnero)의 어린이들이 사랑과 연민을 받는 것은 당연한 일 아니겠는가? 파시스트가 피우메를 지휘하던 자의 동의를 얻어 실현된 이 친절한 일화가 이탈리아 전토에 커다란 반향을 일으켰다. 그 어린이들은 자신들이 여행하던 도중, 여러 지방과 정거장에서 커다란 기쁨을 맛보았다. 하지만 신문 검열관들은 그 아이들의 즐거운 여행에 관한 기사를 쓰지 못하게 했다. 그것은 조직적으로 우리의 정신을 훼손하려 한 정부의 계획 중 하나였다. 납으로 만든 숟가락에 보기 싫은 마크가 찍혀 있는 것처럼, 거기에는 니티의 정치적 술수의 낙인이 찍혀 있었다.

니티는 자신의 비열하고 어리석은 외교를 정당화하기 위해, 의회에서 피우메 문제에 대해 유고-슬라비아에 호의를 나타내는 것 같은 연설을 했다. 게다가 같은 시기에 미국의 윌슨 대통령은 피우메와 차라를 국제연맹의 관리하에 고립 · 분리시켜, 성장을 멈춘 자유 도시로 삼으려는 외국인다운 계획을 밀어붙이려 하고 있었다.

이튿날인 2월 8일, 우리 신문은 그 1면에 「어리석은 달팽이의 연설」이라는 제하로 논설을 실었다. 이 달팽이라는 별명은 단눈치오가 니티에게 붙여준 것으로 일반인에게도 알려져 있었다. 그 논설에 이어 「비참」이라는 제목으로 쓴 나의 짧은 사설을 실었다. 그 글에서 나는 파리 회의의 비극적인 결과에 대해 짧게 이야기한 뒤, 다음과 같은 글로 마무리를 지었다.

——사실 니티는 다시 한 번 돌아갈 준비를 하고 있는 것이다. 그는 자신의 셔츠를 주기 위해 파리로 간 것이다. 고집스러운 유고-슬라비아의 강경한 태도 앞에 우리의 달팽이는 울부짖으며, 굴복할 수밖에 없었던 것이다. 그 연설의 어조 전부가 혐오스러운, 더할 나위 없이 혐오스러운 것이었다. 패배한 독일과 오스트리아에도 니티와 같은 혐오스러운 수상은 아무도 없었다. 설령 있었다 할지라도 그와 같은 인물이 그들 나라에서 오래 버티지는 못했을 것이다. 이 인물은 도망자, 자기 가해자이자 절망적인 평화의 수상이다. 이탈리아의 목적은 언제나 트렌토와 트리에스테에 있다는 사실을 강조하여 달팽이는 유고-슬라비아에게 저항을 위한 무기를 제공한 것이다. 그나마 1866년의 평화가, 이 무례한 사내가 제공한 평화보다 훨씬 더 뛰어난 것이다. 다음에 파리에 가게 되면 달팽이는 또 다른 양보를 할 것이다. 차라를 양도할지도 모른다. 발로나(Valona)를 양도할지도 모른다. 아무도 모르는 일이다. 있을 법한 일이다. 그는 고리치아(Gorizia)까지 양도하고도 남을 인물이다. 아마 몬팔코네(Monfalcone)까지 양도할지도 모른다. 그리고 탈리아멘토(Tagliamento)의 선도

양도하지 않으리라고는 장담할 수 없을 것이다. 아마도 이러한 희생을 치르지 않으면 우리는 유고-슬라비아의 우호를 얻을 수 없다고 말할 것이다!

달팽이가 이끄는 이탈리아의 불명예스러운 신하가 되기보다는 차라리 노스케[60]의 독일 국민이 되는 편이 더 나을지도 모르겠다.

우리는 슬픔과 죽음의 날을 눈앞에 두고 있다. 그것은 카포레토에서 패한 날보다 좋지 않은 것이다!

우리는 우리의 힘을 회복할 것이다. 하지만 그 전에 희생을 치르지 않으면 안 될 사람이 있다.——

그 당시의 정부가 수행했던 국내정책과 대외정책은 국민생활의 여러 경향을 반영하고 있던 신문들로 하여금 강직한 논의를 하게 만들었다. 나의 공격 목표 중 하나는 『스탐파』 신문이었다. 이 신문의 사장은 원로원 의원인 프라사티(Frassati)로 얼마 뒤 베를린 주재 대사로 뽑힌 인물이다. 나는 그 신문이 채용한 방침을 맹렬히 공격했다. 그것은 마치 우리 조국의 구세주라도 되는 듯한 태도를 취했다. 하지만 원로원 의원인 프라사티는 이탈리아가 세계대전에 참가하는 것을 반대하던 인물이었다는 점을 기억할 필요가 있다. 그는 이탈리아의 생활이 가장 힘들고 어려울 때면 언제나 방관만 하던 인물이었다. 따라서 우리가 세계대전에서 승리를 거둔 뒤 적과 평화조약을 맺으려 할 때, 우리 조국의 구세주인 양 행세하는 태도를 취하기에는 어느 누구보다도 자격이 없는 인물이었다.

---

60) Gustav Noske(1868~1946). 독일의 정치가. 1918년 독일 혁명 때 해군반란을 진압했으며, 반혁명의용군을 조직하여 혁명세력에 맞섰다. 국방장관의 자리에까지 올랐다.

이른바 자유주의 여론의 사조를 대표하고 대변해왔던 『코리에레 델라 세라』는 살베미니와 니티의 유해한 정책에 따르고 있던 알베 르티니가 자신의 글로 지지하고 있던, 피우메와 달마티아를 중재재 판에 회부하자는 윌슨 대통령의 제안을 옹호하고 있었다. 적색 신문 인 『아반티!』는 이러한 논쟁과 나에 대한 중상을 이용하여 전 여론 앞에 나를 전반적으로 비방하려 했다. 그리고 나를 향한 이 공허하 고 효과 없는 공격에 종교단체에 의해 움직이고 있던 인민당 신문 까지 가세했다. 하지만 더 중요한 것은 그 신문이 파시즘의 대두와 세계대전의 승리에 반대하는 일에 종사했다는 점이다.

파업은 경찰관 및 군대와 시민 사이에 맹렬하고 불명예스러운 충 돌을 일으키는 특색을 가지고 있다. 의회에서의 논의는 그칠 줄 몰 랐으며 결국에는 주먹다짐으로까지 번졌다. 이러한 일은 국민과 정 치에 있어서 굴욕적일 뿐만 아니라 우리 정치계의 모든 조직에게 있어서도 굴욕적이고 한심한 모습이었다.

이삼 개월이라는 짧은 기간에 3번이나 내각의 위기가 있었지만 니티가 늘 정권을 되찾았다. 타협주의에 한껏 취해 있는 민주주의가 늘 그렇듯, 문제는 그 사이에 상호양보, 그것도 매우 중대한 양보가 있었다는 점이다. 끔찍하고 무익한 존재였다. 누구도 유혈의 전쟁에 서 승리한 국가의, 그리고 움직이고 있는 현실 세계 속에 당면해 있 는 국가의 사회질서를 바로잡으려 하지 않았다. 두려움과 타협과 안 개에 휩싸인 자줏빛 이상주의의 바다 속에서 홀로 등대와도 같았던 파시즘은 투쟁에 온몸을 내던지지 않을 수 없었다. 그것은 단지 맹 목적이기만 한 대다수의 사람들에 의해 압도되고 있었다. 나는 티니 정부의 공격 목표였다. 니티는 자신의 모든 개들을 나에게 보냈다. 그의 어용신문은 오로지 정치문제에 관한 나의 모순을 지적하려 했다. 나의 정신력과 육체적 강인한 힘을 경계하던 사회당은 자신들의 복수와 중상을 내게 퍼부었다. 적어도 그들은 멀리서 주위를 맴돌고 있었다. 그들은 주의 깊게, 실제적 일에는 관여하려 들지 않았다.

이 무뢰한들이 밀라노에서 제멋대로 설치고 다니던 때의 어느 날 저녁, 나는 이 롬바르디아 주도(州都)의 중심이 되어 있던 두오모 광장의 한 카페에서 적들에게 둘러싸여 고립상태에 빠져버리고 말았다. 내가 미켈레 비안키(Michele Bianchi)를 기다리며 커피를 마시고 있을 때 100명쯤 되는 사회주의자와 무뢰한들이 그 가게를 포위한 채 내게 비난과 모욕적인 말을 퍼붓기 시작했다. 그들이 나를 알아본 것이었다. 아마도 그들은 자신들이 오랜 기간 가슴에 품고 있던 복수를 하기 위해, 집단적 분노 속에서 마음속으로 나를 구타해야겠다고 생각하고 있었던 것이리라. 그 사람들은 숫자가 점점 불어났으며, 분위기도 점점 더 험악해져갔다. 이에 그 가게의 주인과 카운터의 여자가 서둘러 셔터를 내려버렸다. 여자는 이 무질서한 시대의 관습에 따라서, 자신들의 가게가 위험하니 나가달라고 내게 말했다. 나는 그런 군중과 맞닥뜨리는 일에는 익숙해져 있었다. 나는 그녀가 재촉할 때까지 기다리지 않았다. 그들이 많으면 많을수록 나는, 어떤 자에게는 건방지게 보일지도 모르는 확고한 용기를 가지고 그들에게 다가갈 수 있다. 나는 조금도 망설이지 않고 그 겁쟁이들에게 다가갔다. 내가 그들의 주모자에게 말했다.

"너희는 나를 대체 어떻게 할 생각이지? 나를 때릴 생각인가? 그럼, 그렇게 해. 하지만 뒤를 조심해야 할 거야. 너희의 모욕과 주먹은 훗날 톡톡한 보복을 받게 될 테니."

나는 그 승냥이 같은 무리들의 모습을 기억하고 있다. 그들은 말이 없었다. 그들은 가만히 서로의 얼굴을 바라보았다. 가장 가까이에 있던 자가 뒤로 물러났다. 그러자 갑자기 공포심이 모두에게로 퍼져갔다. 그것은 군중 속의 용기처럼 전염되는 법이다. 그들은 흩어져버리고 말았다. 단지 멀리서 모욕의 말을 마지막으로 던졌을 뿐이었다.

이 사건은 파시스트의 생활 가운데서 늘 일어나는 일 중 대표적인 것이기에 여기에 기술한 것이다. 하지만 다른 경우에는 그 결과가 전혀 다른 적도 있었다는 사실을 기억하지 않으면 안 된다. 구타, 단도를 든 습격, 총의 탄환, 암살, 폭행, 고문, 그리고 죽음이었다.

이 무렵 세계대전의 승리자인 디아츠[61] 장군과 니티 사이에서 다툼이 일기 시작했다.

이탈리아에 어떤 약속을 했던 런던 조약이 깨져버리고 말았다. 지중해 해안선은 매우 불안한 상태에 놓여 있었다. 이상한 소문이 외교부 안에 떠돌기 시작했다. 유고-슬라비아 사람들이 지중해의 모든 해안을 점령하는 것이 아닐까 하는 근심을 품고 우리의 불행한 지방의 대표자들이 로마로 모여들기 시작했다. 학생, 교수, 노동자, 시민—대표자—들이 각 장관과 직업적 정치가들에게 청원했다. 가장 뛰어난 이탈리아의 모든 대표단체 사이에서 달마티아를 구하라는 목소리가 일었다. 이 모든 정의로운 세력이 이탈리아의 대전 참가기념일에 조국의 이름으로 자신들의 나라에 불멸의 충성을 바치기 위해 달마티아 행진을 조직했다.

뒤이어, 지금도 여전히 내 기억에 생생히 남아 있는 하나의 사건이 수도에서 일어났다. 그것은 일반의 분노를 샀다. 니티 정권을 위

---

61) Armando Diaz(1861~1928). 이탈리아의 군인. 제1차 세계대전 중에 동부전선의 오스트리아군을 격퇴하여 이탈리아의 승리에 공헌했다. 파시스트 정권에서 육군장관의 자리에 올랐다.

해서 특별히 조직된 새로운 경찰대인 '근위대(Guardia Regia)'가 그 행진을 습격한 것이다. 그들이 일제히 사격을 시작했다. 많은 희생자들이 나왔으며 약 50명 정도가 부상을 입었다. 그것은 로마의 하늘 아래서 일어난 모든 사건 가운데서도 가장 통탄할 만한 사건이었다. 그리고 마치 이 습격과 폭행만으로는 아직 부족하다는 듯 여성까지도 포함해서 로마에 있던 모든 달마티아인을 체포해버렸다. 그에 대해서 항의를 할 만한 용기를 가진 사람은 거의 아무도 없었다. 무기력한 희생자와 폭행을 휘두르는 당국자, 이것이 하나의 양식이 되어 있었다. 몇몇 의원—그 가운데는 국가주의 작가인 루이지 시칠리아니(Luigi Siciliani)와 에일베르토 마르티레(Egilberto Martire)도 포함되어 있었는데—이 질문을 동의(動議)했으나 아무런 반향도 얻지 못했다. 『일 포폴로 디탈리아』를 통해 나는 모멸감을 널리, 멀리까지 퍼뜨렸다. 나는 전 국민을 모욕하고 있는 그 제도를 향해 저주의 목소리를 냈다. 나의 절규가 상원에서 반향을 일으켰다. 역사적인 순간에 있어서 어떤 위대한 인물이 이탈리아 민족의 위엄과 권위와 숭고함을 지키기 위해 일어난 것은 언제나 이 상원에서였다.

디아츠 대원수를 필두로 하는 상원의 한 단체가 다음과 같은 동의를 제출했다.

——상원은 정부가 국가권력을 파괴하려는 자들의 요구를 받아들여 우리 국군의 빛나는 승리와 우리 민족의 자랑스러운 저항을 멸하려는 듯한 조치에 나선 것을 유감으로 생각한다. 그것은 통일된 조국의 번영을 위한 협력과 모든 문명진보의 평화로운 완성을 위협하는 것이다. 이는 이탈리아의 전통에 반하는 처사로, 그것은 마침내 5월 24일의 애국적 표시를 폭력으로 억압했으며, 로마의 귀빈이

라 할 수 있는 달마티아인 및 피우메인을 이유도 없이 체포하는 극점에 달했다.——

그 서명 가운데에서는 디아츠와 함께 위대한 역사가인 아틸리오 호르티스(Attilio Hortis), 제독 타온 디 레벨(Thaon di Revel) 및 숭고한 이탈리아 문화의 대표자들의 이름을 여럿 볼 수 있었다. 서명한 사람은 총 64명이었는데 그 가운데는 4명의 상원 부의장도 있었다.

이 동의는 '이탈리아의 전통'을 일깨우려는 암시였으며, 힘과 용기로 가득했고, 전승에 대해 행해진 능욕을 일축하는 것이었다. 그 분노의 주창자가 바로 디아츠 대원수였다. 그는 비토리오 베네토(Vittorio Veneto)에서의 영광을 자랑스럽게 여기고 있었다. 대원수는 군인으로서, 훌륭하고 고원한 우리의 이상이 하루하루 시들어가는 모습을 보았던 것이다. 니티 정부——퇴폐적인 정당과 무익한 의회제도의 일부분——, 오로지 이권만을 탐하고 용감한 이상도 없고 국가에 대한 관심도 없고 정권만을 다투는 정치가라는 낙인이 찍힌 니티 정부는 불명예스럽게도 세 번째 붕괴를 맛보았다.

졸리티가 정권에 복귀했다.

몇 번인가의 굴욕과 동요를 되풀이한 끝에 의회와 정치조직은 국민의 운명을 지배하고 지도할 가치가 전혀 없는 집합체라는 사실을 스스로 폭로했다. 니티의 세 번에 걸친 실추로 수상을 직업으로 삼고 있는 사내라고도 할 수 있는 졸리티가 다시 무대로 돌아왔다. 그가 돌아왔을 때, 그야말로 자치정부 파산의 책임자가 될 것이라는 인상을 우리에게 주었다.

올바른 비평을 위해서 졸리티의 개인생활은 매우 공정했다는 사실은 인정하지 않으면 안 된다. 하지만 그가 정치적 품격에 있어서도 역시 공정했다고는 말할 수 없다. 그는 걸핏하면 의회를 해산했다. 그는 결코 이탈리아 사회의 깊은 이상주의적 원천과 흐름을 믿고 있는 듯한 증거를 보인 적이 없었다. 관료주의적인 일개 인간으로서 그는 모든 이탈리아의 문제를 민주주의와 의회제도의 요구에 따라서만 처리하고 있었다. 이와 같은 그의 기질 때문에 그는 세계 대전 중에는 정계에서 멀리 떨어져 있었다. 승리를 거둔 뒤 얼마 지나지 않아서 그는 일의 뒤처리를 하지 않으면 안 될 인간이라도 되는 양 정치 무대로 돌아왔다. 그가 청산해나가고 있던 일은 틀림없이 가장 살벌하고, 또 가장 장대한 일이었다. 그리고 이상주의의 입장에서 보자면 통일된 이후 우리의 역사상 가장 커다란 성공이었다.

졸리티 내각이 국내정책에 있어서 보여준 목적은 훌륭한 것이었다. 가장 불행했던 니티의 진흙탕 이후, 여론은 적의 없이 새로운 파일럿을 승인했다. 문제 격발의 요소인 외국의 기관이, 국내의 정치적 타협에도 약간의 도움을 받아 다시 알바니아(Albania)인으로 하여금 우리에게 반항하도록 선동했다[62]. 이 귀중한 국토는 파리에서 겨우 12시간밖에 떨어져 있지 않으나 언제나 우리를 통해서 문명의 흐름을 흡수해왔다. 오로지 우리에게서 받은 감화로 인해 근대 문명 생활의 빛을 반짝이게 할 수 있었던 이 지방이 갑자기 우리 수비대에 반역한 것이었다. 우리는 1908년 이후 위생적인 사명을 위해 알바니아의 발로나로 가 있었다. 그리고 1914년 이후 우리는 거기에 군대를 주둔시켰다. 우리는 거기에 도시를 건설했으며, 병원을 세웠

---

62) 이탈리아와 유고-슬라비아 사이에 알바니아의 영토분할에 관한 비밀협정이 체결되었고 영국과 프랑스는 트리에스테와 피우메를 포기한다는 조건으로 이탈리아의 야망을 들어주려 했다. 하지만 미국의 윌슨이 팽창주의에 단호히 맞섰으며 이에 영향을 받아 알바니아가 공화국임을 선포했다. 이 과정에서 이탈리아군은 알바니아인들의 저항에 부딪혀 군대를 철수하게 되었다.

고, 멋진 도로를 닦았는데 1916년에는 그 도로가 패한 세르비아군의 피난소가 되었다. 우리는 알바니아를 위해 수백만 리라를 희생했으며, 이 조그만 나라에 장래와 질서를 부여하기 위해 수천 명의 병사를 투입했다.

졸리티에게 단호한 알바니아 정책을 기대하기란 어려운 일이라는 점은 나도 알고 있었다. 여전히 어려운 국내상황 때문에 그에게는 대외정책에 나설 힘도 의지도 없었다. 당시는 스포르차[63]가 외무장관이었다. 그것만으로도 그 지중해 문제에 대한 최종적 만행을 실현하기에 충분했다. 우리 정부의 정책이 적절하지 못했기에 이탈리아 수비군은 발로나를 버리지 않을 수 없었다.

나는 다시 패배를 맛보았다

우리는 또 다른 패배의 시대로 들어섰다.

1920년에 철도 종업원들 사이에서 군대, 기총대, 혹은 경찰관을 태운 열차는 운전하지 않겠다는 조직적 실행이 채용되었다. 때로는 성직자에 대해서도 같은 정책이 행해졌다. 이 생각할 수도 없었던 힘의 남용에 대해서는 나만이 항의를 했다. 이탈리아 국민들은 자신들에게는 기회가 없다는 어리석고 소극적인 생각에 사로잡혀 자신들의 힘과 자부심을 보지 못하는 맹목적인 상태에 빠져 있었다. 관료주의, 혹은 정부의 정책에 반항하거나 거기에 비평을 가하는 자

---

63) Carlo Sforza(1873~1952). 이탈리아의 외교가, 정치가. 졸리티 내각의 외무장관으로 피우메 문제를 해결하기 위해 1920년에 유고-슬라비아와 라팔로 조약을 맺었다. 1922년에 프랑스 주재대사로 부임했으나 무솔리니 정권에 반대하여 사임하고 망명생활을 했다. 무솔리니 정권 붕괴 후, 다시 정계에 복귀했다.

에 대해서는 정부 스스로가 형벌을 가했다.

크레모나(Cremona)의 역장인 베르곤초니(Bergonzoni) 사건이 있었다. 그는 의연하게 피아첸차(Piacenza)로 가는 군대를 실은 차량을 열차에 연결하라고 철도 종업원들에게 명령했다. 이 가장 평범한 일에 대해서 사회당의 지배를 받고 있던 철도노동조합은 공공사업장관에게 그 역장의 면직을 요구했다. 하지만 공공사업장관이 이 노동조합의 요구를 엄중하게 거절했기에 이 사건과는 아무런 관계도 없었던 밀라노에서 13일간에 걸친 철도 파업이 행해졌다. 90만 시민이 살고 있는 밀라노는 교통이 마비되어 그 교외와도, 그리고 전 세계와도 소통불능 상태에 빠져버리고 말았다. 따라서 역마차와 자동차와 짐마차 시대로 되돌아가야 했으며, 나빌리오 강의 작은 배까지도 사용해야만 했다.

우리나라 최대의 현대적 도시인 밀라노는 정치적 무정부 상태에 빠져버리고 말았다. 그러한 상태를 간단히 제압해 그것을 지배할 수 있었던 밀라노의 군대조차 지방 당국의 손에 맡겨져 있었다. 그들은 군대의 빵을 마련하기 위해 당국으로부터 밀가루를 얻지 않으면 안 되는 지경에까지 이르러 있었다. 밀라노 지방에 접한 각 정거장에는 화물이 산더미처럼 쌓여버리고 말았다. 물론 그 물품들은 썩거나 상했으며, 창고 도둑이나 화물열차 도둑들이 제 물건인 양 함부로 손을 댔다. 그로부터 13일 뒤인 6월 24일 아침, 파업 중인 철도 종업원 대회를 연 직후, 철도 종업원들은 전 시민들의 격노에 압도되어 일에 복귀하는 편이 좋겠다는 생각을 갖게 되었다. 그 종업원 대회에서 발포 사건이 일어나 사상자가 나온 것이었다. 하지만 국가 당국은 죽은 것이나 다를 바가 없었다. 그것은 무덤에 넣어지기만을 기다리고 있을 뿐이었다.

졸리티 내각은 극심한 재정결핍에 시달리고 있었다. 졸리티는 전쟁으로 이익을 얻은 자의 모든 재산을 전반적으로 몰수하는 안과, 재산상속에 대대적인 과세를 하겠다는 계획으로 사회당을 만족시킬 수 있을 것이라 생각했다. 그 후의 조치는 완전히 사회주의적인 것으로, 세습재산에 대한 가족관념을 붕괴시키는 것이었다. 그것은 소유자의 이름으로 재산을 상속자에게 남길 권리를 위협하는 것이었다. 그것은 경제뿐만 아니라 정신적 · 사회적인 결과까지도 내포하고 있었다. 제도로서의 자본은 아직 유년 시대에 도달해 있을 뿐이었다. 따라서 재산양여권은 야심과 인간의 행복과 문명의 도구, 즉 자본을 발달시키기 위해 필요한 것이었다.

국제정책에 있어서 외무장관인 스포르차 백작은 스파(Spa) 협정[64]을 체결하고, 티라나(Tirana) 의정서에 조인해서 발로나와 알바니아를 포기했으며, 연약하게도 튀르키예와 세브르(Sevres) 조약[65]을 체결하더니, 갑자기 생각났다는 듯 피우메 문제를 해결하려 했다. 그 해결이 라팔로(Rapallo) 조약[66] 체결로 이어진 것이다.

달마티아를 이탈리아에 합병하기로 정했던 런던 조약은 단 하나의 정당한 이유도 없이 논의할 수 없는 것으로 왜곡되어버리고 말았다. 우직한 성격의 상원의원인 시알로이아(Scialoia)는 무기력한 상원의 분위기 속에서 그 런던 조약은 '이탈리아인 스스로가 점차

---

64) 1920년 7월 벨기에의 스파에서 열린 회의. 제1차 세계대전에 대한 독일의 배상금 수취액 비율이 결정되었다. 그 비율은 프랑스가 52%, 영국이 22%, 이탈리아 10%, 벨기에 6%였다. 이 외에 군비제한 조항 등에 관한 의정서도 채택되었다.
65) 제1차 세계대전 이후, 1920년 8월에 연합국과 오스만 제국(튀르키예) 사이에 맺은 조약. 내용은 튀르키예에게 매우 불리한 것이었으나, 이탈리아는 여기서도 만족할 만한 결과를 얻지 못했다.
66) 1920년 11월에 이탈리아와 유고-슬라비아 사이에 맺어진 조약. 국경에 관한 조약이었는데 피우메를 독립된 자유항으로 삼고, 그 일부를 유고-슬라비아가 영유하게 되었다.

힘과 효력이 없는 것으로 만들어버렸다.'고 말했다.

우리의 대외정책에서 보인 퇴폐의 물결을 막는 것이 절대로 필요하다고 믿은 나는 우리의 파시스트 조직과 『일 포폴로 디탈리아』를 이용하기 시작했다. 나는 그 물결에 대항하기 위한 어떤 방파제를 만들려고 노력했다. 그 탁한 물결을 막기란 쉬운 일이 아니었다. 아무래도 공산주의로 기울어지려는 경향이 있었다. 레닌의 힘은 단지 신화에서만 볼 수 있는 것과 같은 성질을 가지고 있다는 사실을 나는 확인했다. 그 러시아의 독재자는 대중을 지배했다. 그는 대중을 매료시켰다. 그는 대중을 마치 최면에 걸린 새처럼 매료시켜버렸다. 하지만 얼마 뒤, 러시아의 끔찍한 기근에 관한 뉴스와 공산주의연구를 위해 러시아에 가 있던 우리의 사절이 제공해준 보고로 인해 러시아의 신기루 같은 파라다이스에 대해 대중이 눈을 뜨게 됐다. 열기가 조금씩 식어가고 있었다. 결국 레닌은 우리나라 정치깡패들의 기치와 유행어가 되었을 뿐이었다.

이탈리아의 비행장은 폐쇄되고 비행기는 해체되어가고 있었다. 하지만 민간 비행기에 힘을 쏟으려는 시도가 행해지고 있었다. 그 무렵 베로나 상공에서 불행한 비극이 일어났다. 베네치아 비행에서 돌아오던 도중에 커다란 비행기 한 대가 베로나에서 추락한 것이다. 그 재난 때문에 조종사를 포함한 16명의 사람들이 목숨을 잃고 말았다. 그 사망자 가운데는 밀라노의 신문기자도 몇 명 있었다. 그 비극은 전 이탈리아를 동요하게 만들었다. 모든 사람들이 슬픔에 잠겼다. 하지만 내가 놀란 것은 당국이 이 기회를 이용해서 비행기 문제에 관한 논의를 중단하고 얼마 남아 있지 않았던 비행기와 발동기와 날개를 해체해버렸다는 점이었다.

내가 조종사가 되기 위한 공부를 해야겠다고 마음먹은 것이 마침

그때였다. 베로나에서 추락한 비행기의 조종사는 우리 고향 부근 사람으로 리돌피(Ridolfi) 중위였다. 그의 시체는 포를리의 교회로 옮겨졌다. 나는 휴양을 위해 몇몇 친구들과 함께 포를리에 간 적이 있었다. 우리 고향 사람들은 냉담한 적의까지 엿볼 수 있는 태도로 나를 맞이했다. 마침 리돌피 중위가 목숨을 잃은 뒤였기에 그곳 사람들과 친해지려던 나의 노력도, 또 비행을 배우고 싶다는 나의 소망도 전혀 쓸모없는 것으로 받아들여지고 있는 것 같다는 느낌이 들었다. 당시에는 물질상의 가치가 없는 것은 전부 쓸데없는 것이라 여겨지고 있었던 듯하다. 당시는 사람들의 마음이 우울함에 잠겨 있던 시대였다. 가브리엘레 단눈치오는 국가를 위해 피우메를 영원한 것으로 만들려 노력했으나 위와 같은 이유로 그것은 사람들의 흥미를 끌지 못했다.

그래도 나는 포기하지 않았다. 나는 비행을 되풀이했다. 나는 『일 포폴로 디탈리아』의 기자와 함께 만투아(Mantua) 상공을 날았다. 나는 비행이 이탈리아인의 자신감 속에서 사라져서는 안 된다는 사실을, 그리고 만약 필요하다면 어떤 어려움을 무릅쓰고서라도 비행을 진보시켜야 한다는 사실을 실행으로 보여줘야겠다고 다짐했다. 나는 기회가 있을 때마다 스스로 모범을 보였다. 그리고 나의 친구들도 같은 일을 했다.

매혹당한 대중의 기세가 더욱 강해지고 정부는 믿을 수 없을 만큼 빈약해져서, 9월 초에는 마침내 금속노동자가 각 공장을 점령해 버렸다. 공장의 점령은 공산주의 실행의 한 예였다. 공장을 점령하는 것은 그 주의를 실현하기 위한 방법 중 하나였다. 노동자들은 무지했으며 주모자는 그들을 속이고 있었다. 노동자를 속이고 있다는 사실을 충분히 알고 있었으면서도 그 주모자는 지금까지의 모든 질서를 파괴하고 모든 공장, 모든 과정, 모든 생산물의 판매까지도 자신들이 직접 관리할 수 있다고 장담했다. 이는 일반에 잘 알려지지 않은 사실이지만, 그들은 칼이나 단도 같은 종류의 무기를 만드는 것 외에는 아무것도 하지 않았다. 그들은 노동을 강제적으로 저지했으며, 어린아이처럼 증오와 무능을 내보이기 위해 시위운동으로 21일을 허비했다.

점령이 시작됨과 동시에 관리인과 소유자와 건물의 사무원은 노동자들에 의해 내몰리고 말았다. 상표와 공장의 간판은 떼어졌으며, 지붕과 공장의 문 위에 소비에트의 상징인 낫과 망치의 붉은 깃발이 박수 속에서 게양되었다. 공산주의적인 세칙에 따라서 모든 건물에 위원회가 만들어졌다. 그 운동과 거리를 두고 있거나, 『일 포폴로 디탈리아』처럼 그 기괴한 소비에트식 희극에 맞서 투쟁을 개시한 모든 사람들을 위협하기 위해 전화가 사용되었다.

공장 점령에 뒤이어 가장 끔찍한 행동이 행해졌다. 빛나는 국가적, 군사적 역사를 가진 피에몬테의 오랜 수도 토리노에 적색재판소가 조직되어 커다란 위력을 마음껏 휘두르고 있었다. 초기부터 파시즘으로 전향했던 국가주의 애국자 마리오 손치니(Mario Sonzini)가 노동자들에게 잡혀 잔혹하고도 기괴한 혁명재판에 회부되었다. 그는 총에 맞아 온몸이 벌집처럼 되었으며, 시궁창 속에 던져졌다. 어떤 자가 기독교적 자비심에서 그를 용광로에 던져 넣으려 했으나 용광로의 불은 공장과 마찬가지로 싸늘하게 식어 있었기에 다른 자가 그 가엾은 순교자를 때리고 발로 차서 간신히 남아 있는 목숨을 끊어주었다. 손치니의 죄는 그가 단지 파시스트였다는 것뿐이었다. 같은 운명이 다른 사람들까지도 덮쳤다. 이와 같은 인간의 잔학성은 여자들까지도 갖고 있었다. 짐승과도 같은 잔혹성이 방종에 취한 남자와 여자를 사로잡아버린 것이었다.

당시 『아반티!』는 이 야만스러운 살인을 다음과 같이 보도했다.

——한 인간이 국가주의자에서 다시 파시즘으로 기울어 사회의 경향을 생각하다 체포되어 총살당하는 것은 인생에서 있을 수 있는 일이다. 그것이 일반적인 운명이다.——

이탈리아 몇몇 도시에서의 공장 점령이 계기가 되어 과격한 시위 운동이 시작되었다. 몬팔코네(Monfalcone)에서 사망자가 나왔다. 밀라노에서도 사망자가 나왔다. 반도의 다른 도시에서도 역시 사망자가 나왔다.

우리나라의 국제적 신용은 바람에 불이 꺼진 촛불처럼 이미 사라져버리고 말았다. 평화가 체결된 뒤조차도 우리나라의 부흥을 생각하는 사람은 거의 없었다. 붕괴의 기운을 뚜렷하게 느낄 수 있었다. 인쇄기계는 지폐를 남발하기 시작했다. 유통을 증가시킬 필요가 있었다. 그리고 우리나라의 경제생활이 완전히 와해되지 않도록 인플레이션에 의지할 필요가 있었다. 그로부터 10년이 지난 지금도 우리는 여전히 불행했던 그 시절의 무거운 짐과 결과를 느끼고 있다.

이처럼 부자연스러운 재정위기가 와해를 부추겼다. 나는 이와 같은 위기를 국가재정에 밝은 인물이라 여겨지고 있던 국회의원 메다(Meda)와의 논쟁을 위한 논설에서 여러 차례 예언했다. 그 암흑시대에 이탈리아 국민에게 명백한 길을 제시할 수 있는 사람은 아무도 없었다고 나는 지금 말할 수 있다. 재정 방면에 있어서 우리는 완전한 와해를 향해 일직선으로 나아가고 있었다. 게다가 스포르차 외무장관은 자신의 외교정책에 대한 반주로 연달아 양도를 행했다.

그는 라팔로에 도착했다. 그리고 그때부터 피우메는 가시방석에 앉아 절단되고 추방당할 도시가 될 운명에 놓이게 되었다.

나는 승리를 향해 나아갔다

이탈리아의 전승기념회가 거행되었던 11월 4일에 희미하게나마 각성의 조짐이 보였다. 로마와 밀라노에서 기다란 애국시위행진이 벌어졌다. 전 이탈리아가 축복했다. 나도 축복했다.

하지만 그것은 일시적인 것이었다. 그와 거의 동시에 볼로냐 다 쿠르지오(d'Accursio) 궁전에서의 비극, 페라라 에스텐세(Estense) 궁전에서의 비극, 피우메에서의 유혈의 크리스마스 등과 같은 여러 가지 비극적 사건이 일어나 우리를 슬프게 했다.

볼로냐에서는 알피나티가 대담한 소수의 파시스트를 지도하고 있었다. 우리는 사회당이 그 붉은 도시에서, 전 부문에 걸쳐 적색분자에 의해 대부분을 점령당한 볼로냐 신시(新市) 정부의 설치를 축하하기 위한 요란스러운 시위행진을 준비하고 있다는 사실을 알고 있었다. 11월 21일에는 다수의 붉은 깃발이 시청사 궁전의 높은 탑 위에, 그리고 개인의 건물 위에도 내걸렸다. 또 비둘기 여러 마리를 날려 다른 지방의 동지들에게 볼로냐 사회당의 인사를 보내려는 계획도 세우고 있었다. 시 전체가 사회당원들의 손에 넘어가 있었다. 이제 그들은 소비에트 제도를 채용할 일만 남겨두고 있었다. 파시스트 및 투사들의 단체에 속해 있던 시 정부의 소수파가 그 회의에 출석했다. 이는 도전이라고 나는 생각했다.

볼로냐의 파시스트 단체는 마르살라(Marsala) 가에 본부를 두고 있었는데 수많은 어려움을 무릅쓰고 공안을 지키기 위해 몇 개의 소부대를 조직했다. 그날 오후, 파시스트는 끊임없는 모욕과 도전을 받았다. 파쇼, 즉 파시스트 단체는 벽보를 게시해서 다른 어떠한 협박도 용납하지 않겠다는 사실을 분명히 하고, 부녀자는 문단속을 철저히 한 뒤 집 안에 있으라고 권고했다. 볼로냐 시가에서 참극이 일어날 것을 미리 예상하고 있었던 것이다. 알피나티의 지도에 따라 강경한 태도를 보인 볼로냐 파시스트가 사회당의 기세를 꺾어버렸다. 왜냐하면 그들은 더 이상 자신들 멋대로 날뛸 수 없으리라고 느꼈을 뿐만 아니라 그들의 지도자 전부가 신변에 위협이 가해질지도 모른다는 공포심에 사로잡혔기 때문이었다. 공포와 두려움이 이탈리아 사회당의 전형적인 특성이었다고 나는 분명히 말할 수 있다.

약 30명 정도의 파시스트가 조그만 대오를 이루어 사회당원이 모여 있는 널따란 '독립대로'로 들어서려던 순간, 와 하는 소리와 함께 군중이 사방으로 흩어져 혼란의 소리가 일었다. 공포에 휩싸인 군중의 일부가 시청사 쪽으로 달려가 그 안마당으로 들어갔다. 그곳이 마치 자신들의 요새라도 되는 양 숨어 있던 사회주의 당원들은 자신들의 공포에 판단력이 흐려져 시청사 쪽으로 도망쳐온 당원들을 전부 파시스트라고 착각했다. 그들은 시청사가 습격 받을까 두려워하고 있었던 것이다. 이에 그들은 미리 준비해두었던 폭탄을 군중의 머리 위에서 그들에게로 던졌다.

그것이 군중의 공포심을 더욱 자극했다. 많은 사람들이 사회당원이라는 팻말을 내던지고 달아나버렸다.

시청사 궁전 주위와 안마당에서 이런 사건이 벌어지고 있는 동안 시의회 의사당 안에서 갑자기 참극이 벌어졌다. 파시스트의 습격이라고 착각한 시의회의 적색분자들 대부분이 불안에 깜짝 놀라 입구

쪽으로 쇄도했다. 하지만 그들 중 어떤 자들은 적색분자의 대중 사이로 뛰어들려 했으며, 또 어떤 자들은 시의회 보수당원의 조그만 집단을 향해 돌진하기도 했다. 첫 번째 총성이 의사당 안에서 들려왔다. 수위는 붙잡히지 않으려고 위에서 땅바닥으로 뛰어내렸다. 소수파 의원들—그들 중에는 파시즘의 창도자인 변호사 조르다니(Giordani), 변호사 오비글리오(Oviglio), 비아기(Biagi), 콜리바(Colliva), 마나레시(Manaresi)도 있었다—은 의석을 지키기 위해 자리에서 움직이지 않았다. 그리고 공포에 사로잡힌 사회주의자들의 증오의 대상이 되었다. 누군가가 총을 쏘았다. 총알은 기적적으로 오비글리오를 빗겨갔다. 하지만 두 번째 총알이 조르다니 중위의 목숨을 앗아갔다. 중위는 세계대전에 참전했던 용사로 부상을 입었는데 그 때문에 적색분자들로부터 미움의 대상이 되어 있었다. 그러는 사이에 유혈의 폭동을 일으킨 지도자들은 마치 미쳐버리기라도 한 듯, 사람들이 모여 있는 광장으로 계속해서 폭탄을 던졌다. 그들은 도망쳐오는 사회당원들을 파시스트라 생각하여 폭탄을 계속해서 던진 것이었다. 그 살해 광경은 참으로 끔찍한 것이었다.

그로부터 얼마 지나지 않아서 비슷한 일이 페라라에서도 일어났다. 그것은 사회당의 대대적인 시위운동이 에스텐시(Estensi)의 역사적인 고성에서 행해지기로 되어 있던 때의 일이었다. 한 무리의 파시스트가 대회장소로 행진하고 있을 때 갑자기 사격이 시작됐다. 파시스트가 물러난 뒤, 사회당원 3명이 목숨을 잃었으며 수많은 부상자가 나왔다. 적화되어가고 있던 페라라 지역. 모든 도시와 지방까지 사회주의자의 손에 넘어가 있던 페라라. 지사까지도 체포될 위기에 처해 있던 페라라 지방은 불안 속에서 시간을 보내고 있었다. 볼로냐에서와 마찬가지로 격앙된 감정이 품위 있는 에스텐시 지방을 뒤덮은 것이었다. 하지만 나는 이러한 참극은 단지 어떤 혁명의 서곡에 지나지 않는다는 사실을 사람들이 어렴풋이 알게 되었을 것이라고 생각했다. 어떤 혁명일까?

나는 포 계곡 부근과 상부 이탈리아와 각 도시 및 농촌의 파시스트 운동의 책임적 지도자들을 밀라노로 소집했다. 참석한 사람의 숫자는 많지 않았으나 그들은 어떠한 위험에도 굴하지 않겠다는 결심을 가진 자들이었다. 나는 그들에게 신문의 선전이나 실례를 보여주는 일 정도로는 우리가 커다란 성공을 거두지 못할 것이라는 사실을 이해시켰다. 그것은 내가 갑작스럽게 깨달은 일이었다. 흉포한 적은 폭력적 투쟁으로 쓰러뜨릴 수밖에 없었다.

하나의 계시가 눈앞에 나타난 것처럼, 나는 이탈리아가 하나의 역사적 힘에 의해서, 즉 불완전한 사회에 있어서는 때로 반드시 필요한 정의의 완력에 의해서 구제되어야 한다는 사실을 깨달은 것이었다.

지난날의 우리의 민주주의는 이미 목숨이 끊어졌다. 그 유서를 우리는 이미 읽었다. 그것은 우리에게 혼돈 외에 아무것도 남기지 않았다.

제5장 파시즘의 정원

이탈리아는 다시 새벽을 보았다

어떤 우발적 폭행 속에는 깊은 정신적 의의가 담겨 있는 법이다.

우리나라에 하나의 지도적 계급이라는 것은 존재하지 않았다. 자유당은 모든 것을 사회당에게 양도하고 말았다. 견실하고 근대적인 국가의 통일은 존재하지 않았다.

노동자와 농민대중은 여전히 무지했다. 아름다운 말로, 의자 위에서의 설교로 길을 제시하려 해도 그것은 쓸모없는 짓이었다. 때를 기다렸다가 의협심에 넘치는 폭력을 깨닫게 할 필요가 있었다. 똑바로 뻗은 유일한 길은, 사악한 폭력을 그 자신들이 선택한 곳에서 쓰러뜨리는 것뿐이었다.

우리에게는 투쟁이 어떤 의미를 갖고 있는지 아는 사람들이 있었다. 그런 사람들로부터 이탈리아 전투자 파쇼가 태어났다. 많은 사람들이 다시 이탈리아의 대학에서 나왔다. 그들은 이상의 영감에 자극받아 학문을 버리고 우리의 소집에 응해 달려온 것이었다.

우리는 이 싸움에서도 역시 이겨서 두려움과 반역의 시대를 과거에 묻어버려야 한다는 사실을 알고 있었다. 우리의 길을 폭력과 희생과 피로 만들어낼 필요가 있었다. 대중이 요구하는 것—하지만 무의미한 선전과 오가는 말들과 의회와 신문의 거짓된 투쟁으로는 얻을 수 없는 것— 즉, 질서와 규율을 수립할 필요가 있었다.

우리는 구제와 부활의 시대를 시작했다. 거기에는 죽음이 있었다. 하지만 모든 눈들이 수평선 위에서 이탈리아 재생의 새벽을 보았다.

단눈치오 피우메를 떠나다

1920년이라는 불행한 해는 피우메의 비극적 해산과 함께 막을 내렸다. 라팔로 조약에 의해 피우메가 분리될 운명에 놓이게 되자 피우메에서 이탈리아인들의 저항은 이전보다 더욱 결사적인 것이 되었다. 단눈치오는 어떠한 희생을 치르더라도 그렇게 오래도록 고통을 참으며 이탈리아의 정신을 살린 순결함을 지키기 위해 싸워온 그 도시를 결코 버리지 않을 것이라고 선언했다.

나 역시도 그 싸움을 위해서 하루하루를 보냈다. 단눈치오와 나는 그 싸움이 시작된 날 이후부터 늘 밀접한 관계를 맺고 있었다. 나는 1년이 넘는 기간 동안 그로부터 친밀함이 담긴 편지를 받아왔다. 그 편지는 내게 피우메의 열정적 숨결을 보내왔다. 그 시를 점령한 최초의 순간부터 그는 투쟁에 대한 굳은 의지를 내게 밝혔다. 그가 1919년 9월 14일에 우리 신문을 위해서 자신의 가장 씩씩한 성명을 보내온 편지는 그에 대한 뜻깊은 증거라 할 수 있다. 그는 다음과 같이 말했다.

――친애하는 무솔리니.

다급한 마음으로 두어 줄 적어 보내오. 나는 몇 시간이고 계속해서 일하고 있소. 그 때문에 손과 눈이 아프오. 내 아들이자 용감한 친구인 가브리엘리노(Gabriellino)에게 이 원고를 맡겨 보내오. 정정할 곳이 있으면 고치시오. 이 투쟁은 내가 나의 방식에 따라 마지막까지 수행해야 할 오직 하나뿐인 첫 번째 투쟁이오. 만약 검열이 간섭을 할 것 같으면 글자가 삭제된 부분은 공백으로 남겨놓고 이 편지를 발표해주시오. 그리고 우리가 봐야 할 것을 봅시다!

다음에 또 쓰겠소. 내가 가도록 하겠소. 나는 당신의 굳은 마음을 찬미하며, 당신의 정곡을 찌른 타격의 힘에 감탄하고 있소. 내게 당신의 손을 잡게 하시오.

가브리엘레 단눈치오――

7월부터 12월까지 피우메 사태는 점점 어려워지고 있었다. 단눈치오의 굳은 결심에 부딪힌 당시의 수상 졸리티는, 외무장관 스포르차 백작이 라팔로에서 체결한 조약을 충실히 지키기 위해 그 도시를 봉쇄하기로 결정했다. 그 봉쇄의 결과는 의심스러운 것이었다. 이에 그는 그 도시를 파견군으로 점령하기로 결심했다. 그들은 크리스마스를 선택했다. 왜냐하면 크리스마스에는 이틀 동안의 휴일이 있어서 그 기간에는 신문이 발행되지 않기 때문이었다. 이탈리아 병사가 이탈리아의 도시를 향해, 소수의 용감한 군단병을 향해, 열성적인 영혼을 가진 이탈리아인을 향해, 단눈치오의 동지인 투사들을 향해 쇄도해 들어갔다. 붉은 피가 거리를 물들였다. 사망자도 나왔다. 이탈리아 전역이 분노에 휩싸여 있었다.

여기에 이르러 후회와 화해의 마음이 떠오르기 시작했다. 하나의 해결책이 나왔다. 단눈치오는 그 권한을 시민위원회에 넘기고 피우메를 떠났다. 그는 성심성의껏, 그 무엇에도 굴하지 않고 16개월 동안 이 시를 지켜왔다. 하지만 결국에는 피우메의 운명을 선량한 시민과 냉혹하게 성숙되어가고 있던 사건의 추이에 맡길 수밖에 없었다. 그때 나는 성명 하나를 썼다. 그것은 모든 이탈리아인의 마음에 반향을 일으켰다.

——모든 미사여구와 단순한 말들의 나열 속에서 이 극은 완성되었다. 끔찍한 극, 하지만 완성된 극이다. 한쪽에는 그 깊은 속까지 단호하고 차가운 '국가의 논리'가 있으며, 다른 한쪽에는 최고의 희생까지도 아끼지 않는 결사적이고 뜨거운 '이상의 논리'가 있다. 만약 그중 어느 하나를 선택하라고 한다면 우리 곤궁한 소수자는 가만히 '이상의 논리'를 택할 것이다.——

며칠 후인 1921년 1월 4일에 나는 사설을 통해 피우메에서 전사한 론키 부대의 희생자들에게 조사를 바쳤다. 그 사설은 이전까지 내가 쓴 것들 중에서도 가장 열성적인 것이었다. 나는 그 사설을 다음과 같은 말로 마무리 지었다.

——그들이야말로 세계대전에서 쓰러진 마지막 사람들이다. 하지만 그것은 헛된 것이 아니다. 이탈리아의 삼색기는 그들에게 경의를 표하고, 이탈리아의 흙이 그들을 감싼다. 그들의 무덤은 신전이다. 거기에는 어떤 대립도 불화도 없다. 카르나로(Carnaro)의 사자여 피우메와 이탈리아는 하나임을, 하나의 몸이자 하나의 마음임을 증언

하라. 외교관의 검은 잉크는 피로 영원히 맺어진 것을 갈라놓을 수 없다.

론키 부대여, 지도자인 단눈치오여, 살아 돌아오는 자들이여, 돌아오지 못할 희생자들이여, 그들에게 찬사를 보낸다.

그들은 눈 덮인 네보소(Nevoso) 산맥을 지키기 위해 버티고 있었던 것이다.——

완력이 필요하다는 철칙은 이미 확증되었다. 우리 모두가 그것을 느끼고 있었다. 이제 일정한 결과를 얻기 위해 행동에 옮길 때가 왔다. 내가 직감에 의해 만들어낸 전투부대의 편성이 완료되었다. 나는 그들 부대에 정확한 방향과 명백한 범위 내의 분명한 임무를 주었다. 부대는 훈련과 보복의 임무를 개시했다.

우리의 힘은 전광석화처럼 일을 해내지 않으면 안 되었다. 그들은 가리발디의 군단처럼 충성스럽고, 특히 용맹스럽게 훈련되었다. 이탈리아 전투자 파쇼의 중앙위원회가 나의 지도 아래 각 주와 각 도시의 지방행정위원회 및 행동대의 모든 일을 조정했다. 용감하고 활기에 넘치는 분자들이 대학에서 우리에게로 가담했다. 이탈리아의 학교는 정치생활과 파시즘을 위해 자신들의 강당을 버린 학생들의 빛나는 이름으로 넘쳐났다. 이 열성적인 젊은이들은 조금의 후회도 없이, 한 치의 망설임도 없이 즐거운 생활을 버리고 우리나라를 배신한 자에 대한 토벌을 위해 목숨을 잃을지도 모를 위험 속으로 뛰어든 것이었다. 훗날 나는 이들 대담한 청년 영웅들에게 명예로운 지위를 주어 그에 보답했다. 그들은 나라를 구하기 위해 자신들의 피를 아낌없이 바쳤다. 가장 뛰어난 이탈리아 청년의 모습이 그들 속에 있었다. 그들은 열의에 가득하고 잘 훈련된 조직적 활동으로 그 어리석고 무지한 그물 속에서 모든 이탈리아 국민의 생명의 싹을 잘라버리고 있던 사회주의, 공산주의의 거미들에 맞서 그들을 쓰러뜨렸다. 박해, 협박, 강탈, 파괴, 보복이 일어난 곳에는 반드시 파시스트 행동대가 모여들었다. 검은 셔츠, 즉 강직함의 상징이 우리 전투단의 제복이었다.

자유주의, 민주주의 정부는 당연히 파시스트 운동의 앞길을 방해하려 했다. 정부는 반국가적 증오의 맹목적 도구인 근위대에 의지하고 있었다. 하지만 올바른 용기와 힘과 능력을 가지고 있던 우리는 복병, 함정, 죽음을 두려워하지 않고 맞섰다. 그에 반해서 우리가 형무소에 던져졌을 때는 오랜 기간 재판을 기다리며 거기에 머물렀다. 나는 우리 병사들에 대해서 하나의 힘을 가지고 있었다. 내게 있어서 그것은 거의 신비하게 여겨지는 것이었다. 젊은이들에게 있어서 나는 부정한 우리 이탈리아에 대한 복수자였다. 죽음을 앞두고 젊은이는 "우리의 검은 셔츠를 수의로 삼아 달라."고 말했다. 그들이 마지막까지 '우리 조국'을 생각하고 있었다는 사실을 알고 나는 감동받지 않을 수 없었다. 사랑과 노래가 아름답게 피어난 것이었다. 이 탈리아인의 용맹과 남성미와 무책임한 자에 대한 분노로 가득한 청년의 부활. 그것은 사회주의자의 협박을 비웃고 자유주의자의 애매한 태도를 지워버렸다. 전투의 시와 각성해가고 있는 민족의 목소리가 이 부활의 시대에 우리나라의 힘을 증대시켜가고 있었다.

우리의 많은 사람들이 목숨을 잃었다. 이탈리아의 작은 악귀, 적색 무뢰한, 정치적 음모에 한껏 잠겨 있던 우리나라의 공산주의단체는 자신들에게 있어서 위협적인 존재인 파시즘의 출현이 자신들에게 얼마나 위험한 일인지 이미 알고 있었다. 이에 그들은 우리를 함락시키기 위해 온갖 수단을 동원했다. 그들은 점차 용의주도하게 덫을 놓고 잠복을 행했으며, 점차 교묘하게 함정을 팠다. 이탈리아의 도로와 시골의 초원이 매일 끔찍한 항쟁의 피로 물들었다. 일요일이나 휴일, 그 외의 모든 집회가 특히 습격의 목표가 된 듯했다.

우리는 우리의 힘을 필요한 범위 내로 엄격하게 제한하고 있었다. 나는 그러한 견해를 장병들과 함께 지켜나갔다. 때로 그들은 분함과 고통을 참으며 나를 따르는 적도 있었다. 그들은 억울하게 살해당한 동지들을 생각하고 있었던 것이다. 하지만 그들은 언제나 나의 명령에 따라 복수를 자제하고 있었다. 그들은 흔쾌히 나의 명령에 완전히 따랐다. 만약 내가 복수를 행할 뜻을 품고 있었다면 나는 당당하게 전투를 벌일 수 있었을 것이다. 젊은이들은 그 기회를 놓치지 않고 달려들었을 것이다. 그들은 다른 누구로도 대체할 수 없고, 그의 말이 곧 규율이 되는 수장을 대할 때와 같은 태도로 나를 대했다.

이처럼 나에 대한 깊은 애착심을 보여주는 여러 가지 사실들로 인해 버틸 수 있었다는 느낌이 들며, 그로 인해 나는 단련되었던 것이다. 이는 내게 무거운 책임감을 가져다주었다. 이러한 수많은 이야기들 가운데서 나는 공산주의자의 단도에 무참히도 찔려 목숨을 잃은 22세의 청년, 니콜로 포스카리(Nicolo Foscari) 백작을 잊을 수가 없다. 이 훌륭한 청년은 이틀 동안 괴로워하다 숨을 거두었다. 상처의 아픔에 괴로워하면서도, 특히 죽음에 임해서도 언제나 내 사진을 자신 곁에 두게 했다. 그는 죽음을 기뻐하고 자랑스럽게 여기고 있다고 말했으며, 나로 인해서 어떻게 죽어야 하는지를 배웠다고 말했다.

나는 정치적 투쟁에 익숙해져버렸다. 하지만 나는 의협심에 넘치는 투쟁 외의 모든 투쟁을 언제나 좋아하지 않았다. 나는 국내 항쟁이 얼마나 비참한지를 알고 있었다. 하지만 절망스러운 정치적 위기 때문에 활이 너무나도 팽팽하게 당겨졌을 때는 화살이 발사되거나, 혹은 시위가 끊어져버리고 마는 법이다. 몇 개월 동안의 행동과 완력을 통해서 우리는 공허한 의회의 사소한 정쟁과, 소심한 정치적 음모와, 이기적인 이익과, 조그만 개인적 야심으로 더러워진 비열한 분위기와, 마치 개미를 불러 모으는 설탕단지처럼 정치를 취급하는 어지러운 다툼으로 잃어버린 50년을 되찾아야만 했다.

1921년에 정부의 보호 속에서 나는 반대파와 정치적 협조를 시도했다[67]. 사회당과 자유당의 완고함과 무지함은 놀라울 정도의 것이었다. 오직 나만이 처음으로 취한 대범하고 관대한 태도는 그저 새로운 안개와 좋지 않은 기운과 애매함을 낳는 데 도움이 될 뿐이었다. 사회당은 그 휴전에 조인했으나 공산당은 하지 않았다. 공산당은 모든 점에서 사회당의 원조를 받으며 공공연히 투쟁을 계속했다. 평화주의의 관대한 시도는 전혀 무의미한 것이었다! 사회주의가 이미 이탈리아의 생활을 파괴해버리고 말았다. 받아들일 수 없는 대립자가 언제나 있었고, 그 때문에 잠시 동안의 휴식 상태에 있던 투쟁이 다시 시작되었다. 그것은 극단적인 결과에 이를 때까지 계속되었다. 그렇게 해서 다시 시작된 투쟁은 1921년에 일어난 커다란 정치적 투쟁의 발단이 되었다[68].

그해에 일어났던 끔찍한 싸움의 전부를 이야기할 생각은 없다. 그것은 이미 지나버린 일이다. 하지만 우리 파시스트의 집에서는 살아남은 자들의 기원의 등불이 끊임없이 불타오르고 있으며, 난로 위

---

67) 사회당과 파시스트 사이에 맺어진 화해협약. 이 협정이 깨진 후, 파시스트는 정부와 국가기관의 공공연한 동조 속에 거리낌 없는 폭행을 저질렀다.
68) 무솔리니는 이 자서전을 통해서 파시스트의 폭력에 대해서는 늘 이렇게 애매하고 자의적인 말들로 일관한다. 자신들의 피해는 상세히 전하면서도, 자신들의 폭행은 투쟁이라는 말로 뭉뚱그려서 합리화한다.

에는 쓰러진 자들에 대한 추억이 살아 있다. 파시스트 군단은 모든 연령층의 사람, 모든 종류의 사람들로 이루어져 있었다. 많은 사람들이 채 승리를 확정 짓기도 전에 숨을 거두었다. 하지만 올바른 사람들의 신이 모든 쓰러진 자들을 위해 영원한 광명을 비추어, 훌륭한 삶을 살았으며 자기 신념의 옳음과 성실함을 피로 써내려간 영혼들에게 보답을 해줄 것이다.

1921년 1월에는 포 계곡에서 커다란 폭력사건이 일어났다. 사회주의자는 파시스트의 장례행렬을 향해서까지 발포하는 극한 행동을 취했다. 그런 일은 로마에서조차도 일어났다. 그때 레그혼(Leghorn)에서 사회당대회가 열렸다. 그들 가운데서 분열이 일어났다. 그리고 거기서 자주적인 공산당이 결성되었다. 이 당은 훗날 모든 이탈리아 정치계의 실제에 있어서 실로 혐오스러운 역할을 행하게 된다. 이 새로운 공산당이 모스크바에 의해 선동되고, 지지되고, 지도까지도 받았다는 사실을 나는 알고 있다. 매우 엄중하게 비밀을 지키려 했지만 모든 사람들에게 사실이 알려졌다. 그 후 다른 모든 나라들이 침략을 당한 것처럼 우리나라도 침략을 당했다.

언제나 신념과 열정의 불꽃으로 불타오르고 있는, 모든 이탈리아인이 친애하는 도시인 트리에스테에서 파시스트의 대회가 열렸다. 트리에스테 파시스트의 지도자는 준타(Giunta)였다. 그는 이탈리아의 국회의원으로, 파시스트가 최초의 행동을 일으켰을 때부터 활약한 열렬하고도 용감한 파시스트였다. 그는 여러 가지 상황에 맞춰— 이 적색 슬라브의 침략에 대해서, 그리고 트리에스테의 지배권을 쥐고 있는 사람들의 어리석은 행동에 대해서— 얼마나 튼튼한 방벽을 쌓아야 하는지를 알고 있었다. 대회는 로세티(Rossetti) 극장에서 열렸다. 거기서 나는 강연을 했다. 나는 단지 파시스트만을 위해서가 아니라, 새롭고 완전히 이탈리아적인 정책에 흥미를 가지고 있는 모든 사람들을 위해서 우리의 근본적인 원칙을 피력했다. 당시 이탈리아의 대외정책을 흔들고 있던 중대한 문제를 구체적으로 검토한 뒤, 나는 스포르차 외무장관과 졸리티 수상이 피우메를 포기한 라팔로 조약을 완전히 파기할 것을 요구했다. 그럼에도 불구하고 나는 그 당시 우리를 진흙탕 속으로 빠뜨린 사람들의 오랜 분열의 결과인 그 조약의 슬픈 결과에는 맞설 수 없다는 사실을 인정했다. 나는 이렇게 말했다.

"그 양도의 죄는 마지막으로 협의한 자들에게만 있는 것이 아니다. 그 양도의 죄는 이미 의회에서도, 우리나라의 언론계에서도, 그리고 어떤 대학에서조차도 행해지고 있었던 것이다. 그 대학에서는 한 교수가 자신의 생각에 따라 달마티아는 이탈리아의 것이 아니라는 사실을 나타내기 위한 책을 발표했는데 이러한 책들은 말할 필요도 없이 자그레브(Zagreb)에서 외국어로 번역되었다.

달마티아의 비극은 이러한 무지와 이러한 좋지 않은 신념과 커다란 오해에 기인한 것이다. 우리는 장래의 일을 통해서 이처럼 기괴하고 잘못된 일을 폐지하기를 바라고 있다. 우리는 이탈리아의 달마티아를 이해하고, 사랑하고, 지켜야 한다.

조인된 그 조약을 다음과 같은 수단 중 어느 하나로 무효화할 수도 있었다. 즉, 외국과의 전쟁이나 국내의 폭동에 의해서. 두 가지 모두 당치도 않은 일이었다. 5년 동안 피를 흘리며 전쟁을 치른 뒤에 평화조약 반대를 위해서 국민을 선동할 수는 없었다. 누구도 기적을 행할 수는 없다.

간섭을 위해 이탈리아에서 혁명을 일으키는 것은 가능한 일이었다. 하지만 1921년 11월의 시점에서, 좋든 싫든 이탈리아인의 90%

정도가 승인한 평화조약을 폐기하기 위해 혁명을 생각할 수는 없었다."

당시 피우메의 불행 및 이탈리아가 이탈리아 자신에 대해서 가지고 있던 불안한 과도적 상태를 명백하게 설명하고 아직은 시기상조이기 때문에 반드시 실패할 것이 뻔한 혁명을 일으킬 수는 없다는 사실을 분명하게 밝힌 뒤, 나는 1921년에 파시스트가 취해야 할 정치적 계획을 이야기하고 정확한 사항을 들어 그 계획을 확고하게 다졌다. 나는 말했다.

"이와 같은 전반적인 사정에 따라서 이탈리아 전투자 파쇼는 다음과 같은 사항을 요구하는 바다.

첫째, 평화조약을 재검토해서 적용할 수 없는 부분, 혹은 적용하는 것이 증오의 원인이 되어 새로운 전쟁유발의 요인이 될 만한 부분은 수정할 것.

둘째, 피우메를 이탈리아에 경제적으로 합병하고 달마티아 각 지방에서 생활하고 있는 이탈리아인에게 지도권을 부여할 것.

셋째, 우리나라 국내의 생산력 발달에 따라 이탈리아를 점진적으로 서방의 각국 집단에서 벗어나게 할 것.

넷째, 다시 오스트리아, 독일, 불가리아, 튀르키예, 헝가리 각국과 접촉할 것. 단, 국가로서의 위엄을 유지하여 우리나라 북부와 남부의 국경을 최대한으로 유지해야 한다.

다섯째, 근동 · 극동의 모든 민족과 친교를 강화하거나 수립할 것. 이는 소비에트에 지배받고 있는 민족도 제외하지 않는다.

여섯째, 식민지정책에 있어서 우리나라의 권리와 필요를 명시할 것.

일곱째, 우리나라의 모든 외교대표자를 특별한 대학훈련을 받은 자로 개혁하고 개선할 것.

여덟째, 지중해 안쪽과 대서양 너머에 있는 이탈리아 식민지를 경제적·문화적 시설과 신속한 교통기관으로 향상시킬 것."

나는 열렬한 신념을 주장하며 나의 연설을 마쳤다.

"로마가 다시 전 서유럽 문명의 지배적 도시로 그 지위를 점하는 것은 운명이다. 우리는 이 열정의 불꽃을 다음 세대에게 맡기자. 우리는 이탈리아를, 그 나라 없이는 장래의 인류사를 생각할 수 없을 만한 국가로 만들자."

1921년은 단테의 600주기가 되는 해였다. 나는 '자유롭고 풍요로운 모든 바다와 하늘은 선대와 비행기로 가득하고, 땅은 구석구석까지 쟁기에 의해 열매 맺는, 찬란한 이탈리아의 내일.'을 꿈꾸었다.

이후 롬바르디아 지방의 파시스트 모임에서 나는 파시스트 투쟁의 간략한 목표를 제시했다. 나는 밀라노에서 친구들에게 행한 강연에서, 파시즘은 그 굳은 인내가 필요한 일을 통해서 절박한 내일의 임무, 즉 국가의 지배라는 임무에 적합한 인물과 정신을 키워가고 있는 것이라고 단언했다.

아직은 그저 싹을 틔운 것에 불과했으나, 이러한 모든 신념을 토대로 삼고 적법행위와 무력이라는 양날의 검을 휘둘러 권력정복을 준비하겠다는 명백한 의지가 자라나고 있었던 것이다.

나를 둘러싼 폭력의 소용돌이

사회당과 공산당은 이념상의 문제로 논쟁을 벌이고 있었는데, 반파시스트라는 점에 있어서는 상대보다 더 위에 있다는 사실을 내보이기 위해 더욱 심하게 대립했다. 공산당은 거칠 것이 없었다. 그들은 매일 법을 경멸하는 태도를 보였으며, 어리석게도 자신들에게 반대하는 자들의 힘을 무시하는 태도를 보였다.

피렌체에서 애국적 행진이 열렸을 때 공산당이 폭동을 일으키려 했다. 폭탄이 투척되었으며 파시스트 당원 개개인이 추적을 당했다. 이때 베르타(Berta)라는 나이 어린 파시스트 청년이 잔혹하게 살해당했다. 이 불행한 소년은 아르노(Arno) 강의 다리 위에서 습격을 받았는데 피투성이가 될 때까지 맞았으며, 다리의 난간에서 강으로 던져진 소년이 자신을 지키기 위한 본능으로 다리 난간의 철봉에 매달리자 공산당원이 그곳으로 달려가 그의 손목을 때렸고 결국은 손이 엉망으로 부서져 강 속으로 떨어져버리고 말았다. 그의 몸은 급류 속으로 빠져버리고 말았다.

이 하나의 믿을 수 없는 난폭한 사건은 공산당의 폭력이 이탈리아 속에 얼마나 깊숙이 스며들어 있는가를 보여주는 것이었다. 마치 그것만으로는 충분하지 않다는 듯, 그로부터 얼마 지나지 않아 엠폴리(Empoli)에서 살해사건이 일어났다. 해군 병사와 기총병이 타고 있던 2대의 군용 자동차가 습격을 받은 것이다. 공산당의 절망적인 잔혹함은 그 가엾은 희생자의 시체로 인해 증명되었다. 밀림의 야만인들이 자신들에게 희생당한 사람에게 그렇게 하듯, 더는 움직일 수 없게 된 시체에 다시 폭행을 가한 것이었다.

이것은 단지 한 지방에서만 일어난 사건이 아니었다. 그 무렵 카살레 몽페라토(Casale Monferrato)에서도 역시 살육이 행해졌는데 그 살해당한 사람들 속에는 나이 든 두 사르데냐(Sardegna) 행상인이 있었으며, 그때 용감한 동지 중 한 명이 부상을 입었다. 밀라노에서도 파시스트 개개인이 표적이 되었으며 습격을 받았다. 이 사랑하는 벗들 가운데 한 명인 나이 어린 알도 세테(Aldo Sette)도 온갖 만행 뒤에 살해당하고 말았다.

그리고 3월 23일에는 계획적인 박해가 극에 달해 끔찍한 결과를 낳고 말았다. 공산주의자가 밀라노의 디아나(Diana) 극장을 폭탄으로 파괴했다. 극장은 가극을 보러 온 평화로운 시민들로 가득 들어차 있었다. 그 폭탄 때문에 20명이나 되는 사람들이 즉사했으며, 50명이나 되는 사람들이 손발을 잃었다. 전 밀라노 사람들이 비통함에 잠겼고 분노하며 보복을 생각하게 되었다. 민중의 감정을 더는 억누를 수 없게 되었다. 파시스트의 전투대는 『아반티!』 신문사에 두 번째 습격을 가해 신문사를 불태워버렸다. 다른 자들은 노동자회의소를 습격하려 했으나 강력한 육군수비대 때문에 파시스트의 습격은 저지당하고 말았다.

파시스트 행동대는 자신들의 행동을 공산당과 사회당에 의해 완전히 장악당한 교외로 향했다. 신속하고 결정적인 파시스트의 행동으로 인해 공안의 파괴자는 자신들의 성에서 쫓겨나 달아나고 말았다. 정치 당국은 완전히 무력했다. 그들은 무질서와 혼란을 막을 수가 없었다. 3월 26일에 나는 롬바르디아 지방의 모든 파시스트를 집합시켰다. 그들은 정연하게 대열을 지어 밀라노의 주요 거리로 진군했다. 그것은 잊을 수 없는 힘의 시위행진이었다. 나는 마침내 지평선 위로 국민생활의 방어자, 질서와 시민권의 수호자를 만들어낼 수 있었던 것이다. 모든 선량한 일에 대한 부활의 정신이 나타나기 시작했다. 디아나 극장에서의 순교자와 파시스트의 희생자들이 가장 좋은 영감을 사람들에게 부여한 것이었다. 이제는 모든 국민이 이탈리아 청년의 지휘 아래, 대전에서 승리를 거두었으며 지금은 다시 정신적 평정을 회복하고 규율과 노동과 우애에서 오는 풍성한 보수를 획득하려 하는 이탈리아 청년의 지휘 아래, 결합된 것이다.

비열한 폭탄에 의해 디아나 극장에서 희생된 자들을 위한 시위행진을 벌였을 때의 일은 잊을 수가 없다. 그날 이후부터 이탈리아 파괴분자들의 모든 기구에 대한 분쇄와 파괴가 차근차근 진행되기 시작했다. 이후, 그 분자들은 쥐새끼처럼 자신들의 구멍 속으로 내몰려 노동자회의소나 지방 집합소의 몇 되지 않는 성 속에 갇히게 되었다.

나는 힘에 넘치는 활동으로 생활하게 되었다. 나는 『일 포폴로 디탈리아』를 지휘하여 매일 아침이면 그날의 정치문제를 밀라노뿐만 아니라 국가 정치생활의 근원이었던 주요 도시로 보낼 수 있었다. 나는 파시스트당을 견실하게 지도해나갔다. 나는 매우 엄격한 명령을 내렸다. 나는 각 지방의 우리 단체에 대한 보고를 밀라노로 가지고 오는 사람들의 말에 귀를 기울였다. 나는 우리 적들의 활동을 주시했다. 나는 파시스트를 위해 청정한 목적의 흐름을 유지했다. 나는 우리 운동의 탄력 있는 활동에 필요한 자유를 지켰다. 나는 파시스트의 순결하고 힘찬 신념에 다른 잡다한 것이 섞여드는 것을 원하지 않았다. 나는 파시즘의 근본정신인 열성적 청년을 야합이나 교환, 혼합, 연합, 의회적 타협, 이탈리아 자유주의의 위선 등과 같은 낡은 분자와 혼합시키기를 바라지 않았다.

나의 생활은 파란만장한 것이었으나 그 가운데서도 나는 비행에 대한 강한 열정을 늘 품고 있었다. 그처럼 뒤숭숭하고 그처럼 극적인 색채로 채색된 시대에도 나는 매일 아침 자동차를 타고 비행을 배우기 위해 약 18마일이나 되는 길을 오갔다. 나의 스승은 사려 깊고 용감한 비행사 주세페 라델리(Giuseppe Radaelli)였다. 그는 비행에 대한 열정으로 가득한 사람이었는데 훌륭한 조종사가 되기 위한

어려운 기술을 내게 흔쾌
히 가르쳐주었다.

어느 날 아침 나는 라델
리와 함께 비행기에 올랐
다. 첫 번째 비행은 아무런
사고 없이 무사히 마쳤다.
그런데 두 번째 비행에서
마침 하강하려던 순간 어
떤 원인으로 발동기가 멈
춰버리고 말았다. 비행기가
한쪽으로 기울었다. 기울어
진 채로 공중활주를 계속

조종사 복장의 무솔리니

하다, 마침내 약 40m 상공에서부터 비행장으로 추락해버리고 말았
다. 조종을 하고 있던 라델리는 이마에 가벼운 상처를 입었을 뿐이
었다. 나는 완치되기까지 약 2주일 정도를 요하는 상처를 머리 주위
몇 군데에 입었다. 비행장에서 응급처치를 받은 후 포르타 베네치아
(Porta Venezia)의 병원으로 옮겨져 레오나르도 팔리에리(Leonardo
Pallieri) 박사의 수술을 받았다. 이 재난은 나의 생애에 커다란 결과
를 가져다줄지도 모를 사건이었으나 다행스럽게도 나의 친구인 암
브로조 빈다(Ambrogio Binda) 의사의 친절한 치료 덕분에 별 탈 없
이 넘길 수 있었다.

하지만 나는 이 일로 인해서 얼마나 많은 이탈리아 사람들이 나
의 일에 따라주고 있는가 하는 사실을 헤아려볼 수 있었다. 나는 전
국에서 온, 거의 국민투표라고도 할 수 있을 만큼 뜨거운 동정이 담
긴 편지를 받았다. 나는 며칠 동안 휴양을 했다. 그리고 이탈리아를

위해 내가 해나가고 있는 역할을 소홀히 하고 있지 않다는 사실을 알리기 위해 나는 곧 『일 포폴로 디탈리아』의 사무실로 돌아가 평소와 다름없는 활동에 착수했다.

디아나 극장에서의 살육에 이어 사람들이 분노로 불타오르는 보복을 행하던 그 무렵, 피옴비노(Piombino)의 무정부주의자가 보낸 마시(Masi)라는 사내가 내 목숨을 노리고 밀라노로 왔다. 그는 우리 집으로 찾아와 대담하게도 벨을 누르고 계단을 올라왔다. 그는 이상한 풍채를 가진 낯선 사람이었다. 우리 딸인 에다가 문으로 나갔다.

그 낯선 사내가 나에 대해서 물었다. 그는 『일 포폴로 디탈리아』의 사무실로 찾아왔다. 하지만 위로 올라오지는 않고 포로 보나파르테(Foro Bonaparte) 대광장에서 나를 기다렸다. 처음 나를 발견한 순간 그는 빠른 걸음으로 서둘러 내게 다가오다가 곧 발걸음을 늦추고 망설이기 시작했다. 그는 더듬거리는 목소리로 내게 무솔리니 선생이냐고 물었다. 내가 그렇다고 대답했더니 그는 잠깐 얘기를 나누고 싶다고 말했다.

그 흉악한 눈매를 한 사내의 심상치 않은 태도를 보고 나는 미치광이가 찾아왔구나 싶었다. 나는 길거리에서는 이야기하지 않는다고 말했다. 그리고 일 포폴로 디탈리아에서 만나자고 대답했다. 그러자 30분쯤 뒤에 그가 찾아와 만나줄 것을 요청했다. 나는 바로 흔쾌히 승낙했다. 거듭 말하지만 그 살기 가득한 눈을 한 마시라는 청년은 내 앞에 서자마자 당황한 듯한 모습을 보였다. 그는 내게 할 말이 있다고 했다. 그의 태도가 너무나도 기묘했기에 나는 그에게 하고 싶은 말을 솔직하고 알기 쉽게 이야기하라고 재촉했다.

잠시 망설이다 그는 피옴비노의 무정부주의자들이 제비뽑기를 해서 나를 권총으로 암살할 사람을 뽑았는데 자신이 그 역할을 맡게 됐다고 말했다. 그런데 나중에 어떤 의문을 품게 되었기에 나를 찾아와서 모든 것을 털어놓기로 결심하게 되었다고 말했다. 그리고 나를 살해하려 했던 그 권총을 꺼내더니 나의 판단에 맡기겠다고 말했다. 나는 그의 말을 들었으나 아무런 대답도 하지 않았다.

그의 손에 있던 권총을 받아든 나는 신문사의 사무장이자 전화교환수였던 산텔리아(Sant'Elia)를 불러 무정부주의라는 독에 오염된 자기 꿈의 결과에 두려움을 느끼고 있는 그 불행한 사내를 그에게 맡겼다. 나는 파시스트 당원인 준타에게 보내는 소개장과 함께 이 남자를 데리고 트리에스테까지 가라고 산텔리아에게 말했다. 그런데 그로부터 얼마 지나지 않아서 어떻게 알았는지 경찰이 그 사실을 알고 도중에 그 남자를 체포해버렸다. 이는 당시 밀라노 경찰이 행한 뛰어난 수사의 일례라 할 수 있을 것이다. 이와는 반대로 디아나 극장의 다이너마이트 사건은 2개월이 지났는데도 범인을 잡아들이지 못했으니.

사실 많은 사람들이 나를 암살할 계획을 품고 있었다. 하지만 사랑은 증오심보다 강한 법이다. 나는 언제나 사건과 인간을 지배하는 하나의 힘을 느꼈다.

이 당시의 졸리티 내각은 의회에서 매우 곤란한 상황에 처해 있었다. 정치계의 지평선 위로 거대한 정치적 성좌가 출현한 것이었다. 그것은 파시즘이었다. 이러한 사실에 직면한 졸리티는 의원선거를 통해 정당의 힘을 가늠해보는 편이 낫겠다고 생각하게 되었다. 그리고 그는 5월에 총선거를 실시하겠다고 선언했다.

첫 번째 예비토론을 마친 뒤, 사회주의 · 공산주의에 반대하여 함께 힘을 합치기로 한 각 정당은 국민블록[69]이라 불릴 만한 하나의

---

69) 졸리티 정권의 중개로 이탈리아 내셔널리스트 협회 등 복수의 국수정당으로 이

단체를 만들어 선거에 임하는 편이 낫겠다고 생각했다.

그 블록의 중심에 파시즘—유일한 주동적 세력—이 자리 잡고 있었다. 다른 모든 정당은 정치·경제문제에 있어서 여전히 파괴자의 용모를 유지하고 있었다. 사회당은 공산당과 분열되었고, 언제나 종교적 영감을 갖고 있으며, 또 그것을 주장하고 있던 인민당은 단독으로 지방 목사들의 정치적 세력에 의존해 행동했다.

우리 당의 참된 힘을 알아보기 위해서 나는 몇몇 지방을 시찰하기로 했다. 4월 초, 볼로냐에서 열렬한 환영을 받았다. 볼로냐는 사회당의 보루이자, 포 계곡 일대의 세력을 가늠해볼 수 있는 바로미터였다. 볼로냐는 국기를 흔들며 환성을 올렸고, 행렬을 이루었으며, 환영나팔을 연주하고, 이탈리아의 부활을 고취하는 강연으로 나를 환영해주었다. 아쿠르지오(Accursio) 궁전에서의 살육사건이 아직도 기억에 생생하게 남아 있었다. 파시즘은 뜨겁게 불타오르고 있었다. 거기에 내가 모습을 드러냈기에 모든 청년들 사이에서 의지와 희망과 신념의 특이한 힘이 일어난 것이었다.

나는 볼로냐에서 사회주의의 또 다른 굳건한 보루인 페라라로 갔다. 거기서도 역시 잊을 수 없는 힘의 시위행진이 나를 기다리고 있었다. 볼로냐와 페라라는 농촌지방의 중심이 되는 2개의 대도시였다. 이 시기에 나는 나의 청년들과 함께 사람들을 친밀하게 접함으로 해서 노동자들의 힘과 정신과 사고방식과 안녕에 대한 희망이 어떤 것인지를 헤아려볼 수 있었다. 나는 사람들의 정신이 길을 잃고 헤매고 있다는 사실을 깨달았다. 하지만 그것은 적색 선전에 지배당하고 있지는 않았다. 사람들 정신의 저변은 민족적이고 훌륭한 것이었다. 그것은 위급할 때면 언제나 이탈리아 민족의 행복을 위한

루어진 민족주의정당의 통일회파 국민블록이 결성되었다.

방벽이 되는 것이었다.

선거투쟁은 정확히 1개월 동안 계속되었다. 그 기간 동안 나는 딱 세 번 연설을 했을 뿐이었다. 한 번은 볼로냐에서, 한 번은 페라라에서, 그리고 마지막 한 번은 밀라노의 보로메오(Borromeo) 광장에서. 1919년의 선거 때와는 달리, 이번에는 밀라노뿐만 아니라 볼로냐와 페라라에서도 역시 최고점을 얻었다. 그 뉴스에 이어서 환희의 대행진이 벌어졌다. 그리고 모든 파시스트가 선거에서 확실한 지위를 획득했다.

나는 예언했다

1919년 11월에 나는 4천 표 이상도 얻지 못했다. 1921년에는 17만 8천 표를 얻어 1위로 당선되었다. 내가 이탈리아 국회의원에 당선되었기에 나의 친구, 동지, 조력자들이 크게 기뻐해주었다. 1919년에 내가 실패했을 때, 나는 실망한 부하들에게 "2년 안에 멋지게 되갚아주겠다."고 말했었다. 나는 나의 충실한 부편집장인 줄리아니(Giuliani), 가이니(Gaini), 로카(Rocca), 모르가니(Morgagni) 및 그 외의 사람들에게 그 말을 떠올려달라고 말했다. 그 예언이 현실이 되었다. 우리 국민의 각 계급에 새로운 정신적 분위기가 스며들기 시작한 것이었다. 그 숫자는 많지 않았으나 파시스트가 의회로 들어갔다. 그러나 그 소수자는 이탈리아의 새로운 운명을 위한 커다란 힘을 대표하고 있었다.

몬테치토리오(Montecitorio)의 국회에서 파시스트는 의원법에 준하여 자신들만의 의원단을 조직했다. 겨우 35명의 국회의원밖에 되지 않았다. 숫자만을 놓고 보면 그것은 극히 작은 단체였으나 뛰어난 담력과 훌륭한 용기를 가진 사람들의 단체였다.

여전히 다수를 점하고 있던 사회주의단체 중에 아무런 가치도 없는 미시아노라는 사내가 있었다. 그는 세계대전 중에 도망을 친 사내였다. 그리고 그 이유로 그는 토리노와 나폴리 지방에서 국회의원에 선출되었다! 미시아노는 사회당 가운데서도 그다지 중요한 인물은 아니었다. 그는 어떤 정책에도 어떤 문화요소에도 의지와 희생의 요소에도 공헌한 적이 없었다. 그는 일개 겁쟁이로, 단지 자신의 몸이 걱정되었기에 참호를 버리고 적에게 항복한 사내였다. 그는 도망자였다. 그리고 사회당은 세계대전에 대한 증오 때문에, 평화로운 때에 대한 보수로 그를 국회의원으로 만든 것이었다. 이 혐오스러운 인물은 전사자에게 있어서, 전투에서 살아남은 용감한 자들에게 있어서, 부상자에게 있어서, 불구가 된 사람들에게 있어서, 그리고 고아가 된 자녀들에게 있어서 모욕이자 치욕이었다. 고결한 의회라면 그처럼 더할 나위 없이 사악한 자를 용서하지 않았을 것이다. 파시스트는 자신들의 명령과 자신들의 양심에만 따르도록 훈련되어 있었다. 어느 날, 그들은 미시아노를 잡아 의회 밖으로 던져버렸다. 그는 다시 안으로 들어오지 못했다. 그것은 하나의 힘을 보여준 것이었다. 착각해서는 안 된다. 그것은 하나의 계획을 의미하는 것이었다. 의회의 공기는 청결해졌다. 거기서 숨 쉬기가 전보다 훨씬 더 편안해졌다.

회기 중에 나는 그다지 연설을 하지는 않았다. 나는 단지 5번 연설을 했을 뿐이라고 기억하고 있다. 틀림없이 나는 어떠한 경우에라도 나의 연설에 하나의 정신을 담았으며 현실과 연결 지으려 노력했다. 틀림없이 나는 이탈리아 사회의 이익을 위해서만 연설을 했다. 나는 의회정치의 사소한 일이나 의회정치가의 다툼에는 관여하지 않았다.

1921년 6월 21일의 의회연설에서 나는 졸리티 내각의 대외정책을 거침없이 비판했다. 나는 북부 이탈리아 문제, 아디제(Adige) 강 상류의 문제를 확고한 현실적 근거에 바탕 하여 논했다. 나는 정부 및 이들 새로운 지방의 행정에 관여하고 있는 사람들의 유약한 태도를 지적했다. 그러한 사람 중 하나인 크레다로(Credaro)는 잘못된 자유주의의 '조리에 속박'되어 있었던 것이다. 즉, 그는 이탈리아에서 '외국의, 그리고 국제주의적 사상의 한 망(網)'을 대표하는 이해단체를 위해 움직이고 있었던 것이다. 이에 나는 엄숙하고 단호하게 말했다.

"졸리티 정부는 아디제 강 상류에 대한 크레다로와 살라타(Salata)의 정책에 책임을 져야 하니 나는 졸리티를 탄핵한다. 우리는 지금 이 이탈리아 국회의사당에 앉아 있는 독일인 국회의원을 향해 우리 이탈리아인은 이제 브레너 고개에 있으며, 우리 이탈리아인은 어떠한 희생을 치르더라도 브레너 고개를 사수할 것을 선언하는 바이다."

그리고 나는 피우메와 달마티아에 관한 뜨거운 문제를 다시 거론했다. 나는 우리 국토를 굴욕과 파괴로 인도한 스포르차 외무장관의 수치스러운 대외정책을 공격했다.

나는 우리나라의 국내정책에 대해서 이야기했다. 나는 사회주의와 공산주의의 가면을 벗겨, 파시즘 앞에 놓고 서로를 비교했다. 나는 야유를 담아, 공산당원 가운데 전에는 사회주의 개혁자였던 나를 반대하던 그라치아데이(Graziadei)가 있다는 사실을 지적했다. 나는 단지 조그만 힘을 얻을 목적으로, 그리고 개인적 이익을 위해 이런

보노미

저런 정당단체, 혹은 강령 속에 발을 들여놓는 국회의원이 어떠한 원칙도 전혀 가지고 있지 않다는 사실을 백일하에 폭로한 것이다.

나의 연설은 단지 정계의 정화를 목적으로 행한 것이었으나 그것이 뜻밖에도 파시스트의 정치행동—적의 전술과 주의를 파괴하는—에 관한 필요한 암시가 되었다. 그것이 깊은 감명을 주었다는 것

은 내게도 뜻밖의 사실이었다. 그것은 의회 밖에서도 커다란 반향을 불러일으켜 졸리티 내각을 다른 모든 내각과 마찬가지로 술에 한껏 취한 어리석은 자처럼 쓰러지게 만드는 한 원인이 되었다.

국회 투쟁에 있어서 나는 혼자가 아니었다. 파시스트 의회단체가 나를 용감하고 유력하게 지원해주었다. 훗날 파시스트 국가의 뛰어난 관리가 된 페데르초니(Federzoni) 의원은 이미 졸리티 내각의 외무장관 스포르차가 행한 모든 정책, 특히 지중해 정책에 대한 재조사와 수정에 착수해 있었다. 이 장관이 한 일을 의회에서 파시즘의 논리와 양심에 따라 엄격하고 가차 없이 재검토했을 뿐만 아니라, 의회 전체가 알아야 하고 또 찬성해야 했던 일을 공개하고, 비밀협정 및 조약에 대해 심사한 것은 극적인 일이었다.

의회의 여러 가지 활동 후에 졸리티 내각은 붕괴되었고 뒤이어 보노미[70]—여러 가지 이상한 이유를 들어 민주당원이 된 사회주의

---

70) Ivanoe Bonomi(1873~1951). 이탈리아의 정치가. 사회당 소속이었으나 좌파의
비판으로 제명되었다. 제1차 세계대전 중에 공공사업장관이 되었으며 1921년에

자— 내각이 조직되었다. 그는 국민 진정 정책을 수립하려 했다. 그는 파시스트와 사회당 사이의 휴전에 흥미를 갖고 있었다. 이 휴전이 거의 아무런 성과도 거두지 못했다는 사실은 내가 앞서 이야기한 대로다. 보노미가 이 정책을 만들어내려 할 때 마침 사르차나(Sarzana) 살육사건이 일어났다. 18명이나 되는 파시스트가 목숨을 잃었다. 그리고 뒤를 이어 모데나(Modena) 살육사건이 일어났다. 여기서는 근위대가 행진하는 파시스트를 향해 발포해서 약 10명의 사망자와 다수의 부상자가 나왔다. 국내정책은 아직 아무런 확실성도 가지고 있지 않았다. 나는 당의 지도자, 신문기자, 정치가로서 쉴 새 없이 나의 일에 임했다.

나는 비열한 신문기자인 시코티 스코체제(Ciccotti Scozzese)와 결투를 했다. 그는 우리 이탈리아 정치적 비밀결사의 앞잡이였다. 여러 가지 결점이 있었지만, 그는 특히 타고난 겁쟁이였던 듯하다. 우리의 결투가 그 사실을 증명하고 있다. 몇 번 공격을 주고받았을 때, 의사가 싸움을 중지하라고 말했다. 무슨 일인가 싶었는데 알고 보니 그가 심장마비를 일으킨 것이었다. 즉, 두려움 때문에 심장의 고동이 극에 달했던 것이다. 그 결투 직전에 나는 의회에서의 논쟁 때문에 바세지오(Baseggio) 소령과 결투를 했었다.

나는 검투사로서도 훌륭한 소질을 가지고 있다고 생각한다. 또한 나는 어느 정도의 용기도 가지고 있다고 생각한다. 그리고 이 2가지 덕분에 나는 결투에서 언제나 승리했다. 기사적인 성질을 가진 결투에서는 훌륭한 태도를 취하기 위해 노력하고 있다.

1921년 11월에 나는 드디어 전 이탈리아 파시스트 대회를 로마에서 개최하기로 했다. 처음 파시즘은 일반적인 정당을 초월한 하나의

수상이 되었다.

독특한 운동이었다. 하지만 제2단계에 접어든 파시즘은 당으로서 견고한 정치적 진영을 갖추게 되었고 중앙 및 지방 조직의 성장으로 인해 힘차게 새로운 시대를 맞이하게 되었다. 이에 당의 조직을 한층 더 굳건히 할 필요가 있었다. 파시즘은 제1단계에서 제2단계로 넘어가야 할 시기를 맞이하게 된 것이다.

이전까지 이탈리아 전투자 파쇼는 용맹한 정신에 의해 움직여왔다. 따라서 그것은 순수한 의미의 정당 조직이라기보다는 오히려 전투 조직이었다. 하지만 이제는 사회를 지배하던 낡은 정당의 후임자가 될 준비를 해야 했기에 제2단계의 활동을 할 필요가 있었다. 아우구스테오(Augusteo)—아우구스투스[71]의 무덤이 있는 곳으로 지금은 로마의 음악당—에서 개최된 이 대회에서 신당 창당을 위한 조항을 결정하지 않으면 안 되었다. 조직과 강령이라는 두 가지 부분을 정해야 했다.

그것은 기억에 남을 만한 대회였다. 수많은 동지와의 신속하고도 충실한 회의 덕분에 그 대회에서 파시즘의 힘을 내보일 수 있었다. 그 대회에서 나의 의견은 압도적인 지지를 얻었다. 이에 이탈리아 전투자 파쇼는 이제 그 형태를 바꾸려 하고 있었다. 그것은 국가 파시스트당이라는 새로운 명칭을 갖게 되었으며 중앙의 지도적인 최고회의가 지방단체 위에 위치하고, 그 지방단체 밑에 다시 조그만 파시스트 분회가 모든 지구에 만들어지게 되었다. 원래 파시스트는 나의 의지에 따라 움직이고 있었기에 개인적인 색채가 강했다. 따라서 나는 이번 기회에 우리 당에서 나의 개인적 색채를 벗겨내야겠다고 생각하고 있었다. 하지만 내가 이 정당을 자치적 단체로 만들

---

71) Augustus(기원전63~14). 고대 로마의 초대 황제. 내정에 충실을 기해 로마의 평화시대가 시작되었다.

려고 하면 할수록 이 정당은 나의 명령·나의 지도·나의 격려를 필요로 하고 있으며 그것 없이 우리 당은 존립할 수도, 또 최후의 승리를 얻을 수도 없다는 사실을 더욱 확신하게 되었다.

로마에서의 대회로 파시즘의 뿌리 깊은 기반세력을 살펴볼 수 있었다. 특히 내게 있어서는 나의 개인적 세력이 어디에 있는지를 알 수 있었다. 하지만 불쾌한 사건도 몇 가지 있었다. 로마에서 몇몇 사람들이 살해당했다. 로마의 노동자 지역은 우리에 대해 적의를 품고 있었다. 그래도 회의는 아무런 문제없이 무사히 진행되었으며, 마지막에는 파시스트의 행렬이 전투준비 대오를 갖춘 채 로마의 거리거리를 천천히 걷기 시작했다. 파시즘은 적과 싸우고 또 자신을 방어할 수 있는 정신과 기관을 갖춘 하나의 정당이 되었다는 사실을 이 시위운동을 통해 만인이 알게 되었다.

보노미 내각은 온갖 어려움 속에서도 화해정책을 진행시켜 나갔다. 시국은 매우 우울했다. 1921년은 모든 정치가를 전율하게 만든 어려운 해였다. 지평선 위로 한 줄기 광명이 솟아오르고 있었으나 하늘에는 여전히 낡은 암운이 드리워져 있었다.

위대한 여명을 기다리고 있던 이 방향성 없는 암흑의 해가 끝나갈 무렵, 이탈리아 전역에 슬픔의 그림자를 던진 사건이 재계에서 일어났다. 그것은 이탈리아 스콘토(Sconto) 은행의 붕괴였다. 이 붕괴로 특히 타격을 입은 것은 그 은행에 돈을 맡겼던 남부 이탈리아의 가난한 계급들이었다. 이 거대한 은행은 세계대전 중에 생겨나 우리 국력의 조직에 커다란 공헌을 했으나, 세계대전 후에는 그 일의 무거운 짐을 견디지 못하게 된 것이었다. 남부 및 중부 이탈리아의 노동 대중과 밀접한 이해관계를 맺고 있던 이 커다란 은행이 쓰러졌기에 전후 이탈리아 재정정책의 실패가 세상에 알려지게 되었다. 무지 때문인지, 어리석음 때문이지, 과실 때문인지, 경솔함 때문인지, 누가 그것을 알겠는가?

우리나라의 신용은 각 외국과 비교해서 세력에 있어서도, 부흥이라는 면에 있어서도 가슴 아플 정도로 실추되어버렸다. 국내정책이 잘못되었을 뿐만 아니라, 공사 모두가 경제적으로 무능하다는 사실을 만천하에 드러내고 말았다.

재정적 혼란, 그에 따른 여러 가지 논쟁이 오갔으나 파시즘은 굳이 거기에는 관여하지 않았다. 그 일에 대해서는 자중했다. 과거를 생각하기 위해서가 아니었다. 국가를 위해 건전하고 현명한, 그리고 미래에 실수가 없는 선견적인 재정정책을 신중하게 결정해야 한다고 생각했기 때문이었다.

나는 처음으로 재정이라는 커다란 문제에 정면으로 도전을 받게 되었다.

내게 있어서 그것은 하나의 새로운 비행기였다. 하지만 우리의 비행장에는 그 비행기를 조종할 유능한 지도자가 아무도 없었다.

제6장 **현상타파와 권력 획득을 향해**

국제외교의 첫 무대

하나의 국가를 건설하고 그 국민을 혼란 속에서 구출해야 한다는 무거운 책임을 지게 된 경우, 재정 및 자본의 적절한 유통과 원활한 회전, 그리고 은행조직의 발달 등을 쉽게 생각해서는 안 된다.

앞서 이야기한 것처럼 이탈리아 스콘토 은행의 붕괴는 우리나라 경제조직의 고질적 약점을 만천하에 드러낸 사건이었다. 전쟁이 끝나고 난 뒤, 많은 은행과 다수의 기업이 조정을 행하지 않았기에 붕괴되거나 좀 더 강력한 기관에 자신의 지위를 양보하지 않으면 안 될 상황에 직면했다는 것이 우리의 현실이었다.

자본가들의 서로 대립하는 단체 사이에서 끊임없는 투쟁이 일어 났다. 이러한 투쟁에 대해서 근대 중산계급은 싸늘한 태도를 취하고 있었다. 그와 동시에 우리나라의 자본주의적 산업단체는 포괄적인 대책이 없다는 사실에 분개하고 있었다는 것도 분명한 사실이었다. 우리에게는 강력한 자본적 전통과 엄격한 경험이 필요했다. 어려움이 가중되고 역량이 시험대에 올랐을 때, 혼란스러운 사건의 소용돌이 속에서 누가 옳은지, 누가 자신을 구제할 수 있을지를 구별해내기란 쉬운 일이 아니다.

재정가의 냉정한 눈으로 이 기묘한 현상을 깊이까지 들여다본 다른 나라들은 우리나라의 경제력에 대해 암울한 예언을 했다. 이탈리아 정부 자신조차 자국의 재정을 어떻게 처리해야 좋을지 알지 못했다. 그리고 다른 보다 좋은 정책도 떠오르지 않았기에 정부는 이러한 사정에 처했을 때 가장 쉽게 떠올릴 수 있는 조치를 취했다. 즉, 화폐를 남발하기 시작한 것이었다. 그것은 이미 악화되고 혼란스럽던 시국을 더욱 심하게 악화시켜버리고 말았다.

1922년 1월에 프랑스 남부의 칸(Cannes)에서 국제연합회의가 열렸다[72]. 그것은 꽤나 즐거운 유람여행이었다. 그리고 프랑스 국민의 멋진 환대로 인해 더욱 기분 좋은 것이 되었다. 나는 『일 포폴로 디탈리아』의 일을 위해서 회의에 참석했다. 여론을 잠시나마 우리나라의 국내적 위기에서 멀어지게 하기에 그 회의는 참으로 좋은 기회였다. 우리는 국내의 고뇌 대신 국제적인 문제를 충분히 검토할 수 있었다.

칸에서 나는 세계의 위대한 정치가, 책임자들과 회견할 생각이었다. 나는 충분한 관찰을 통해 국제 시국을 형성하고 있는 것들 가운데서 이끌어낼 수 있는 여러 요소에 대해 보다 좋은 안내자로서 이탈리아 국민의 여론을 이끌고 싶었다. 칸 회의는 제노바 회의의 서곡이었다. 이탈리아는 이탈리아 자신의 정책을 선택해야만 했다. 그 정책은 우리나라의 가장 중요한 역사적 · 정치적 필요에서 일어나

---

72) 1922년 1월, 프랑스 칸에서 열린 경제회의. 영국, 프랑스, 이탈리아, 벨기에 등이 참석했으며, 그 결과로 4월~5월에 걸쳐 제노바 회의가 개최되었다.

고 있는 가장 커다란 이익을 배신하지 않는 것이어야만 했다.

어쨌든 이러한 생각에서 나는 칸에 가기로 결심했다. 나는 필요
경비로 1만 리라를 마련했다. 동생 아르날도가 환전소에서 돈을 바
꿔, 같은 금액의 프랑스 돈을 가지고 왔다. 그것은 겨우 5천 2백 프
랑밖에 되지 않았다. 나는 그때까지 외국의 환율변동을 봐왔으나 이
조그만 나의 경험은 내게 깊은 인상을 주었다. 그것은 내게 가혹한
현실을 가르쳐주었다. 이탈리아의 화폐는 프랑스의 화폐에 비해서
거의 절반 정도의 가치를 잃고 말았던 것이다. 그것은 중대한 현상
이었다. 그것은 굴욕이었다. 그것은 승전국의 자존심에 대한 뼈아픈
타격이었다. 그것은 파멸을 향해 가고 있는 우리의 앞길을 이야기해
주고 있는 것이었다. 이러한 시국을 파시즘의 생명력으로 구제해야
한다는 생각이 엄숙하게 떠올랐다. 그것은 우리에게 하나의 기회였
다. 불행하게도 이처럼 절망적인 상황 속에서도 정부나 정당이나,
혹은 의회 자신은 아직 움직이려 하지 않았다. 그에 반해서 괴물과
도 같은 인플레이션은 모든 사람들에게 환상이나 다를 바 없는 불
확실한 번영감을 심어주고 있었다.

칸 회의는 아무런 중요성도 가지고 있지 못했다. 그것은 제노바
회의의 서곡에 불과했다. 그 회의는 느슨한 분위기에 휩싸여 있었
다. 회의를 열기에 쾌적한 유럽의 휴양지 곳곳에서 차례차례로 국제
적인 회의가 열렸다. 마지막 회의는 이미 사람들의 흥미를 끌지 못
해 중요성을 갖기는커녕, 신문의 조롱의 대상이 되었다. 하지만 칸
에서의 체류는 내가 각 국민과 여러 사건을 직접 현실적으로 검토
해서 스스로 확고한 결론을 내리게 하는 데 커다란 도움을 주었다.

칸 회의로 인해 프랑스에서는 갑자기 내각의 위기가 찾아왔다.
브리앙[73]—당시 나는 그와도 회견했는데—이 의회의 표결도 기다

리지 않고 사직해버렸다. 나는 1922년 1월 14일에 「칸 이후」라는
제목의 논설에서 국제적 정세에 관한 몇 가지 날카로운 의문을 제
기한 후, 다음과 같은 결론을 내렸다.

──그 풀리지 않는 문제와 의문과 도전은 억지로 계속되고 있다.
프랑스의 위기에서 가장 중요한 교훈을 얻는 것이야말로 무엇보다
급한 일이다. 그것은 정신적으로, 경제적으로 괴로워하고 있는 국민
대중의 마음에 다음과 같이 여겨질 것이다. '이들 신사에게는 양심
이 없거나, 혹은 힘이 없는 것이다. 그들은 평화를 만들어낼 의지가
없거나, 혹은 평화를 만들어낼 능력이 없는 것이다. 지금의 폐물과
도 같은 정신적·경제적 상황 속에 있는 유럽은 제정신으로 돌아가
거나, 혹은 몰락할 수밖에 없을 것이다. 빈궁함에 빠져버린 각 국민
으로 구분되고 있는 지금의 유럽은 곧 하나의 식민지로 전락해버릴
것이다. 다른 2개의 대륙은 이미 역사의 지평선 위로 높이 솟아올랐
다!'──

유럽의 지평선을 널리 둘러보았기에 그 형세를 잘 알 수가 있었
다. 그 형세로 보았을 때 우리나라의 지위는 국내의 어려운 문제에
시달리고 있었기에 조금씩 불리해져가고 있었다.

---

73) Aristide Briand(1862~1932). 프랑스의 정치가. 제1차 세계대전 이후 국제협조
주의와 집단안전보장체제를 추진했으며 선진 열강과 켈로그-브리앙 조약을 체결
했고 독일을 정식으로 국제연맹에 가입시켰다. 국제분쟁의 평화적 해결을 도모하
는 등의 공로를 인정받아 1926년에 독일의 슈트레제만과 함께 노벨평화상을 받
았다.

파시스트의 고결한 투쟁

나는 언론인으로서, 정치가로서, 국회의원으로서 언제나 2개의 이탈리아를 이야기해왔다. 하나는 종속에서 해방된 이탈리아다. 그 것은 숭고하고 자랑스럽고 충성스러우며, 전쟁에서의 희생에 의해 유지된 이탈리아 국민의 권리와 특권과 명예를 지키기 위해 제일선 에 나서기를 주저하지 않는 이탈리아다. 하지만 나는 또 다른 하나 의 이탈리아를 보았다. 그것은 숭고함과 힘에 대해 무감각한, 우리 의 발상과 전통에 무관심한, 막연한 주의에 따르고 매정한 경향의 노예가 되어 냉혹하고 이기적이며, 용기 있는 행동을 하지 못하는, 희생정신을 잃은 이탈리아다.

헤아릴 수 없는 어려움과 수많은 투쟁 속에서 이 2개의 이탈리아 가 운명에 따라 서로 대립해왔다. 그 대립이 파시스트와 그 적 사이 에서 유혈의 참담한 최종적 투쟁이 되어 폭발한 것이다. 이러한 대 립을 분명하고 정확하게 보기 위해서 그 대표적인 사건을 살펴보기 로 하겠다.

일례를 들자면, 세계대전에 참가해 피스토아(Pistoia)에서 용감하 게 싸웠으며 피우메에서는 단눈치오를 따라 싸웠던 용감한 사관 페 데리코 플로리오(Federico Florio) 중위가 도망자인 카피에로 루케시 (Cafiero Lucchesi)라는 무정부주의자에게 암살당했다. 그것은 비겁 한 자로 용감한 사람을 쓰러뜨리려 이전부터 계획되었던 하나의 범 죄였다. 이 흉악한 폭행에 파시스트의 마음은 분노로 가득했다. 우 리의 순교자가 마지막으로 한 말은 간단하지만 엄숙한 것이었다. "나라를 위해서 더는 아무것도 할 수 없다는 사실이 안타깝다." 그 리고 죽음의 고통이 그를 감싸버리고 말았다. 이와 같은 희생이 파시즘의 결속을 더욱 단단하게 한 것이라고 나는 생각한다.

나는 우리의 신문에 이렇게 썼다.

——한없이 단단한 시멘트! 그것이 파시스트 군단을 결속케 하는 것이다. 그것은 우리의 희생자가 만든 신성한 결합이다. 희생자는 수백 명에 이른다. 청년, 장년. 이탈리아의 어떠한 정당도, 또한 이탈리아 근세사에 나타난 어떠한 운동도 파시스트에 비할 수는 없다. 어떠한 이상도, 그처럼 수많은 청년의 피로 정화된 파시스트의 이상에 범접할 수 없다.

만약 파시즘이 신념이 아니었다면 그것이 어찌 우리 군단에 인내와 용기를 가져다줄 수 있었겠는가? 신념만이, 오로지 숭고함에 달한 신념만이 이미 목숨을 잃어 저승으로 떠난 페데리코 플로리오의 입에서 이런 말이 나올 수 있게 하는 법이다. 이러한 말들은 하나의 기록이다. 이러한 말들은 하나의 증거다. 이러한 말들은 복음서의 말씀처럼 간단하지만 장중한 것이다.

마지막 목적을 향해 끊임없이 진군하고 있는 이탈리아의 모든 파시스트는 침묵 속에서, 하지만 더욱 결연하게 이 말들을 계승해야 한다. 어떠한 장애물도 파시스트를 멈추게 할 수는 없을 것이다.——

우리 모두가 희생자에게서 전해진 명령과 힘을 전신으로 체득하고 있었다. 순교자의 마음에서 신념이 솟구쳐오를 때, 그것은 숭고한 각인이 되어 사람들에게 영원히 위대한 낙인을 찍는 법이다.

파시스트 단체, 그들의 모임, 그들의 견고한 행진, 그들의 애국봉사는 우리의 순교자, 파시스트의 신념과 열정을 가진 무적의 기사를 이상의 지도자로 삼고 있었던 것이다. 우리는 희생자의 이름을 하나

하나 또렷한 목소리로 불렀다. 그 하나하나의 이름을 부를 때마다 동지들은 늘 "여기에 있다."고 대답했다. 그것은 단순한 의식이었다. 하지만 그것은 하나의 맹세와도 같은 것이었다.

이처럼 대조적인 2개의 이탈리아 속에서, 그러한 희생자들과 가장 반대되는 모습은 상원의원인 크레다로와 살라타 두 사람이 보여준 정책 가운데 잘 나타나 있었다. 이 두 사람은 우리 국경에 관한 정부의 고관이었다. 이 두 사람은 이탈리아인의 피를 가지고 있지 않은 그곳의 주민들에게, 자비를 베풀어 이탈리아인이 되어달라고 부탁하는 듯한 태도를 보였다. 국경의 이민족이 가혹하게 세금을 걷는 것을 불법이라고 생각하지 않은 것이다. 그 두려움과 복종의 정책으로 인해 우리는 의용의 영웅이 뿌린 피로 신성화된 우리의 정해진 권리를 조금씩 포기하게 된 것이다. 1921년 6월에 나는 이미—앞서도 이야기한 것처럼— 의사당의 모든 의원 앞에서 이 크레다로와 살라타가 해놓은 일을 솔직한 말로 고발하고 비난했다. 하지만 그들의 파괴적인 정책은 그래도 여전히 계속되었다. 그와 같은 선천적 유약함의 증거가 차례차례 드러났다. 파시스트는 분노했다. 그들은 이 지방장관을 강렬한 말로 비난했다. 1922년 1월 17일에 트리에스테에서 열린 회의에서 파시스트는 살라타의 소환을 요구했으며, 그 새로운 지방관청의 폐지를 요구했다. 이 투쟁은 얼마 뒤에 성공을 거두었다. 그 두 상원의원인 크레다로와 살라타가 실질적으로 소환된 것이다. 하지만 그들이 저지른 과오의 결과는 오래도록 우리의 근심거리가 되었다. 만약 검은 셔츠단이었다면 그 브레너와 네보소의 신성한 국경을 전혀 다른 태도로, 자부심과 위엄을 가지고 지켜냈을 것이다.

이처럼 치열한 공격과 논쟁과 투쟁이 벌어져 유럽 하늘에 다시

베네딕투스 15세

어두운 구름이 드리웠을 때, 제노바의 명문인 교황 베네딕투스 15세[74]가 세상을 떠났다. 그는 정치적 · 종교적 근대주의의 유행에 반대하여 싸웠으며 자비심 깊었던 베네치아의 교부 피우스 10세[75]의 뒤를 이어 전쟁의 폭풍우가 가장 거셌던 시절에 교회를 지배했었다.

베네딕투스 15세는 우리의 마음에 동정심을 품게 하지 못했다. 우리는 아무리 노력해도 1917년에 사람들이 싸우고 있을 때, 그리고 제정러시아가 이미 붕괴되고 러시아 혁명 때문에 동부전선의 군대가 배반을 해버렸을 때, 그 교황이 세계대전에 대해서 '무용한 살육'이라며 유감을 표한 일을 절대로 잊을 수가 없었다. 그처럼 중요한 때에 도저히 생각할 수도 없었던 교황의 그와 같은 발언은, 이상을 위해 목숨을 바치겠다는 신념을 가지고 있던 사람들, 전쟁이 뿌리 깊은 여러 가지 역사적 불의를 바로잡을 것이라 기대하고 있던 사람들에게 하나의 커다란 타격이었다. 더구나 대전은 우리가 입안한 것이었다. 가톨릭교회는 전쟁에 대해서 아무것도 몰랐던 것이다. 이러한 모든 사정에도 불구하고 전투국 가운데 있던 이 교황의 애매한 행위는, 오늘날 비평안이 없는 그리고 역사적 의식이 없는 사람들에 의해 가장 공평하고 객관적인

---

74) Benedictus XV(1854~1922, 재위 1914~1922). 이탈리아 출신 교황. 제1차 세계대전 중에는 평화를 위해 노력했다.
75) Pius X(1835~1914, 재위 1903~1914). 이탈리아 출신 교황. 교회 개혁, 성속신자들의 종교생활 쇄신에 힘썼다.

정신의 진수라 여겨지고 있다.

하지만 교황의 이러한 태도와 말은 우리 이탈리아인에게 있어서는 전혀 다른 의미를 가지고 있었다. 그것은 당시 이탈리아의 이상 상태에 대해서, 즉 이탈리아가 격렬한 투쟁에 종사하고 있던 시대에 로마교황의 입장을 분명히 한 것이었다. 그렇기 때문에 베네딕투스 15세 임종 이후 후계자 문제는 이탈리아의 미래에 있어서 특별히 중요한 것이 되었다.

국가와 교회 사이의 관계로 인해 이탈리아에 어떤 고뇌의 씨앗이 있었는지 이해하기란 그리 어려운 일이 아니다. 전 세계 가톨릭교도들의 눈이 로마로 향했다. 극도의 초조함이 전 유럽을 휘저었다. 비밀스러운 세력이 깊은 곳까지 침입해 있었다. 그 세력들은 서로를 억압하고 서로의 위에 서려고 노력했다.

전 세계 국가의 외교가와 방관자는, 교황 선거 준비가 끝나고 투표가 행해지는 동안 모든 로마가 성 베드로 광장에서 가만히 기다리고 있을 때의 그 복잡한 사정에 어리둥절해했다.

그러는 사이에 이탈리아에서는 베네딕투스 15세의 정치적 성과에 대한 논쟁이 벌어졌다. 그 후계자에 대해서는 여러 가지 예측이 나돌았다. 신문들 사이에서 전례 없을 정도의 논쟁이 벌어졌다. 중대한 결과를 가진 많은 문제가 피상적인 견해에 의해 다루어졌다.

보노미 내각이 쓰러졌다. 그 원인은 국내정책의 무능과 스콘토 은행의 와해 때문이라고 알려졌으나 사실은 교황 베네딕투스 15세의 기념예배가 국회에서 부결되었기 때문이었다.

나는 이미 여러 차례에 걸쳐서 파시스트에게 우리의 종교적 이상은 그것 스스로가 최대의 도덕이라고 이야기해왔다. 나는 언제나 경향적인, 혹은 잘못된 반교권주의의 어리석고 거짓되고 공허한 관념을 배격해야 한다고 말해왔다. 이와 같은 반교권주의 경향은 우리 이탈리아인의 도덕적 상태를 다른 민족에 비해 열등하게 만들었을 뿐만 아니라, 종교 영역에 있어서는 이탈리아인을 여러 사상적 유파로 분열하게 만들었다. 특히 그것은 우리를 정치적이고 국제주의적인 비밀결사의 파괴적이고 사악한 세력에 굴복하게 만들었다.

나는 이탈리아에 있어서 국가와 교회의 관계에 관한 문제를 풀기 어려운 것이라 생각해서는 안 된다고 가르쳤으며, 냉정하고 공평하고 객관적인 검토를 한 뒤 이탈리아 국민에게 종교적 신념과 국민 생활 사이에 조화와 생명의 원천을 부여하는 것이 얼마나 필요한지를 설명하고 싶었다.

시대에 가장 적합하고 현명한 사람들인 파시스트는 종교정책에 관한 나의 새로운 관념에 따랐다. 그 정책에, 이탈리아에서 볼 수 있던 비밀결사에 대한 투쟁이 더해졌다. 그것은 극히 중요한 전투였다. 그리고 파시즘은 거기에 최후까지 맞서자는 데 거의 일치된 결의를 가지고 있었다.

이탈리아 비밀결사는 정치생활에 있어서뿐만 아니라 정신적 관념에 있어서도 늘 파괴의 대표자였다. 비밀결사의 모든 힘은 교황정책에 쏠려 있었다. 하지만 이 투쟁은 참되고 깊은 이상을 보여주지 못했다. 실제적인 견지에서 보자면 그 비밀결사는 상호추종, 상호원조, 유해한 제휴와 편향의 조합이었다. 그 힘을 강대하게 하고 그 비밀스러운 행동을 성취하기 위해서, 1870년 이후 이탈리아에서 번갈아가며 수립된 자유주의정부의 약점을 이용하여 국가의 모든 생명적 중추를 지배할 수 있도록 관리, 행정관, 교육 및 육군 속에서까지 그 음모를 확장해나갔다. 진리의 태양과 진리에 대한 사랑으로 아름답게 빛나는 우리나라 사회에서 20세기를 통해 행해진 그 결사의 혐오스러운 비밀 행동과 비밀 회합은, 그 결사에 계획도 없고 정신도 없고 도덕적 가치도 없는 비뚤어진 인생관과 파괴적 특색을 갖게 했다.

그 혐오스러운 비밀결사에 대한 나의 반감은 청년 시절에 이미 시작되었다. 오래 전인 1914년에 안코나(Ancona)에서 열린 사회당 대회에서 나는 동지들에게 '사회주의냐, 비밀결사냐.'라는 문제를 제출했다. 나의 의견은 비밀결사적 사회주의를 주장하는 사람들의 강한 반대를 물리치고 완전한 승리를 거두었다.

훗날 파시즘에 대해서도 나는 같은 태도로 임했다. 그 태도에 용기를 더했다. 나는 내 양심의 명령에 따라서 편의주의를 취하지 않았다. 나의 태도는 예수회교파의 반비밀결사 정신과는 무엇 하나 공통되는 것이 없었다. 그들은 방어를 위해서 행동했다. 어쨌든 그들은 종교단체로서도 거의 불명확한 것이었다.

나의 직선적이고 조직적이며 끊임없는 정책 때문에 비밀결사는 지금까지도 나를 박해하려 하고 있다. 이탈리아에 있어서 비밀결사는 타파되었다. 하지만 그것은 국제적 반파시스트의 가면 뒤에서 행동하고 있으며 음모를 꾸미고 있다. 그것은 나를 타도하는 데 완전히 실패했다. 그것은 내게 진흙을 던지려 하고 있다. 하지만 그 모욕은 표적에까지 이르지 못한다. 그것은 음모와 범죄를 꾀하고 있다. 하지만 그것이 고용한 암살자는 나의 운명을 지배하지 못한다. 그것은 내가 병약하다고 떠들어대고 있으며 내 몸에 이상이 있다는 소문을 퍼뜨리고 있다. 하지만 나는 전보다 더 건강하고 튼튼하다.

이건 진영이 없는 전투인데 나는 그러한 전투에 있어서 노련한 전사다. 내가 이탈리아 정치계에서의 어려움을 타개하려 할 때마다, 정치에 나선 사람을 진지하고 솔직하고 충실하고 도덕적으로 올바른 인물로 만들려고 할 때마다, 우리나라의 비밀결사는 늘 나에 대해 반항을 꾀했다. 예전에는 그 단체도 커다란 힘을 가지고 있었으나 지금은 나로 인해서 완전히 힘을 잃고 말았다. 그것은 나에게 이기지 못했을 뿐만 아니라 이길 수도 없었던 것이다. 이탈리아인들이 나를 대신해 이 전투에서 이겨준 것이다. 국민들은 이 나병에 대한 치료법을 발견한 것이다.

오늘날 우리는 이탈리아에서 시원한 공기를 마시고 있다. 우리의 삶은 찬란하게 밝은 햇살을 받고 있다.

보노미 내각이 무너졌을 때, 국왕폐하는 많은 사람들과 협의를 하셨다. 나 역시 회의가 행해진 폐하의 퀴리날레(Quirinale) 궁전에 2번 부름을 받았다. 그때 내가 폐하께 어떤 말씀을 올렸는지 여기서 이야기할 수는 없다. 그것은 참으로 이상한 정치적 위기였다. 우리는 어둠 속에서 발버둥치고 있었다. 정치 분야에 있어서 소수의 내각원을 채우기에 적당한 인물은 참으로 한정되어 있었다. 오를란도가, 뒤이어 데 니콜라[76]가 지명되었다. 그러나 그런 상황 속에서는 누구도 내각을 조직하는 책임을 지고 싶어 하지 않았다. 보노미가 다시 중책을 맡게 되었다. 하지만 그가 다시 의회에 들어섰을 때 그는 두 번째로 실각하고 말았다.

새로운 회의가 시작되었고 새로운 의견이 나왔다. 하지만 언제나 같은 이름들만 거론되었을 뿐이었다. 오를란도와 데 니콜라, 보노미. 정황은 역시 수많은 민주주의를 괴롭혀왔던 절망적 정황—어리석게도 그리고 부끄러운 줄도 모르고 많은 나라에서 각 민주주의 정치가가 내각의 존속 연수보다 정부나 내각을 구성한 횟수를 더

---

76) Enrico De Nicola(1877~1959). 식민차관, 재무차관, 하원의장을 역임했으며 제2차 세계대전 후 이탈리아의 초대 대통령이 되었다.

자랑스럽게 여기며 경쟁하고 있는 것과 같은 절망적인 정황—이었다. 총수에 대해서도 같은 말을 할 수 있었다. 그들이 추구하던 것은 신조와 때로는 안전까지도 위험에 빠뜨려가며 미사여구로 거래를 해서 오로지 그 답답한 제도를 영속시키기 위해 불안정한 새로운 조직을 만드는 것뿐이었다. 공론가의 마음에 이

팍타

제도는 귀중한 것처럼 보일지도 모르겠으나 실제 현실은 전혀 다른 것이었다.

인민당, 즉 가톨릭당의 본체는 누구도 따라올 수 없을 만큼 보수적이었으나, 바깥의 거리나 의회 안에서는 혁명적 태도를 취하게 하는 악성 정책에 따르고 있었는데, 졸리티가 정계에 복귀하는 것에 반대하고 있었다. 인민당의 태도는 참으로 독특한 것이었다. 불행한 것은 그들이 의회에서 커다란 단체를 지배하고 있었다는 사실이었다. 그들은 정권의 책임을 지는 일은 거부하면서도 졸리티를 부인했으며 보노미를 지지하기도 거부했다. 그들은 어떠한 내각을 구성하는 것도—설령 일시적인 것이라 할지라도— 거의 불가능하게 만들어버렸다.

몇 번이고 거듭 회의를 했으나 같은 이름만 나올 뿐이었다. 그것은 나약한 민주주의가 최후에 도달하는 정체상태였다. 그것은 정치의 논리를, 상식을, 그리고 불행하게도 이탈리아 자신까지도 갈가리 찢어놓고 있었다.

마침내 팍타[77] 내각이 구성되었다. 졸리티와 밀접한 관계를 맺고

있던 이 평범한 국회의원이 어리석은 광란 상태 속에서 유일한 안전핀으로 선택된 것이었다. 우리는 하루하루 존엄이라는 계단을 한 걸음씩 내려가고 있었다. 하지만 이러한 상태 속에서 팍타가 다른 누구도 원하지 않던 무거운 짐을 지었기에 나는 망설이지 않고 우리 신문에, 그 새로운 내각은 아무런 색채도 가지고 있지 않지만 어떤 일을 해낼 것이라고 발표했다. 나는 그 내각이 특별할 것은 없지만 적어도 평범하고 일반적인 행정을 계속해나갈 의지를 보일 수는 있을 것이라고 말할 생각이었던 것이다. 아무것도 창출해내지 못하는 정부를 그냥 내버려두는 것은 매우 좋지 않은 일이다. 하지만 자기 자신조차 지배하지 못하는 정치제도를 그냥 내버려두는 것은 더욱 좋지 않은 일이다!

팍타는 의회의 원로였다. 그리고 그는 틀림없이 구시대의 신사였다고 생각된다. 동년배 사람들의 삼류 정치 도덕을 품고 있던 그는 오로지 하나의 신앙밖에 가지고 있지 않았다. 그것은 그의 스승이었던 졸리티에 대한 신앙이었다. 팍타는 예전에 사려 깊은 재무장관이었다. 하지만 그가 중대한 시국에서 내각을 이끌어 나가는 데 필요한 힘과 권위를 가지고 있지 못하다는 사실은 그의 친구들조차 인정하고 있었다. 그는 정당 간의 투쟁, 인민당의 요구, 점점 증대되어가고 있는 파시즘의 힘이라는 연막과 안개에 직면해 있었으며, 미묘한 국제정세에 당면해 있었다.

예전에 '자유주의' 이탈리아가 자질구레한 문제에 신경을 쓰고, 의회에서 자잘한 문제로 다툼을 일삼고, 의회의 복도와 휴게실과 별

---

77) Luigi Facta(1861~1930). 이탈리아의 저널리스트, 정치가. 자유당원으로 내무장관, 재무장관을 역임했으며 제1차 세계대전 중에는 중립을 주장했으나 실패했고 아들을 전쟁에서 잃었다. 1922년에 수상이 되었으나 무솔리니에 의해 자리에서 밀려났다.

실과 거리의 카페에서 사소한 개인적 세력을 위해 가치 없는 음모를 꾸미다 거듭 위기를 초래하여 언론종사자들을 기쁘게 하고 이탈리아를 파괴해가던 바로 그때와 비슷한 모습이었다. 항쟁하는 공동조합과 부적절한 농촌은행과 경박하고 피상적인 경제정책과 무능한 관대함을 가진 이탈리아! 냅킨을 손에 걸고 국제회의에서 다른 나라의 입을 닦아주려 하고 있는 딱한 하인의 지위를 점하고 있는 이탈리아! 풍성하고 강력한 이탈리아! 배은망덕한 외국에게조차 타국의 땅, 타국의 기후, 타국의 도시, 타국의 국민을 부유하게 만드는 근면한 아들들을 제공하는 어머니와도 같은 이탈리아! 이탈리아의 지도부는 이와 같았다. 이탈리아의 상태는 이와 같았다!

팍타는 그런 옛 사회를 완벽하게 대표할 만한 사람이었다. 팍타는 갑자기 그처럼 많은 사람들이 칭찬하고 있다는 사실을 알고 깜짝 놀랐다. 그는 자신이 어떻게 이탈리아 정부의 수반이 되었는지 이해할 수 없다고 늘 말했다. 이 소심한 국회의원은 자신에게 힘과 세력을 부여한 주위 사람들이 그저 살아가기도 힘든, 시대에 뒤떨어진, 난파해서 안전을 위해 타협이라는 마지막 자유주의의 판자에 매달려 있는, 낡은 자유주의·민주주의적 세계의 생존자에 지나지 않는다는 사실을 잊고 있었다.

하지만 강력한 파시스트의 기관차는 이미 움직이고 있었다. 그것을 막기 위해 길을 막아설 수 있는 사람은 아무도 없었다. 왜냐하면 그것은 하나의 목적을 가지고 있었기 때문이었다. 그것은 이탈리아에 하나의 정부를 부여하려 하고 있었다.

그 당시 파시스트를 분리, 분열시키려는 기도가 있었다. 나는 펜을 잠깐 움직여 내부에서 두어 가지 조치를 취한 것만으로 그 기도를 일축해버렸다. 나는 이 그릇된 이간책이 있었을 때는, 피우메에서 하나의 사건이 일어났을 때만큼도 걱정을 하지 않았다. 피우메 사건이라는 것은 차넬라(Zanella)라는 한 이탈리아인 변절자가 불명예스럽게도 반이탈리아적 음모를 꾸민 일이었다. 파시스트는 그를 추방했다. 이 자치주의와 유고-슬라비아의 유해한 대변자는 피우메 시를 떠날 수밖에 없었다. 불행한 피우메, 그곳은 이탈리아가 아니었다면 평화의 잔에 입술을 댈 수 없었을 것이다.

이 무렵에 합스부르크의 카를 1세[78]가 세상을 떠났다. 이로써 합스부르크의 혈통이 끊겼기에 왕위가 이어질 가능성은 영원히 사라졌다. 이탈리아의 역사를 살펴보면 언제나 이 왕가가 가장 좋지 않은 영향을 주었다. 그것은 우리의 결합에 언제나 불리한 역할만 해왔다.

희망과 위기, 낙관과 우울한 절망 사이를 오가는 동안 어떤 커다란 주목도 지식인 대중의 관심도 끌지 못한 채, 제노바 회의[79]가 찾아왔다.

5월 1일에는 이른바 노동절 행사가 행해졌다. 불행하게도 이 행사가 발한 유일한 이채로움은 사회주의자와 공산주의자의 한층 더 격렬한 습격과 매복이었다. 세계대전에 대한 선전포고 기념일인 5월 24일조차 피로 물들어버리고 말았다. 엄숙한 축제가 이탈리아 전역에서 행해졌다. 그런데 로마에서, 자신의 생명뿐만 아니라 도망가는 적에게 목발까지 집어던진 로마인 엔리코 토티(Enrico Toti)를 추모하는 행렬을 향해서 공산주의자가 발포했다. 한 사람이 목숨을 잃고 24명이 부상을 입었다.

---

78) Karl I(1887~1922, 재위 1916~1918). 오스트리아 최후의 황제.
79) 1922년 4월~5월까지 이탈리아의 제노바에서 열린 국제 경제회의. 실질적인 성과는 거의 없었다.

마치 그것만으로는 충분하지 않다는 듯 모든 반파시스트 단체의 연합인 '노동동맹'이 총파업을 선언했다.

그것은 너무 지나친 행동이었다. 정부는 어떠한 노력을 기울일 조짐조차 보이지 않았다. 나는 망설이지 않고 파시스트의 총동원을 명령했다. 나는 명예를 걸고 적색분자들이 품고 있는 음모의 배후를 짓밟겠다고 단언했다.

"우리는 반드시 이 악한 짐승을 영원한 파멸로 몰아넣겠다."

중산계급과 정부는 매우 소심한 태도를 취했지만 우리는 깊이 생각한 뒤에 굳게 결심하고, 모든 책임을 지겠다는 각오로 움직였다. 이 다부진 결단만으로도 사회주의자와 적색분자에게 찬물을 끼얹은 것이나 다를 바 없었다. 파시스트의 동원은 전광석화처럼 행해졌다.

그날 파업은 끝났다.

시가와 광장과 들판은 파시스트의 강력한 간섭으로 질서를 되찾았으나 의회 안에서는 여전히 음모가 계속되었다. 여러 가지 안과 계획이 요동쳤다. 그 계획들은 독재를 제안하는 것에서부터 적색분자와의 협력에 대한 계획까지 참으로 각양각색이었다. 전반적인 불황 상태 속에서 7월 12일에 재무장관인 페아노(Peano)의 의견이 발표되었다. 그것은 우리가 가장 우려하고 있던 것이었다.

국가 예산이 65억 부족하다는 것이었다. 이탈리아에게 있어서 그것은 어마어마한 숫자였다. 그것은 우리나라의 경제조직이 감당할 수 있을 만한 숫자가 아니었다. 대외 및 국내정책의 실패에 더해서 재정적 혼란이 온 것이었다. 팍타는 기록적인 속도로 모든 면에서 무능함을 드러냈다. 나는 1922년 7월 19일의 의회에서 연설을 했는데, 그 연설에서 파시스트 단체는 내각 신임투표에 참가하지 않겠다고 분명하게 밝혔다. 나는 정부를 윽박지르기 위해서, 정부와 협력하려 하고 있던 사회당과, 스스로 그 시국의 최고 지배자인 양 착각하고 있던 인민당의 애매한 입장을 지적한 뒤 수상에 대해 다음과 같이 명백하고 준엄하게 말했다.

"팍타 각하, 귀하의 내각은 모든 점에서 부적절하기 때문에 더 이상 존속할 수 없습니다. 귀하의 내각은 귀하를 지지하고 있는 모든 사람들의 자비에 의해서도 그 생명을 이어갈 수 없습니다."

그런 다음 나는 팍타 정책의 안타까운 실책을 되짚어본 뒤, 이어 파시즘은 의회의 다수파와 거리를 둠으로 해서 '숭고한 정치적 · 도덕적 예절의 태도'를 지킬 수 있었다고 단언하고 연설을 마무리했다. 나는 덧붙여 이렇게 말했다. "다수파의 일부가 된다면 현재 파시즘이 외부에서 행해야 할 행동을 할 수가 없습니다."

이 말 때문에 갑자기 웅성거리는 소리와 고함이 일어났고, 거기에 내가 다음과 같은 말을 덧붙였기에 소란이 한층 더 커졌다.

"파시즘은 스스로 결단을 내릴 것입니다. 아마도 파시즘은 합법적인 당, 이것은 곧 정부당이라는 의미인데, 그것이 되려 하거나, 혹은 그와는 반대로 반란의 당이 되려 하거나, 곧 그 입장을 분명히 할 것입니다. 만약 뒤에 말한 것과 같은 당이 된다면 파시즘은 더 이상 어떠한 정부 다수파의 일부도 될 수 없습니다. 따라서 파시즘은 이 의사당에 앉아 있을 필요가 없습니다."

나는 이렇게 해서 특히 무너지려 하고 있는 팍타 내각에 대해서뿐만 아니라 그 외의 모든 새로운 정부에 대해서 강력하고도 오해의 소지가 없는 경고를 해두었다. 나는 내 의지의 간판을 내걸었다. 그리고 공적 입장을 선언한 것이었다.

팍타 내각은 그날 와해되었다. 그리고 정치가들은 곧 암흑 속에서 다시 후계자를 찾기 위한 작업을 더듬더듬 시작했다. 오를란도,

보노미, 팍타, 졸리티. 이번에도 그들의 입에서 나온 것은 이런 이름들이었다.

추론과 배제의 과정을 거쳐 마지막으로 메다가 지명되었다. 그는 밀라노에서 선출된 인민당 국회의원으로 모든 내각을 은밀하고 음험한 수단으로 좌우하고 있던 인민당 국회의원의 우두머리였다. 전에 이미 장관의 자리에 오른 적이 있었던 메다는, 두려움 때문에 수상의 자리를 거절하고 물러나려는 태도를 보였다. 성직자와 급진파를 포함해서 조직된 이 단체의 힘 사이에 껴서 권력의 책임을 질 수 있는 사람도, 혹은 지려 하는 사람도 우리 이탈리아에는 없었다. '자유주의'와 '민주주의'가 권력에 대해 요구하고 있는 것 때문에 적어도 당시에는 누구도 그 보물에 손을 대려 하지 않았던 것이다.

이때 사회당은 기세 좋게 국가를 협박하고 있었다. 한편 파시스트는 국가의 위엄을 되찾기 위한 봉기를 위해 침묵 속에서 효모와 빵—의지와 무기—을 준비하고 있었다.

불황 탈출의 길을 생각하기 위한 회의가 지지부진하던 때에, 그리고 정부를 조직하지 못하고 있던 그때에 이탈리아에서는 거의 생각할 수도 없는 사태가 벌어지고 말았다. 좌익정당의 모든 힘이, 즉 공공연한 파괴적 단체뿐만 아니라 '노동연합'의 단체, 사회당 의회 단체 및 민주주의적 단체, 그리고 공화주의 단체까지가 이탈리아 전토에 걸쳐서 총파업을 결행한 것이었다. 파업의 성질은 오로지 반파시스트를 위한 것이었다. 그 구실은 파시즘에 위협받고 있는 국민의 자유를 지키겠다는 것이었다!

쓰레기보다도 더 경멸해야 할 이 정치적 분자들의 집결. 이들 비겁하고, 쓸잘머리 없고, 희망도 없는 세력들은 과거에 모든 자유를 파괴하고, 생각할 수도 없었던 모든 방법을 동원해 우리의 도덕, 우리의 평화, 우리의 능률, 우리의 질서를 유린했으면서도 이러한 행동을 일으킬 줄이야, 이야말로 파시즘과 이탈리아 국민에 대해 가장 불합리한, 가장 부정한, 가장 증오해야 할, 그리고 가장 도전적인 행동을 취한 것이었다.

이들 유해한 세력이 만연한 시대는, 곧 나 역시 단호한 결의를 내린 시대였다.

반파시스트 세력의 도전에 대한 응답으로 나는 다시 파시스트 총동원령을 내렸다. '이탈리아 전투자 파쇼' 평의회가 상설되었다. 파시스트의 기술자들은 공공사업을 계속 운영하기 위해 소집되었다. 전투부대는 사회를 어지럽히는 조직을 해산시키기로 했다. 밀라노의 파시스트는 우리 적의 근거지라 여겨지던 『아반티!』 신문사를 습격하여 사옥을 불태웠다. 그들은 전차의 차고를 점령했다. 그들은 파업선언을 무시한 채 공공사업을 운전시켰다.

파업을 막는 일에 정부는 무력했다. 하지만 하나의 새로운 힘이 이미 정부를 대신하고 있었던 것이다! 충분한 무장을 갖추고 있던 파시스트는 태업을 막기 위해 전차의 정거장을 점령했다. 소란을 일으키는 적의 모든 신경중추를 영원히 파괴할 필요가 있었다. 파시스트가 그 일을 해냈다.

밀라노에서만 3명의 검은 셔츠단 청년이 목숨을 잃었다. 그들 중 2명은 대학생이었다. 부상자도 많았다.

하지만 이 힘의 시험은 성공을 거두었다. 이탈리아의 적은 두려움에 떨었다. 그들은 어리석은 연설과 문서전(文書戰)으로 책임을 서로에게 돌리려 했다. 사람들의 생활은 정상으로 복귀했다. 파시즘은 내일의 이탈리아를 단지 힘에 의해서만이 아니라 결의에 의해서, 근본적인 지식과 인격과 사심 없는 애국심에 의해서 지배할 수 있다는 사실을 보여주었다.

우리의 반대자는 패배했을 뿐만 아니라 혼란에 빠졌으며 모욕을 당했다. 성실한, 그리고 어떤 의미에서는 칭찬받아야 할 밀라노의 신문 『코리에레 델라 세라』는 언제나 몰락하려 하고 있던 중산계급 평민의 정신을 위한 의견 발표기관이 되어 있었는데, 과거에는 사회당의 지도자인 필리포 투라티를 예찬했으나 이제는 파시즘의 정부에 참가할 권리를 인정하기 위해 지면의 일부를 할애할 필요가 있다고 느끼게 되었다. 미해결인 채로 남아 있던 불안한 정국은 덜커덩거리며 계속되고 있었다. 나는 다시 국왕폐하의 부름을 받았다. 나는 오를란도와 수차례 회견했다. 차례차례로 거론되던 여러 조합의 연립내각이 배제되어 버려진 폐물처럼 정리되어갔다. 그랬기에 그들은 우울한 기분으로 팍타로 되돌아갔다. 그리고 팍타는 내게 밀사를 보내, 어떠한 조건을 붙여야 파시스트가 신정부 안에서의 지위를 받아들일 수 있겠느냐고 물어왔다. 나는 그 밀사에게 구두로, 파시즘은 가장 주요한 지위를 요구한다고 대답했다.

나는 내각에 가담해달라는 청을 받았다. 하지만 그것은 말도 안 되는 소리였다! 나는 당연히 비판을 가할 자유와, 혹시 필요하다면 행동을 일으킬 자유를 지키기 위해서 연립내각 밖에 머물러 있지 않으면 안 되었다. 그런데 파시스트의 대표를 내각에 넣으라는 나의 요구에 대해서 그들은 생각할 수도 없는 일이라며 받아들이지 않았다. 인재를 모으지 못한 팍타 내각이 파시스트를 가담시키지 않은 채 출범했다. 하지만 그 배가 물에 떠오름과 동시에 국민들은 모멸과 무관심한 태도로 그것을 맞아주었다.

아군이고 적군이고 할 것 없이 그저 파시즘만 바라보고 있었다. 그것은 이탈리아 국민 사이에 흥미를 부여한 하나의 요소였다.

나는 파시스트 전선의 작전을 수립했다

나는 검은 셔츠단을 내 스스로 이끌기로 결심했다. 나는 이미 로마로 진출할 결의를 굳힌 상태였다. 그리고 그 작전은 내 신념 속에서 서서히 정리되어가고 있었다.

시국을 수습하기 위해서는 그것밖에 달리 해결방법이 없었다.

10월 16일에 나는 특별한 기량을 가지고 있으며 참된 파시스트 정신으로 무장된 장군 한 명을 밀라노로 불렀다. 나는 옛날 로마군단을 모델로 군사적, 정치적 조직에 대한 계획을 세웠다. 우리는 상층 지도자들과의 합의를 통해서 하나의 표어와 하나의 제복과 하나의 구호를 만들었다. 나는 모든 이탈리아 지방의 파시스트와 반파시스트의 정세를 완전히 파악하고 있었다. 나는 티레니아 해(Tyrrhenian sea)를 따라가다 움브리아(Umbria) 쪽으로 길을 틀어 로마로 진군할 수 있었다. 남부에서 풀리아(Puglie)와 나폴리의 밀집부대가 가담했다. 유일한 장애물은 안코나를 중심으로 하는 적의 지대였다. 나는 아르피나티(Arpinati)와 그 외의 파시즘의 부대장들을 불러 안코나에서 사회당·공산당의 지배를 몰아내라고 명령했다. 무정부주의자의 손에 넘어간 것으로 알려졌던 안코나 시는 철저하게 군대식으로 행해진 행동에 의해 정복되고 말았다. 약간의 사상자가 나온 것은 참으로 유감이었다. 하지만 그로 인해 나머지 반파시스트 세력은 소멸되었다. 반파시즘은 이제 한 곳에 몰려 있었다. 그들은 자신들의 병영인 국회의사당으로 내몰린 것이었다.

새로운 태양의 빛이 이탈리아의 거의 전역에서 넘쳐나고 있었다.

우리는 모두 가슴 가득 숨을 들이켤 수가 있었다. 파시즘의 용감한 노력은 충분한 효과를 올리며 파도처럼 세력을 더해가고 있었다. 유명한 비평가, 세계적 명성을 얻고 있는 역사가, 세계 구석구석에 있는 연구자까지 내가 창시하고 지배하고 또 지금은 승리를 향해 나아가고 있는 그 운동을 매우 커다란 흥미를 가지고 바라보기 시작했다.

회의적인 사람들의 대표자에 대해서 쓴 몇몇 사설 속에서 나는 '파시즘은 이제 그 삶의 첫 번째 단계에 서 있다. 즉, 그리스도의 삶이다. 조급해서는 안 된다. 성 바울의 삶이 곧 찾아올 것이다.'라고 말했다.

나는 그때 시시각각으로 로마와 권력 정복에 대한 만반의 준비를 갖추어가고 있었다. 나는 개인적 세력에 대한 환상이나, 다른 어떤 유혹이나, 이기적인 정치적 지배권에 대한 욕망을 위해서 움직인 것이 아니었다.

나는 언제나 사심 없는 인생관을 가지고 있었다. 나는 어둠 속에서 이론을 모색했다. 하지만 나는 나 자신을 위해서가 아니라 다른 사람들에게 무엇인가를 주기 위해서 모색한 것이었다. 나는 싸웠다. 하지만 직간접적인 나의 이익을 위해서가 아니었다. 나는 국가의 최고 이익을 목표로 삼아왔다. 나는 결국 이탈리아의 영광과 이탈리아의 행복을 위해 파시즘이 이탈리아를 지배하기를 바란 것이다. 나는 이 시대에 내가 취한 모든 조치를, 설령 그 가운데서 가장 간단한 것이라 할지라도 여기서는 논할 수 없는 명백한 이유를 가지고 있다. 그것은 정치적이고 비밀적인 성질을 가진 것이어서 절대로 이야기할 수가 없다.

우리 신문인 『일 포폴로 디탈리아』는 외부 사람이나 적들의 주목을 그다지 끌지는 못했지만, 로마 진군에 필요한 정신적 · 물질적 준비를 위한 본부였다. 그것은 우리의 사고와 행동의 근거지였다. 군사적 세력과 정치적 세력 모두 나의 명령에 복종했다. 나는 모든 계획과 제안을 비교하고 숙고했다. 그리고 마지막에 나의 생각을 정리해서 필요한 명령을 내렸다. 다음으로 넓은 범위에 걸친 준비운동이 시작되었다. 즉, 트렌토, 안코나, 볼차노(Bolzano)처럼 우리의 전술을 위협하는 지방의 점령이었다.

나는 파시스트의 정신 상태를, 그들의 실력을, 그들의 결의를 나 스스로 알아보고 싶었다. 이에 나는 이탈리아의 각 지방으로 가서 4번의 중요한 강연을 했다. 그 강연 속에서 나는 내일의 정책을 발표했다. 나는 파시즘의 최종 목표를 분명히 밝혔다. 나는 솔직하게 말했다. 그것은 권력의 획득이었다. 나는 대중의 눈치를 살피는 짓은 하고 싶지 않았다. 나는 언제나 있는 그대로, 때로는 난폭하다 싶을 정도로 대중을 향해 이야기해왔다. 그것은 모든 시대, 모든 국가의 정당들이 은혜를 얻기 위해 취한, 경멸해야 할 영합주의와는 정반대가 되는 것이다.

일례를 들자면 1922년 9월 17일, 즉 로마로 들어가기 1개월 전에 나는 '서민이 만들어낸 제단에 집단이라는 교황을 던져버려야 한다.'고 적었다.

내가 참석한 파시스트 모임은 이탈리아 북부의 우디네와 포 계곡에 있는 크레모나와 공업도시인 밀라노와 이탈리아 남부의 중심지인 나폴리에서 열렸다. 나는 각 지방 특유의 기품을 가지고 있는 이들 지방의 정신을 직접 알아보고 싶었다. 나는 정복자로서, 그리고 구제자로서 환호성을 들었다. 그것은 나를 기쁘게 만들었으나, 결코 자만하게 하지는 않았다. 나는 전보다 더 든든함을 느꼈으며, 더욱 커다란 책임감을 느끼게 되었다. 이들 서로 다른, 그리고 멀리 떨어져 있는 4개의 도시에서 나는 같은 광명을 본 것이었다. 나는 선량하고, 훌륭하고, 순수하고, 성실한 정신을 가진 이탈리아 국민과 함께 있었던 것이다!

나는 '이탈리아 전투자 파쇼'의 중앙위원회를 소집하여, 검은 셔츠단을 이끌고 로마의 신성한 길로 의기양양하게 나아가기 위한 행동의 대강을 정했다.

이 무렵, 밀라노의 치르콜로 스키에자(Circolo Sciesa)에서 내가 신뢰하는 사람들에게 우리는 이미 '자유주의의 슬픈 몰락에서 새로운 이탈리아의 여명, 파시스트에' 도달했다고 말했다.

제7장 우리는 이렇게 로마를 얻었다

파시스트 동원계획과 선언

이제 우리는 그 영원한 도시로의 역사적 진군을 하루 앞두고 밤을 맞이했다.

각지의 상황에 관한 나의 예측과 조사를 마치고, 검은 셔츠단 간부의 보고를 듣고, 행동 계획을 선택하고, 그 가장 좋은 시기에 대한 전반적인 일들을 결정한 뒤, 나는 파시스트 운동과 행동대의 간부들을 피렌체로 집합시켰다. 미켈레 비안키, 데 보노(De Bono), 이탈로 발보(Italo Balbo), 주리아티(Giuriati), 그리고 그 외의 사람들이 모였다. 그 조용히 진행된 회의에서 어떤 자는 검은 셔츠의 동원일을 전승기념일인 11월 4일로 하는 것이 어떻겠느냐고 제안했다. 나는 그 제안을 거부했다. 왜냐하면 그 기념일을 혁명적 행동으로 망치고 싶지는 않았기 때문이었다.

가장 적절한 때를 기다렸다가 우리의 행동을 일으켜 그것을 찬연하게 빛나게 하고, 반향을 줄 필요가 있었다. 군사적인 요소 외에 정치적인 효과와 가치에 대해서도 숙고할 필요가 있었다. 마지막으로 우리는 폭력적 억압수단을 사용해야 할 경우나, 누군가의 입에서 정보가 흘러나가 우리의 계획이 실패로 돌아갔을 경우에 대해서도 생각을 해두어야만 했다. 우리는 미리 모든 방법과 시간, 자세한 수단과 조치, 어떠한 목적으로 어떠한 사람들을 써야 가장 현명하게 이 파시스트의 진격에 착수할 수 있는지에 대해서도 결정해두어야 했다.

나폴리에서 열린 파시스트 대회는 규율과 변론을 내보이기 위한 우리의 제2회 대회라는 광고로 그것이 실제 동원의 시작이었다는 사실을 숨길 수 있었다. 일정한 때가 오면 모든 이탈리아의 행동대가 무기를 쥐기로 했다. 그들은 사회의 주요한 신경중추, 즉 우편시설·관공서·경찰본부·철도 정거장·병사를 점령하기로 되어 있었다.

파시스트의 별동대는 전 사관이었던 용감한 대장의 지휘로 티레니아 해를 따라서 로마로 진군하기로 했다. 지중해 쪽에서도 동시에 행동을 일으켜, 이 방면에서는 로마냐, 마르케(Marche), 아브루치(A-bruzzi) 각 지방의 군이 로마를 향해 진격하기로 되어 있었다. 그 계획을 실행하기 위해 우리는 안코나 지방에서 사회주의·공산주의의 지배력을 빼앗을 필요가 있었다. 이 일은 이미 실행된 상태였다. 중부 이탈리아에서는 나폴리 대회를 위해 이미 동원된 부대를 로마로 향하게 할 수 있었다. 이 부대에는 카라돈나(Caradonna)가 지휘하는 파시스트 기병부대가 지원군으로 가담해 있었다.

파시스트의 동원과 행동이 결정되고 실제로 활동이 개시됨과 동시에 계엄령, 사관과 병사에 대한 파시즘의 엄격한 규율과 명령이 시행되기로 되어 있었다.

1922년 10월 나폴리

우리 '국가 감리'의 정치적 권력을 데 보노, 데 베키(De Vecchi), 이탈로 발보, 미켈레 비안키 4장군의 사두군사통감으로 옮기고, 나는 그 네 통감을 통수하기로 했다. 그리고 나는 두체(Duce, 최고 통치자)가 되어 그 네 통감이 하는 일에 대해서 최종 책임을 지기로 했다. 그 책임에 있어서 나는 파시스트뿐만 아니라 이탈리아에 대해서도 선서를 했다.

우리는 총본부를 움브리아의 수도 페루자(Perugia)에 두었다. 그곳을 향해 많은 도로들이 뻗어 있었고, 거기서는 쉽게 로마로 들어갈 수 있었다. 만에 하나 군사적·정치적으로 실패를 한다면 우리는 아펜니노(Appennino) 산맥을 넘어 포 계곡으로 후퇴할 수가 있었다. 그 지대는 역사적 혁명운동의 모든 상황에 있어서 언제나 핵심지대라 여겨져 왔다. 그 지대에서 우리의 지배권이 절대적이라는 사실에는 의심의 여지가 없었다. 우리는 암호를 만들었다. 우리는 상세한 행동요령을 정했다. 모든 사항을 내가 있는 곳, 『일 포폴로 디탈리아』 신문사에 보고하기로 되어 있었다. 믿을 수 있는 파시스트 전령이 달리는 거미처럼 망을 펼쳐놓고 있었다. 아침부터 밤까지 나는 필요한 명령을 내렸다. 그 행동의 전날 밤에 나는 전국에 발표할 선언서를 작성했다. 우리는 매우 충실한 친구로부터 국가의 군대는 특별한 사정이 벌어지지 않는 한, 호의적 중립을 지킬 것이라는 보고를 받았다.

나폴리에서 열린 역사적 대회의 개회사에서 나는 국가에 있어서의 파시스트 운동의 윤곽을 보고하고, 나폴리 시에 '지중해의 여왕'이라는 칭호를 주었다. 그리고 전반적인 회의는 매우 고전적으로 일정한 목표도 없이 그저 시간을 보내기 위해서 계속되었다. 그 위장 회의의 지도자는 로마 진군의 사두통감 중 한 명인 미켈레 비안키였다. 그는 당시 이미 훌륭한 정치적 의견을 발표했다. 행동부대의 위대한 권위를 가지고 있던 데 보노와 발보는 페루자의 총본부로 들어갔다.

나는 그 길어진 대회에서 밀라노로 돌아갔다. 밀라노로 돌아가는 길에 나는 많은 친구들을 만나 추가적인 준비를 할 기회를 가졌다. 그리고 나는 롬바르디아 지방의 다른 중심지에서와 마찬가지로 밀라노 시에서 행해야 할 특별한 행동에 대해서도 중요한 회담을 했다. 경찰이 눈치 채지 못하도록 하기 위해서—왜냐하면 내 신변에는 언제나 스파이가 있었기에— 나는 세상일에 별로 신경을 쓰지 않는 무관심한 사람인 듯한 태도를 취했다. 그것은 꽤나 어려운 일이었다. 왜냐하면 나는 귀중한 시간을 새로운 자동차의 속도를 시험해보기도 하고 다른 일상적인 잡무를 보기도 하면서 허비해야 했기 때문이다. 나는 사설을 쓰기도 하고 신문의 경영에 열중하고 있는 시늉을 하기도 했다.

모든 준비가 끝났다고 판단한 순간 밀라노에서 『일 포폴로 디탈리아』를 통해 단독으로, 그리고 다른 모든 이탈리아 신문의 통신원을 통해서도 나의 혁명 선언서를 발표했다. 선언서에는 네 통감의 서명이 들어 있었다. 다음이 그 기억할 만한 선언서의 내용이다.

——파시스트여! 이탈리아 국민이여!

결전의 때가 왔다! 4년 전, 우리 국군은 이 계절에 최후의 공격을 감행하여 대승을 거두었다. 오늘 검은 셔츠단은 불구가 되어버린 그 대승을 이어받아 곧장 로마로 가서 다시 승리를 수도의 영광에 바칠 생각이다. 지금부터 파시스트를 동원하겠다. 파시즘 계엄령은 이제 사실이 되었다. 총수의 명령에 의하여 우리 당 관리하의 모든 군사적, 정치적, 행정적 기능은 감리권을 가진 비밀 행동 사두통감 아래에 두겠다.

군대, 국가의 예비군 및 경비군은 이 투쟁에 참가해서는 안 된다. 파시즘은 재차 비토리오 베네토(Vittorio Veneto) 군에 그 최고의 경의를 바친다. 또한 파시즘은 경찰을 향해 진격하는 것이 아니라, 4년이라는 긴 세월 동안 국가에 정치를 가져다주지 못했던 겁 많고 무능한 정치적 계급에 대해서 진격하는 것이다. 파시즘은 생산계급을 형성하고 있는 사람들에게, 국가에 질서와 규율을 부여하고 진보와 번영을 회복할 힘을 향상시키는 데 도움을 주기를 바란다는 사실을 밝혀두겠다. 밭과 공장에서 일하는 사람들, 철도나 사무실에서 일하는 사람들은 파시스트 정부를 두려워할 아무런 이유도 없다. 그들의 정당한 권리는 보호될 것이다. 우리는 무장하지 않은 적에 대해서는 관대하다.

파시즘은 이탈리아인의 생활을 속박하고 거기에 무거운 짐을 지우는 수많은 화근을 끊기 위해서 칼을 빼든 것이다. 우리는 신과 50만에 이르는 전사자의 정령에게, 오로지 하나의 충동만이 우리를 움직이게 하고 있으며, 오로지 하나의 정열만이 우리 속에서 불타오르고 있다는 사실을 굽어 살피라고 외치고 있다. 즉, 우리는 국가의 안전과 위대함에 공헌하려는 충동과 정열임을.

모든 이탈리아의 파시스트여!

로마인들처럼 여러분의 영혼과 여러분의 힘을 쏟아 붓기 바란다! 우리는 이겨야 한다. 우리는 이길 것이다.

이탈리아, 만세! 파시스트, 만세!

사두통감——

밤이 되자 크레모나와 알레산드리(Alessandri)와 볼로냐에서의 유혈 파괴, 군수품 공장과 병영의 습격에 관한 첫 번째 보고가 내게 들어왔다. 나는 매우 간략하지만 여운이 담긴 문체로 나의 선언서를 작성했다. 그것은 이탈리아 국민 모두를 감동시켰다. 우리의 생활이 갑자기 열렬한 혁명적 분위기 속으로 던져진 것이었다. 각 도시에서 일어난 투쟁에 대한 보도—그것은 때로 보도자의 상상력에 의해서 과장되기도 했는데—가 우리의 혁명에 극적인 색채를 부여했다. 국가의 책임 있는 사람들은 이 운동의 결과로 인해 마침내, 국가를 다스리고 존경을 모을 만한 정부가 탄생할 것이라고 단언했다. 하지만 국민의 대부분은 마치 창을 통해서 바라보듯, 그저 멍하니 바라보기만 할 뿐이었다.

단 한 명의 파괴자도, 자유주의의 우두머리도 모습을 드러내지 않았다. 그들은 하나같이 공포에 휩싸여서 그저 구멍 속으로 숨어버리고 말았다. 그들은 이것이 우리가 시대에 울리는 경종이라는 사실을 충분히 이해하고 있었다. 모든 사람들이 파시즘의 투쟁이 승리의 결말을 얻을 것이라는 사실을 확신하고 있었다. 나는 멀리 떨어진 곳에서도 그것을 느낄 수가 있었다. 공기는 그러한 분위기로 가득 차 있었다. 바람이 그것을 속삭였으며, 비가 그것을 머금고 내렸다. 대지는 그것을 한껏 맛보았다.

나는 검은 셔츠를 입었다. 나는 『일 포폴로 디탈리아』에 방어벽을 쌓았다. 어둑한 회색 아침, 밀라노는 환상 속의 모습처럼 새로운 용모를 내보이고 있었다. 활동이 정지되고 갑작스럽게 침묵이 찾아왔다. 그로 인해 사람들은 역사 속에 종종 등장하는 한 위대한 시기가 찾아왔음을 깊이 깨달을 수 있었다.

앳된 얼굴을 한 근위대 부대원들이 시를 정찰하며 돌아다니고 있었다. 그들의 단조로운 발소리가 사람이 거의 사라진 거리에 울려 공허하게 들려왔다.

공공사업은 시간을 단축해서 행해졌다. 파시스트가 병영과 우체국을 습격했기에 발포 소리가 일제히 들려왔다. 그것은 오히려 험악한 내란의 울림을 시내에 가져다주었다.

나는 우리 신문사를 온갖 방어물로 단단히 방어했다. 만약 정부 당국이 자신들의 힘을 보일 생각이라면 가장 먼저 일 포폴로 디탈리아를 습격할 것이라고 나는 생각했다. 실제로 그날 이른 아침에 흉악한 기관총의 총구가 사무실과 나를 향해 배치되었다. 맹렬한 총알의 응수가 시작되었다. 나는 총에 총알을 장전하고 문을 지키기 위해 아래층으로 내려갔다. 근처 사람들은 문과 창에 방어막을 쳐놓고 방어준비를 하고 있었다.

총격이 벌어지는 동안 총알이 소리를 내며 내 귀 주위를 스쳐 지나갔다.

자유주의 정부의 최후

결국에는 근위대 소령이 휴전을 요구하며 나를 만나고 싶다고 했다. 짧은 회담 끝에 근위대가 200m 후퇴하고, 기관총은 도로의 중앙에서 물러나 약 100m 앞의 교차로까지 철수하기로 했다. 이 휴전과 함께 나의 10월 28일이 시작되었다.

저녁이 되자 중원의원과 상원의원과 밀라노의 정치가와 롬바르디아 지방 의회의 가장 유명하고 책임 있는 인물들이 나를 찾아왔다. 그 가운데는 상원의원인 콘티(Conti)와 크레스피(Crespi)와 중원의원인 카피타니(Capitani) 등도 있었다. 그들은 모두 일 포폴로 디 탈리아 사무실로 찾아와서 내게 그 투쟁을 중지할 것을 요구했다. 그들은 그것이 끔찍하고 중대한 전국적 내란이 될 것이라고 말했다. 그들은 내게 중앙정부와 휴전할 것을 제안했다. 내각이 붕괴되면 시국과 국가는 구제될 것이라고 그들은 말했다.

나는 그 의회 정치가들의 무지함에 미소 지었다. 나는 다음과 같이 그들에게 대답했다.

"여러분 이것은 일부의 위기네, 전부의 위기네 하는 작은 문제, 그리고 하나의 내각을 쓰러뜨리고 또 다른 내각을 세우려는 사소한 문제가 아닙니다. 제가 착수한 일은 좀 더 광범위하고 좀 더 진지한 문제입니다. 지난 3년 동안 우리는 조그만 다툼이나 파괴로 들끓는 커다란 냄비 속에서 생활해왔습니다. 이번에야말로 저는 완전한 승리를 얻을 때까지 무기를 놓지 않을 생각입니다. 지금은 정치의 방향뿐만 아니라 전 이탈리아 국민의 생활의 방향까지 바꾸어야 할 때입니다. 이번 일에 의회 정당의 항쟁과 같은 문제는 어디에도 없습니다. 저는 단지 우리 이탈리아인이 대외문제에 대해서뿐만 아니라 우리 자신의 국내문제에 대해서도 자치적인 생활을 할 수 있느냐, 아니면 우리 자신의 나약함의 노예가 되어 생활하느냐, 과연 어느 쪽이냐 하는 것을 알고 싶을 뿐입니다. 이미 싸움을 선언했습니다! 우리는 끝까지 싸울 생각입니다. 이 통신을 보십시오. 투쟁은 이탈리아 전역으로 퍼져나가고 있습니다. 청년들은 무기를 쥐고 일어나고 있습니다. 저는 그들을 이끌어야 할 지휘자라 인정받고 있습니다. 저는 이탈리아 청년들의 이 멋진 부활의 페이지를 중재라는 것으로 더럽힐 수는 없습니다. 게다가 이건 마지막 페이지입니다. 이 페이지는 우리나라의 전통으로 가득 채워질 것입니다. 더는 타협으로 덧칠할 수 없습니다."

그런 다음 나는 그들에게 그날 아침에 가브리엘레 단눈치오에게서 받은 편지를 보여주었다. 나는 처음의 가장 어두웠던 투쟁의 시기부터 늘 우리와 함께 해왔던 피우메의 구원자에게 성명서를 보냈었다. 그것을 가져간 사람은 지암피에트로(Giampietro)와 두에[80]와 에우제니오 코젤스키(Eugenio Coselschi) 세 장군이었다. 단눈치오는 바로 다음과 같은 말로 답했다.

─────친애하는 무솔리니여.

나는 오늘 밤, 하루의 격무를 마치고 난 후에 세 사자를 맞이했소.

중간중간 중단되기는 했으나 이 책 속에는 눈이 하나밖에 없는 자라도 차분하게 생각해보면 발견할 수 있는 진리가 모여 있소. 지

---

80) Giulio Douhet(1869~1930). 이탈리아의 군인, 항공전략가. 육군의 전략을 비판하다 투옥되었으나 후에 복귀했으며, 공군의 독립을 주장했다.

금이야말로 이탈리아 청년은 그 진리를 인식하고, 순화된 마음으로 그 진리에 따라야 할 때라고 생각하오.

모든 진지한 세력을 모아, 이탈리아를 위해 영원한 운명에 의해 정해진 위대한 결승점을 향해 진격시킬 필요가 있소.

차분하지 못한 성급함에 의해서가 아니라, 끈질긴 인내에 의해서만 구원은 우리에게로 올 것이오.

어떠한 애매한 색채도 가지고 있지 않은 나의 생각과 나의 의향을 사자들이 그대에게 전달해줄 것이오.

황제폐하께서는 내가 여전히 이탈리아의 가장 충실한, 그리고 가장 열성적인 병사라는 사실을 알고 계시오.

모쪼록 이 타파해야만 할 역경 속에서 황제폐하를 지켜주시기 바라오.

승리는 팔라스(Pallas)의 여신의 밝은 눈을 가지고 있소.

그 여신의 눈을 숨기지 마시오.

가브리엘레 단눈치오――

그 단눈치오의 편지를 이들 롬바르디아의 정치가들에게 읽어준 뒤, 나는 설령 혼자 남는다 해도 내가 동지에게 이야기한 최후의 결정적 목적을 완수할 때까지는 결코 멈추지 않을 것이라고 선언하고 그들을 돌려보냈다.

내가 들려준 논리적 명백함과 엄숙하고 일관된 조리는, 나에게 화해와 타협과 양보를 청하러 온 사람들에게 감명을 주었다.

그들 중 한 명이 곧장 수상인 팍타에게로 달려가 나를 회유하기란 불가능한 일이라고 보고했을 것임에 틀림없다.

가엾게도 팍타는 자신의 실패에 대한 뒤처리를 하느라 정신이 없어서 이 참된 위기를 구할 방책도 없었으며 참된 위기에 대해 서로 상의할 사람도 없었다. 그때 의회는 폐회된 상태였다. 그는 대체 어디를 향하면 된단 말인가?

모든 사건에 있어서, 가장 중대한 사건에 있어서조차 기묘한 인간, 우스꽝스러운 인간은 언제나 위대한 비극적 사건의 그늘 속에서 하나의 활로를 찾아 때로는 번성하기까지 하는 법이다.

이탈리아의 마지막 자유주의 정부는 그 최후의 몸부림을 치려하고 있었다. 그리고 다음과 같은 선언을 국민에게 했다.

——국가권력의 정당한 운용을 방해하려 이탈리아 각 지방에서 반란이 일어나고 있다. 그것은 또한 국가를 커다란 어려움에 빠뜨리는 성질의 것이다.

정부는 전 국민의 평화로의 복귀와 이 위기의 평화적 해결을 얻기 위해, 그리고 화협을 얻기 위해 전력을 다해왔다. 혁명적 음모에 대해서 정부는 온갖 수단과 온갖 희생으로 공안을 유지할 의무를 가지고 있다. 내각의 책임자는 이미 사표를 제출했으나, 정부는 국민의 안전과 자유로운 입법제도의 안전을 위해 이 의무를 수행할 뜻을 가져야 하는 법이다.

이번 문제에 있어서 국민은 평정을 유지하고 이미 실시하기 시작한 치안의 조치를 신뢰하기 바란다.

이탈리아 만세! 황제폐하 만세!

서명 : 곽타(Facta), 스칸체르(Schanzer), 아멘돌라(Amendola), 타데이(Taddei), 알레시오(Alessio), 베르토네(Bertone), 파라토레(Paratore), 솔레리(Soleri), 데 비토(De Vito), 아닐레(Anile), 리치오(Riccio), 베르티니(Bertini), 로시(Rossi), 델로 스바르바(Dello Sbarba), 풀치(Fulci), 루치아니(Luciani).——

동시에 관계 각 장관은 국가에서 일어난 상황을 고려하여 수상 팍타에게 사표를 제출했다. 팍타는 로마에 있는 몇몇 친구들의 충언을 구했다. 그 결과 그는 계엄령 시행칙령을 내려 했으나 황제폐하께서 사려 깊은 지혜로 거기에 서명하기를 거부하셨다.

황제폐하께서는 검은 셔츠의 혁명이 지난 3년 동안의 분쟁과 투쟁의 결과라는 사실을 이해하고 계셨던 것이다. 폐하께서는 오직 한 당의 승리에 의해서만 평화를 이룰 수 있으며, 이탈리아 국민의 조화에 반드시 필요한 국민생활의 질서와 진보를 얻을 수 있다는 사실을 이해하고 계셨던 것이다.

가장 정통적인 헌법에 대한 존경에서 폐하는 팍타에게 그 헌법의 조항을 수행하는 것을 허락하셨다. 그리고 뒤이어 사임과 임명과 협의와 발표와 비난 등 여러 가지 일이 우리를 기다리고 있었다. 이때 내가 불상사라 생각하는 하나의 음험한 일이 벌어졌다. 즉, 외관에 있어서는 파시스트와 매우 유사한 우익국민당이 비슷한 투쟁조직은 가지고 있지 않았음에도 불구하고 밀사를 보내 기묘한 요구를 하기 시작한 것이었다.

우익국민당이 자신들을 이 시국의 핵심이라고 주장한 것이다. 그 단체의 가장 대표적인 인물이었던 살란드라는 자신을 희생해서 그의 등에 권력의 십자가를 질 마음이 있다고 말했다. 그리고 그것은 파시스트에게 있어서 도움이 될 것이라고 주장했다. 나는 이와 같은 해결방법에 강력한 반격을 가했다. 그러한 해결책은 타협과 오류를 반복하게 할 뿐이었다. 파시즘은 무장을 하고 있었다. 그것은 국민생활의 중심부를 지배하고 있었다. 그것은 가장 명백한 목적을 가지고 있었다. 그것은 의회주의를 초월한 길을 신중히 걸어왔다. 그 승리가 이러한 방법으로 단절되고, 혹은 혼합된다는 것은 있을 수 없는 일이었다. 이것이 우익국민당과 파시즘의 동맹을 시도한 중재자에 대한 나의 대답이었다. 어떠한 타협도 받아들여서는 안 된다.

그 투쟁은 나의 계획대로 진행되었다. 이 자서전에서 당시의 혁명사건에 대한 전모를 이야기할 수는 없다.

나는 로마로 진군했다

1시간이 지날 때마다 나는 이탈리아 정국을 우리가 승리로 지배하고 있다는 느낌을 강하게 받을 수 있었다. 반대당은 혼란에 빠졌으며 분열되었고 망연함에 잠겨 있었다. 견고한 대열을 구축한 파시스트는 이미 로마의 문에 다가가 있었다. 그리고 내가 그 대열의 선두에 서서 그들과 함께 수도로 입성하기를 기대하고 있었다.

29일 오후, 왕궁의 대리인—폐하의 부관인 치타디니(Cittadini) 장군—이 로마에서 내게 급히 전화를 걸어왔다. 폐하께서 시국을 깊이 살피신 결과 내게 조각의 임무를 맡길 뜻을 밝히셨으니 로마로 들어오라는 것이었다. 나는 장군에게 감사의 말을 건넨 뒤, 같은 취지의 내용을 전신으로 내게 보내줄 것을 요구했다. 때로는 전화가 간교한 술책에 이용되는 경우도 있었기 때문이었다. 처음 치타디니 장군은 나의 요구가 궁중 규정에 따른 평상시의 예에서 벗어난다는 이유로 거기에 반대했으나, 지금은 비상시국이니 그와 같은 내용의 전신을 보내겠다고 대답했다. 실제로 몇 시간 뒤에 긴급 전보가 도착했다. 그것은 다음과 같은 개인적 내용의 전보였다.

——무솔리니, 밀라노 시

폐하께서 귀하에게 속히 로마로 오라는 명령을 내리셨소. 폐하께서는 조각의 커다란 임무를 귀하에게 맡기실 생각이시오.

육군대장 치타디니——

이것은 아직 승리가 아니었다. 하지만 커다란 진보였다. 나는 곧 페루자의 혁명본부 및 밀라노의 검은 셔츠 사령부에 이 사실을 통보했다. 나는 『일 포폴로 디탈리아』의 호외를 발행하여 내가 받은 임무를 보도했다.

나의 신경은 한없이 긴장되어 있었다. 밤에도 나는 매일 잠을 자지 않고 명령을 내렸으며, 파시스트 부대의 행동을 살펴서 파시스트의 전투가 기사도에서 벗어나지 않도록 제어했다.

이제는 더욱 커다란 책임의 시대가 내 앞에 펼쳐지려 하고 있었다. 나는 나의 의무에도, 나의 목적에도 실패해서는 안 되었다. 나는 나의 모든 힘을 집중했다. 나는 희생자들에 대한 추억을 다시 떠올렸다. 나는 신의 가호를 빌었다. 나는 내게 당면한 위대한 임무를 수행하는 데 있어서 나를 도와줄 충실한 사람들을 불러 모았다.

1922년 10월 31일 밤, 나는 『일 포폴로 디탈리아』와 나의 투쟁 출판물을 동생인 아르날도에게 위임했다. 11월 1일자 신문에 나는 다음과 같은 선언을 발표했다.

——지금부터 『일 포폴로 디탈리아』의 관리를 아르날도 무솔리니에게 위탁한다.

나는 모든 편집자, 협력자, 통신원, 사무원, 노동자 및 이 신문의 생명을 위해, 그리고 우리나라에 대한 사랑을 위해 형제와도 같은 사랑으로 나와 함께 충실하고 부지런히 일해준 모든 사람들에게 감사와 경의를 표하는 바이다.

무솔리니

1922년 10월 30일 로마에서——

나는 우리가 승리하는 데 있어서 가장 강력한 부분을 차지했던 이 신문과의 이별을 견딜 수가 없었다. 동생 아르날도가 그 편집의 위엄을 지켜 잘 유지해주었다는 사실을 여기서 밝혀두겠다.

나는 그 신문을 동생에게 물려주고 로마로 출발했다. 폐하를 알현하려 로마로 가는 나를 위해서 특별열차를 준비하려는 사람들에게 나는 보통열차의 방 하나면 충분하다고 말했다. 기관차도 석탄도 낭비해서는 안 되었다. 절약! 그것이 참된 정치가의 첫 번째 시험이었다. 그리고 나는 마침내 수도의 분위기와 반짝이는 빛 가운데 있는 산타 마리넬라(Santa Marinella)에 진을 치고 있던 나의 검은 셔츠단의 선두에 서서 로마로 들어갔다.

나의 출발이 전 이탈리아에 빠르게 보도되었다. 열차가 서는 모든 역에 파시스트와 내리는 비에도 아랑곳하지 않고 성원과 호의를 표하기 위해 나온 사람들이 모여 있었다.

밀라노를 떠난다는 것은 아쉬운 일이었다. 그 시는 10년 동안 나의 집이었다. 그곳은 모든 고난을 나와 함께 했다. 그곳은 파시즘의 가장 훌륭한 행동대를 낳았다. 그곳은 역사적 정치투쟁의 무대였다. 이제 나는 운명과, 더욱 커다란 임무의 부름을 받고 그곳을 떠나려 하고 있었다. 모든 밀라노가 나의 출발을 알고 있었다. 하지만 승리의 상징 중 하나인 출발의 기쁨 속에서도 나는 일말의 슬픔을 느꼈다.

그러나 그때는 감상에 빠져 있을 수가 없었다. 당시는 신속하고 확실한 결정이 필요할 때였다. 우리 가족과 작별인사를 한 뒤, 나는 밀라노의 여러 뛰어난 사람들과 작별인사를 나눴다. 그리고 나는 밤이 되어서야 그곳을 떠났다. 나 자신과 이야기를 나누기 위해서, 나의 영혼에 힘을 불어넣기 위해서, 친구들 목소리의 메아리에 귀를 기울이기 위해서, 내일 광활한 지평선 위로 떠오를 밝은 빛을 바라보기 위해서.

그 여행과 그 당시의 사소한 일들은 중요하지 않다. 그 열차는 파시스트들 속으로 나를 데려갔다. 나는 산타 마리넬라에서 로마를 바라보았다. 나는 부대를 열병했다. 나는 어떤 형식으로 로마에 입성할 것인지를 정했다. 나는 사두통감과 당국과의 관계를 규정했다.

내가 모습을 드러내자 열광적이었던 분위기가 더욱 뜨거워졌다. 나는 그 청년들의 눈 속에서 이상적 승리의 신성한 미소를 보았다. 그러한 지원군이 있으니 나는 만약 필요하다면, 저열한 이탈리아의 지배계급은 물론 어떠한 종류, 어떠한 민족의 적에 대해서도 도전할 수 있으리라.

로마에서는 말로 표현할 수 없을 만큼 열렬하게 나를 환영해주었다. 나는 한시도 지체하고 싶지 않았다. 나의 정치적 친구와 면담도 하지 않은 채 퀴리날레 궁전을 향해 자동차를 달렸다. 나는 검은 셔츠를 입고 있었다. 나는 어떠한 형식적 절차도 거치지 않고 곧장 국왕폐하 앞으로 안내되었다. 스테파니(Stefani)의 기관과 세계의 커다란 신문이 이 알현 모습을 대대적으로 상세하게 보도했다. 나는 단지 이 어전회의가 참으로 화기애애한 분위기 속에서 진행되었다는 사실만을 밝혀두기로 하겠다. 나는 계획을 하나도 숨기지 않고 말씀드려, 이탈리아를 어떻게 지배할 것인가에 대한 나의 솔직한 의견을 밝혔다. 나는 폐하의 찬성을 얻었다. 나는 사보이(Savoy) 호텔에 숙소를 정하고 일에 착수했다. 나는 우선 군의 총사령관과 협의하여 의용군을 로마로 집결케 하고 그들을 정렬시켜 폐하의 열병을 받기로 했다. 나는 상세하고 명확한 명령을 내렸다. 10만의 검은 셔츠단이 정연하게 줄을 맞춰 폐하 앞을 행진했다. 그들은 파시스트 이탈리아의 경의를 폐하 앞에 바친 것이었다!

나는 승리를 거두어 로마에 있었다! 나는 곧 나를 위한 모든 불필요한 시위를 중단시켰다. 나는 파시스트 총사령부의 허가 없이 단 하나의 행진도 해서는 안 된다고 명령했다.

처음부터 내가 생각해왔던 통치형태에 일치하는 엄격한 규율을 모든 사람들에게 요구할 필요가 있었다.

나는 나를 위해 갈채를 보내려 하는 군 사관들의 모든 행동을 막았다. 군은 언제나 모든 종류의 정치를 초월한 곳에 있어야 하며, 정치권 밖에 있어야 한다고 나는 생각한다. 군은 절대적인 규율에 의해 고양되어야 한다는 것이 나의 의견이다. 군은 오로지 확고부동한 의지로 국경과 전통적 권리를 지키는 것만이 그들의 임무다. 군은 신성하게 보존되어야만 할 하나의 조직이다. 군은 완전무결해야만 한다.

그런데 당시 더욱 복잡한 다른 문제가 내 주위에서 일어났다. 나는 새로운 내각을 구성할 의무를 수행하기 위해 로마에 있었을 뿐만 아니라, 가장 근본적인 곳에서부터 이탈리아 국민의 생활을 새로이 개조하기로 결심한 것이다. 나는 이탈리아 국민의 생활을 더욱 높은, 그리고 더욱 빛나는 목적을 향해 나아가도록 하겠다고 내 스스로에게 약속했다.

로마는 나의 헌신적인 마음을 더욱 강하게 해주었다. 그 '영원한 도시'는 2개의 궁정과 2개의 외교통로를 가지고 있다. 그 도시는 수 세기에 걸쳐서 제국의 군대가 그 성벽 밑에서 패배하는 모습을 보아왔다. 그것은 강자가 붕괴하는 모습을 몇 번이고 보아왔다. 그것은 문명과 사상의 세계적 물결의 대두를 보아왔다. 로마, 그것은 왕과 지도자가 열망하던 궁극의 목적이자, 전 세계의 도시이자, 옛 제국과 기독교 교권의 후계자였다! 로마는 나를 국민군단의 지도자로, 한 정당과 한 단체의 대표자로서가 아니라 위대한 신념과 전 국민의 대표자로 맞아주었다.

나는 오랜 시간 정당인으로서의, 그리고 정부인사로서의 내 행동을 숙고해왔다. 나는 이러한 것들을 낮에 걸어 다닐 때에도, 또 밤에 잠을 잘 때조차도 생각하고 생각해왔다. 나는 이겼다. 그리고 다시 또 다른 승리를 거둘 수도 있었다. 나는 나의 적을, 파시즘을 비방했던 사람들을, 세계대전 중에 이탈리아를 배신했던 것처럼 평화 속에서도 이탈리아를 배신했던 사람들을, 만약 내가 원하기만 한다면 비유적으로가 아니라 실제로 벽에 못질을 할 수도 있었다.

주위 공기는 비극의 기운을 머금고 있었다. 나는 30만의 검은 셔츠단을 동원했다. 그들은 나의 행동개시 명령을 기다리고 있었다. 그들을 여러 목적으로 사용할 수도 있었다. 나는 수도에 언제라도 행동을 개시할 수 있도록 준비를 갖춘 6만의 무장대를 소유하고 있었다. 로마로의 진격은 비극의 도화선에 불을 붙이는 결과를 가져다줄 수도 있었다. 만약 고대나 근대의 혁명에 따랐다면 많은 피를 흘려야만 했을 것이다. 내게 있어 당시는 이전보다 더 냉정하고 조용한 이성으로 모든 부분을 검토하고, 정해진 목적을 향해 나아가고 있는 우리의 엄연한 행동이 가져올 가까운 미래의, 그리고 먼 미래의 결과를 비교해야만 할 때였다.

나는 독재를 선언할 수도 있었을 것이다. 나는 프랑스혁명의 국민의회 당시의 집정내각처럼, 오로지 파시스트만으로 이루어진 집정내각을 구성할 수도 있었을 것이다. 하지만 파시스트 혁명은 그 나름대로의 독자적 특성을 가지고 있었다. 그것은 역사적으로 전례가 없는 것이었다. 그것은 신중한 의지에 의해서, 합법적으로 확립된 전통과 형체를 다시 실현하려는 힘에 의해서, 다른 모든 혁명과 구별되는 것이었다. 그러한 이유로 동원 역시 최단시간에 그쳐야 한다는 사실을 나는 알고 있었다.

나는 내 손 위에 의회가 놓여 있다는 사실을 잊어서는 안 되었다. 성격이 까다로운 나에 대해서 언제나 덫을 놓으려 하고 있는, 애매함과 음모라는 낡은 전통에 익숙해져 있는, 원한으로 가득 찬, 오로지 공포에 의해서만 억압할 수 있는 중원 의회. 깜짝 놀라 당황한 상원. 이들로부터 나는 형식적인 존경을 얻을 수는 있었을 테지만 열렬한, 그리고 효과적인 협력을 바랄 수는 없었다. 폐하께서는 내가 헌법에 따라서 무엇을 행할지 지켜보고 계셨다.

교황은 불안한 마음으로 그것을 지켜보고 있었다. 다른 여러 나라는 그 혁명에 적의를 품지는 않았으나 의심스러운 눈초리로 지켜보고 있었다. 외국은행은 새로운 보도를 기다리고 있었다. 환율은 흔들렸으며, 신용은 여전히 요동쳤고, 시국이 안정되기를 기다렸다. 새로운 정부가 견실하다는 인상을 심어주는 것이 무엇보다도 중요했다.

나는 모든 것을 둘러보고, 다시 살펴본 뒤 예견할 필요가 있었다. 나는 며칠 밤이나 잠을 전혀 자지 않았다. 하지만 그것은 많은 활동과 생각을 낳은 밤이었다. 새로운 정부의 첫 24시간 동안에 바로 취해진 조치가 그것을 증명하고 있다.

혁명적 특성 때문에 다른 문제가 생겨난 상태였다. 모든 혁명에는 그 안에 충돌하는 대중과 양심적이고 이기적이지 않은 지도자 외에 다른 두 부류의 인간, 즉 모험자와 종합적으로 말해서 혁명의 고행자라고 할 수 있는 음울한 지식계급이 존재하는 법이다. 대중은 위대한 역사적 · 사회적 현실의 본능에 따라서 움직이는 법이기 때문에, 혁명이 끝나고 나면 그와 동시에 평상의 활동으로 조용히 돌아간다. 대중은 그 새로운 정부의 근면한, 그리고 훈련된 효모다. 양심적이고 이기심 없는 지도자는 필요한 지배자의 지위에 오른다. 하지만 혁명의 고행자와 모험자는 참으로 무거운 짐이다. 고행자는 하룻밤 사이에 흠 잡을 데 없는 완벽한 인간이 나타나주기를 바라는 자들이다. 그들은 인간의 성질을 바꾸어버리는 혁명 따위 어디에도 없다는 사실을 이해하지 못하는 자들이다. 자신들의 공상적 환영 때문에 고행자들은 결코 만족을 얻지 못한다. 그들은 전진을 위해 모든 것을 잊고 일해야 할 때조차 쓸데없는 사론(邪論)과 의혹으로 시간을 낭비하여 다른 사람들의 노력까지 엉망으로 만들어버린다. 모험자는 언제나 혁명의 운명을 그들의 운명과 동일시한다. 그들은 승리에서 개인적 이익을 얻으려 하며, 자신들의 바람이 만족을 얻지 못하면 증오심을 품고 극단적인, 그리고 위험한 수단을 쓰려하는 자들이다.

폐하의 명령과 나의 조각(組閣)

이제 나는 파시스트의 승리를 고행자와 모험자로부터 지키지 않으면 안 되었다. 하지만 모험자는 파시스트 혁명에서는 재빠르게 모습을 감추었다. 왜냐하면 그것은 다른 어떠한 혁명과도 달라서 수준 높은 것이었기 때문이다.

그러나 그와 같은 중요한 시기에는 내가 강구하는 모든 처치를 깊이 생각해서 선택하는 것이 한시도 잊어서는 안 될 나의 의무라고 생각했다.

무엇보다 먼저 혼란에 빠진 국가의 질서를 회복하고 그와 동시에 새로운 정부를 조직하는 것이 급선무라고 생각했다. 질서는 빠르게 회복되었다. 그와 같은 상태에서는 피할 수 없는 폭행사건이 두어 번 일어났을 뿐이었다. 나는 팍타의 신변을 보호해야 한다고 생각했다. 그래서 나는 용감한 행동으로 수훈을 세운 10명의 검은 셔츠단 단원을 불러 팍타를 고향인 피네롤로(Pinerolo)까지 데려가라고 명령했다. 그들은 그 임무를 수행할 것을 맹세했으며, 그 약속을 지켰다. "팍타의 머리카락 하나 다치게 해서는 안 되며, 그 누구도 그를 조롱하거나 모욕하게 해서는 안 된다."고 나는 명령을 내렸다. 팍타는 조국에 이미 아들 하나를 바친 상태였다. 그 아들은 세계대전 중에 비행기 사고로 목숨을 잃었다. 팍타는 그 일로 인해서, 그리고 다른 일로도 그 이상의 존경을 받을 만한 가치가 있는 인물이었다.

나는 반대당의 지도자에게 복수하는 것을 금했다. 내가 단지 말에만 그친 것이 아니라 실제에 있어서도 나의 가장 광적인 적을 죽음에 빠지지 않도록 한 것은 오로지 나의 힘에 의해서였다. 나는 그들을 지켰을 뿐만 아니라, 두어 시간 뒤에 새로운 내각을 구성했다. 나는 앞서 이야기한 것처럼 파시스트 독재는 생각에서 배제했다. 왜냐하면 한 당의 이기적·배타적 태도에서 완전히 벗어난, 정상적인 생활의 인상을 국가에 부여하고 싶었기 때문이었다. 다행스럽게도 가장 중요하고 가장 격렬하고 가장 위험한 순간에는 균형의 본능이 나를 찾아오곤 했다. 이에 나는 모든 상황을 고려하여 국가주의적 색채를 띤 내각을 조직하기로 결심했다.

훗날 정화 되어가는 것이 당연히 필요하다고 나는 당시 생각했으나 이는 나중에 일어날 정치적 사건들에 의해서 자연스럽게 일어나도록 하는 쪽을 택한 것이다.

하지만 그것은 내가 이탈리아의 구식 정당과 정치가에게 마지막으로 보인 관대한 태도였다.

새로운 내각의 장관과 차관 가운데는 파시스트 15명, 국가주의당 3명, 우익자유주의당 3명, 인민당 6명, 사회민주당 3명이 속해 있었다. 우익자유주의당은 조각 직전에 파시스트 혁명의 결과를 자신들의 이익을 위해 취하려는 기괴한 행동을 보였으나 그들에 대해서 나는 매우 관대한 태도를 보였다. 인민당과 사회민주당 인사 가운데서는 국민정신을 가지고 있을 만한, 그리고 파괴적인 인기영합주의자나 사회주의자와 음모를 꾀한 적이 없는 사람들을 뽑았다.

나는 수상의 지위 외에 내무장관과 임시 외무장관의 지위를 겸임했다. 나는 아르만도 디아츠를 육군장관에 임명하여, 국가와 비토리오 베네토의 승리자에게 어울리는 군대를 그에게 줄 것을 약속했다. 나는 타온 데 레벨 제독을 해군장관으로, 페데르초니(Federzoni)를 식민장관으로 삼았다.

내각 인사는 다음과 같았다.

* 국무총리 겸 내무장관 겸 외무장관

베니토 무솔리니 중원의원(파시스트)

* 육군장관

육군대장 아르만도 디아츠

*해군장관

해군대장 파올로 타온 데 레벨 상원의원

*식민장관

루이지 페데르초니 중원의원(국가주의당원)

*사법장관

알도 오빌리오(Aldo Oviglio) 중원의원(파시스트)

*재정장관

알베르토 데 스테파니(Alberto De Stefani) 중원의원(파시스트)

*국고장관

빈첸초 탕고라(Vincenzo Tangorra) 중원의원(인민당원)

*교육장관

조반니 젠틸레(Giovanni Gentile) 교수(우익자유주의당원)

*공공사업장관

가브리엘로 카르나차(Gabriello Carnazza) 중원의원(민주당원)

*농업장관

주세페 데 카피타니(Giuseppe De Capitani) 중원의원(우익자유주의당원)

*상공장관

테오필로 로시(Teofilo Rossi) 상원의원(민주당원)

*노동장관

스테파노 카바초니(Stefano Cavazzoni) 중원의원(인민당원)

*체신장관

조반니 콜론나 디 세자로(Giovanni Colonna di Cesaro) 중원의원(사회민주당원)

*자유지방장관

조반니 주리아티(Giovanni Giuriati) 중원의원(파시스트)

국무차관

*내각 서기관장

자코모 아체르보(Giacomo Acerbo) 중원의원(파시스트)

*내무차관

알도 핀치(Aldo Finzi) 중원의원(파시스트)

*외무차관

에르네스토 바살로(Ernesto Vassallo) 중원의원(인민당원)

*육군차관

카를로 보나르디(Carlo Bonardi) 중원의원(사회민주당원)

*해군차관

코스탄초 치아노(Costanzo Ciano) 중원의원(파시스트) 상선(商船)
장관을 겸임.

*국고차관

알프레도 록코(Alfredo Rocco) 중원의원(국가주의당원)

*육군참여관

체사레 마리아 데 베키(Cesare Maria De Vecchi) 중원의원(파시
스트)

*재정차관

피에트로 리시아(Pietro Lissia) 중원의원(사회민주당원)

*식민차관

조반니 마르키(Giovanni Marchi) 중원의원(우익자유주의당원)

*자유지방차관

움베르토 메를린(Umberto Merlin) 중원의원(인민당원)

*사법차관

풀비오 밀라니(Fulvio Milani) 중원의원(인민당원)

*교육차관

다리오 루피(Dario Lupi) 중원의원(파시스트)

*기술차관

루이지 시칠리아니(Luigi Siciliani) 중원의원(국가주의당원)

*농업차관

오타비오 코르지니(Ottavio Corgini) 중원의원(파시스트)

*공공사업차관

알레산드로 사르디(Alessandro Sardi) 중원의원(파시스트)

*체신차관

미켈레 테르차기(Michele Terzaghi) 중원의원(파시스트)

*상공차관

그론키 조반니(Gronchi Giovanni) 중원의원(인민당원)

*노동차관

실비오 가이(Silvio Gai) 중원의원(파시스트)

조각이 끝나자마자 나는 다음과 같은 동원해제령을 사두통감의
서명하에 발표했다.

——전 이탈리아의 파시스트여!

우리의 운동은 승리로 보답받았다. 우리 당의 지도자는 내정 및
외정 양면에 걸쳐 국가의 정치권력을 쥐었다. 우리 정부는 육지와
바다에서 그 정부의 창립자였던 사람들의 이름으로 우리 승리를 신
성시함과 동시에, 국가의 안정을 목적으로 다른 당 사람들도 집합시
켰다. 이는 우리가 국가의 대의에 따르는 자들이기 때문이다.

이탈리아 파시즘은 현명하기에 이 이상의 승리는 원하지 않는다. 파시스트여!

최고 사두통감은 그 권한을 당에 귀속함에 있어서 제군의 훌륭한 용기와 기강에 대해 경의를 표한다. 제군은 국가의 장래를 위해 공로를 세웠다.

이탈리아의 역사에 새로운 시대를 열기 위한 운명을 부여받은 위대한 심판을 위해 집결했던 것처럼 완전한 질서를 유지하며 해산하기 바란다. 제군의 일상 업무에 복귀하기 바란다. 이탈리아는 이제 보다 나은 시대에 도달하기 위해 평화로운 노력을 필요로 하고 있다.

이 자랑스러운 열정과 더없이 존귀하고 광대한 시대에 우리가 획득한 힘찬 발걸음을 그 무엇도 방해할 수 없을 것이다.

이탈리아 만세! 파시스트 만세!

사두통감 서명──

다음으로 나는 단눈치오에게 전보를 보냈으며, 전국의 지방장관 및 각 관청에 힘찬 포고문을 전달했다. 단눈치오에게 보낸 전보는 다음과 같은 내용이었다.

──국가의 규율과 내적 평화를 회복하려는 어려운 임무에 임하여, 귀하와 국가의 운명에 진심으로 경의를 표합니다. 국가를 위해 잃었던 정신을 탈환한 파시스트의 용감한 청년은 승리를 어두운 것으로 만들지 않을 것입니다.

무솔리니──

각 사무당국에 보낸 포고의 내용은 다음과 같았다.

——황송하게도 황제폐하의 엄중한 명령을 받들어 나는 오늘부터 국가 정치를 지휘하게 되었다. 고하를 막론하고 모든 당국자는 총명하게, 그리고 국가의 최고 이익을 위해 헌신하여 자신의 의무를 철저히 수행하기 바란다.

나는 그 모범을 보일 것이다.

국무총리 겸 내무장관 무솔리니——

나는 마지막으로 내가 한 일을 설명하고 나의 뜻과 계획을 선언하기 위해서 11월 16일에 국회를 소집했다.

그것은 임시의회였다. 의사당은 사람들로 가득 넘쳐났다. 모든 의원들이 출석했다. 나의 선언은 간단명료하고 힘찬 것이었다. 나는 그 어떠한 오해도 불러일으키지 않았다. 나는 날카롭게 혁명의 권리를 이야기했다. 나는 오로지 파시즘의 의지에 의해서만 그 혁명이 합법과 타당함의 범주에 머물 수 있었던 것이라는 사실에 청중들의 주의를 환기시켰다.

"저는 이 음울한 건물을 군단의 진지로 삼을 수도 있었습니다. 의회의 문을 닫고 절대적인 파시스트 정부를 수립할 수도 있었습니다. 저는 이 모든 것을 할 수 있었으나, 적어도 당분간은 그렇게 하지 않을 것입니다."

나는 이렇게 말했다. 다음으로 나는 나의 모든 협력자들에게 감사의 말을 전한 뒤, 대다수의 노동자들이 일치하여 파시스트 운동을 적극적으로, 혹은 소극적으로 도와준 사실을 지적하고 역시 감사의 말을 전했다.

나는 예전의 내각이 통상적으로 제출해왔던 뻔한 시정방침은 하나도 발표하지 않았다. 왜냐하면 그러한 방침은 단지 종이 위에서만 국가의 문제를 해결하려 하는 것에 지나지 않기 때문이다. 나는 행동의 의지를, 즉 쓸데없는 말들로 시간을 허비하지 않겠다는 실행의 의지를 주장했다. 외교정책에 있어서는 '위엄을 지키고 국가에 이익이 되는 정책'에 따르겠다고 분명히 말했다.

모든 사항에 있어서 파시즘이 여러 긴급한 문제를 어떻게 숙고하고 분석하고 해결해서 장래의 정치윤곽을 정해나갈지를 나타내는 중대한 성명을 발표했다. 마지막으로 나는 다음과 같은 말로 마무리 지었다.

"여러분!

곧 있을 보고를 통해 여러분은 파시스트의 방침을 자세히 알 수 있을 것입니다. 저는 가능한 한 국회에 반대해서 정치를 행하고 싶지는 않습니다. 하지만 의회는 자신의 상태를 깨달아야만 합니다. 그 상태에 따라서 의회는 이틀 만에 해산될 수도 있고, 혹은 2년 동안 계속될 수도 있습니다. 우리는 전력을 다하기를 요구하는 바입니다. 왜냐하면 우리는 모든 책임을 지기를 바라기 때문입니다. 전력을 기울이지 않고는 1리라도, 단 1리라도 얻을 수 없다는 사실을 여러분도 잘 알고 계시리라 믿습니다. 우리는 자발적인 협력을 배척하지 않을 것입니다. 왜냐하면 그것이 설령 중원의원, 상원의원의 협력이라 할지라도, 또한 힘 있는 일반 국민의 협력이라 할지라도 우리는 기꺼이 그것을 받아들일 것이기 때문입니다. 우리 모두는 우리의 어려운 임무에 대해서 종교적 신념을 품고 있습니다. 국가는 우리에게 용기를 주며, 또 우리를 기다리고 있습니다. 우리는 국가에 말 대신 행동을 바칠 것입니다. 우리는 엄숙하게 국가 예산을 건전한 상태로 되돌릴 것을 정식으로 약속합니다. 그리고 우리는 그것을 반드시 부흥토록 할 것입니다. 우리는 평화적인 외교정책을 펼쳐나가고 싶습니다. 하지만 그와 동시에 위엄 있고 공고한 외교정책을 펼쳐나갈 것입니다. 우리는 반드시 그렇게 하겠습니다. 우리는 국가의 규율을 바로잡아야겠다는 의지를 가지고 있습니다. 우리는 그것을 반드시 바로잡도록 하겠습니다. 어제, 오늘, 내일의 우리의 적은, 우리의 영원한 권력에 대해서 착각을 해서는 안 됩니다. 지난 시대와 같은 어리석고 유치한 착각을!

우리 정부는 국가의식에 단단한 기초를 두고 있습니다. 그것은 이탈리아의 가장 뛰어난, 가장 새로운 시대의 사람들에 의해 지지받고 있습니다. 최근 들어 정신의 통일을 향해 커다란 발걸음이 시작되었다는 것은 의심의 여지가 없는 사실입니다. 조국은 다시 북쪽에서부터 남쪽에 이르기까지, 대륙에서부터 풍요로운 섬들에 이르기까지, 수도에서 지중해 및 대서양의 활발한 식민지에 이르기까지 하나로 묶였습니다. 여러분, 국가에 대해서 공허한 말을 하는 것은 이제 그만두기로 합시다. 의회에 제출한 나의 통고에 대해서 52가지의 질문은 그 숫자가 너무나도 많습니다. 우리는 국가의 번영과 위대함을 확립하기 위해서 말이 아닌 순수한 마음과 자발적인 정신으로 일해야 합니다.

저는 신의 가호로, 근면한 노동으로 승리에 이르기를 빕니다."

1870년 이후, 의회에서 이처럼 힘에 넘치는 명료한 연설을 한 사람은 없었을 것이라 나는 믿는다. 그 말들은 내 몸 속에서 뜨겁게 타오르던 것들이었다. 그 연설 속에는 내 자신의 지식과 정신을 기울여 토론해왔던 모든 사상의 정수가 담겨 있었다. 많은 의원들이, 그들이 받아 마땅한 나의 비난의 화살에 맞아 마음속에 있던 원한을 다시 삼켜야만 했다. 하지만 국회에서의 나의 선언은 이탈리아 전역으로부터 지지를 얻었다. 나는 그 정당들 너머를, 조그만 세력을 가진 정치가들 너머를, 의사당 너머 먼 곳을 보고 있었던 것이다. 나는 국가 전체에 대해서 이야기를 한 것이었다. 국민들은 나의 말에 귀를 기울였고 나를 이해해주었다.

이때부터 파시스트의 활동이 더욱 확대됨에 따라서 이탈리아에 새로운 역사적 여명이 다가올 것이라는 사실을 나는 나의 정치적 본능으로 깨달을 수 있었다.

그리고 그 여명은 틀림없이 문명의 새로운 길 위로 밝아오리라…….

제8장 파시스트 정권의 첫 5년

나는 조국 이탈리아의 하인이다

나의 혁명 수단과 검은 셔츠단의 힘에 의해서 나는 커다란 권력의 책임을 지게 되었다. 내가 이미 이야기한 것처럼 나의 임무는 간단하지도, 쉽지도 않았다. 그것은 절대적인 관찰력을 필요로 했다. 그것은 끊임없이 수많은 의무를 더해만 갔다.

내게는 전혀 새로운 생활이 시작되었다. 그것에 대해 이야기하기 위해서는 일반적인 자서전의 형식을 버리지 않을 수 없다. 나는 내 지배활동의 전체를 체계적으로 생각하지 않으면 안 되었다. 이때부터 나의 생활은 수천의 지배행동과 완전히 하나가 되어버렸다. 개성은 모습을 감추어버리고 말았다. 그 대신 인격이 나타나기 시작했다. 나는 때때로 인격이 행하는 유형의 처치와 행위만을 느끼곤 했다. 이러한 것들은 한 개인과 관계된 것이 아니라 대다수와 관계된 것이다. 이러한 것들은 국가 전체와 관련된 것이며, 국민 전체에 깊이 스며드는 것이다. 이에 한 개인의 모든 생활은 국가 전체 속에

가려져버리고 마는 것이다.

국가의 중심세력이 바닥으로 가라앉으려 할 때 내가 정치의 지휘권을 쥐게 되었다는 사실을 나는 분명히 알고 있었다. 우리는 자유당의 페아노가 60억의 채무 초과라는 놀라운 숫자로 보여준 재정상태에 있었던 것이다. 국민 개개인은 일시적인 응급수단에 의해 생활하고 있었다. 점점 심해져가는 인플레이션과 지폐의 남발이 모든 사람들에게 과거와 같은 호경기라는 환상을 심어주었다. 그 때문에 안정이라는 망상을 품게 되었다. 그것은 거짓된 이익에 대한 승부를 자극했다. 엄격한 파시즘 재정정책 앞에서 이 모든 것들은 소멸되어야만 할 것들이었다.

해외에서 우리나라의 정치적 영향력은 눈에 띄게 감소하고 있었다. 우리는 번영할 줄도 생산할 줄도 모르는, 무질서하고 규율이 없는 국민이라 여겨지고 있었다. 혼란 상태가 만성적인 병처럼 되어버렸기에 우리나라보다 잘 정비되어 있던 여러 나라의 동정을 잃어버리고 말았다. 하지만 그보다 더 좋지 않은 일은, 그것 때문에 수많은 우리나라의 적들이 더욱 오만해졌으며, 더욱 모멸적인 태도를 취하게 되었다는 점이었다.

이탈리아의 학교제도는 매우 복잡하지만 대학, 중등 및 하급학교에 있어서도 단지 완전히 추상적이고 이론적인 것에만 힘을 쏟아붓고 있었다. 그것은 점차 진실의 세계, 현대의 세계, 국민생활의 근본적 문제에서 멀어져가고 있었다. 그것은 국민의 의무에 관한 지도에는 완전히 무력해져 있었다. 학교와 강단은 언제나 향상되어가는 사람들에게 길을 가르쳐줄 수 있는 것이어야만 한다.

국가기구 가운데는 기묘하고 혐오스러운 지방적 정치단체가 존재하고 있었다. 이러한 것들이 우리의 일치단결을 늘 위험에 빠뜨린 것은 아니었으나, 분쟁을 불러일으키고 있었다. 봉사라는 의미에서의 정치활동, 개량사업, 세비·예산 등은 참된 본래의 필요에 의해서가 아니라, 이런저런 일부 국민, 혹은 지방을 만족시키기 위해 지도되고 실현되고 있었다. 이 천박한 정치정책으로 인해, 즉 선거전술로 인해 국고가 소진되고 있었던 것이다.

이미 상피병(象皮病)에 걸려 있던 관료정치는 더욱 팽창해서 소란을 조장하려는 정신과, 동요하면서도 고집스러운, 의무 관념이 희박한 성격을 만들어내고 있었다. 이러한 성격은 관리가 여럿 모여 있는 곳에서 전형적으로 나타나는 법이다. 그리고 특히 임금이 적으며, 그들의 위엄은 국가의 권위에 의한 것이고 또한 개인책임이라는 명확한 정의에 의해 유지되고 구축되는 것이라는 사실을 깨닫지 못하는 경우에 더욱 심해지는 법이다.

우리의 관대한 투쟁의 결과로 우리는 여전히 파시스트 부대를 유지하고 있었다. 새로운 생활 상태에 있어서 그들은 공안과 합법을 위협하는 하나의 위험이 될지도 몰랐다.

육해군은 국민생활의 커다란 문제와는 별개로 동떨어진 곳에 있었다. 사실 이것은 여러 가지 점에서 바람직한 일이지만, 그들이 거의 굴욕적인 형태로 배제되고 있는 것이라면 결코 바람직한 일이라고는 말할 수 없다. 그들에게 새로운 힘을 부여하기란 결코 쉬운 일이 아니었다. 비행기에 있어서는 니티가 군용 비행기뿐만 아니라 민간 비행기의 비행까지 금지했다는 사실을 잊어서는 안 된다. 비행대를 해산하고 비행기뿐만 아니라 발동기까지 팔라는 명령이 떨어졌다. 그것은 일종의 국가 살해계획이었다.

그 사이에 반파시즘의 수족이 로마로 모여들어 점차 수를 더해가고 있었다. 정당은 검은 셔츠의 혁명과 나의 권력 장악에 처음에는 겁을 먹고 있었으나 다시 소생하기 시작했다. 그들은 다시 의회 복도의 애매한 분위기 속에서 정당의 일반적인 경향에 따르기 시작했다. 이탈리아의 신문은 대부분 낡은 단체와 낡은 정치적 관습에 호의를 가지고 있었다.

감독권의 근본 요소를 저해하는 일 없이 모든 국민생활을 재편성할 필요가 있었다. 경제·학교·이탈리아의 군대를 정돈할 필요가 있었다. 낡은 정당의 잔당들이 만들어내고 있는 비판에 의한 침식을 방지할 필요가 있었다. 나는 외부의 공격에는 맞서지 않을 수 없었다. 나는 파시즘을 개조하여 더욱 향상된 것으로 만들지 않으면 안 되었다. 나는 적을 분열시키고 항복을 받아내지 않으면 안 되었다. 나는 모든 면에서 이탈리아 정계의 관습을 개선하고 더욱 세련된 것으로 만들기 위해 일을 하지 않으면 안 되겠다는 느낌을 받았다.

다음으로 국경을 넘어 이주해 있는 1천만의 이탈리아인도 등한히 할 수 없었다. 우리는 우리의 국경 지대에 다시 신념을 심어주어야만 했다. 우리는 남부 지방의 생활에 현대적 개량과 자극을 주어, 건강하고 강인한 지방의 모든 사람들과 접촉하도록 하는 일에 힘을 기울여야만 했다.

문제와 고민은 헤아릴 수도 없이 많았다. 나는 모든 일을 결정해야만 했다. 다행스럽게도 신문에서, 의회에서, 의회의 연설에서 내가 선언하고 지지해온 모든 정치적 조건을 실행할 만한 굳은 의지를 나는 가지고 있었다. 이는 어떠한 비바람에도 버티고 견디며 계속 해나갈 수 있는 힘의 문제이기도 했지만, 무엇보다도 의지의 문제였다.

나는 우리 신문과 관계된 나의 모든 일을 포기했다. 나는 조금이라도 개인적 성질을 가진 일에서는 손을 뗐다. 나는 온몸으로 국가

재건에만 몰두했다.

지금도 나는 변하지 않았다. 나는 국가를 위해 헌신하는 일개 하인이 되고 싶을 뿐이다. 당의 지도자이기는 하지만, 그에 앞서 강력한 정부의 가치 있는 재상이 되어야만 한다. 나는 미련 없이 쓸데없는 생활의 위안을 전부 버렸다. 하지만 예외적으로 스포츠만은 계속하고 있다. 그것은 나의 몸을 활발하고 기민하게 해주었으며, 복잡한 업무에 시달리는 생활에 건강함과 유쾌함을 가져다주었다. 지난 6년 동안 공적인 식사를 제외하고는 귀족적인 살롱이나 카페의 문턱을 넘어선 적이 없었다. 나는 극장에 가는 것도 거의 그만두었다. 예전에는 일에 유용하게 쓸 수 있는 저녁 시간을 연극 관람을 위해 허비하곤 했었다.

나는 거의 모든 스포츠를 사랑한다. 나는 자동차 운전에는 자신이 있다. 나는 굉장한 속도로 운전을 해서 친구를 경탄하게 만들었을 뿐만 아니라 노련한 운전수까지도 놀라게 한 적이 있었다. 그리고 비행기를 좋아한다. 나는 지금껏 헤아릴 수도 없이 비행을 했다.

여러 가지 일로 바빴을 때 조종사 자격증을 얻기 위해서 몇 시간 동안의 교수만을 받았을 뿐이었다. 나는 50m 높이에서 추락한 적도 있었으나 그것 때문에 비행을 그만두지는 않았다. 자동차 역시 새롭고 위대한 힘을 느끼게 해주었다. 멋진 갈색 말에 타는 것 역시 내게는 즐거운 방해물이다. 그리고 검술, 나는 여기에 완전히 빠져 있는데 그것은 신체상의 훌륭한 이익이 되는 것으로 내게 커다란 만족감을 주는 것이다. 바이올린으로는 단지 조용한 음악적 시간을 가질 뿐이다. 그리고 나는 단테와 같은 위대한 시인이나 플라톤과 같은 최고 철학자의 책과 함께 시적 시간이나 사색의 시간을 갖고 있다.

다른 오락에는 흥미가 없다. 나는 술도 마시지 않고 담배도 피우지 않으며 카드나 내기에는 흥미가 없다. 내기에 빠져서 시간과 돈과, 때로는 생활의 모든 것까지 잃는 사람들을 보면 가엾다는 생각이 든다.

음식의 기호에 대해서는 잘 모르겠다. 나는 흥미를 느끼지 못한다. 특히 지난 몇 년 동안 나의 식사는 가난한 사람처럼 간소한 것이었다. 내 생활의 모든 시간에 있어서 나를 이끄는 것은 정신적인 요소다. 나는 돈에 아무런 매력도 느끼지 못한다. 내가 목적으로 삼고 있는 것은 오로지 생활과 문명의 가장 커다란 목적에 일치하는 것, 우리나라의 가장 커다란 이익과 참으로 깊은 이상에 일치하는 것뿐이다. 나는 나의 힘과 신념에 자신감을 가지고 있다. 그것을 위해서는 어떠한 양보도 타협도 하지 않을 것이다. 나는 뒤도 돌아보지 않고, 나를 따라오지 못하는 모든 것과 적들을 버려둔 채 앞으로 나아갈 것이다. 나는 그들을 그들의 정치적 몽상과 함께 뒤에 남겨두고 나아갈 것이다. 나는 그들을, 그 미사여구를 궤변의 힘과 함께 뒤에 남겨두고 나아갈 것이다.

이탈리아에는 무엇이 필요했을까

이탈리아에는 무엇이 필요했을까? 복수자! 이탈리아의 정치적 · 정신적 부활에는 그에 걸맞은 이해자가 필요했다. 독으로 인해 입은 상처를 불로 소독하고, 힘을 갖고 있으며, 흐름에 역행하는 것이 필요했다. 만성적이 되어가던 악덕을 근절할 필요가 있었다. 정치적 분열을 막는 것이 필요했다. 나는 국민생활의 핏줄 속에 맑고 새롭고 힘찬 이탈리아 국민의 림프액을 더해야만 했다.

투표는 어린아이들의 놀이처럼 전락해버리고 말았다. 그것은 이미 수십 년 동안 국가의 명예를 파괴해왔다. 그것은 새로운 이탈리아의 가장 높은 의무와 전혀 상관이 없는 위험한 조직을 만들어왔다. 나는 수많은 적들과 마주하고 있었다. 나는 새로운 적을 만들었다! 그 일에 있어서 나는 거의 아무런 착각도 하지 않았다! 내 의견에 의하면, 투쟁은 하나의 완전한 성질을 가지고 있어야만 한다. 투쟁은 모든 종류의 행동 분야에서 전반적으로, 완전하게 행해져야만 하는 것이다.

이 전반적이고 완전한 특색을, 명백한 방법으로 추진해나갈 수 있어야 한다. 나의 활동이 필요하고 나의 지배생활 가운데서도 가장 중요한 일이 필요한 곳의 여러 분야를 구분하고, 그것을 더욱 세분해나갈 필요가 있다. 불필요하고 주관적인 서술이 아닌, 행위와 활동이 나의 참된 자서전—1922년부터 1927까지의—을 이루고 있다.

내게 불확실한 것은 하나도 없었다. 다행스럽게도 나는 일국의 정치가가 실력을 발휘하는 데 있어서 종종 위험으로 작용하는 실망이나 자만심 등과 같은 것을 가지고 있지 않았다. 나는 나의 위신이 위험에 처해 있을 뿐만 아니라, 내가 나 자신보다, 다른 그 무엇보다 사랑하고 있는 우리나라의 위신과 이름이 위험에 처했다는 사실을 알고 있을 뿐이었다.

나는 이탈리아인의 인격이 향상되고 연마되고 조정되기를 간절히 바랐다. 나의 국내정책이 어떠한 것이었는지, 어떤 일이 계획되었는지, 어떠한 일이 성취되었는지 기록해보기로 하겠다. 휴일이나 일요일의 숫자만큼 빈번했던 분쟁과 다툼에서, 다채로운 정당인의 근성에서, 농민의 싸움에서, 유혈의 투쟁에서, 신문의 불성실함과 의심에서, 의회의 투쟁과 간책에서, 국회 휴게실의 담합에서, 증오로 가득한 쓸데없는 논쟁과 말다툼에서 우리는 마침내 파시즘에 의해 지배되고 고양되고 정신적으로 승화되고 하나로 뭉쳐진 국가의 강력한 조화에 이르게 되었다. 그것을 비판하는 것은 나의 일이 아니다. 세계가 그 비판자의 역할을 할 것이다.

1922년 11월 16일에 열린 의회에서 나는 연설 후, 나의 선언에 대해서 360표 대 160표로 찬성을 얻었다. 나는 절대 권력을 요구했으며, 별 어려움 없이 그것을 얻었다.

나는 대사면령을 내려 평화의 분위기를 만들었다. 나는 우리의 무장 파시스트 부대에 관한 문제를 해결하지 않으면 안 되었다. 나는 여전히 우리 병사에 대해서, 그리고 행동대에 대해서 커다란 세력을 가지고 있었다. 그들은 이탈리아 전역에서 그들의 용기와 기개를, 그리고 자신들의 열렬한 신념을 실증해왔다. 하지만 파시즘이 권력에 도달한 이상 그러한 형태를 유지하는 것은 이제 바람직하지 않았다.

그렇지만 나는 나를 위해서 깊은, 맹목적인, 절대적인 헌신을 해준 이 사람들을 갑자기 해산하거나, 혹은 무턱대고 사냥터로 데려갈 수는 없었다. 그들의 본능과 고동치는 직감으로 봤을 때, 그들은 힘과 용기에 의해서만 행동한 것이 아니라 정치도덕에 의해서도 행동한 것이었다. 게다가 아직은 위험이 완전히 해소된 것이 아니었기에 반드시 검은 셔츠의 승리를 수호할 필요가 있었다. 이에 나는 국가의 안전과 방위를 위해서 의용군을 만들어야겠다고 결심했다. 물론 그 의무를 엄격히 규정해둘 필요는 있었다. 그 지휘자는 세계대전에 참전했으며, 파시스트 부활의 투쟁을 잘 알고 있고 또 체험한 노련한 전사와 장군이 아니면 안 되었다.

파시즘의 권력획득과 함께 모든 비합법적인 것, 무질서한 것은 제거해야 한다고 나는 선언했다. 행동대를 국가 안전을 위해 의용군으로 변형시키는 것은 말할 필요도 없이 하나의 정치적 방책이었다. 그것은 파시즘의 정치적 방책이었다. 그것은 파시즘 정부에 권위를 가져다주었을 뿐만 아니라 위대한 예비군을 가져다주었다[81].

극히 정치적인 기관인 '대평의회'를 조직하는 것은 내가 권력을 잡은 이후부터의 커다란 목적 중 하나였다. 우리의 국민생활을 지배하고, 또 그릇된 지배를 행했던 예전의 여러 낡은 정치적 기관 밖에 있으며, 또 그것보다도 상부에 있는 전형적인 파시스트 정치조직을 만들 필요가 있었다. 나는 매일 일어나고 있던 문제, 즉 심의기관의 문제에 대해서 명확한 해답을 내릴 필요가 있었다. 정부의 수반으로서 여러 복잡한 일을 처리하는 가운데서도 나는, 3년 동안 이탈리아의 가두에서, 그리고 극장에서 권력을 획득하기 위해서뿐만 아니라 특히 국민에게 하나의 새로운 정신을 주입하겠다는 최고의 임무와 최고의 필요를 위해서 싸워왔던 당의 지도자라는 사실을 잊을 수가 없었다.

'대평의회'는 파시스트 혁명사업을 준비하고 그것을 합법행동으로 변화시키는 까다롭고도 미묘한 임무를 가진, 파시즘의 엔진이 되어야만 했다. '대평의회' 가운데 이색분자는 섞여 있지 않았다. 그것은 지금도 마찬가지다. 남성적 파시스트, 각료, 여론의 대표자, 전문지식을 가진 자 등으로 조직되었다. '대평의회'는 언제나 성공을 거두었다. 나는 그 정점에 서서 그것을 관리해왔다. 한마디 잠깐 덧붙이자면, 간결한 형식으로 신문에 실린 모든 발의나 공식 발표는 전

---

81) 1919년에 결성되었던 검은 셔츠단은 1923년 2월에 공공조직인 파시스트 민병대로 개편되었다.

부 내 손으로 쓴 것이다. 그 모든 것은 이탈리아의 생활과 세계 속에서의 이탈리아의 위치를 파시스트의 영혼과 정신과 신념으로 오랜 시간 검토하고 해부해온 숙고의 산물이다. 내가 지금 정부의 합법적 제도 속에 편입시키고 싶어 하는 그 '대평의회'는 처음 5년 동안 비할 데 없는 커다란 역할을 수행해왔다.

무엇보다 가장 먼저 떠오른 문제 중 하나는 경찰력을 통일하는 문제였다. 우리나라에는 정치경찰과 사법경찰이라는 서로 다른 지체를 가진 보통경찰과 근위기총병과, 마지막으로 근위대 기관이 있었다. 이 마지막 기관은 니티가 창설한 것인데 제대한 사람들로 구성되어 있었으며, 기총대와 보통의 치안경찰 사이에 위치한 쓸데없는 조직체였다. 나는 곧 근위대 폐지를 결심했다. 대체적으로 말해서 이 기관의 폐지는 불행한 사건을 불러일으키지는 않았다. 토리노나 밀라노 같은 도시에서 이 폐지에 반대하거나 폭동을 일으키려 하는 기도가 있었다. 나는 엄중한 명령을 내렸다. 나는 지방의 책임자를 내 방으로 부르기도 하고 전화로 지시를 내리기도 했다. 필요한 경우에는 발포하라고 나는 명령했다. 6시간 뒤에 다시 평온한 상태로 돌아갔다. 4만 명에 이르는 무장기관을 해체하는 데 단지 4명의 사망자와 수십 명의 부상자만이 나왔을 뿐이다. 사관들은 다른 조직에 편입되거나, 혹은 자신들의 희망에 따라 자영업에 종사하게 되었다. 병사들은 자신들의 출신지나 가정으로 조용히 돌아갔다.

처음 파시즘 권력에 복종하여 새로운 상태에 순응한 것처럼 보였던 이탈리아의 정치적 비밀결사가, 결국은 나와 파시즘에 대해서 어리석고도 기만적인 싸움을 시작했다. '대평의회'의 모임에서 나는 파시스트가 동시에 비밀결사의 일원이 될 수는 없다고 선언했다. 사회주의의 한 지도자로 있을 때도 나는 이미 반비밀결사 정책을 실행한 적이 있었다. 이 음지의 조직이 자신들의 비밀적인 특색에 따라서 이탈리아 가운데 언제나 매수와 공갈과 협박의 전형적인 특색을 만들어왔다는 사실을 우리는 잊어서는 안 된다. 그것은 아무런 보호도, 인도주의도, 자비도 가지고 있지 않았다. 그것에 의해 이익을 얻고 있던 자조차 이탈리아의 비밀결사는 상호 원조와 교묘한 추종의 조합 외에 아무것도 아니라고 생각하고 있었다. 그것이 모든 방면에서 자신의 이익만을 존중하게 하고 특권과 음모의 수단을 만연케 했으며, 이지와 도덕을 무시하고 경멸했다는 사실을 모든 사람들이 알고 있었다. 비밀결사에 대한 나의 투쟁은 격렬했다. 내게는 지금도 그 흔적이 선명하게 남아 있다. 하지만 그것은 나의 진지함과 성실함에 대한 가장 가치 있는 훈장이다.

끊임없는 회의를 거듭한 끝에 나는 이탈리아의 국가주의와 파시즘을 1923년에 합체시켰다. 어떤 기간 동안 이 두 개의 단체는 우리 국민생활의 목적에 대해서 같은 견해를 가지고 있었다. 하지만 정치적으로는 별개의 길을 걸어왔다. 승리가 확정되고, 국가주의의 뜻 있는 사람들이 새로운 정권과 협력하는 시대에 이르러 양자를 통일한 것은 현명한 일이었다. 왜냐하면 그것도 역시 정치적으로 성실한 하나의 행동이었기 때문이다. 검은 셔츠와 파란 셔츠—이것은 국가주의의 제복이었다—가 완전한 의협적 감정과 정치적 충성심으로 합체된 것이었다. 이 새로운, 그리고 굳건한 합체는 국가주의와 파시즘이 예언하고 희망하고 마침내 실현한 대이탈리아에 어울리는 새로운 미래에 대한 상서로운 조짐이었다.

1923년 4월에 토리노에서 '인민당'의 전국대회가 개최되었다. 그것은 많은 말이 오가고 학자연하는 모임으로, 수십 년 동안 이탈리아의 공민생활을 현혹시켜온 정치대회와 거의 아무런 차이도 없었다. 그들은 말할 것도 없이 장시간에 걸쳐서 파시스트 정권의 정책에 대해서 논하고 여러 가지 의견을 낸 뒤에, 반파시스트적 경향을 가진 중간적 입장을 회의에 참석한 대다수의 찬성으로 결의했다.

나의 내각원 가운데 인민당원이 몇 명 있었다. 그들은 그 대회 이후에 난처하고 미묘한 입장에 놓여버리고 말았다. 나는 당연히 그들에게, 그들의 당이 만들어낸 새로운 사정 속에서도 파시스트 정부에 머물 수 있을지, 아니면 머물 수 없을지를 판단하라고 이야기했다. 그들은 여러 가지로 설명을 했다. 논리적 접점이 없는 의견을 서로 늘어놓았다. 하지만 내가 절대 필요한 것이라 예전부터 생각하고 있던 정치적 정화에 착수하기 위해서 나는 인민당에 속한 정부원에게 그들의 의회단체와 파시스트당 사이에 분쟁이 발생하지 않도록 그들의 지위에서 사직할 것을 권고했다.

이 정화는 내가 정권을 잡음과 동시에 예감한 일이었다. 파시즘의 공기에 그 당시의 모든 사람들이 적응할 수 있었던 것은 아니었다. 아직 많은 대립자들이 있었다. 파시즘이 구축한 조직적이고도 직선적인 길을 바꾸고 또 굽힐 수 있을 것이라는 환상적 소망을 많은 사람들이 품고 있었다. 그 목적을 위해서 왜곡하고 방향을 바꾸고 노선에서 벗어나게 하는 데 교묘한 수완을 가진 사람들이 나에게 접근해왔다. 그들은 물론 나의 완강한 반격을 받았다.

1923년 5월 1일의 노동절에는 처음으로 아무런 일도 일어나지 않았다. 이제는 이탈리아에서 아무런 의미도 갖지 못하게 된 그날을, 안타까움에 빠지는 사람 없이 평온하게 보낸 것이다. 그 후 나는 이탈리아의 여론을 접해, 파시즘이 사람들 속으로 얼마나 깊이 스며들었는지를 살펴보고 싶었다. 나는 우선 밀라노와 로마냐로 갔다. 뒤이어 나는 베네치아와 파도바, 비첸차(Vicenza), 시칠리아 및 사르데냐로 갔으며 마지막으로 피아첸차와 피렌체로 여행했다. 나는 나의 대리인이나 검은 셔츠에게서만이 아니라 곳곳에서 모든 이탈리아 국민들로부터 뜨거운 환영을 받았다. 국민들은 마침내 정부와 지도자를 얻었다고 느끼고 있었던 것이다.

검은 셔츠단—혁명의 주동자—은 내가 아직 당의 지도자에 지나지 않았으며 신문을 통한 공격을 전개하던 때—그것으로 인해 나는 매우 커다란 인기를 얻었지만— 내게 보여주었던 것과 조금도 변함이 없는 열성으로 나를 지도자로 칭송해주었다. 이탈리아인의 기질은 때로 행동보다 소란에 더 적합하다. 하지만 나의 옛 동지들은 그들의 일상적 임무와 군대적 규율로 나의 곁에 머물러 있었다. 그들의 태도는 내게 자부심을 심어주었을 뿐만 아니라 나의 마음을 깊이 감동시켰다. 나는 그토록 열성으로 가득한 이 열혈 청년들을 무시할 수 없었다. 나는 사라져야 할 운명에 놓인 낡은 세계와 타협하기 위해서 결코 이 청년들을 희생할 수는 없다고 결의했다. 국민은 참된 자유를 회복했다는 사실을 느끼고 있었다. 그들은 대중을 기만하던 정당의 끊임없는 약탈에서 해방되었다는 사실을 느끼고 있었다. 그들은 정치적으로 내가 하는 일을 축복했다. 그리고 나는 행복했다.

반대당의 투쟁이 다시 시작된 것도 이 무렵의 일이었다. 화해와 타협으로는 나를 회유하지 못했기에 반대분자들은 『코리에레 델라 세라』 신문에 인도되어 불길한 예언을 하고 위기가 닥칠 것이라고 부르짖기 시작했다. 그들은 기만적인 공격과 논쟁의 그물을 펼쳤다. 하지만 나는 새로운 선거법을 실시했다. 왜냐하면 나는 우리의 낡은 비례선거제도의 함정에 빠질 생각이 없었기 때문이었다. 나는 '인민당원', 민주주의자 및 자유주의자의 어떤 사람들을 멀리 피하고 있었다. 나중에 얘기하겠지만 내가 행한 학교개혁으로 인해 몇몇 적대자가 나타났다.

그 사이에 반파시스트들의 습격과 매복이 행해져, 이해는 폭풍의 해가 되었다. 그것은 안정과 어려움이 함께한 시기였다. 나는 음모와 간책에 의해 일어나는 국내적 위기로부터 늘 파시즘을 지켜야만 했다. 우리 당 안에서 혼란과 분열을 조장하려는 자가 있으면 나는 늘 단호한 태도를 취했다. 파시즘은 하나의 단체다. 그것은 다양한 경향이나 색을 가질 수 없다. 그것은 어떠한 조직에도 지도자가 두 명 있을 수 없는 것과 같은 것이다. 그것은 하나의 조직으로 그 기초는 검은 셔츠단원이며 그 위에는 단 한 명의 지도자가 있을 뿐이다.

그것이 내 힘의 근원을 이루고 있는 것 중 가장 커다란 요소였다. 우리나라 각 정당 내의 분열은 전부 이상적인 이유에서가 아니라 개인적인 야심이나 잘못된 궤변이나 배덕행위나 혹은 내가 늘 이탈리아 비밀결사의 짓이라 간파하고 있는 이상하고 애매한 숨은 세력에 의해 발생했다. 나는 이러한 모든 일들을 염두에 두고 있었다. 나는 단 한 치의 빈틈도 보이지 않았다. 더욱 긴박한 입법상의 문제가 의회에서 해결되었을 때 나는 의회를 해산하기로 결심했다. 그리고 전권을 확장한 후, 1924년 4월 6일에 총선거를 행하겠다고 선언했다.

선거를 행하겠다는 이 발표로 인해 의심스럽던 정치적 운동이 진정되었다. 모든 정당이 내부의 역량을 알아보기 위해 자신들의 세력에 대한 조사에 착수했다. 그들 모두가 가능한 한 많은 표를 얻어 의회에 가장 많은 의원을 보낼 수 있도록 준비하기 시작했다.

선거는 어린아이의 유희라 여겨지는 것 중 하나다. 그 가운데서 가장 중요한 역할을 수행하는 것이 바로 피선거인이다. '훌륭한 사람들'이 선거에 입후보하기 위해 온갖 견강부회(牽强附會)와 중상과 타협을 마다하지 않는다. 파시즘은 선거 때면 언제나 볼 수 있는 이 한심한 어릿광대 놀이에 가담하기를 원치 않았다. 우리는 이미 일반에게 알려져 시험을 마친 파시즘의 관리자와 위탁자라 할 수 있는 사람들뿐만 아니라, 실제의 국민생활에서 국가의 권위를 지탱해온 사람들까지도 포함한 대대적인 국민리스트를 만들기로 결의했다. 파시즘은 이러한 정책에 따름으로 해서 우리가 위대하고 훌륭한 정치적 지혜와 충실성을 가지고 있다는 사실을 실증했다. 파시즘은 그들이 국가에 봉사할 수 있다는 이유만으로 반대 입장에 있는 사람, 혹은 의심스러운 입장에 있는 사람들까지도 모두 수용한 것이었다. 국민리스트 속에는 오를란도와 같은 전 수상이나 데 니콜라(De Nicola)와 같은 전 국회의장 등도 포함되어 있었으나 그 리스트의 주요한 부분은 새로운 사람들로 채워졌다. 사실 그것은 200명의 나이든 전사와 10명의 금메달 소유자와 114명의 은메달 소유자, 98명의 동메달 소유자, 80명의 전상·불구자, 34명의 의용병으로 이루어져 있었다. 그 리스트는 대부분이 전쟁과 승리의 공로자에 의해 채워져 있었다.

사회당은 공산당에서 분립하여 자신들의 무기를 가다듬고 있었다. 인민당도 마찬가지였다. 하지만 4월 6일의 투표함에서 나타난 것은, 국민리스트의 완전하고도 결정적인 대승리였다. 다른 당파의 표를 합쳐도 200만 표에 지나지 않았으나, 파시즘은 500만 표를 획득했다. 국민이 나의 정책과 우리의 정치를 지지해준 것이었다. 그로 인해 나는 예전부터 그랬던 것처럼 우리의 반대자에 대해서 관대한 태도를 취할 수 있게 되었다.

나는 밀라노에 머물며 이 정치적 싸움을 지휘했다. 나는 그 결과 때문에 선거 투쟁에 중점을 둔 것이 아니라, 모든 이탈리아의 도시가 국민 파시스트 리스트에 동의하고 열의를 보였기 때문에 흥미를 느꼈던 것이다. 국민들의 이러한 지지가 나의 주장과 정치상의 내일에 용기를 심어주었다. 로마로 돌아왔을 때 나는 개선장군과도 같은 환영을 받았으며, 키지(Chigi) 궁전의 야외무대에서 국민과 로마 도시에 경의를 표하고, 훌륭한 신념을 가진 사람들이 모두 화협하고 있는 새롭고 위대한 이탈리아를 축복했다.

정당을 죽여서라도 조국을 구하라! 이것이 내 주의주장의 결론이었다.

5월 24일, 전례 없는 장엄함 속에서 제27대 입법의회가 개회되었다. 황제폐하께서는 참으로 감명 깊은 말씀을 하셨다. 의사당은 커다란 의식을 진행하는 듯한 분위기에 휩싸였다. 사소한 정치적 이유에서 국가를 부정하고 이탈리아의 생활을 저하시키던 사람들은 거기에 참석하지 않았다. 하지만 제27대 입법의회는 그 충실함과 도덕적 가치에 있어서 조금도 부족함이 없었다. 특히 노전사는 멋진 환영을 받았으며 그중 어떤 자는 훈장을 받았다. 예전에는 경멸스러운 정치적 음모의 장소였던 그 오래 된 의사당에서 새로운 생명이 숨 쉬고 있었으며, 이탈리아의 새로운 정신을 나타내는 영웅적 기운이 감돌고 있었다.

이러한 모든 일들이 사회당원을 초조하게 만들었다. 그들은 마음 속으로 전쟁을 증오했으며, 우리나라의 승리를 폄하해왔다. 낡은 의회정치의 세계는 이 장대한 청년의 집회에 순응할 수가 없었던 것이다. 의회 안의 선천적 겁쟁이들은 금메달로 상징되는 용감한 자들에게 절대로 경의를 표하려 하지 않았다.

의회에서 새로운 이탈리아와 옛 이탈리아 사이에 다시 깊은 골이 생겨난 것이다. 이 낡은 이탈리아의 이분자(異分子)들은 이탈리아 전역에서, 그리고 국민의 마음속에서 파시즘에 패하고 정복당해버린 뒤에도 여전히 의사당 안에서 반항을 한 것이다. 1924년 5월 24일의 그 역사적인 의회에서, 그 가엾은 반항자들은 자신들의 종말을 보지 않을 수 없었다. 내가 이 세계대전 참가일을 선택한 것은 결코 우연이 아니었다.

며칠 뒤, 평범한 의회에서와 다름없이 논쟁이 시작되었다. 새로운 의원이 참가한 것이 격렬한 논쟁을 불러일으켰다. 5월 24일의 개원식에 출석하지 않았던 사회당원이 다시 싸움의 자리에 앉았다. 의사당의 공기가 뜨거워졌다. 나는 우리의 모든 정치계에, 특히 의회에 색다른 분위기를 부여해야 한다는 사실을 알고 있었다. 게다가 착각을 하는 것은 쓸데없는 짓이었다. 커다란 인내심으로 나는 국회에서의 이 첫 번째 소요를 가라앉힐 수 있었다. 의론의 수준을 높이는 데 가장 효과가 있었던 것은 6월 6일에 있었던, 눈이 먼 노전사 카를로 델클로이스(Carlo Delcroix)의 연설이었다. 6월 7일에 나는 모든 반대당원들에 대해서 전력을 기울여 답변을 해주었다. 나는 그들의 행동을 통렬하게 비난했다. 나는 파시스트 순교자의 이름으로 그들 모두를 깨우쳤으며, 영혼의 평화라는 이름으로 오로지 생산하는 활동에 종사해야 한다는 사실을 가르쳤다. 그리고 나는 이렇게 말했다.

"우리는 이탈리아 국민을 대표한다는 사실을 느끼고 있다. 그리고 우리는 우리의 강인한 림프액으로 몇 년, 몇 백 년 동안 우리의 존엄한 나라를 기를 수 있도록 여러분의 원한, 우리의 원한의 재를 바람에 날려버려야 한다는 대의가 있다는 사실을 확언할 수 있다."

나는 의회 속에 평정과 균형과 정의의 감정을 만들어낼 필요가 있다고 느꼈다. 나는 화협에 대한 깊고 진지한 욕구에 마음이 움직였다. 하지만 내 말의 성공은 그저 표면적인 것에 지나지 않았다. 의회의 정치적 논쟁에 너무 열중한 나머지 회의에 어울리지 않는 장면이 일어난 것이었다.

사회당원은 그들의 가장 민감한 부분에 타격을 받았다. 그들은 현실 속으로 내던져졌다. 그들은 숫자에서 압도당했으며, 이탈리아 청년의 돌격에 간담이 서늘해졌고, 새롭게 전개되어가는 방면의 사정에 경악을 금치 못했다. 모든 새로운 정치적 실정이 그들의 경향과는 전혀 반대의 것이 되어 그들에게 닥쳐온 것이다. 그들은 패한 것이었다. 그리고 그들은 그것을 느끼고 있었던 것이다. 이러한 상황에 다다르게 되자 사회당원은 의회를 최후의 보루로 삼아 기울어가는 세력을 만회할 길을 강구하려 했던 것이다.

마테오티 암살과 나에 대한 비난

온갖 정치적 기교에 뛰어나고 기민한 그들은 자신들이 생각해낼 수 있는 모든 물의를 끊임없이 일으켰다. 그것은 고의로 파괴하기 위해 벌인 짓이었다. 이 교묘한 착란행위에 가장 뛰어난 수완을 가진 인물이 바로 마테오티[82] 의원이었다. 그는 로비고(Rovigo) 지방

---

82) Giacomo Matteotti(1885~1924). 이탈리아의 사회주의자. 통일사회당의 서기장으로도 있었다. 제1차 세계대전 때는 반전운동을 펼쳤으며, 대두하는 파시즘과 대치하다 1924년 6월에 암살되었다. 범인으로 5명의 파시스트가 부상했는데 그중 4명이 체포되었으나 유죄판결을 받은 것은 3명뿐이었다. 이들도 곧 석방되었다. 무솔리니가 이 사건에 관여했을 것으로 추측되고 있으며, 1947년에 관계자들이 다시 재판을 받아 3명이 종신형을 언도받았다.

에서 선출된 사회당원인데 참으로 거만한 정신과 정치해체주의를 가진 인물이었다. 사회당원으로서 그는 전쟁을 무엇보다 가장 싫어했다. 그 점에 있어서 그는 다른 사회당원 이상으로 매우 극단적이었다. 카포레토 패전 이후의 비장한 시기에, 그는 우리 베네치아의 피난민에 대해서까지도 적의를 드러냈다. 마테오티는 우리의 적인 오스트리아군이 침입해서 온갖 폭행을 저지르던 지역에서 도망쳐 나왔다. 그리고 불행한 이탈리아 국민에게 잠잘 곳을 빌려주기를 거부했던 것이다. 그 불행한 이탈리아인들은 오스트리아인의 지배를 받아야 한다고 그는 말했다.

당시의 그 의회 논쟁에서 그는 자신이 가진 모든 지혜와 방책을 동원했다. 그는 백만장자였기에 사회주의를 그저 의회 내에서의 신조라고만 생각하고 있을 뿐이었다. 그는 물론 적을 투쟁의 소용돌이 속으로 끌어들여 격앙하게 만들 줄 아는 열렬한 투사였으나, 당시의 의회나 파시스트 같은 당을 위험에 빠뜨리기는 도저히 불가능한 일이었다. 마테오티는 지도자가 아니었다. 같은 사회당 안에 논의에 있어서나, 재능에 있어서나, 일관성에 있어서 그보다 뛰어난 사람이 있었다. 그는 자신의 선거구에서 파시스트와 치열한 싸움을 벌였다. 그리고 의회에서 곧 가장 열렬한, 그리고 싸움을 좋아하는 반대자로 모습을 드러낸 것이었다.

어느 날 마테오티가 로마에서 모습을 감추고 말았다. 곧 그가 암살당했다는 소문이 떠돌았다. 사회당원은 그들이 구실로 삼을 만한 순교자를 원하고 있던 차였기에 바로, 사건이 아직 명백하게 밝혀지지도 않았는데 파시즘을 비난하기 시작했다. 나는 명령을 내려 가장 완벽한 조사를 행했다. 정부는 정의를 위해서, 그리고 무턱대고 온갖 좋지 않은 말을 퍼뜨리며 돌아다니는 것을 막기 위해서 전력을 다해 조치하기로 결정했다. 나는 로마 시장 및 경찰총장, 내무장관인 핀치(Finzi)와 신문국 장관인 체사레 로시(Cesare Rossi)를 움직여 그 의문을 탐색하도록 했다. 범인을 체포하기 위해서 경찰의 손을 아낌없이 사용했다. 잠시 후 그 범인을 밝혀냈다. 그 일당은 매우 높은 지위에 있는 사람들이었다. 그들은 파시스트 단체 출신이었으나, 우리의 책임과는 전혀 거리가 먼 사람들이었다.

자코모 마테오티

그들에 대한 가장 준엄한 처치가 가차 없이 행해졌다. 가혹한 방법이 동원되었는데, 너무나도 가혹했기에 어떤 자들에게는 견딜 수 없을 정도였다.

피의자는 곧 체포되었다. 범인들과 관계가 있던 높은 지위의 사람들 가운데는 단지 의심을 받았다는 이유만으로—사실은 아무런 죄도 없었지만— 공적 생활에서 은퇴해버린 사람들도 있었다. 당국과 경찰과 법정 모두 조금의 느슨함도 없이 일을 처리했다.

이렇게 해서 소란은 끝났어야만 했다.

하지만 국가의 일반정책으로 나는 나 자신에게도, 그리고 모든 사람들에게도 평정하고 침착하기를 요구했으나 이 극적 사건 때문에 그 정온한 상태가 깨져버리고 말았다. 당시는 아직 열광적인 논쟁과 격렬한 투쟁의 분위기가 가득하던 때이기는 했으나, 입법의회 개회 후 불과 며칠밖에 지나지 않아서 높은 자리에 있던 한 무리의 사람들이 가벼운 마음으로 시작했던 일이 설마 비참한 종말을 맞게 될 줄은 거의 생각지도 못하고 있었다. 나는 언제나 일어난 일에 대해서는 매우 엄격한 내용으로 발표를 해왔다. 하지만 중앙정부가 그처럼 충실하게 전력을 기울여 대처했음에도 불구하고 파시즘과 그 지도자, 즉 나를 향해 비할 데 없을 정도로 맹렬한 공격이 쏟아졌다. 의회의 반대당들은 과장스러운 몸짓으로 공격 신호를 올렸다. 나는 곧 가엾은 희생자에 대한 애정 때문이 아니라 단지 파시즘에 대한 증오심 때문에 경멸스러운 짓이 행해지고 있다는 사실을 깨달았으며, 또 예상하고 있기도 했다. 나는 놀라지 않았다. 마음이 약한 자들은 의회에서 벌써부터 겁을 먹고 있었으나 나는 다음과 같이 이야기했다.

"만약 문제가 애석함 때문이라면, 또 만약 문제가 범인을 벌하는 것이라면, 또 만약 문제가 희생자를 애도하는 것이라면, 또 만약 문제가 모든 범인과 책임자를 조사하는 것이라면 그것은 평온함 속에서 가차 없이 행할 수 있는 일이라고 우리는 거듭 말하는 바다. 하지만 만약 이 애석하기 짝이 없는 사건을, 이미 모든 사람들이 인정하고 있는 국민 일치의 필요에 바탕 하여 모든 사람들을 더욱 널리 화협하게 하기 위한 논의로 삼는 것이 아니라, 누군가가 이 비극을 정부를 공격하기 위한 이기적인 정치적 재료로 삼으려 한다면 정부는 어떠한 어려움이 있다 할지라도 우리의 입장을 지키겠다는 사실을 여기서 명언해두지 않을 수 없다. 정부는 냉정한 견해를 유지하고 있으며 이미 그 의무를 충분히 수행했음을 확신하고 있다. 또한 장래에 있어서도 그럴 것임을 확신하고 있으니 이탈리아인을 조화로 인도하려는 것이 아니라 가장 깊은 적의로 국민을 혼란시키려는 간책에 대해서는 필요한 탄압수단을 취할 것이다."

이러한 말들은 이미 완고해진 사람들의 마음속으로 파고들지 못했다. 그리고 내가 예상하고 있던 바로 그 일이 일어났다. 반대당이 이탈리아 정치계를 해치고 이탈리아 국내 및 국외의 파시즘을 비방하기 위해 마테오티의 시체에 달려든 것이다.

1924년 6월부터 12월에 걸쳐서 이탈리아 사회는 다른 어떤 나라의 정치적 투쟁에서도 결코 볼 수 없는 광경을 연출했다. 그것은 모든 정치단체의 이름을 더럽히는 하나의 치욕이자, 불명예의 낙인이었다. 신문, 모임, 모든 종류의 파괴적인 반파시스트 정당, 오류에 빠진 지식계급, 패배한 입후보자, 나약한 정신을 가진 겁쟁이, 구경꾼, 기생충 모두가 커다란 까마귀처럼 하나의 시체로 달려든 것이었다. 죄가 있는 자를 체포하는 것만으로는 충분치 않았던 것이다. 시체가 발견되고 그것이 범행에 의한 것이 아니라 외상에 기인한 것이라는 의사의 증언만으로는 충분하지 않았던 것이다.

뿐만 아니라 로마 근처에 있는 콰르타렐라(Quartarella)의 방벽 속에서 시체가 발견되자마자 온갖 소란을 피우며 미주알고주알 끝도 없이 파헤쳤기에 이 소동 때문에 '콰르타렐리스모(Quartarellismo)'라는 불명예스러운 명칭이 이 사건과 함께 우리의 기억 속에 남게 되었다.

마테오티의 비극을 토대로 하여 여러 가지 금전적 사업이 행해졌는데, 초상화와 배지와 기념제와 전기장식 등 생각할 수 있는 모든 사업이 행해졌으며 파괴적인 신문에서는 의연금 모금까지 시작했다. 반대당과 그 의원들은 의장에서 나가버렸으며, 의회의 입법회의에 참석하지 않겠다고 협박했다. 이 운동과 거기에 참가한 사람들에게 '아벤티노[83]'라는 이름이 붙여졌다. 하지만 이 아벤티노 단체는

---

83) Aventino. 이들은 파시스트 민병대 폐지, 법의 권위 회복, 무솔리니의 사임을

이상한 연극이 되어버려서—파시즘에 대한 증오심과 무력함 때문에— 전혀 다른 정치적 색채를 지닌 사람들이 그 안에 한데 섞이게 되었다. 거기에는 사회당원에서부터 자유주의자까지, 민주주의 비밀결사당원에서부터 가톨릭교도의 탈을 쓰고 있는 인민당원까지 포함되어 있었다. 비밀회의가 열렸다. 그들은 이탈리아 국민의 생활을 파괴하기 위해 온갖 수단을 동원했으며, 신문의 자유와 집회의 자유를 남용했다. 열광 상태에 빠진 이 분자들은 파시즘이 전복되기만을 기다렸다. 이 경멸스러운 어릿광대극의 배후에는 한 신문을 가지고 있던 상원의원 알베르티니가 있었다. 이 사내는 허접한 기사를 긁어모으고, 무뢰한 무리들의 말에 귀를 기울이고, 가장 허구적인 소책자들을 모아 어떻게 해서든, 언젠가는, 어딘가에서 나와 파시즘을 쓰러뜨리려 노력하고 있었다.

나는 단 한순간도 의혹을 품거나 낙담하지 않았다. 나는 이러한 적들의 태도와 자세와 마음가짐을 잘 알고 있었다. 나는 그들이 어리석게도 사회당 의원의 시체를 이용해서 그것을 반파시스트의 깃발로 삼을 것이라는 사실을 알고 있었다. 하지만 그들의 흉악한 정책은 내 상상을 뛰어넘는 것이었다. 이 투기사들 외에, 파시즘의 소심하고 경솔한 일부 분자도 있었다. 그들은 정치적 분위기에 휩쓸려 다니는 사람들이었다. 그들은 단 하나의 사건이 역사를 만드는 요소가 될 수는 없다는 사실을 생각하지 않은 것이다. 이른바 감상적 도덕이라는 이름 뒤에 숨어서 위대한 도덕적·정치적 견실함을 파괴하고 전 국민의 행복을 갈가리 찢어놓으려 한 것이었다.

이러한 사정 속에서 수많은 변절자들이 나타났다. 모든 반대 행동과 작업을 황금처럼 생각하는 이탈리아인의 슬픈 습성에 이끌려

요구했다.

많은 사람들이 자신들의 파시스트로서의 신분을 감추고 겁을 먹은 채 적의 공격과 반격으로 뜨거워진 파시스트 국가를 버리고 떠나버린 것이었다.

우리는 다시 원한과 분란과 폭발과 온갖 극단적인 이상 시대의 모습을 보였던 혁명기의 구렁텅이 속으로 되돌아가려 하고 있었다. 때로는 비밀결사적인 세력에 휘둘려 지방장관이 공정하고 올바른 판단을 내리지 못하는 분위기가 만들어지기도 했다. 국외의 여러 정당이 국내의 사회당에게 힘을 보태주었다. 이로 인해서 민주주의와 사회주의와 자유주의가 그 후원과 위협과 기생을 굳혀왔던 한 국제적 지대에서 아직도 반파시스트가 얼마나 활발하게 진행되고 있는지 알게 되었다.

이러한 사정들 때문에, 그리고 어떠한 정치적 분위기 때문에 정부가 힘을 잃은 것 아니냐는 착각이 일시적으로 일었다. 1924년 12월, 그러니까 그 괴로웠던 3개월이 지난 뒤에 일부 사람들은 우리 내각의 명운이 다했다고 생각했다. 정치적으로 굶주렸던 자들의 마음에 한 줄기 희망이 솟아올랐다. 실제로 세 명의 전 수상이 헛된 간계를 꾸미기 시작했다. 그들은 자기 자신과 다른 사람들을 착각에 빠지게 만들었다. 하지만 이 직업적 정치가들은 실제적인 감각을 거의 가지고 있지 않았기 때문에 내가 검은 셔츠단에 한마디 명령을 내리기만 하면 그들의 공상과 꿈은 단번에 물거품이 되어버린다는 사실을 이해하지 못하고 있었던 것이다.

바람이 잔뜩 든 개구리가 자신의 승리를 기다리고 있었다. 타락한 신문은 온갖 비방을 해댔으며, 범죄를 일으키도록 선동했고, 더욱 심하게 중상을 해댔다. 공정한 지존이신 폐하에 대해서까지 난폭하게 협박을 가했다. 예전과 마찬가지로 자신의 정치적 재생을 실현하기 위해 시류에 몸을 던지려 하는 모험가가 다시 나타났다. 나는 언제나 이처럼 저급하고 유해한 사람들을 내 통제하에 있는 활동과 지위의 범위에서 제외시켜왔다.

1924년의 그 어두웠던 12월에, 그 정도로는 충분하지 않으니 그러한 상황을 완성시키기라도 하겠다는 듯 전 신문국 장관인 체사레 로시가 참으로 비열한 간계를 꾸미기 시작했다. 그 사내는 마테오티 사건에 연좌되어 파시즘에서 추방되었는데 허위와 비방으로 날조해 낸 회고록을 쓴 것이었다. 그는 파시스트 정부와 나를 죄에 빠뜨리려는 계획을 품고 있었다. 그는 이탈리아에서 일어났던 모든 일, 그리고 일어나고 있는 모든 일을 내게 뒤집어씌우려 했던 것이다. 그러한 인물이 쓴 그 회고록은 나에 대해서 '도덕적 고소'를 제출하려는 듯한 태도를 취하고 있었다. 하지만 도덕이라는 점에서 내게 공격을 가할 수 있는 자는 아무도 없었으며, 그와 같은 종류의 기도는 전부 아무런 효과도 없었다. 나는 로시가 그러한 음모를 꾸미고 있다는 사실을 전부터 알고 있었으며 그 회고담의 내용도 알고 있었다. 그리고 그것이 반대당의 신문지상에 인쇄되기로 한 날에 나는 그 기도에 치명타를 가했다. 나는 그 회고록을 우리 측 신문에 발표했다. 내가 그러한 것들에 아무런 가치도 두고 있지 않다는 사실을 보인 것이다. 그것은 하나의 농담이자 거짓말에 지나지 않았다. 그 거짓으로 꾸며낸 공격은 아무런 효과도 거두지 못했다. 중상에 의해 한껏 부풀어 올랐던 그 잠꼬대 같은 소리는 바늘에 찔린 풍선처럼 흐물흐물해지고 말았다.

이 경멸스러운 놀이는 6개월이나 계속되었다. 반신반의하던 마음 약한 자들은 표면에서 모습을 감추었다. 그 가엾은 곡을 소리 높여 노래하던 자들은 자신의 목이 마르기 시작한 것을 느꼈다. 기회주의

자들은 자기 자신에게 정나미가 떨어져버리고 말았다. 당시 이탈리아 제국의 최고 훈장이었던 콜라레 델라눈치아타(Collare dell'Annunziata)를 받은 바 있던 전 수상은 공화주의자, 그리고 최악의 사회당원과 손을 잡았다.

이 기간에 나는 파시스트당을 단단히 장악하고 있었다. 나는 난폭한 방법으로 복수를 꾀하려 한 일부 파시스트에게 '손을 주머니에 넣어라! 손을 자유롭게 놀릴 수 있는 것은 오직 나 한 사람뿐이다.'라고 명령하여 그 감정을 가라앉히도록 했다. 하지만 피렌체와 볼로냐에서는 몇 번인가 폭행사건이 일어났다. 이에 나는 지금이야말로 입을 열고 행동을 해야 할 때라는 사실을 깨달았다.

나는 폭풍 속에서도 의연했다

그 시대를 통해서 나는 결코 나의 평정심을 잃거나, 혹은 나의 균형과 정의감을 잃은 적이 없었다고 믿고 있다. 내가 나의 모든 행동에 있어서 유지하고 있던 평정한 판단에 따라서, 나는 죄 있는 자를 체포하라고 명령했다. 나는 정의가 흔들림 없이 실행되기를 바랐다. 그리고 나는 나의 임무와 공정한 사람으로서의 나의 의무를 수행했다. 이렇게 해서 나는 적과 공적이고 밝은 곳에서 승부를 가릴 수 있었던 것이다.

로마 지방에 총파업의 위험한 기운이 감돌고 있을 때 나는 국민의용군의 피렌체 부대에게 로마 시가를 행진하라고 명령했다. 전투의 노래를 부르는 무장 의용군은 위대한 설득의 한 요소다. 그것은 하나의 논의다. 1924년 9월에 나는 투스칸(Tuscan) 가운데서도 파시즘을 가장 열렬히 지지하는 지역을 찾아갔다. 나는 아미아타(Amiata)의 강인한 사람들 사이로, 노동자와 농민 사이로, 시에나(Siena) 지방의 광산 노동자들 사이로 갔다. 그때, 즉 반대당이 이제나 저제나 나의 실추를 기다리고 있을 때, 그리고 외국의 많은 적들이 가만히 그 희망을 품고 있을 때 나는 파시스트를 향해 힘과 승리를 확증하는 듯한 울림을 가진 대담한 발언을 했다.

우리의 적을 '검은 셔츠단의 침대로 삼겠다.'고 나는 말했다.

반대당 신문들은 이 말을 놓고 헛되이 소란을 떨었다. 하지만 그들의 그 백만 마디 말은 아무런 중요성도 가지고 있지 못했다. 그 사실은 1925년 1월 3일에 명백해졌다. 그날, 로마 시내가 지방에서 추방당한 자와 정치적 투쟁의 종결을 기대하는 사람들로 넘쳐나고 있을 때 나는 의회에서 아무런 거리낌도 없이 다음과 같은 연설을 했다.

──여러분.

제가 지금부터 여러분께 하려는 말들을 하나의 의회 연설이라고 생각해서는 안 됩니다. 비록 얼마간의 시간 차이는 있지만 제가 지난 11월 16일에 바로 이 의장에서 선언한 말과 연관이 있다는 사실을 여러분은 깨닫게 될 것입니다. 이 연설에 대해 의결 투표를 할 수도 있을 테지만, 그렇게 할 필요는 없습니다. 어쨌든 나는 그 투표 채택을 요구하지 않는다는 사실을 분명히 해두겠습니다. 저는 그것을 바라지 않습니다. 저는 이미 다수의 표를 가지고 있습니다. 법령 제47조는 '의회는 황제의 각 장관을 고발하여 고등법원의 재판에 회부할 권한이 있다.'고 규정하고 있습니다. 저는 이 의장 및 의장 밖에 이 제47조를 적용하고자 하는 사람이 있는지 없는지를 정식으로 묻는 바입니다. 저의 말은 매우 명백합니다. 그것은 틀림없이 밝음을 실현할 것입니다. 여러분은 이것을 이해하고 계십니다. 오랫동안 동지와 함께 걸어오다 잠시 멈춰 서서, 앞으로도 같은 동지와 같은 길을 계속 갈 수 있을지를 생각해보는 것은 현명한 행동입니다.

여러분, 저는 이 의장에서 저를 비난하는 사람 중 한 명입니다. 제가 '체카[84]'를 만들려 한다는 말을 들어왔습니다.

언제? 어디서? 어떻게 만들려 했습니까? 누구도 대답하지 못할 것입니다. 러시아는 재판을 행하지 않고 15만에서 16만 명이나 되는 사람들을 처형했다고, 거의 공식적인 통계가 그 수치를 보여주고 있습니다. 러시아에는 전 중산계급과 그 계급의 개인에 대해 조직적으로 공포행위를 강행한 체카가, 그것을 혁명의 붉은 검이라고 말했던 체카가 있었습니다. 하지만 이탈리아의 체카는 그 한 줄기 그림자조차 존재하지 않았습니다.

제가 제 속에 신중한 지성과 커다란 용기와 금전의 유혹에 대한 명백한 경멸, 이 세 가지 성질을 가지고 있다는 사실을 지금까지 누구도 부정하지 않았습니다.

만약 제가 체카를 건설했다면 저는 역사에서 지울 수 없는 일종의 폭력행위를 옹호하기 위해, 제가 언제나 써왔던 논법에 따랐을 것입니다.

저는 언제나 무엇인가를 해결하는 데 필요한 가치 있는 폭력행위는 외과적인 것, 현명한 것, 의협적인 것이어야만 한다고 말해왔습니다. 그리고 지난 5년 동안 저를 따라주었던 사람들은 그것을 기억하고 있을 것입니다. 하지만 이른바 체카의 행동은 하나같이 현명하지 못하고 욕정에 의한 어리석은 것이었습니다.

---

84) Cheka. 볼셰비키 혁명 직후 결성된 소련의 비밀정보기관.

여러분은 제가 그리스도 탄생일 이튿날에, 모든 성스러운 영혼이 여기에 오셨을 때, 게다가 제가 저의 시정에 있어서 가장 화협적인 연설을 한 후 오전 10시에 로마의 프란체스코 크리스피(Francesco Crispi) 가를 습격하라는 명령을 내릴 수 있었다고 생각하십니까?

저를 그렇게 어리석은 자라 생각지 말아주시기 바랍니다. 제가 그와 같은 무분별함으로 미수리(Misuri)와 포르니(Forni)에 대한 조그만 습격을 계획했을까요? 여러분은 6월 7일에 했던 저의 연설을 틀림없이 기억하고 계실 것입니다. 이 의장에서 소수파와 다수파가 매일같이 충돌하고, 그렇게 해서 어떤 자는 의회에서의 반대당과 사이에 가장 필요한 정치적 및 국민적 협력을 이끌어낼 수 없는 상황을 만들어냈던 그 열광적인 정치적 격정의 주간을 여러분은 쉽게 떠올릴 수 있으실 것입니다. 난폭한 말이 한쪽에서 다른 쪽으로 던져졌습니다. 6월 6일에 델클로이스가 힘과 정열이 넘쳐나는 아름다운 연설로 그 폭풍우처럼 긴박했던 상황을 가라앉혔습니다.

그 이튿날, 그러한 분위기를 진정시키기 위해서 저는 연설을 했습니다. 저는 반대당을 향해 이렇게 말했습니다. '저는 여러분의 이상적 권리와 우연적 권리를 인정합니다. 여러분은 여러분의 경험으로 파시즘을 능가할 수도 있을 것입니다. 여러분은 파시스트 정부의 모든 정책을 바로 비판할 수도 있을 것입니다.'

저는 기억하고 있습니다. 그리고 당시 그 의장의 상황을 지금도 눈앞에 그려보고 있습니다. 모든 사람들이 경청했으며 제가 살아 있는 의미심장한 말을 했기에 모두가 감탄했습니다. 그리고 정치적 집회를 계속해나가는 데 없어서는 안 될 공존, 협력의 관계를 제가 확립했다는 사실을 사람들은 느꼈습니다.

제가 성공을 거둔 후에, 그러니까 반대당까지도 포함해서 모두의 승인을 얻은 대성공을 거둔 후에, 그리고 그 덕분에 의회가 좋은 분위기 속에서 다음 수요일에 열린 후에, 제가 어찌 저와 마찬가지로 확고한 용기를 가지고 있으며 자신의 지론을 유지하기 위해 제가 가지고 있는 것과 같은 굳은 의지를 가지고 있기에 제가 경의를 표하고 있던 한 반대당원을 살해하라거나, 혹은 가장 조그만 박해라도 가하라고 명령을 내릴 수 있었겠습니까?

당시의 저는 단지 냉소적인 태도를 취한 것에 지나지 않는다고 거짓을 말하는 사람은 정정당당한 마음을 가지고 있지 못한 사람입니다. 제가 양심의 깊은 곳에서부터 싫어하는 자입니다. 그와 마찬가지로 폭력을 행사하는 것에 대해서도 저는 같은 생각을 가지고 있습니다.

어떤 폭력? 누구에 대해서? 무슨 목적으로? 여러분, 저는 그것을 생각할 때면 세계대전 중에 저희가 참호 속에서 식사를 하는 동안 지도 위로 펜을 굴려가며 전술을 세우던 전술가들이 떠오릅니다. 하지만 무엇인가 명령을 내리고 책임을 져야 하는 자리에서 어떤 일인가를 행해야 하는 경우에는, 모든 사정이 다른 빛 아래서 다른 양상으로 보이는 법입니다. 그리고 대부분의 경우에 저는 저의 힘을 발휘했습니다. 저는 한시도 사건과 직면하지 않은 적이 없었습니다.

저는 6시간 만에 근위군의 반역을 해결한 적도 있습니다. 저는 며칠 만에 음험한 반역을 깨부순 적도 있었습니다. 저는 48시간 만에 보병 1개 사단과 함대의 반수를 코르푸로 보낸 적도 있었습니다[85]. 이러한 힘의 발휘는──특히 마지막 경우는 우리 우호국의 가장 위대

---

85) 코르푸(Corfu) 섬 사건. 1923년에 이탈리아의 국경확정위원회 대표가 살해당하자 이탈리아가 그리스에 배상을 요구했으나 그리스는 국제연맹과 영국, 프랑스, 일본 등에 해결을 위탁했다. 이에 이탈리아는 군함을 파견해 그리스의 코르푸 섬을 점령했다.

한 장군조차 놀라게 했습니다만— 제게 부족한 것이 힘이 아니라는 사실을 보여주는 것들입니다.

사형? 하지만 여러분, 그것은 농담입니다! 무엇보다 먼저 사형은 형법 안에서 채용되어야만 하는 것입니다. 그리고 사형은 정부의 보복수단이 될 수 없는 것입니다!

사형은 문제가 한 국민의 생명에 관계되어 있을 때 정당한 판단에 의해서 적용되는 법입니다. '나는 이탈리아 국민을 위해 평화를 구하고 정치계를 정상궤도에 올려놓기를 바란다.'고 말한 것은 제 인생에 깊은 인상을 남긴 그 달의 마지막 무렵이었습니다.

저의 이 정책에 대해서 어떤 대답이 있었습니까? 가장 먼저 첫 번째로 '아벤티노' 단체의 탈퇴가 있었습니다. 헌법에 위반되고 명백하게 혁명적인 탈퇴였습니다. 다음으로 온 것은 6월, 7월, 8월, 계속된 신문의 투쟁이었습니다. 3개월 동안 우리를 불명예에 빠뜨린 더럽고 한심한 투쟁이었습니다. 가장 광적이고 가장 두려워해야 할, 가장 놀라운 거짓이 신문에 의해 널리 퍼졌습니다.

배후에서 일어나고 있던 일에 대해서도 역시 미주알고주알 파헤쳤습니다. 그들은 사실을 꾸며냈으며, 그들은 자신들이 거짓말을 하고 있다는 사실을 알고 있었으나, 그래도 여전히 그런 일들이 행해진 것이었습니다. 저는 그 폭풍우 속에서도 언제나 평온하고 냉정했습니다. 그 폭풍우를 우리 다음에 올 사람들은 진심으로 치욕이라 기억할 것입니다. 9월 1일에는 어떤 자가 살해에 대한 보복으로 우리의 가장 선량한 사람 중 한 명을 사살했습니다. 하지만 저는 일상궤도로 돌아가게 하기 위한 노력을 계속했습니다. 저는 불법행위를 탄압했습니다. 지금까지도 우리나라의 형무소 안에 수천, 수백의 파시스트가 있다는 사실을 들어 저는 여러분께 말씀드리고 있는 것입니다.

제가 정해진 날에 의회를 재개하고, 규정에 따라서 거의 모든 예산안을 논의했다는 것도 명백한 사실입니다.

마지막으로 우리의 격정을 불러일으킨 하나의 문제가 제출되었습니다. 즉, 근위군의 폐지를 인가하는 문제였습니다. 의회는 소란스러웠습니다. 저는 그 반대 입장을 이해했습니다. 하지만 48시간 후에 저는 저의 명령과 힘을 행사했습니다. 반대자들의 집회에 대해서 저는 '그 폐지에 따르라.'고 말했습니다. 그리고 그들은 그 폐지에 승복했습니다.

하지만 이것만으로는 충분하지 않았습니다. 저는 일상의 궤도로 돌아가기 위해 마지막으로 노력했습니다. 즉, 선거법을 개정하겠다는 계획이었습니다[86]. 그것은 어떠한 대답을 얻었을까요? 그것은 투쟁의 격화와 '파시스트는 국가와 산적, 약탈자의 운동 위에 진을 친 야만인의 무리다.'라는 말을 얻었습니다. 여러분 그들은 도덕적 문제를 거론하고 있습니다. 우리는 이탈리아에서의 도덕적 문제에 관한 슬픈 역사를 알고 있습니다.

하지만 여러분, 우리는 티투스(Titus)의 문 아래서 결국 어떤 나비를 찾고 있는 걸까요? 이 의장 앞에서, 전 이탈리아 국민 앞에서 제가, 그리고 저만이 이미 일어난 모든 일에 대한 정치적 · 도덕적 · 역사적인 책임을 질 수 있습니다. 만약 파시즘이 단순히 피마자기름이거나, 혹은 몽둥이에 지나지 않고 가장 뛰어난 이탈리아 청년의 자랑스러운 열정이 아니었다면 죄는 제게 있습니다!

---

86) 아체르보법. 이탈리아 전역을 단일 선거구로 하고 의회의석의 3분의 2를 총선에서 25% 이상의 지지를 획득한 정당에게만 배분한다는 내용을 골자로 하고 있다. 이후 총선에서 파시스트당을 중심으로 한 국가동맹은 64%의 지지를 얻으나 이는 선거 기간 중 파시스트의 폭력과 협박이 난무한 가운데 거둔 결과였다.

만약 파시즘이 범죄 집단이었다면, 만약 그 모든 강력행위가 결정적으로 역사적·정치적·도덕적 과실의 결과였다면 그 책임은 제게 있습니다. 왜냐하면 우리나라가 세계대전에 참가했던 때부터 오늘에 이르기까지 저의 선전에 의해서 제가 파시즘을 수립해왔기 때문입니다.

최근에 들어서는 파시스트뿐만 아니라 많은 국민들이 자문하고 있습니다. '정부가 존재하기나 하는 걸까? 그 사람들은 인간으로서의 위엄을 가지고 있기나 한 걸까? 그들은 정부로서의 위엄도 역시 가지고 있기나 한 걸까?' 저는 이 결정적인 극점에 도달하기를 바라고 있었던 것입니다. 지난 6개월 동안의 제 인생경험은 풍부한 것이었습니다. 저는 파시스트당을 시험했습니다. 금속의 질을 시험하기 위해서는 그것을 망치로 두드릴 수밖에 없습니다. 그렇게 해서 저는 어떤 사람들의 질을 알게 되었습니다. 저는 그들의 가치를 알게 되었습니다. 그리고 또한 어떠한 시기에 역풍이 불면 그들이 어떠한 논리로 자신들의 방향을 바꾸어버리는지도 알게 되었습니다. 저는 제 자신을 시험했습니다. 그리고 만약 국가의 이익을 위해서가 아니라면 저는 처치를 강행하지 않을 것임을 확신하고 있습니다. 스스로가 경멸을 당하는 대로 가만히 있는 정부를 어떤 국민은 존경하지 않습니다. 그 국민들은 자신들의 위엄이 정부 가운데 반영되어 있는 것을 보고 싶어 하는 것입니다. 그리고 제가 말하기도 전에 그 국민들이 먼저 '이젠 지긋지긋하다!'고 말한 것입니다.

왜 지긋지긋했던 걸까요? '아벤티노' 단체의 반역은 공화주의적 배경을 가지고 있었기 때문이었습니다.

파시스트에 대한 암살의 마수

이 아벤티노의 폭동이 결과를 낳았습니다. 왜냐하면 지금 이탈리아에 있어서 파시스트는 누구나 자신의 생명이 위험에 노출되어 있기 때문입니다. 11월과 12월, 2개월 동안 11명의 파시스트가 살해되었습니다. 한 사람은 머리를 얻어맞았고, 다른 한 사람은 73세의 고령이었음에도 불구하고 살해당한 뒤 높은 성벽 위에서 아래로 던져졌습니다. 1개월 동안에 방화가 3번 있었습니다. 철도 위에서 3번이나 이해할 수 없는 불이 났습니다. 한 번은 로마에서, 또 한 번은 파르마(Parma)에서, 세 번째는 피렌체에서. 다음으로 곳곳에서 파괴운동이 일어났습니다.

의용군의 일부 대장이 체제 전복자에 의해서 중상을 입었습니다.

타르퀴니아(Tarquinia)에 있는 파시스트 본부에 습격이 있었습니다.

어떤 자는 파괴자에 의해 베로나에서 부상을 입었습니다.

어떤 의용군 병사는 크레모나 지방에서 상처를 입었습니다.

파시스트가 포를리에서 파괴자에 의해 상처를 입었습니다.

산 조르조 디 페사로(San Giorgio di Pesaro)에서 공산당원의 매복이 있었습니다.

파괴자들이 「붉은 깃발」이라는 노래를 부르며 몬참바노(Monzambano)의 파시스트를 습격했습니다.

올 1925년 1월의 3일 동안에, 그것도 단 1개 지방의 메스트레(Mestre), 피온카(Pionca), 발롬브라(Valombra)에서 사건이 몇 개나 일어났습니다. 50명의 파괴자들이 라이플총을 들고 「붉은 깃발」을 부르며 그 지방을 배회했고, 성 문을 폭파했습니다. 베네치아에서는 의용군 병사인 파스카이 마리오(Pascai Mario)가 습격을 받아 부상을 입었습니다. 카바소 디 트레비소(Cavaso di Treviso)에서는 파시스트가 부상을 입었습니다. 크레스파노(Crespano)에서는 광란에 빠진 약 20명 정도의 여성들이 의용군을 습격해 일부 대장이 강 속으로 던져졌습니다. 파바라 디 베네치아(Favara di Venezia)에서는 파시스트가 파괴자의 습격을 받았습니다.

저는 이러한 사건들에 여러분이 주목해주셨으면 합니다. 왜냐하면 이러한 사건들은 하나의 징후이기 때문입니다. 제192호 급행열차는 파괴자가 던진 돌 때문에 유리창이 깨졌습니다.

모두노 디 리벤차(Moduno di Livenza)에서는 부대장이 습격을 받아 구타당했습니다. 여러분은 이러한 사태들로 아벤티노의 폭동이 전국에 심각한 영향을 주고 있다는 사실을 알 수 있을 것입니다. 이렇게 '이젠 지긋지긋하다.'는 말이 나오기에 이르렀기에 결국 투쟁이 일어나게 된 것입니다. 두 개의 요소가 투쟁을 할 때, 그 해결방법은 오로지 힘의 발휘밖에 없습니다. 역사적으로 봤을 때 그 외의 다른 방법은 없었으며, 앞으로도 영원히 없을 것입니다.

이제 저는 그 문제가 해결될 것임을 공언하겠습니다. 파시즘과 정부와 당은 그 모든 효력을 발휘하도록 하겠습니다. 여러분, 여러분은 착각 속에 있었던 것입니다! 여러분은 제가 자제를 시키고 있었기에 파시즘은 끝났다고 생각했으며, 제가 그것을 말리고 있었기에 당이 죽었다고 생각하고 있었습니다. 만약 제가 파시스트를 자제시키기 위해서 썼던 100%의 힘을, 파시스트를 활동시키기 위해 쓴다면, 오오! 여러분은 잘 아셔야 할 것입니다. ………….

하지만 그럴 필요는 없습니다. 왜냐하면 정부는 이 아벤티노의 반역을 끝까지, 완벽하게 중지시킬 만한 힘을 가지고 있기 때문입니다.

여러분, 이탈리아는 평화를 바라고, 평정을 바라고, 노동을 바라고, 평온을 바라고 있습니다. 저희는 만약 가능하다면 사랑으로, 그리고 만약 필요하다면 힘으로 그 바라는 바를 부여할 것입니다.

여러분은 저의 이 연설이 끝난 후 48시간 안에 모든 곳의 구석구석에 이르기까지 사태가 명료해질 것이라는 점을 굳게 믿으시기 바랍니다. 이것은 한 개인의 망상도, 그리고 정부의 탐욕도, 또는 저열한 정열도 아니라, 오로지 저의 나라에 대한 무한하고 힘에 넘치는 사랑이라는 사실을 저희 모두가 알고 있습니다.──

이때까지 참고 있던 나의 이러한 말들이 파시스트 이탈리아를 단번에 깨어나게 했다. 내가 예상했던 것처럼 사태는 48시간 안에 명료해지고 말았다. 그때까지 질투와 증오와 비난으로 공격을 퍼붓던 반대 측 각 신문은 다시 자신들의 구멍 속으로 달아나기 시작했다. 힘과 책임감으로 넘쳐나는 새로운 정세가 펼쳐지기 시작했다. 이제 파시즘은 전진하여 자력으로 지배할 수 있는 모든 특질을 갖추게 되었다.

자유당 소속 장관이었던 살록키(Sarrocchi)와 카사티(Casati) 및 미온적인 파시스트였던 오비글리오 장관이 이때 사직서를 제출했다. 나는 그들 대신 파시스트 3명을 장관으로 임명했다. 우리는 사건의 힘에 의해서 우리 운동의 역사적인 근원으로, 즉 순수한 비타협 상태로 돌아가고 있었다.

파시즘은 나의 신념으로 가득하고 대담무쌍한 태도를 보인 연설 이후 다시 전사적 정신으로 되돌아가고 있었다. 곧 파시즘 밖에 있던 사람들도 우리의 운동에 참가하기를 바랐다. 하지만 우리 당에 너무나도 많은 짐을 지우는 일을 피하기 위해서 당원명부를 닫아버리고 말았다.

승리는 완전한 것이었다. 전 수상의 간책은 명백히 실패로 돌아가 웃음거리가 되어버리고 말았다. 그 무렵 기도되고 있던 다른 거짓된 조직도 같은 운명을 맞았다. 그중 하나가 파시즘에서 반란을 일으키기 위해 '이탈리아 연맹'이라는 이름으로 베넬리(Benelli)에 의해 고취된 운동이었다. 그리고 다른 하나는 힘이 부족한 가리발디의 손자들이 일으킨 비밀운동이었다.

1925년 1월 말에 '아벤티노파'는 모든 우리의 반대자와 함께 수많은 내부적 불화와 의견의 대립에 의해 사분오열되고 파괴되어버리고 만 듯했다. 나는 다시 모든 전선에 걸쳐서 승리자가 되었다. 그리고 나는 파시스트 혁명을 제도와 헌법 속에 담기 위한 준비에 착수했다.

1924년 10월 28일에 파시즘의 정수를 대표해왔으며, 언제나 나의 사랑하는 창조물이었던 의용군이 국왕폐하에 대한 충성을 맹세했다. 이제는 1848년의 헌법을 현재로 가져와 새로운 이탈리아에 맞는 새로운 대표제도를 건설할 필요가 있었다.

이 목적을 위해서 나는 국책에 관한 전문가위원회 18명을 임명했다. 나는 그들에게 우리의 입법기관에 제출할 개혁안을 기초하라고 명령했다.

이에 그 위원회를 '입법위원회'라 부르기로 했다. 그 위원회는 일정 기간 뒤에 그 일을 완결했는데 옛 헌법에 약간의 수정을 가해 새로운 제도를 수립했다. 후에 나는 그 제안의 초고를 기본으로 삼기로 했다. 당시 위원회는 명백한 선을 규정하지는 않았으나, 나중에 점차로 명백해진, 그리고 국민의회의 두 지체에 의해 찬성을 얻은 개혁안에 공헌을 했다.

비밀결사 금지법이 의결되었다. 이렇게 해서 파시즘이 비밀결사에 대해 행해왔던 투쟁이 법령에 규정된 것이다. 사실 1925년에 공적 최고지도권을 가진 인물의 지배 밖에 머물며, 또 법률의 기능을 수행하는 모든 사람들의 지배 밖에 머물며, 비밀스러운 공적활동을 행하기 위해 인가된 조직단체가 존재할 수 있었다는 것 자체가 우스운 일이었다.

지금의 현대적 생활 속에서 설령 그것이 해로운 활동은 하지 않는다 할지라도 비밀스러운 정치결사가 있다는 것은 무의미한 일이다. 나는 모든 결사는 그 목적, 조직, 회원 및 발달을 분명히 할 것을 규정했다.

당시의 내무장관이었던 페데르초니가 나의 찬동을 얻어 치안에 관한 새로운 법령을 규정한 것도 이 시기였다. 다음으로 우리는 지방 자치체를 '포데스타(Podesta, 도시 장관)'의 손에 귀속시켜, 우리 시대와 우리의 기질에 맞지 않는 옛 선거제도에서 분리시켜버렸다. 로마 지사가 제정되었으며, 나의 결의에 의해 시칠리아의 마피아 비밀결사 단체 및 사르데냐의 산적, 다른 군소 범죄단체에 대한 가차 없는 투쟁이 시작되었다. 이러한 무리들은 전 지방에 굴욕을 심어주고 있었다.

1925년 2월에 나는 절망적인 병에 걸리고 말았다. 분명한 이유에 의해서, 그리고 과장스러운 걱정이 있을 것을 우려해서 나의 상태 및 병에 대한 정확한 보고는 주어지지 않았다. 나는 매우 중대한 상태에 있었음을 인정한다. 40일 동안 나는 집 밖으로 나갈 수가 없었다. 나의 적들은 다시 자신들의 희망을 되살려 나의 죽음이 가까웠다는 착각에 크게 기대를 걸었다. 파시스트들은 나의 침묵과 잘못된

무솔리니

보도의 유포 때문에 커다란 근심에 빠졌다. 이때만큼 나의 부하들에게, 나의 충성스러운 사람들에게, 수많은 이탈리아 국민에게 있어서 내가 없어서는 안 될 인물이라고 느낀 적도 없었다. 생생하고 약동적인 단결과 헌신과 호의가 내게 전달되었다. 검은 셔츠단은 나를 만날 날을 초조하게 기다리고 있었다.

3월 말, 제6회 파시즘 건설 기념일에 내가 병상을 털고 일어나 키지 궁전의 노대에 모습을 드러내자 내 앞에는 전 로마인들이 모여 있었다. 내가 아직 야위고 창백한 얼굴을 하고 있는 모습을 보고 깊은 감동이 사람들 속에서 나타났다. 나는 봄을 축하하며 그 많은 사람들에게 경의를 표하고, 그 연설 속에서 '곧 가장 좋은 것이 올 것이다!'라고 말했다. 그 말은 여러 가지 의미로 해석되었다. 그리고 갈채와 찬동을 불러일으켰다.

바스티아넬리(Bastianelli) 교수와 마르키아파바(Marchiafava) 교수와 같은 현명한 의사의 훌륭한 치료를 받았기에 나의 병은 완전히 나았다. 나의 병에 기대를 걸고 있던 가엾은 사람들은 좌절하고 말았다. 병이 자신의 적을 제거해줄 것이라는 기대를 품는 것만큼 내게 증오심을 심어주는 것도 없다. 나는 예전보다 더욱 건강하고 기운에 넘쳐 있었다. 예전에 나의 목숨을 노리던 자가 있었을 때, "총알은 스쳐 지나고, 무솔리니는 살아남을 것이다."라고 했던 말을 나는 다시 되풀이할 수 있었다.

나의 복잡한, 그리고 곤란했던 생애에 특색을 부여하고 있는 다른 몇 가지 사건은 나의 생명을 빼앗으려는 음모였다.

그 첫 번째로 나타난 인물이 차니보니(Zaniboni)였다. 그는 저열한 사회주의자였다. 그리고 반파시스트 투쟁을 위해서 체코의 사회주의자로부터 15만 프랑짜리 수표를 2장 받았다. 아편 상습복용자였던 차니보니는 당연히 그 30만 프랑을 악마와 같은 재능으로 나의 생명을 빼앗기 위해 사용했다. 그는 전승기념일이라는 신성한 날을 택했다. 그는 키지 궁전의 정면에 있는 드라고니(Dragoni) 호텔의 한 방에 숨어 있었다. 나는 매해 키지 궁전의 노대에서 무명전사들의 제단에 꽃과 맹세와 존경을 바치기 위해 통과하는 행진을 바라보았다.

훌륭한 조준경이 달린 오스트리아제 라이플총을 가지고 있었기에 그는 표적을 놓칠 리가 없었다. 차니보니는 의심을 받지 않기 위해서 육군 소령의 군복을 입고, 그날 아침의 목적을 달성하기 위한 준비를 갖추고 있었다. 하지만 그는 발각당하고 말았다. 그는 오래전부터 미행을 당하고 있었던 것이다. 그 며칠 전에 카펠로(Capello) 장군이 그에게 돈을 대주고 충고까지 해주었었다. 비밀결사가 그를 우두머리로 삼고 있었던 것이다. 하지만 차니보니와 카펠로 장군과 그 밖의 중심이 되는 음모자들 모두 그 음모 실현 1시간 전에 체포되고 말았다.

이렇게 해서 첫 번째 사건은 끝났다.

1926년 4월, 내가 국제의학대회의 사회를 보던 때에 영국 국적의 과대망상증에 빠진 여자 한 명이 망상에 이끌려 내 자동차 앞으로 다가오더니 아주 가까운 거리에서 총을 쐈다. 총알은 나의 콧구멍을 관통했다. 만약 1㎝만 옆에 맞았어도 나는 목숨을 잃었을 것이다. 그녀는 아직 판명되지 않은 한 무리의 사람들에 의해 움직이고 있던 광적인 여자였다[87].

나는 그 여자를 국경 밖으로 추방했다. 그녀는 거기서 자신의 실패와 어리석음을 뉘우쳤으리라.

그 직후, 내 코에서 채 붕대를 떼기도 전에 나는 모든 이탈리아의 장관들이 모인 회의에서 훈시를 했다. 그때 나는 이렇게 말했다.

"만약 내가 전진한다면 나를 따르시오. 만약 내가 후퇴한다면 나를 죽이시오. 만약 내가 죽는다면 나의 적을 쏘시오."

중대한 결과를 가져다줄지도 몰랐을 또 하나의 암살 음모는 루체티(Lucetti)라는 무정부주의자의 기도였다. 그는 파시즘에 대한 증오와 질투로 가득한 마음을 품은 채 프랑스에서 돌아온 사람이었다. 그는 비아(Via) 문 앞의 밝은 노멘타나(Nomentana) 대로에서 나를 기다리고 있었다. 그는 누구에게도 말하지 않고 암살 계획을 꾸미고 있었다. 그는 8일 전에 로마로 들어왔는데 강력한 폭탄을 품고 있었다. 나는 키지 궁전으로 가는 길이었는데 그가 나의 자동차를 발견했다. 그리고 자동차를 보자마자 나를 향해 그 폭탄을 던졌다. 하지만 그 폭탄은 자동차의 모서리에 맞고 땅에 굴러 떨어졌으며 내 차

---

87) 아일랜드 출신의 바이올렛 깁슨.

가 지나가고 난 뒤에 폭발했다. 나는 아무런 부상도 입지 않았으나 무고한 사람들이 부상을 당해 병원으로 옮겨졌다.

체포된 뒤, 그 가엾은 사내는 단지 자신의 반파시스트적 증오심 때문에 그 광적인 행동을 한 것이라는 말만 간신히 할 수 있었을 뿐이었다. 나는 그 사건을 그다지 중요하게 생각하지 않았다. 영국 대사와 회견을 해야 했기에 나는 바로 키지 궁전으로 가서 그 외국의 외교관과 평소와 다름없이 이야기를 나누었는데 도중에 바깥 거리에 많은 사람들이 모여들었기에 그 회담을 중지했다. 영국 대사는 그제야 비로소 내 목숨을 노리던 자가 있었다는 사실을 알고 꽤나 놀란 듯했다.

마지막 음모는 1926년 10월 31일에 있었다. 볼로냐에서 그 일이 일어났는데 내가 열정과 자부심과 활기로 가득한 하루를 보내고 난 뒤였다.

비밀스럽게 간책을 꾸미던 자의 부추김을 받은 한 무정부주의자가, 마침 사람들이 내게 경의를 표하기 위해 정렬해 있을 때 그 줄 사이에서 모습을 드러내더니 내 자동차를 향해 총을 쏘았다. 나는 볼로냐의 장관이었던 아르피나티(Arpinati) 옆에 앉아 있었다. 그 총알 때문에 나의 코트가 탔으나 나는 이번에도 무사했다. 격분한 군중을 제지할 수는 없었다. 그 사내는 군중에 의해 재판을 받고 말았다[88].

다른 몇몇 기도는 전부 중간에 좌절되고 말았다. 파시스트의 격분은 더 이상 제지할 수 없을 지경에 이르렀다. 나는 반대자의 그 가련한 행위를 제지할 때라는 사실을 깨달았다. 비밀결사나 반대당

---

88) 범인은 15세 소년이었다. 이는 새로운 탄압의 구실이 되었으며 무솔리니는 암살을 계획했다는 이유로 이탈리아 공산당의 창설자인 그람시를 체포했다.

신문이나 거짓된 정치적 교의를 신봉하는 자들의 목적은 오직 하나였다. 그것은 전 파시즘에 타격을 가하기 위해 파시즘의 우두머리를 쓰러뜨리는 것이었다. 이탈리아를 지배하고 있던 모든 운동이, 오직 하나의 중심축 위에서만, 한 명의 이름 위에서만, 오로지 한 사람 위에서만 회전하고 있다고 그들은 생각했던 것이다. 모든 적들은 그들중 가장 혐오스러운 자에서부터 가장 이지적인 자에 이르기까지, 가장 교활한 자에서부터 가장 광신적인 자에 이르기까지 전부 파시즘을 파괴할 유일한 길은 그 우두머리를 쓰러뜨리는 것이라 생각하고 있었다. 국민들도 그러한 사실을 알고 있었기에 그러한 범죄자에 대해서는 가장 무거운 형벌을 가하라고 요구했다. 화가 난 파시스트는 어둠 속에서 음모를 꾸미고 있던 모든 자들에 대해 경고하기를 바라고 있었다.

힘에 의한 정책이 절대적으로 필요했다. 나는 내무장관도 겸임하기로 했다. 그리고 정부를 보호하기 위한 법률을, 즉 새롭게 통일된 국민생활의 중요한 기초가 되는 법률 하나를 제정했다.

나는 체제전복적인 신문의 폐간을 명령했다. 그들의 유일한 일은 사람들의 마음을 선동하는 것뿐이었다. 지방위원회는 직업적 파괴주의자를 형무소로 보냈다. 이처럼 파괴적이고 불충실한 세력에 대해서 취한 조치가 이탈리아 사회에 얼마나 좋은 결과를 가져다주었는지 느끼지 못하는 날은 단 하루도 없었다.

이에 나는 강력정책이야말로 참으로 확실한 결과를 가져다주는 것이라는 사실을 결론으로 삼지 않을 수 없다. 파시즘이 국가의 생명력과 일치하고 있다는 사실을 매일 강하게 느끼고 있었다. 이탈리아에서는 누구도 불법적인 추방을 당하지는 않는다. 모든 사람들이 명백한 법률적 규범 안에서 생활하는 것을 허락받고 있다. 옛 파괴자들의 대부분이 지금은 훌륭하게 규정된 생활이 특정한 계급뿐만 아니라 모든 계급의 이탈리아 국민에게 얼마나 고마운 것인지를 깨닫고 있다. 아직도 여전히 감금되어 있는 자는 거의 없으며, 반항을 꾀하려는 자도 거의 없다. 1927년 1월 6일에 나는 내무장관으로 각 지방장관들에게 포고를 발했는데, 그 가운데서 나는 국민에 관한 그들의 의무가 어떠한 것인지를 밝혔다.

지금은 정의와 성실함과 조화와 일치의 새로운 감정이 이탈리아 전 국민과 전 계급의 운명을 지도하고 있다. 거기에는 소요도 없고 폭행도 없으며, 거기에는 좋은 것을 떨쳐 일으키려 하는 정신과 영웅주의의 미덕을 고양시키려는 정신이 있다. 모든 계급과 모든 국민들 사이에서 국가에 반하는 일은 무엇 하나 일어나고 있지 않으며, 국가를 무시하는 일은 무엇 하나 행해지고 있지 않다.

많은 사람들이 마침내 이 맑고 엄격한 진리에 눈을 뜬 것이다. 이탈리아 국민은 정의의 위대한 대업을 통해, 하나의 우애를 자신들 속에서 느낀 것이다. 의무에 대한 관념과 실행, 국민생활의 형태를 바라보면 이탈리아 국민이 얼마나 각성했는지를 알 수 있다. 낡은 정당은 영원히 사멸했다. 파시즘에게 있어서 정치란 하나의 살아 있는 도덕적 현실 속에 녹아 있는 것이다. 그 진리는 하나의 신념이다. 그것은 위대하고 끈질긴 민족의 역사를 새롭게 하는 하나의 정신력이다.

제9장 새로운 길

내 인생은 건설의 시다

새로운 건설이 행해지고 있을 때는, 해머와 콘크리트 혼합기가 빛을 번뜩이며 회전하는 것을 바라보며 그 감독자가 버나드 쇼의 희곡에 대한 자신의 견해를 이야기할 때가 아니며, 또 건축기사가 여름의 휴가지로 산을 택할지 바다를 택할지에 대해 산만하게 이야기하기를 기대할 만한 때도 아니다.

나와 나의 인생을 지금까지 행해온 일, 그리고 현재 행하고 있는 일과 따로 떼어서 생각할 수 있다고 보는 것은 우스운 일이다. 파시스트 국가 건설과, 일출에서부터 새로운 노동을 열망하는 다음날 새벽을 약속하는 깊은 밤에 이르기까지의 시간 동안 스쳐 지나가는 갈망의 시대를 따로 떼어낼 수는 없는 법이다. 나는 나의 일과 하나로 단단하게 묶여 있다. 다른 사람들은 나뭇잎의 흔들림에서 로망스를 발견할 것이다. 하지만 내게 있어서는 내가 어떤 사람이었든, 운명과 나 자신이 나로 하여금 그 눈과 귀와 모든 감각과 모든 사고와 모든 시간과 모든 정력을 나의 생활인 나무의 줄기로 향할 수밖에 없는 인간이 되게 만들어버렸다.

내 인생의 시는 건설의 시가 되었다. 내 생활의 로망스는 국가의 방침과 정책과 미래의 로망스가 되었다. 이러한 것들이 내게는 드라마를 떠오르게 한다.

수상으로서 보낸 지난 6년을 돌아보면 나는 여러 가지 문제들을 해결했다. 그 문제들 하나하나가 곧 내 생애의 1장이었으며, 이탈리아 역사의 1장이었다. 그 각 장에는 장단이 있으며, 복잡한 정도가 서로 다르기는 하지만 그것은 곧 인류 진보의 역사였다.

나는 오해를 받고 있다 할지라도 거기에는 크게 개의치 않는다. 음모를 꾀하고 있는 무리들이 내가 무엇을 추구하고 있으며, 어째서 그것을 추구하고 있는지를 잘못 해석해서 전체적으로 잘못된 발표를 한다 할지라도 그것은 사소한 일에 지나지 않는다. 나는 너무나도 바빠서 거짓말쟁이들의 속삭임에는 귀를 기울일 수가 없다.

뒤쪽으로 낙오하는 자, 뒤에 쓰러진 자를 자신의 어깨 너머로 돌아보는 자는 시간을 허비자는 자다. 나는 나의 생애—내 일상생활, 나의 행동과 사색, 그리고 내 고유의 감정생활조차—를, 내가 이탈리아를 새롭게 하기 위해, 그리고 문명의 전반적인 전진 속에서 이탈리아를 위한 새로운 지위를 확보하기 위해 걸어온 발걸음을 기록하지 않고는 기술할 수가 없다.

내 인생을 기록할 때면 나는 나의 의지와 행동이라는 분야, 즉 나의 사색과 결론이라는 두 분야를 떠올린다.

나는 그 모든 것을 복잡한 문구를 뺀 매우 간단한 말로 생각한다. 나는 청산유수 같은 말들을 늘어놓는 사람들의 무능함을 지금까지 보아왔다. 그러한 말들은 한밤중에 주의의 타협, 두려움, 무력함, 현실성 없는 이상주의라는 적이 있는 전장으로 떠나 영원히 돌아오지 않는 군대와도 같은 것이다.

나를 세계 평화의 적이라 보고 있으며, 또 예전에 그렇게 봤던 사람들이 있었다는 것 역시 의심의 여지 없는 사실이다. 그런 사람들에 대해서 나는 나의 자서전을 주의 깊게 읽어보라고 권하는 것 외에는 달리 할 말이 없다. 사실에 관한 기록은 어리석은 자의 비난보다 가치 있는 법이다.

나는 새로운 외교정책을 수립했다

나는 처음부터 이탈리아의 외교정책을 철저하게 쇄신해야겠다고 생각했다. 나는 언제나 세계 관계 속에서의 우리나라의 역사와 경제적 · 정신적 능력을 충분히 알고 있었다는 사실을 기억해주시기 바란다. 그와 같은 혁신—그와 같은 정책을 만들어내는 것—은 우리에게 전혀 새로운 것이었다. 이탈리아인뿐만 아니라 각국의 외교정책을 담당하는 책임자에게, 그것을 명백하게 이해시키고 납득하게 만들기까지는 중대한 오류와 편견에 부딪칠 운명에 있었다.

내가 우리 내각의 크고 작은 모든 행동에 대해서 하나의 새로운 정신과 하나의 새로운 위엄을 부여했다는 사실이 내가 철저하게 옛 국제사회의 정치적 전통과 조직과 현존하는 동맹과 기존의 상태에 맞서려는 것이라는 인상을 주리라는 사실은 충분히 알고 있었다.

이 무슨 오해란 말인가! 견고한 공장을 만드는 것은 국제적 교섭의 길을 혁명화하겠다는 사실을 의미하는 것이 아니다. 하나의 강력하고 풍부한 생산력을 가진 국가로서, 우리나라의 능력에 따라 이탈리아를 보다 좋게 평가하기를 요구하는 것은, 단지 우리의 정당한 지위를 되찾기 위한 일에 지나지 않는 것이다.

나의 문제는 유럽 각국 정부 및 책임자들의 눈을 뜨게 하는 것이었다. 그들은 이탈리아가 세계대전 후의 불안한 상태에 그대로 놓여 있다고 맹목적으로 생각하고 있었던 것이다.

때로는 커다란 목소리로 주의를 끌어 그들의 눈을 뜨게 하는 것은 결코 쉬운 일이 아니었다. 이탈리아의 외교정책 가운데 간악한 음모는 아무것도 없다는 사실을 외국에 알리기 위해서 나는 몇 개월, 몇 년이라는 시간을 써야만 했다. 그것을 위해서는 언제나 똑바로 나아갔으며 결코 동요하지 않았다. 그것은 언제나 신중하게 행해졌다. 나의 외교정책은 공평하고 정확한 사실의 측정에 바탕을 두고 있었다. 그리고 다른 나라도 역시 정확한 사실의 측정에 바탕을 두기를 요구했다. 이와 같은 분별력 있는 태도는 당연히 이탈리아를 새로운 세계의 영원한 여명의 수평선 위로 높이 떠오르게 하는 데 도움이 되었다.

내가 1928년 봄에 이탈리아 상원에서 대외정책에 관해 선언한 연설은 세계 속에서의 이탈리아의 지위와 이탈리아가 관계하고 있는 크고 작은 여러 사건에 대한 개설이었다. 그것은 나의 일을 분명하게 되짚어본 것이었다. 그것은 우리 내각이 훌륭한 성공을 거두었다는 사실을 보여주는 것이었다. 그리고 세계 속에서 이탈리아의 역할에 대한 새로운 평가를 우리가 주장한 것이 옳았다는 사실을 분명히 해주는 것이었다.

하지만 이와 같은 구체적인 결과에 도달하기까지의 걸음걸이가 결코 편안한 것이었다고는 여겨지지 않는다. 얼마나 많은 사람들이 로마를 마치 무책임한 소요의 중심인 양 의심의 눈으로 바라보고 있는지를 나는 잘 알고 있었다. 우리나라와 파시즘의 적들은 온갖 힘과 방법을 동원하고, 왜곡된 해석을 가하고, 또 잘못된 보도를 통해서 내가 행하려 했던 일에 관한 외국의 잘못된 판단을 더욱 강화하려 노력했다.

하지만 진리는 언제나 간단명료한 정책의 뒤를 따라와서 어제의 비뚤어진 마음과, 인습적 사고와, 기회주의 정신과 ,거짓을 정복하는 법이다.

세계 어느 곳에 있는 나라라 할지라도 주의 깊게 만들어졌으며 또 국민의 동의를 얻은 외교정책이, 무지하거나 혹은 좋지 않은 신념에 따르는 내부의 공격을 받지 않는 경우는 하나도 없다. 그렇기 때문에 내가 이미 국내의 정치적 상태를 평정하고 이탈리아 내외에 관한 일반 정책의 주요점을 확립한 뒤에 비판의 공격을 개시한 사람들이 있다는 사실을 알았을 때도 나는 그다지 놀라지 않았다.

그런 사람 중 한 명이 스포르차 백작이었다. 그는 1922년 10월에 이탈리아 대사로 파리에 주재하고 있었다.

옛 정부의 장관으로 말이 많고 무책임한 그 사내는 국가에 있어서 방해자였다. 그는 우리 국가에 있어서는 굴욕적인 문제인, 지중해 문제와 자신의 이름을 연관 지었다. 복잡한 외교문제에 관한 모든 일에 문외한이었던 이 전 장관은 파리에 있는 자신의 미묘한 입장조차 느끼지 못했을 정도의 어리석음을 발휘한 것이었다.

이탈리아가 그 역사적 대업을 성취하려던 순간 잃어버린 권력에 대한 욕망 때문에 그는 자신의 나라를 적으로 삼은 것이다. 그는 실제로 프랑스의 수도에 머물며 파시스트 정부를 곤경에 빠뜨리기 위한 짓을 하려 했다. 거기에는 설령 질투 때문이 아니라 할지라도, 이탈리아 국내의 새로운 일치단결을 기뻐하지 않는 정치단체가 있었던 것이다. 스포르차 백작은 곧 나의 대외 및 대내정책에 관한 선언, 나의 정치적 방법과 파시스트 이탈리아에 관한 나의 견해에 대해서 공공연한 비판을 시작했다. 나는 그에게 전보를 보냈다. 그것은 다음과 같은 내용이었다.

——제가 의회에서 발표하려 하는 외교정책에 관한 저의 명령을 정식으로 알기도 전에 귀하가 사직의 뜻을 표명하신 일은, 매우 유감스럽고 오히려 기이한 태도라고 보지 않을 수 없습니다. 외교정책에 관한 저의 명령은 귀하가 단지 감정과 혐오의 결과인 것처럼 잘못 생각하고 계시는 그런 것이 아닙니다. 그러니 형식적으로라도 귀하의 지위를 지키시어 정부를 곤경에 빠지게 하는 사태가 일어나지 않도록 해주시기 바랍니다. 지금 정부는 가장 숭고하고 거국적인 도의를 대표하고 있습니다. 저는 귀하의 답신이 올 때까지 귀하에 대한 결정을 보류하도록 하겠습니다.

무솔리니——

이 전보에 대해서 스포르차 백작은 애매한 답을 보내왔다. 이에 나는 그를 로마로 불러 그의 변명을 들은 뒤, 나와 그가 전혀 반대되는 견해를 가지고 있다는 사실을 알았기에 그를 해임하고 자신의 지위에서 물러나게 했다. 더는 중앙당국이 그 아래의 지위에 있는 사람에 의해 좌지우지되는 시대가 아니었다. 이탈리아 정치계에는 명령과 조직과 규율이 필요했다. 우리나라의 재외대표자들 가운데는 때로 국가에 대한 자신들의 첫 번째 의무에서 멀어져 냉담하고 고립된 자치적 태도를 취하는 자들이 있었다.

내가 첫 번째로 내보인 이 강경한 태도는 명백한 경고가 되었다.

말할 필요도 없이 그것은 주관적인 태도로 국가의 최고 권위에서 벗어나 독자적 행동을 취하려 했던 다른 많은 우리의 외교 대표자들에게 하나의 본보기가 됐으며, 또 경계가 되었다.

우리의 외교에 관한 이와 같은 문제를 해결한 뒤 나는 나의 모든 힘을 우리나라의 장래를 결정할 정치문제의 해결에 쏟아 부었다. 나는 전의 여러 내각이 범한 졸렬한 오류에 의해 이미 왜곡되고 편협해진 사태에 직면해 있었다. 수많은 평화조약은 어떤 부분에 있어서는 결점투성이였으나, 전체에 있어서는 여전히 공정하게 대하지 않으면 안 될, 움직일 수 없는 사실이 되어 있었다.

유고-슬라비아와 맺은 라팔로 조약의 상처는 여전히 벌어진 채로 욱신거리고 있었다. 나는 거기에 메스를 대 치료하려 했다. 1922년 11월 6일에 의회에서 행했던 외교정책에 관한 연설 속에서 나는 조약의 미묘한 토대 위에 서 있는 나의 입장과 의견을 설명했다. 나는 그때 내가 늘 말해왔던 것처럼 "조약은 좋든 싫든 지켜져야 한다. 권위 있는 국가의 방침은 그것 외에 달리 있을 수 없다. 하지만 조약은 결코 영원한 것도, 혹은 개정 불가능한 것도 아니다. 그것은 역사 속의 한 페이지이지 역사의 결론은 아니다."라고 말했다. 여러 열강들과의 관계에 있어서의 외교정책을 논한 뒤 나는 나의 생각을 다음과 같이 요약했다. "우리는 광기에 사로잡힌 이타주의적 계획도, 그리고 타국민의 계획에 완전히 복종하려는 계획도 용납할 수 없다.

우리의 정책은 자치국가의 정책이다. 그것은 단호하고 엄격한 것이어야만 한다."

1922년 11월에 나는 로잔에서 프랑스의 푸앵카레(Poincare), 영국의 커즌[89]과 만났다. 나는 그 동맹국 측과의 첫 번째 개인적 접촉에서 우리나라의 평등한 입장을 구축했다고 확신한다. 그것은 어떠한 흥정도 없는 분명한 것이었다. 어떤 회견은 매우 활발한 분위기 속에서 진행되기도 했다.

이탈리아가 그 희생의 기록과 그 역사적 무게를 바탕으로 영국·프랑스와 어깨를 나란히 하며 동등한 입장에서 국제적 논의에 참가할 때가 온 것이었다.

로잔에 머물렀던 짧은 기간 동안에 나는 루마니아의 외무장관, 그리고 그 회의에서 미국 대표의 수석이었던 로마 주재 미국 대사 리처드 워시번 차일드(Richard Washburn Child)와도 회담했다. 그리고 나는 도데카네스(Dodecannes) 문제를 해결했다.

스위스 여행에서 얻은 수확을 요약해보자면 다음과 같다.

1. 우리는 이탈리아의 새로운 위엄을 외국 외교관에게 분명히 보여주었다.

2. 우리는 나와 세계 각국의 책임 있는 외교가가 직접 접촉할 때 우리나라의 새로운 외교정책의 태도를 실제로 보여주었다.

그해 12월에 나는 각료회의에서 우리의 외교 사정에 관한 다른 중요한 선언을 했다. 나는 라팔로 조약을 다시 살펴보았다. 나는 피우메와 달마티아 문제에 착수하여 내가 이어받은 이전의 모든 조약에 의해 만들어진 사정에 그 해결책이 부합하도록 노력했다. 나는 다시 커즌 경과 회견했으며, 뒤이어 런던으로 가서 며칠을 머물렀다. 그때 나는 가장 따뜻한 환영을 받았으며 영국의 정치계는 나의 말을 정중한 태도로 경청했다.

그 전부터 이미 연합국의 부채문제가 논의되고 있었다. 나는 이

---

89) George Nathaniel Curzon(1859~1925). 영국의 정치가. 인도 총독을 지냈으며 제1차 세계대전 후에는 외무장관으로 영국의 외교를 지휘했다.

미 미국 대사인 차일드 씨, 그리고 로마 주재 영국 대사와 이 문제에 대해서 논의했었다. 나는 그 문제의 해결에 가장 유효한 방법이라고 분명하게 말할 수 있는 안을 하나 가지고 있었다. 나의 계획은 연합국들의 흥미를 불러일으켰다. 그런데 부차적인 성질의 문제, 특히 루르(Ruhr) 지방을 점령하려는 프랑스의 계획이 독일의 배상문제와 얽혀, 전쟁책임 문제를 해결하는 가장 합리적인 방법이라 내가 생각했던 그 안을 채택할 수 없게 만들었다. 그 안이 실행되었다면 세계 경제는 더욱 빠르고 유효하게 회복되었을지도 모른다.

나는 외교정책을 수립할 때면 언제나 국제적 경제상황을 염두에 두고 있었다. 그렇기 때문에 나는 1923년에 많은 나라와 정치적 배경하에서 통상조약을 체결한 것이다. 우리나라의 평화와 원활한 국제교섭을 위해 체결한 조약임에도 불구하고, 내가 반평화론자라고 불린 것은 흥미로운 사실이다.

이러한 통상조약들은 우리나라 경제 상태를 안정시키는 데 커다란 도움이 되었다. 1923년 2월에 나는 취리히(Zurich)에서 맺은 이탈리아 스위스 조약에 조인하고, 해군 군축에 관한 워싱턴 조약[90]을 추진했다. 그리고 체코슬로바키아, 폴란드, 스페인, 마지막으로 프랑스와도 통상조약을 맺었다. 나는 소비에트 러시아와의 통상관계를 회복하기 위한 1단계 행동에 착수했다.

우리의 국제관계에 관한 기록은 평화를 수립하고 우호관계를 맺기 위해 한시도 쉬지 않고 노력했다는 사실을 이야기해주는 것이다. 평화를 더욱 확고히 했으며, 우호관계를 더욱 넓혔다. 우리는 우리나라의 자주권에 관해서는 무엇 하나 양보하지 않았으며, 우리나라의 힘이 다른 나라에 이용되는 일은 결코 용납하지 않았다. 우리는

---

90) 1921년에서 1922년에 걸쳐 행해진 워싱턴 군축회의에서 채택된 해군군축조약.

꿈과 환상적 계획 위가 아닌 현실 위에 기초를 두고 한 단 한 단, 평화를 구축하고 유지해 나감으로 해서 평화를 만들고 지키려 노력한다는 의미에서의 이상주의자다. 나는 조금도 흔들리지 않고 강경한 태도를 유지했다. 하지만 나는 관대한 태도를 취하기 위해서도 노력을 해왔다.

효과적인 외교 사업을 실현하기 위해서 세계는 그 외교관 기구를 대대적으로 정리할 필요가 있다. 그것은 이미 부패했으며 인원이 지나치게 많고 관료적이 되어 지위와 승진을 위한 가없고 자질구레한 음모로 가득 차게 되었다.

이에 나는 우리나라 영사관의 개조와 외국 관리의 폐지에 착수했다. 이 작업은 오랜 기간, 넓은 범위에 걸쳐서 행해졌다. 왜냐하면 우선 우리나라의 옛 영사조직을 개선할 필요가 있었기 때문이었다. 그것을 새로이 하는 작업은 매우 복잡한 일이었으나 흔들림 없는 일관된 태도로 그것을 성취했다.

이러한 외교정책과 기관의 복잡한 업무에 여념이 없을 때, 그리고 내가 지중해 문제 해결방법을 연구하고 있을 때 알바니아의 이탈리아 육군사절이 도로에서 국경 지방 도둑떼의 매복을 만나 전원이 살해당했다는 보고가 들어왔다. 이 참사로 인해 용감한 엔리코 텔리니(Enrico Tellini) 장군, 군의관 소령 루이지 코르테(Luigi Corte), 포병 중위 마리오 보나치니(Mario Bonacini)와 병사 파르네티(Farneti)가 목숨을 잃고 말았다. 이탈리아 육군사절은 다른 외국의 사절들과 함께 정식 국제협정에 바탕을 둔 명백한 임무를 띠고 알바니아에 파견되어 있었다. 그러한 이탈리아 및 이탈리아의 위신에 대한 불법행위는 이탈리아의 감정에 정면으로 도전하는 행위였다. 역사 속에는 그와 같은 폭력의 실례가 기록되어 있으며, 그 대처에 대한 기준이 제시되어 있다. 나는 전 이탈리아 국민의 정당한 분노의 대변자가 되었다. 나는 곧 그리스에 대해 최후통첩을 날렸다.

나는 사죄를 요구했다. 그리고 배상금으로 5천만 리라를 지불하라고 요구했다.

그리스는 거기에 응하지 않았다. 나의 요구에 대해 변명과 발뺌으로 대답했다. 그리고 나의 요구를 회피하기 위해 그리스는 다른 동맹국을 찾아 도움을 얻으려 했다. 나는 그와 같은 저열한 행위를 결코 용납할 수 없었다. 나는 한 치의 망설임도 없이 우리 해군의 함대를 그리스령 코르푸 섬으로 출동시켰다. 해병대원이 그 섬에 상륙했다. 그와 동시에 나는 각 열강에게 통첩을 보냈다. 국제연맹은 그 사건을 해결하고 판결할 능력이 없음을 분명히 했다. 나는 계속해서 코르푸 섬을 점령했으며, 국제연맹에 대해서도 우리나라가 만족할 만한 태도를 보이지 않는다면 탈퇴하겠다는 뜻을 분명하게 선언했다. 이는 언어에 의한 모욕의 문제가 아니었다. 그것은 이탈리아 사관과 병사의 생명에 관한 문제였다. 내가 이 비극적 페이지를 단지 관료적 몸짓만으로 그냥 덮어버리리라고 생각했다면 그것은 착각이다.

어린 학생들조차 쉽게 이해하고 납득할 수 있는 폭력과 그 해결을 위한 나의 요구에 대해서 수많은 허언과 부조리한 말들이 유포되었다.

그 사건이 각국 대사회의의 심판에 회부되었을 때, 내가 예상한 대로 판결은 이탈리아에게 유리한 것이었다.

그리스는 내가 요구한 것 모두를 승인했다. 배상금이 지불되었다. 나는 그 배상금 중 1천만 리라를 그리스 피난민에게 주었다. 그렇게 해서 충분한 만족을 얻은 뒤에 나는 함대를 코르푸 섬에서 물러나게 해 사건을 종결지었다.

하지만 그 달에는 비극적인 사건이 속출했다. 파시스트식 새로운 외교정책이 모든 이탈리아인의 감정을 만족시키기는 했으나, 많은 외국인의 감정을 상하게 했다는 사실 역시 인정하지 않을 수 없다. 그들은 나의 외교정책을 많은 사람들에게 지장을 가져다주는, 그리고 이탈리아의 권리에 반대되고, 계획을 방해하는 이상한 정책이라고 생각한 것이다. 나는 어떠한 것에도 동요하지 않았다. 나는 상원에 대해 그리스 사건 및 피우메 문제에 관한 중요한 성명을 냈다. 그때 나는 우리 외교정책의 가장 슬픈 유산은 피우메라고 말했다. 하지만 그래도 나는 라팔로 조약의 결과 남겨진 중대한 지중해 사정을 최소한의 손실로 해결하기 위해 유고-슬라비아와 교섭하고 있다는 사실을 이야기했다.

상원은 나의 정책과 나의 행동에 찬성했다.

1924년 1월에 나는 세르비아의 위대한 정치가 파시치(Pasic), 유고-슬라비아의 장관 닌치치(Nincic)와 함께 이탈리아 및 인접국가 간의 새로운 조약을 체결했다[91]. 그리고 1925년까지 계속해서 다른 교섭을 추진한 결과 네투노(Nettuno) 협약에 조인했으며 그로 인해서 양국 간의 우호관계가 규정되었다. 그것은 이제 유고-슬라비아의 비준을 얻기만 하면 된다.

이와 같은 광범위한 외교적 활동 끝에 우리나라는 달마티아를 완전히 잃고 말았다. 우리는 역사와 그 속에 살고 있는 사람들의 영혼에 의해 이탈리아의 신성한 부분을 이루고 있던 그 도시들을 잃고 말았다. 그 도시들은 런던 조약에 의해서 이탈리아의 땅임이 확인된

---

91) 이 조약으로 이탈리아는 피우메 항을 병합하고 일부는 유고슬라비아가 차지하게 되었다.

곳이었다. 하지만 나와 파시치와 닌치치가 호의와 열정을 가지고 만들어낸 해결방법보다 더 좋은 해결방법을 얻지 못한 것이다.

네투노 협약을 유고-슬라비아가 아직 비준하지는 않았지만, 우리나라의 국경은 잘 지켜지고 견고해질 것이다. 나는 유고-슬라비아가 호의를 보일 것이라고 믿는다. 어쨌든 우리는 이제 평정한 마음으로 어려움에 빠진 우리의 이웃나라들을 상대할 수 있게 되었다.

1924년의 외교방침은 상원에서 26명의 결석과 반대 6표를 제외한, 315표의 찬성을 얻었다. 같은 해 12월에 나는 영국의 새로운 외무장관인 체임벌린[92]과 회견했다. 많은 국제적 사건에 있어서 그는 언제나 이탈리아와 이탈리아인의 친구였다.

1925년에 나는 아프가니스탄 정부와 격렬하게 싸우지 않으면 안 되었다. 그 멀리 떨어진 나라의 수도에서 아프가니스탄 자국 내의 사건 때문에, 노동과 연구를 위해 체재 중이던 우리나라 국민인 기계기술자 피페르노(Piperno)가 살해당했기 때문이었다. 아프가니스탄 정부는 피페르노의 가족에게 배상금 지불하기를 거부했다. 나는 어떤 요구를 하지 않으면 안 되었다. 만족을 얻기 위해서 배상요구를 한 것이기는 했으나 나는 그 문제 때문에 이 멀리 떨어져 있는 나라와의 외교관계 부활을 포기하지는 않았다. 실제로 후에 아프가니스탄의 국왕폐하를 우리는 로마에서 가장 뜨겁고 가장 동정적인 환대로 맞이했다.

그 구름은 걷혔으며 다시 새로운 구름이 우리나라의 하늘을 덮었다. 새로운 구름은 우리나라 동쪽 국경지대의 독일인에 의해 일어난 반이탈리아 선전 속에서 생겨났다. 1926년 2월, 파시스트 정책이 아

---

92) Joseph Austen Chamberlain(1863~1937). 영국의 정치가. 재무장관을 거쳐 1924~1929년까지 외무장관으로 있었다.

디제 고원지대의 이인종이 혼합되어 있는 주민들에 대해서 그 정의와 부담과 힘을 가했을 때, 나는 브레너 고개 너머에 있는 독일인과 관계된 우리나라의 문제에 대해서 명백한 성명을 내지 않을 수 없었다. 나는 수많은 소심하고 자의식이 강한 음모가, 혹은 감상가를 떨게 만들 정도로 단도직입적인 성명을 냈다. 그때 나는 우리의 대사인 보스다리(Bosdari)를 해직했다. 그는 이탈리아인과 독일인의 관계에 깊이 관련되어 있는 이 중대한 사건의 중심에서 이탈리아와 같은 강국의 대사로서 취해야 할 태도를 실행하지 못했다.

내가 당시 행한 직설적인 연설은 예전에 비슷한 경우에서 오스트리아 자이펠(Seipel) 수상의 정책에 대해 내가 행한 것처럼 직설적인 연설이었는데, 국경의 배후에 있는 독일인에 대한 우리나라의 관계를 명백하게 한 것이었다.

하지만 아디제 고원의 문제는 널리 다른 여러 나라와 우리나라와의 관계가 얽힌 문제였다. 내가 불가리아, 폴란드, 그리스, 튀르키예 및 루마니아의 외무장관과 수시로 중요한 회견을 한 것이 바로 이때였다.

이 긴장된 정치적 반향 덕분에 로마는 매일 중요한 정치적 활동과 교환의 중심지가 되었다. 모든 이탈리아인들이 이해하고 따라준 내 외교정책의 성실한 특색에 의해 다른 여러 나라는 이탈리아에 커다란 경의를 표하게 되었다. 성실한 정책이야말로 가장 커다란 성공으로 인도하는 정책인 법이다. 애매하거나 막연한 방법은 나의 기질에 맞지 않는 것이다. 따라서 나의 모든 정책에 그러한 것은 하나도 들어 있지 않았다. 나는 의연한 태도와 위엄 있는 태도로 이야기할 수 있었다. 왜냐하면 자신들의 의무를 다하고 지금은 그것을 지키고 있으며, 존중을 요구하는 신성한 권리를 가진 국민들이 나의 배후에 있기 때문이다.

나는 우리 국경 너머에서 살고 있는 이탈리아 국민에게 동포애와 신념이 담긴 메시지를 보냈다. 나는 그들을 이민(移民)이라 부르지 않았다. 왜냐하면 과거에 이 이민이라는 단어는 하나의 굴욕적인 의미를 가지고 있었으며, 어떤 점에 있어서는 열등한 부류의 남녀를 의미하는 것처럼 여겨졌기 때문이다. 나는 다른 나라 국민의 감정을 해치지 않고 우리 동포를 보호할 수 있었다는 사실을 기쁘게 생각하고 있다. 이 보호는 국제법과 각국 사이에 교환된 양식에 바탕을 둔 것이었다.

이탈리아는 상업을 위해서, 종교적 신앙을 위해서, 관광을 위해서, 혹은 호기심을 충족시키기 위해서 우리 국토를 방문하려 하는 모든 외국인에 대해 최대한의 호의를 바치고 있었다. 나는 이탈리아인에게, 우리나라에 주재하는 외국 대표자에게 적당한 존경을 표해야 한다고 가르쳐왔다. 격분한 민중의 대사관이나 영사관에 대한 시위행동 때문에 외교적 분쟁이 더욱 복잡해지고 왜곡되는 것은 결코 용납할 수 없는 일이기 때문이다. 그러한 소요적 행위는 파시즘이 이미 지양한 낡은 민주주의적 습관에 속하는 것이다. 이탈리아에서 일어난 여러 사정에 있어서도 그와 같은 증오와 항의가 드러난 미묘한 경우가 몇 번인가 있었다. 나는 언제나 파시스트의 위엄을 해치지 않는 범위 안에서 그러한 항의를 억제해왔지만, 그것은 종종 외국의 신문에 과장되어 보도되곤 했다. 그러한 태도를 유지하는 것은 이탈리아 국민에게 질서와 규율을 부여할 임무를 지고 있는 사람들에게조차 결코 쉬운 일이 아니다.

내가 지도한 이탈리아의 대외정책은 극히 간단해서 쉽게 이해할 수 있는 것이며, 다음과 같은 주요하고 좋은 점에 입각한 것이다.

첫 번째로 나의 정책은 평화정책이다. 그것은 말이나 몸짓이나 단순한 종이 위의 교섭에 바탕을 둔 것이 아니라, 고양된 국가의 위엄과 각 국민 간의 조화를 더욱 단단하게 하는 모든 협정 및 조약에 바탕을 두고 있는 것이다.

두 번째로 나는 강국과 표면적인 동맹은 맺지 않았다. 그 대신 나는 모든 국가와의 교섭에 있어서, 특히 영국처럼 역사적으로 크고 중요한 자리를 차지하고 있는 국가와의 교섭에 있어서 이탈리아에게 번영을 가져다줄 수 있는 명백하고 결정적인 의지를 나타내는 여러 조약을 상의해왔다.

그리고 나는 이탈리아의 권위가 세계의 진보에 하나의 도움이 될 수 있도록 군소 국가와의 조약을 실현하기에 노력했다. 알바니아가 그러한 예 중 하나다. 헝가리와 튀르키예가 또 다른 예다. 지중해에서의 평화를 보장하기 위해 나는 스페인과의 일치도 실현했다. 우리나라의 산업 및 우리나라의 외국무역을 더욱 크게 발전시키기 위해서 나는 러시아와 단독통상관계를 맺었다.

내가 비굴한 태도를 버리고 평화롭고 신사적인 태도를 취해왔다는 사실을 알지 못하는 사람들은 어리석은 자들이다. 국제연맹 및 로카르노(Locarno) 조약[93]에 의해서 발생한 외교정책은 그 사실을 증언하는 것들이다. 나는 신중한 논의 후에 체결을 유보했다. 그리고 군축조약에 관한 나의 굳건한 신념 덕분에 그 조약 속의 불합리한 점을 지적할 수 있었다.

나는 영사 조직의 개선을 완성했다. 그리고 나는 파시즘과 함께 탄생하고 성장한 몇몇 새로운 인물들을 그 속에 가담시켰다. 그들은

---

93) 1925년, 중부 유럽의 안전보장을 위해 유럽 국가들이 스위스 로카르노에서 발의해 같은 해 12월에 런던에서 체결한 안전보장조약.

세계대전의 정열을 지나, 우리의 재생을 위한 정열을 경험해온 사람들이었다. 그 사이에 나는 우리의 식민지에서 파시즘을 실시하기 위한 일에도 소홀하지 않았다. 나는 전 이탈리아의 단결을 위해 규율을 요구하고 완전한 조화를 보장한 기준을 널리 퍼드리고 싶었다. 나는 이러한 것들을 향후 영속적으로 우리 정책의 대표자 가운데 집중시키지 않으면 안 될 것이다.

새로운 생활과 자부심은 이탈리아 국내의 이탈리아인 속에서 넘쳐나고 있을 뿐만 아니라 전 세계에 흩어져 있는 우리 동포들의 가슴속에서도 넘쳐나고 있다. 지금 이탈리아는 세계 정책을 진전시키고 실현하고 있는 여러 국가들의 존경을 받고 있다.

나의 식민지정책

나의 식민지정책은 나의 외교정책과 일치하는 것이다. 식민지에서 보여준 우리 국민의 미덕과, 세계대전 전후로 아프리카 및 아메리카 대륙 전 지역의 개발을 위해 우리나라가 제공한 훌륭한 인적 요소를 생각해보면 우리나라는 식민지를 경영할 능력을 가지고 있다. 하지만 우리나라는 거기에 힘을 쏟아 열매를 맺게 하지는 못했다.

우리는 세계대전 중에, 그리고 세계대전 후에 수행한 의무와 권리에 의해 당연히 우리가 얻어야 할 정당한 만족을 놓쳐버리고 말았다.

우리에게 있어서 식민지 개발은 단지 인구문제의 논리적인 결과만이 아니라, 우리 경제 상태에 대한 해결의 열쇠가 되기도 했을 것

1937년 리비아에서

이다. 세계대전 이후 10년이 지난 뒤에조차 우리나라의 경제 상태는 충분한 해결을 추구하지 않으면 안 되는 상태였다. 우리나라의 식민 지는 적고, 그 전부가 적극적인 개발에 개방되어 있지도 않았다. 우리의 첫 번째 식민지였던 에리트레아[94]는 지금도 여전히 아무런 변화가 없다. 소말릴란드[95]는 외교적 협정 결과 영국령 귀발랜드(Giubaland)를 합병했다.

---

94) Eritrea. 1887년에 이탈리아는 에티오피아와 충돌하였으며 1889년 우치알리 조약에 의해 에티오피아는 에리트레아를 이탈리아령으로 정식 인정했다.
95) Somaliland. 1889년 이탈리아가 영국령 소말릴란드를 침공하여 남부지방을 차지했다.

후에 데 베키 총독의 현명한 정책 덕분에 우리는 전 소말릴란드를 진정시켰으며, 막대한 이탈리아 자본이 명백한 목적에 쓰이기 위해—이탈리아인의 노동에 일을 제공하기 위해— 우리의 식민지 쪽으로 움직이고 있다. 리비아 식민지는 그 안에 키레나이카(Cirenaica)와 트리폴리타니아(Tripolitania)를 포함하고 있었으나 세계대전 중에 축소되어 우리나라는 그 해안선과 몇몇 주요 도시만을 점령하게 되어버렸다. 파시즘이 정권을 잡자마자 이 중대한 사정을 깨달았다. 이러한 사정들 역시 이미 명확하게 해결되었다. 우리의 무력적 점령정책과 경제적 진출정책에 의해 키레나이카를 지아라부브(Giarabub)에 이르기까지, 트리폴리타니아를 국제적인 조약에 의해 인정받은 국경선까지 완전히 지배하게 되었다.

이 두 식민지에서는 재생의 위대한 열정이 불타오르고 있다. 트리폴리는 이미 지중해의 가장 아름다운 도시 중 하나가 되었다. 의학대회에서 그 도시는 건강 휴양지라는 이름을 얻었다. 우리는 그 도시에 수로를 만들고 관개(灌漑)를 위해 산에 연못을 만들었다. 나는 트리폴리 지대를 방문했다. 그리고 나는 모든 식민지를 개발할 수 있다는 신념을 갖게 되었다. 가리안[96]에는 이탈리아 남부의 우수한 지방보다 생산력과 비옥함에 있어서 더 뛰어난 지대가 있다. 키레나이카의 고원지대 역시 마찬가지다. 키레나이카 지방에 대해서는 예전에 우리 정부의 나약함 때문에 만들어진 기묘한 의회제도를 나는 폐지해버렸다. 지금은 총독이 전 인민 및 이탈리아인의 행복을 위해서 충분한 세력을 갖고 책임을 수행할 수 있게 되었다. 이 지방들은 이제 진정되었다. 계속해서 이주자들이 그 지방으로 들어가고 있다. 자본가도 들어가고 있다. 노동자도 들어가고 있다.

---

96) Garian. 리비아의 트리폴리에서 남쪽으로 80㎞ 떨어진 구릉지대.

이들 두 식민지만으로 우리의 인구문제를 해결할 수는 없다. 이 점에 깊이 주목해주기 바란다. 하지만 이탈리아인의 호의와 전형적인 식민 능력에 의해 우리는 이 두 지역에

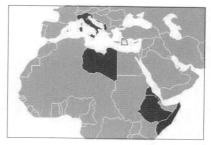

이탈리아 제국(1940년)

참된 가치를 부여할 수 있다. 이들 지역은 예전에 로마의 영토였다. 따라서 우리는 이들 지역을 발달시켜 예전의 위대함으로 돌아가야만 한다. 우리의 전반적인 경제적 진보에 새롭고 위대한 팽창력을 부여해줄 것임에 틀림없다.

세계 속에서 이탈리아의 평화로운 상태를 재건하고 의무의 명령에 따라서 우리가 인구문제를 해결하는 데 도움이 될 식민지의 힘을 개발하기 위해 나는 수많은 날과 불면의 밤을 바쳤다.

하지만 국제문제나 식민지문제에만 머물러 있을 만큼 나의 인생이 편안한 것이라고 생각해서는 안 된다.

나는 강력한 재정 · 경제정책을 확립했다

이제는 놀라울 만큼 활발한 재정 상태로 시선을 돌리도록 하자.

파시스트가 로마로 진군하기 6개월 전, 자유당의 지도자였던 페아노는 의회에서 우리의 채무 초과가 60억 리라에까지 이르렀다고 말했다.

그 당시의 재정 상태는 우리의 반대당이 발표한 것조차도 절망적

인 상태였다. 내가 얼마나 골치 아픈 유산을 물려받았는지 나는 잘 알고 있었다. 그것은 내 전임자들의 실책과 무능함으로 남겨진 유산이었다. 실제에 있어서 국가라는 하나의 배에 그처럼 커다란 균열이 있어서는 진보를 향한 어떠한 항해도 불가능하다는 사실을 나는 잘 알고 있었다. 따라서 만약 내가 국외 및 국내에서의 우리의 신용을 회복하고 향상시키기를 바란다면 재정이야말로 가장 먼저 해결해야 할 미묘한 문제 중 하나였다.

기한이 끝나 지불을 기다리는 몇 가지 건이 있었다. 새로운 지폐를 생산하기 위해 인쇄기를 돌리지 않을 수 없었는데, 그것이 다시 이탈리아 유통화폐의 가치를 뚝뚝 떨어뜨렸다. 복잡한 미봉책을 강구한 무책임하고 잘못된 정책이 계속 행해졌다. 이들 미봉책은 예산을 변경시켰을 뿐만 아니라 우리의 모든 경제생활 및 국가의 모든 능력을 붕괴해나가고 있었다.

나는 쓸데없는 비용의 지출과 국고에서 돈을 꺼내 쓰려하는 사람들에게 결정적인 타격을 가하지 않을 수 없었다. 나는 탈세자들을 찾아내지 않을 수 없었다. 나는 국가 행정의 각 기관에 엄중하게 절약을 실천하라고 명령하지 않을 수 없었다. 나는 관리의 숫자가 무한히 증가하는 것을 저지하지 않을 수 없었다. 게다가 각 외국 열강에게 우리의 부채를 결제해야 할 의무에 당면해 있었다. 설령 우리나라의 자원이 한정되어 있다 할지라도 이 최고의 성실함으로 임해야 하는 의무만은 수행하지 않을 수 없었다.

국가나 개개의 국민이나, 채무가 조인되어 승인된 경우에는 그것을 갚아야 한다는 사실에, 그리고 성실함은 의무의 이행과 마찬가지로 지켜져야 한다는 사실에 이론의 여지가 없을 것이다.

이 일을 위해서 나는 한 유능한 인사를 발탁했다. 나는 재정장관으로 파시스트이자 경제학 박사인 데 스테파니 경을 임명했다. 그는 비용을 절약하고 남용을 막고 세입과 세금으로 새로운 자원을 만들어냈다. 이 방법으로 예산은 2년 안에 거의 균형 상태로 복귀하게 되었다.

나는 세계대전 당시부터 남아 있던 모든 경제 상식을 해체했다. 나는 여전히 세계대전의 부채와 배상의 무거운 짐을 지고 있던 새로운 지방에서 쓸데없는 관리를 폐했다. 나는 이러한 부채를 전부 공채를 발행해서 해결했다. 그 공채는 빠르게 응모되었다.

긴축정책을 실시하기 전에 나는 세계대전에 참전했던 상이용사들에게 충분한 보상을 해주고 싶었다. 나는 그들 및 전쟁에서 목숨을 잃은 병사들의 남겨진 아내와 고아들에게 특권을 부여해 국가가 도와야 할 의무를 제정했다. 이렇게 해서 조국에 피와 목숨을 바친 사람들에 대한 의무를 수행하고 지금까지 그들에 대해서 행해졌던 잔혹한 과오를 바로잡은 뒤, 나는 세계대전으로 이익을 본 벼락부자와 법망 바깥에 있는 부 중 어떤 것에 대해서 커다란 철퇴를 가했다. 이 점에 있어서 내가 매우 가혹했다는 사실에는 의심의 여지가 없다. 하지만 그렇게 하는 것이 무슨 잘못이란 말인가? 그와 같은 부당한 이익은 세계대전 때문에 고통과 죽음을 겪었을 뿐만 아니라 금전과 재산을 잃은 사람들에 대한 모독이다.

국가의 경제 및 재정에 부담이 되는 것들은 전부 배제하기에 힘쓰는 한편으로 나는 개인의 생산을 최대한 증진시키기 위한 일에도 힘을 기울였다. 정직하게 모은 부에 대해서는 존경을 표하지 않을 수 없었다. 그리고 가족들에게 남겨진 유산의 경제적 가치뿐만 아니라 정신적 가치를 모든 사람들에게 이해시키지 않으면 안 되었다. 이를 위해서 나는 중대한 조세개혁을 단행했는데 많은 기초적 권리,

예를 들어서 상속의 권리 등과 같은 것을 부활시켰다.

나는 거의 사회주의적 착취와 다를 바 없는 유산상속세에 찬성하지 않는다는 사실을 분명히 밝혔다. 상속을 방해하는 것은 가족제도를 파괴하는 것이다. 그것은 여러 가지 논의를 불러일으켰으나 결국은 나의 결의가 사람들의 이해를 얻어 승인되었다.

우리 국민의 규율에 따르는 자세는 실로 나의 감탄과 세계의 존경을 받기에 합당한 것이었다는 사실을 나 이상으로 잘 알고 있는 사람도 없다. 우리는 이렇다 할 천연자원을 가지고 있지 않다. 하지만 우리 국민은 조세의 무거운 짐을 말없이 졌다. 그렇게 해서 1924년 말경에는 재정장관 데 스테파니가 국회에서 우리의 국가예산이 균형 상태로 복귀했다는 사실을 발표했을 뿐만 아니라, 1925 · 1926년 회계 연도에는 1억 7천만 리라의 여분이 발생할 것이라는 예언을 할 수 있게 되었다.

모든 시정정책의 초석이 되는 것은 현명하고 강력한 재정정책이라고 나는 믿고 있다. 그리고 지금은 안정적인 예산의 지지에 의해 이것이 훌륭하게 증명되고 있다. 국가는 자신의 수완과 규율을 잘 지키는 이탈리아 납세자의 인내 덕분에 모든 의무를 수행해서 부채를 결제할 수 있었으며, 1925년과 1926년에는 미국 및 영국 정부와 전쟁 때문에 발행한 국채에 관한 복잡한 문제를 논의할 수 있게 되었다.

우리는 이미 궁지에서 빠져나왔다.

우리는 중앙정부에만 그치지 않았다. 국가 재정에 다시 질서를 부여한 정부는 이제 그 경험의 힘을 바탕으로 자신감을 가지고 지방자치 단위의 재정부흥에 명확한 기준을 제시할 수 있었다.

하지만 그것만으로는 충분하지 않았다. 우리는 여러 회사, 혹은 산업의 재정 상태를 다시 조사하지 않을 수 없었다. 여기에는 전반적으로 주식거래에 나타난 모든 산업이 포함되어 있었다.

현대의 국가적·국제적 예측에 의한 일반적인 현상에 따라서 우리나라 산업의 많은 주식이—정부의 국채도 포함해서— 터무니없을 정도의 숫자로 급등했으며, 우리 리라의 화폐 가치와 금의 구매력이라는 관계를 생각해보면 믿을 수 없을 정도로 그 가치가 상승했다.

투기가 뿌리 깊은 현상으로 자리 잡지 않았던 현명하고 정직한 나라 이탈리아에서조차, 주식거래라는 것이 결코 모든 계급의 극단적이고 무제한적인 흥미의 대상이 아니었던 우리 이탈리아에서조차, 광적인 주식거래 열기가 일어났다. 당연히 많은 사람들이 재산을 잃었다. 그들은 세습재산을 잃고 악행을 저질렀으며 파산을 불렀다. 하지만 그것만으로는 아직 투기에 대한 급격하고도 광적인 열기를 막기에는 충분하지 않았다. 이에 재정장관은 거래활동을 감시하고 제한하는 조치를 취하기로 결의했다. 실제로 대대적인 조치를 강구할 필요가 있었다. 이것은 물론 예전부터 뿌리 깊게 내려오던 상업 전통에 반하는 일이었다. 그러한 조치들은 아마도 너무 갑작스럽고 전혀 예상치 못했던 것이었으리라. 그러한 조치들은 중산계급 및 재계의 반대를 불러일으켜 전 시장에 혼란이 발생했다.

나는 이러한 사건들의 추이에 주의를 기울이고 있었다. 정치적 원인에 의해서가 아니라 경제적 원인에 의해서 발생한 이 갑작스러운 반대운동은, 후에 나타난 것처럼 하나의 참된 위기가 되었을지도 몰랐다. 하지만 그것은 내게 매우 중요한 경험과 관찰이라는 분야를 제공해주었다. 나는 여기에 반격을 가하고 공격을 해온 사람들을 잘 달랬다. 우리는 좀 더 합리적인 정책을 시행했으나 투기자에 대해서는 그 무엇도 양보하지 않았다. 얼마 후, 데 스테파니 경이 사직했다. 볼피(Volpi)가 그 뒤를 이었다. 그리고 이 어려운 사태가 해결된 뒤에 나는 전쟁으로 발생한 부채에 주의를 집중했다.

국가예산을 해결하고 그 균형을 맞춘 후에 나는 세계대전으로 인해 발생한 우리나라의 부채를 줄이는 문제에 대해서 미국 및 영국과 협정을 맺는 일에 착수했다. 나는 사절을 워싱턴으로 파견했다. 그 주요 인사들은 볼피 백작과 외무차관인 그란디[97]였다. 그 회담은 참으로 훌륭한 수완으로 행해졌다고 나는 생각한다. 우리는 미국 국민을 만족시키고, 또 이탈리아의 이익을 보호하는 협정을 맺었다고 나는 믿고 있다.

1926년 1월 27일에 우리나라와 영국 사이의 서로 다른 입장 때문에 약간의 수정을 가한 협정에 따라, 영국의 부채를 해결할 수 있었다. 미국과 영국은 그 협정을 비준했다. 우리도 역시 그 협정을 비준하고 그것을 자랑스럽게 생각했다. 왜냐하면 우리의 약속을 지켜 우리가 감당해야 할 부채를 아쉬운 소리나 불평을 늘어놓지 않고 우리의 능력에 따라서 마지막 한 푼까지도 전부 지불해야 한다는 것이 우리의 개인적, 혹은 공적 사실에 있어서 상식적이고도 엄연한 법칙이기 때문이다.

그때 자발적인 거국적 애국주의가 나타났다. 우리 국민이 민중의 모금만으로 국가의 도움 없이 미국 정부에 지불해야 할 첫 번째 분할 지불금을 지불한 것이었다!

국가 예산의 안정과 워싱턴 및 런던 협정은 우리 정부의 재정정책을 안전하고 확고하게 하기에 충분한 요소임과 동시에, 우리나라

---

97) Dino Grandi(1895~1988). 파시즘 운동의 지도자로 활동하였으며 장관 및 대사 등을 두루 역임했다. 1943년에는 무솔리니의 해임을 요구했으며 이를 관철시켰다. 제2차 세계대전 이후 남아메리카로 망명했다.

상공업 및 은행에 안정을 가져다주기에도 충분한 요소라고 나는 믿었다. 나는 그것이 국내와 국제 시장에서 우리의 모든 유통 화폐 및 신용을 다시 가치 있는 것으로 만들어주리라 기대하고 있었다.

하지만 정확한 이론에 의해서 추진해나갈 수 있을 것이라 여겨졌던 일이 불행하게도 그 예상대로 진행되지는 않았다. 1926년 전반기에 우리 화폐는 영국의 파운드에 대해서 평균 10% 하락했다. 파운드가 다른 정화(正貨) 전체를 그처럼 잡아끌고 있었기에 우리나라의 신용이 상위로 올랐음에도 불구하고 자연스럽게 우리는 그 반대 현상을 보지 않을 수 없었다. 우리나라의 개인적 경제생활은 점차 야위어 갔다. 그것은 점진적으로 행해진 인플레이션에 의해 불안정한 것이 되어가고 있었다. 그것은 이탈리아 북부의 많은 공업 중심지를 착각하게 만들었을지 모르나, 중산계급 및 돈을 저축해두었던 이탈리아인에게는 결코 만족을 가져다주는 것이 아니었다.

이 들떠 있는 재정에 기둥을 하나 박아놓을 필요가 있었다. 채무라는 일반적인 불안도 없고 인내와 신념과 자부심을 갖고 노력하던, 질서 있고 평정하고 규율에 잘 따르던 국가가, 이들 건전한 힘과 재산을 탐욕스러운 투기자나 기생충들이 날뛰는 상황에 그대로 맡겨둔다는 것은 생각할 수도 없는 일이었다. 이러한 사람들은 리라 화폐 가치의 하락으로 자신들을 부유하게 하고, 자신들의 개인적 부채를 지불하지 않도록 하기 위해 전반적인 파산을 기뻐하며 기다리고 있거나, 혹은 파산을 앞당기려고까지 하며, 또 자신들의 부채를 은행에 예금한 사람들에게로 떠넘기려 하는 자들이었다. 실로 국민이라고 할 만한 가치도 없는 일부 계급에 의해서 이탈리아 국민을 배신하려는 음모가 꾀해지고 있었던 것이다. 그것은 참으로 뻔뻔스러운 반역이자 도의적인 위해였다. 왜냐하면 만약 전 국민이 파산한다면 세계의 신용을 얻어 다시 재생하기란 결코 쉬운 일이 아니기 때문이다.

나는 오랜 시간 국가의 복잡한 현상, 개인적 재정을 연구했다. 나는 우리나라의 경제상황과 그와 비슷한 여러 나라의 상황을 비교했다. 나는 우리나라 상업상의 균형에 관한 통계적 수치에 면밀하게 주목하고 있었다. 나는 정확하고 명확한 판단을 내리기 위한 모든 재료와 자료를 손에 쥐고 있었다. 그렇게 해서 명백하고 결정적으로 이탈리아 경제생활을 좌우할 만한 말을 할 준비를 갖추었다.

그리고 1926년 8월, 이탈리아 중부의 아름다운 도시 페자로(Pesaro)의 광장에서 나는 연설을 했다. 그것은 하나의 유명한 연설이 되었으며, 리라 화폐에 다시 가치를 부여하는 발단이 되었고, 또 우리나라 금본위제도의 출발점이 될 운명을 가진 것이었다.

나는 이탈리아 국민을 향해 공정하게 이야기해야겠다는 결심을 한동안 가지고 있었다. 외환시세는 외국에서 우리나라의 신용이 높지 않다는 사실을 보여주고 있었다. 매일같이 불안정하고 불길한 재정상황 아래서 나타나는 동요는 지하에서 공작을 펼치고 있는 세력이 존재한다는 사실을 증명하는 것이었다. 나는 투기를 벽으로 밀어붙이지 않으면 안 되겠다고 생각했다. 나는 국가를 파산으로 몰아넣으려 하는 일부 계급에 정면으로 맞서 그들을 물리치지 않으면 안 되었다. 정부는 그들을, 혹은 그들의 기관을 그냥 내버려둘 수가 없었다. 그것은 국가 장래의 재정에 관계되는 일일 뿐만 아니라, 이탈리아의 국기까지도 위험에 빠지게 하는 것이었다. 사실 어떤 상태에 있어서는 유통 화폐의 건전함이 국기의 위엄이라는 부분으로까지 끌어올려지는 경우가 있으며, 그것은 모든 공명한 수단에 의해서 지켜져야만 한다. 우리는 전 국민의 위엄과 세습재산이 위협받고 있을 때 무지의 배후에 숨어 있을 수는 없다.

국가에 규율을 부여했던 파시즘은 우리나라 통화의 가치를 없애려 하는 그 근시안적 투기자 계급 위에 철권을 가하지 않으면 안 되었다.

우리에 대한 이 음모 속에는 이탈리아 내외에 존재하는 우리의 영원한 적들의 후원을 받아 활동하는 국제적 반파시즘의 온갖 힘이 참가하고 있었다. 정직과 공정함의 문제와 함께 의지의 문제도 있다는 사실을 나는 깨달았다. 이에 나는 연설을 했다. 그 연설의 취지는 다음과 같은 것이었다.

──혹시 제가 매우 중대한 정치적 선언을 한다 할지라도 여러분은 결코 놀라서는 안 됩니다. 공식 기관을 통하지 않고 제가 저의 신념과 결의를 국민께 직접 밝히는 것은 이번이 처음이 아닙니다. 저는 언제나 확신을 가지고 있어야 하지만, 특히 제가 국민의 눈 속을 보고, 국민의 심장의 고동에 귀를 기울이며 국민에게 이야기할 때는 더더욱 그렇습니다. 저는 지금 여러분에게 이야기하고 있지만, 동시에 전 이탈리아 국민에게 이야기하고 있는 것입니다. 그리고 제 말은 틀림없이 알프스 산맥에, 바다의 곳곳에 메아리칠 것입니다. 저는 여러분께 말씀드리겠습니다. 저는 마지막까지 이탈리아의 리라를 지키겠다고! 저는 지난 4년 동안 수도자처럼 규율을 지키며 일하고, 그 외의 더욱 어려운 희생까지도 감수해왔던 위대한 이탈리아 국민에게 결코 도덕적 치욕과 리라 파산이라는 경제적 재앙을 가져다줄 수 없습니다.

파시즘 정부는 모든 힘을 기울여 이탈리아를 목 졸라 죽이려 하는 재정적 적대세력의 음모를 배격하겠습니다. 우리는 그들이 우리 국내에 모습을 드러내자마자 그들을 격퇴하려는 것입니다. 우리 경제생활의 기치이자, 우리의 오랜 희생과 끈질긴 노력의 상징인 리라를 우리는 지킬 것입니다. 우리는 단호하게 지키겠습니다. 그 어떤 희생을 치른다 할지라도! 진실하게 일하는 국민 사이로 제가 들어갈 때, 저는 이렇게 말함으로 해서 국민의 감정, 국민의 희망, 그리고 국민의 의지를 진실하게 말하는 것이라 생각하고 있습니다.

검은 셔츠의 국민 여러분! 저는 이미 불안정한 안개를 해소하고, 결국은 저희를 궁지로 몰아 패배하게 하려는 기도를 꺾겠다는 저의 연설 가운데서 가장 중요한 부분을 말씀드렸습니다.——

나의 말은 거래소 안에 숨어 있던 모든 투기자들에게는 채찍의 타격과도 같은 것이었다. 여러 커다란 금융회사는 정부에 의존하지 않고 단독으로 정책을 채용할 수 없다는 사실을 깨닫게 되었다. 투기자들은 자신들이 함정에 빠졌다는 사실을 알게 되었다.

다른 한편으로 나는 말에만 그치지 않았다. 9월 1일의 각료회의에서 나는 나의 재정정책을 보증하는 조치를 취했다. 그 조치를 총괄해보면, 9000만 달러의 모건(Morgan) 융자를 이탈리아 국립은행으로 옮길 것, 국가와 이탈리아 국립은행에서 거래를 조정할 것, 국가를 위해 유통화폐 25억 리라를 감소할 것이라는 자치적 부분을 폐지하는 것이었다.

여기에 더해서 어떤 조세를 폐지해 세제를 간소화 하고, 근검저축과 은행활동을 보호하는 새로운 제도를 만들었다.

11월에 나는 '리토리오(Littorio)'라고 이름 붙인 국채를 발행했다. 그것은 현금운용을 원활히 하고 국가예산에 탄력을 부여하기 위해서였다. 참으로 과중한 국고채권이 여러 방면으로 흘러갔기에 나는 이들 국고채권을 전부 갚고 그 지불을 국가 부채의 커다란 장부 안에 기입했다. 이러한 것들은 참으로 거친 치료법이었으며, 많은 희생을 포함하고 있었다. 하지만 시간이 지나 불안이 사라지고 난 뒤, 우리는 현명하고 엄격한 정책으로 이행할 수 있었으며, 우리의 리라는 점차 런던과 워싱턴 시장에서 가치가 상승하기 시작했고 우리나라의 신용은 세계적으로 다시 올라갔다.

내가 페자로 광장에서의 연설과 함께 개시한, 불안한 재정에서 견실한 재정으로 가기 위한 과정은 틀림없이 어려움이 많은 것이었다. 실패와 중대한 손실이 속출했다. 1파운드에 130리라였을 때 시작한 상업거래를 마무리 지었을 때는 1파운드당 90리라가 되어 있었다. 당연히 이로 인한 손실을 면할 수 없었다. 게다가 이 손실은 재정적으로 그다지 탄탄하지 않고 탄력성이 없는 상인들에게 가장 가혹한 타격을 주었다.

재정적 존엄성과 견실한 상태로 되돌아가기 위한 과정의 어려움은 참으로 커다란 것이었다. 인플레이션은 쉬운 것에 반비례해서 재건설은 참으로 어려운 일이었다. 우리는 국가 예산과 국채를 가장 간단하고 가장 이해하기 쉬운 형태로 만들지 않으면 안 되었다. 우리는 우리의 부채를 원래대로 되돌려 우리의 복잡한 재정적 부담을 알고, 매해 지불해야 하는 이자를 정확히 알 수 있도록 해야만 했다.

하지만 상황은 명확해지고 개선되었다. 보다 견실하고 보다 준비가 잘된 기민한 조직을 갖기 위해서 나는 화폐를 발행하는 모든 시설을 통일하기로 결의했다. 이탈리아 국립은행만이 화폐 발행권을 갖게 되었다. 나폴리 은행과 시칠리아 은행은 이탈리아 남부 농업경제생활의 보호자이자 고무자였던 처음의 역할로 되돌아갈 수 있게 되었다.

1년 동안의 참으로 어려웠던 시간이 흘러 국가예산 및 이탈리아 경제의 재정 상태가 정상으로 돌아왔고, 나는 1927년에 구체적인 기초 위에서 리라의 새로운 금본위제정을 향해 나아갈 수 있게 되었다. 1927년 12월의 각료회의에서 나는 이탈리아 국민에게 리라가 금본위제로 복귀했다는 사실을 선언할 수 있었다. 그 비율은 기술자 및 재정문제에 조예가 깊은 전문가가 건전하다고 판정을 내린 것이었다.

　나는 승리자의 자부심을 느꼈다. 나는 검은 셔츠와 여러 정치적 세력을 지도했을 뿐만 아니라 국가경제라는 복잡하고 어려운 문제까지도 해결했다. 국가경제라는 문제는 종종 정치가의 의지나 정책으로는 어떻게 해볼 수 없는 경우도 있다. 그리고 여러 가지 요소가 복합된 물질관계적 기계작용의 지배를 받는다. 경제생활과 국민의 구성에 대한 깊은 지식을 가지고 있지 못하면 대중을 만족시킬 만한 결론에는 도달할 수 없는 법이다.

　오늘날 우리나라의 예산은 균형이 잡힌 예산이다. 지방자치단체도 역시 각각의 예산에 균형이 잡혀 있다. 수출과 수입 및 그 관계는 명확한 리듬 아래, 즉 안정된 리라의 리듬 아래서 진행되고 있다. 파시스트 이탈리아는 충실함과 견실함으로 새로운 이탈리아를 창조해나가고 있다. 한편 우리의 전반적 정책의 완비와, 우리나라 조직의 본질은 새로운 공동적 제도에 의해서 완성되어가고 있다.

제10장 **파시스트 국가와 그 미래**

인간적 조화의 공동체 조직으로

새로운 파시스트 문명의 신제도와 실험 가운데, 전 세계에 이바지하는 것이 한 가지 있다. 그것은 국가의 공동체조직이다.

그런데 지금은 완성된 것이라 내가 믿고 있는 이 국가조직의 형태에 이르기까지, 그 더듬어온 단계는 길었으며 연구와 분석과 논의는 실로 주도면밀한 것이었다는 사실을 여러분에게 분명히 말할 수있다. 경험과 시험은 교훈으로 가득 찬 것이었다.

실제의 현실 그 자체가 하나의 항해사였다. 첫 번째로 공동체적조직은 단지 법률적인 제도를 만들려는 욕망에서 태어난 것이 아니라는 사실을 우리는 기억해야 한다. 내 의견에 의하면 그것은 개별적으로는 이탈리아의 특수한 상태에 따른 필요에 의해서 생겨난 것이며, 전반적으로는 경제적 제한이 있고 노동과 생산의 전통이 아직발달되지 않은 상태의 특별한 필요에 따라서 생겨난 것이다. 통일된정치적 부흥의 첫 50년 동안 이탈리아에는 여러 계급이 있었으며 하나의 계급은 다른 계급에 대해서 무장을 하고 있었다. 그것은 정치적 지배권을 획득하기 위해서만이 아니라, 우리나라의 표면적인 토지와 그 토지에 속해 있는 것을 노동과 생산에 관심이 있는 사람들의 것으로 만들고, 한정된 자원을 독점하려는 투쟁에서 다른 계급을 정복하기 위해서이기도 했다.

지배적인 중산계급에 대항하는 다른 하나의 계급이 있었다. 보다 쉽게 이해할 수 있도록 나는 그것을 프롤레타리아라고 부르기로 하겠다. 그 계급은 사회주의와 무정부주의에 영향을 받아 지배계급과 영원히 끝도 없는 투쟁을 계속해왔다.

매해 총파업이 행해졌다. 예를 하나 들자면 매해 그 비옥한 포 강 유역에서는 정기적으로 소란이 일어났으며 그 때문에 작물과 모든 산업이 위험에 빠졌다. 같은 조국의 국민적 의무인 인간적 조화에 반해서, 직업적 사회주의자와 생디칼리스트에게 선동되어 이해관계에 바탕을 둔 만성적 투쟁이 끊이지 않았다. 배타적으로 자신의 지위를 유지하며 구세주의 출현을 기다리고 있는 중산계급, 이 계급에 대한 격투가 끊이지 않았다. 그 때문에 국민생활을 단호하게 개혁할 수가 없었다.

지하자원도 풍부하지 않고 산악이 국토의 절반을 차지하고 있는 우리나라와 같은 국가가 위대한 경제적 능력을 가질 수는 없는 법이다. 따라서 만약 국민이 투쟁적이 되어 각 계급이 서로를 근절시키기 위해 싸우는 경향을 갖게 된다면, 현대의 국민을 향상시키는 데 필요한 리듬은 국민생활 가운데서 사라지게 된다. 자유주의적인, 그리고 민주주의적인 국가는 매해, 심지어는 매 계절마다 되풀이해서 밀려오는 전복에의 위험에 직면해서 '반동을 배격하라! 혁명을 배격하라!'는 특유의 표어를, 이 말에 마치 명확한, 혹은 참된 어떤 의미라도 있는 것처럼 앞세워 그 의미를 알 수 없는 입장을 지켰던 것이다.

이러한 계급투쟁의 저열하고 천박한 습관에서 벗어나 미움과 원한을 버릴 필요가 있었다. 세계대전 이후, 특히 레닌의 파괴적인 선전에 의해서 악감정이 위험한 범위로까지 확장되었던 것이다. 일반적으로 소란과 파업에는 투쟁이 따라다녔으며, 그로 인해 사상자가 나왔다. 사람들은 지배자 계급에 대한 증오로 가득 찬 마음을 품은 채 일로 복귀했다. 지배자 계급은 좋은 사람이든 나쁜 사람이든, 세계의 다른 중산계급을 능가할 정도로 어리석고 시야가 좁은 인간이라 여겨졌던 것이다. 농민과 지방의 중심지에서 발흥하고 있던 공업 사이에도 역시 심각한 오해가 있었다. 우리의 모든 생활은 민중 선동에 의해 지배받고 있었다. 모든 사람들이 군중의 폭행을 용납하고 이해하는 척했으며, 그에 대해서 무엇인가를 부여하는 듯한 경향을 가지고 있었다. 하지만 모든 무장봉기적 사건 후에는 다시 새로운 상황이 더욱 어려운 항쟁의 문제를 만들어냈다.

내 생각으로는 정치를 하는 사람들이 어떤 용기 있는 태도를 취해서 엄격한 진리를 이야기하고, 오로지 의무를 행한 후에만 권리를 부여하며, 만약 필요하다면 이들 의무를 국민에게 부과하는 정치적 분위기를 만들 필요가 있었다. 자유주의와 민주주의는 그저 아무런 효력도 없는 치료약과도 같은 것이었다. 그들은 의사당 건물 안에서 자신들의 정력을 소모해버리고 있었다. 그러한 소란을 지도하고 있던 것은 국가에서 고용한 사람들, 즉 철도 종업원, 우편 종업원 등과 같은 분자들이었다. 국가의 권위는 온갖 고통 속에서 숨통이 끊어져가고 있었다. 그와 같은 상황에서는 그들을 동정하는 것도, 그 난폭함을 용인하는 것도 범죄행위였다. 모든 점에서 자신의 의무를 포기하고 있던 자유주의와 민주주의는 이탈리아 사회 여러 계급의 권리와 의무를 고양시키고 조정할 능력을 완전히 상실한 상태였다. 파시즘이 그것을 해낸 것이다!

조화로운 5개년 동안의 일이 이탈리아의 경제를, 따라서 정치와 도덕을 그 주요한 선상에서 변화시킨 것은 사실이다. 내가 부여한 규율은 강제적인 규율이 아니며, 그것은 전부터 존재해왔던 관념에서 태어난 것이 아니고, 계급이나 부류의 이기적인 이익에 따른 것도 아니라는 사실을 덧붙여둘 필요가 있겠다. 우리의 규율은 하나의 견해와 하나의 목적을 가지고 있다. 곧, 모든 이탈리아 국민의 행복과 명예다.

내가 부여한 규율은 문명의 규율이다. 하층 계급은 그들이 어떤 계급보다 숫자가 많으며 어떤 계급보다도 배려를 받을 만한 가치가 있기 때문에 책임적 지도자인 나와 심적으로 가장 가까운 사람들이다. 나는 예전에 참호 속에서 농촌 사람들을 만났다. 거기서 국가가 이들 거친 손을 가진 사람들에게 얼마나 커다란 도움을 받고 있는지를 깨달았다. 한편 우리의 공업노동자들은 국민을 지배하고 지도하는 자에게 자부심을 부여하는, 전형적인 근면함과 쾌활함과 저항정신을 가지고 있다. 이탈리아의 중산계급은 농촌의 사람들까지도 포함해서 일반적인 평가 이상의 사람들이다. 우리의 문제는 생산자의 전국적 조직 결성을 어렵게 하는 경제적 이익 사이의 서로 다른 여러 다양성에서 발생하는 것이었다. 하지만 이탈리아의 생산자들 중, 낡은 사회주의적 선동정치의 피상적인 말처럼 '흡혈귀' 착취자라고 봐야 할 사람은 아무도 없다. 국가가 여러 계급의 사실과 이익에 부딪히게 되면 국가는 더 이상 무지한 상태에 머물지 않는다. 그 국가는 투쟁을 없애고 충돌과 항쟁의 원인을 발견하기 위해 노력한다. 통계와 풍부한 지식을 가진 사람들의 도움으로 우리는 이제 내일의 커다란 문제가 어떤 것인지를 명백히 알게 되었다. 한편 정부의 참가에 의해서만이 아니라 지방적으로 조직된 자문기관의 참가에 의해서도 우리는 내일의 생산계획이 어떠한 것이어야 하는지를 명확히 알 수가 있다.

나는 파시스트 정부가 무엇보다 먼저 산업을 위해서, 그리고 산업의 장래를 낳는 사람들을 위해서, 약속된 국제적 계획 속에 주어진 우리의 역할을 실행하는 데 필요한 사회제도에 주의를 기울여야 한다고 생각해왔다. 나는 이탈리아가 유럽의 어떤 나라보다 진보했다고 생각한다. 실제로 이탈리아는 8시간 노동을 위한, 의무적 보험을 위한, 여성과 어린이의 노동을 규정하기 위한, 원조와 이익을 위한, 노동 후의 여가생활과 평생교육을 위한, 그리고 마지막으로 폐결핵에 대한 의무적 보험을 위한 여러 법률을 제정했다. 이러한 모든 사실은 노동계의 여러 상세한 문제에 있어서 내가 이탈리아의 노동계급 쪽에 서 있다는 사실을 보여주는 것이다. 내가 경제를 견실하게 만들겠다는 원칙을 지키면서도 할 수 있는 모든 일, 즉 최저임금 제정부터 일자리를 유지하는 것까지, 사고에 대비하기 위한 보험에서부터 병에 대비하기 위한 보상금에 이르기까지, 고령자를 위한 수입에서부터 병역에 관한 적당한 규정에 이르기까지의 실행에 나는 착수했다. 나는 사회복지에 관한 연구 가운데서 국민경제에 실질적으로 영향을 주는 것, 혹은 사회의 행복을 위해 현명한 제도라고 권장되는 것은 거의 대부분 실행했다. 나는 모든 남녀에게 노동이 고통이 아니라 인생의 기쁨이 될 수 있도록 참으로 관대한 기회를 주고 싶다. 하지만 그러한 복잡한 계획조차도 협동조합주의 건설에 필적할 만한 것은 없다. 또한 그것보다 커다란 어떠한 것이라 할지라도 협동조합주의에 필적할 만한 것은 없다. 협동조합주의와 국가의 노동을 초월한 곳에 파시즘이 있다. 파시즘은 이탈리아 국민생활에 조화를 가져다주는 자이자, 동시에 통치자다.

우리는 낡은 제도와 낡은 방법을 버려야 한다

1922년의 로마 진군 몇 개월 뒤, 나는 8시간 노동제 법률을 제정해야 한다고 주장했다. 파시즘의 법제정책으로 파시즘이 자신들 편이라는 사실을 안 모든 대중이 국민적 산업혁명에 찬성했다. 종전의 낡은 직업적 조합 대신 우리는 파시스트 협동조합을 조직했다. 1923년 12월 19일에 나는 다음과 같이 확언할 기회를 얻었다.

"국내의 평화를 유지하는 것이 무엇보다 먼저 해야 할 정부의 임무다. 정부는 명백한 행동 강령을 가지고 있다. 국가의 질서는 어떠한 이유에서라도 어지럽혀져서는 안 된다. 그것은 정치적 방면의 일이다. 하지만 경제적 방면의 일이기도 하다. 그것은 공동의 일이다. 그리고 수출 등과 같은 또 다른 문제도 있다. 나는 이탈리아 산업에 이러한 원칙을 적용하고 있다. 오늘날까지 이탈리아의 산업은 너무나도 개인주의적이었다. 우리는 낡은 제도와 낡은 방법을 버리지 않으면 안 된다."

그리고 약간의 이야기를 계속한 뒤 나는 이렇게 말했다.

"인간적 및 법률적 이익에 관한 모든 분쟁에 대해서는 정부가 권위를 가지고 임하고 있다. 그리고 지금 일반 복지라는 입장에서 모든 것을 올바로 볼 수 있는 위치에 있는 것은 오직 정부뿐이다. 이 정부는 몇몇 개인, 혹은 몇몇 사람들의 것이 아니라 모든 사람들 위에 서 있는 것이다. 왜냐하면 정부는 현재 국가의 법률적 도의를 책임지고 있을 뿐만 아니라 장래를 위해 국가가 명시해야 할 모든 것을 책임져야 하기 때문이다. 정부는 이미 국민의 생산력을 가장 높게 존중하고 있다는 사실을 보여주었다. 이러한 원칙에 따르는 정부는 모든 국민에게 복종을 요구할 권리를 갖고 있는 것이다. 정부에게는 수행해야 할 임무가 있다. 정부는 그것을 수행해야 한다. 정부는 그 임무를 국민의 정신적·물질적 이익의 옹호를 위해 철저하게 수행해야 하는 법이다."

서서히 예전의 노동조직과 조합이 폐지되어 갔다. 우리는 점차 국가의 공동체적 관념을 향해 나아갔다. 그리고 나는 노동자들로부터 노동절을 빼앗고 싶지는 않았다. 이에 나는 외국에서 시작된 것이자, 국제적으로 사회주의적 인상을 띠고 있는 메이데이 대신 이탈리아에 있어서는 즐겁고 영광스러운 날인 로마 탄생일, 즉 4월 21일을 노동절로 제정했다. 예전에 로마는 온 세계에 법제를 부여하던 도시였다. 로마법은 지금도 여전히 국민생활의 관계를 규정하는 원칙이 되고 있다. 노동절로 삼아 축복하기에 그보다 더 의미 깊은, 그리고 가치 있는 날도 없었다.

내가 착수한, 그리고 파시즘과 그 단체가 복잡한 형태로 실현한 모든 규정을 명확하게 조정하여 실현시키기 위해 나는 '대평의회'에 명해서 하나의 문서를 만들게 했다. 나는 아무런 망설임도 없이 그것을 역사적인 문서라고 단언할 수 있다. 그것은 '노동헌장'이다.

그것은 30개 조항으로 이루어져 있는데 그 각 조항에 근본적 진리를 담고 있다. 생산의 전제조건으로 무엇보다 먼저 생산에 필요한 생산물의 공평한 분배, 불화가 일어난 경우 법정의 판결, 그리고 마지막으로 보호법의 필요가 발생한다.

이 문서는 이탈리아의 모든 계급으로부터 환영받았다. 그리고 노동장관제도는 과도한 자유주의나 민주주의나 공산주의하의 안개 속 과도 같은 환상의 세계 속에서의 불분명한 포부에 비해, 의무에 공헌한다는 점에서 강력한 국가에 적합한 무엇인가를 명시하고 있다. 윤곽을 만들고 그것을 실현하는 것이 파시즘의 임무였다. 사회주의나 생디칼리슴적 사고와 자세를 가지고 있던 옛 사람들은 이 새롭고 대담한 개혁을 보고 놀라움을 감추지 못했다. 또 하나의 신화가 깨지고 말았다. 파시즘은 어느 한 계급의 보호자가 아닌, 전 국민적 관계에 있어서의 최고 조정자였다. 그 노동헌장의 해설자가 나타나 세계 각국의 연구자들로부터 주목받았다. 그것은 파시스트 국가의 새로운 헌법의 강력한 지주가 되었다.

노동헌장과 모든 사회법제 및 노동장관제 제정에 이어서 공동체적 단체를 설치할 제도의 필요성이 발생했다. 이 제도 속에는 국가적 생산의 모든 부문이 집중되어 있다. 노동은 그 종류가 매우 많고 범위도 넓으며, 한편으로는 육체적인 것과 정신적인 것으로도 구분할 수 있다. 이러한 노동 전부를 평등하게 보호하고 발달시켜 나가야 한다. 파시스트 국가의 국민은 국가의 법률에 대해 반역하는 반사회적 권리를 부여받은 이기적 개인이 아니다. 파시스트 국가는 그 공동체적 관념에 따라서 각 사람들의 능력을 생산노동에 종사하게 하여, 그들이 수행하지 않으면 안 될 의무를 가르치는 것이다.

우리의 의회제도 속에서 올바로 실현된 이 새로운 관념하에서 국민은 자신들이 21세가 되면 선거권을 얻기 때문만이 아니라, 자신들이 생산하고 노동하고 사색하기 때문에 존귀한 것이다.

공동적 국가 속에는 모든 국민적 활동이 반영되어 있다. 생디칼리슴적 조직이 그 새로운 의회제도의 일부가 되는 것은 정당한 일이다. 그 새로운 정치적, 그리고 사회적 현실에 의해 발생한 필요성에 따라서 정치대의제도의 개혁이 행해졌다.

새로운 정치 감리제도하에서 국회의원 후보는 그들의 수완과 그들이 대표하는 사람들의 숫자에 따라서만 선발되는 것이 아니라, 파시스트 대평의회가 가장 뛰어나고, 가장 견실하고, 참으로 대표적인, 그리고 가장 노련한 국민심의회를 만들기 위해 정한 선거방법과 평가에 의해서도 선발되는 것이다.

우리는 매우 중대한 문제를 여럿 해결해왔다. 우리는 우리 국민의 정신을 해치고 있던 끊임없는 소란과 무질서와 의혹을 전부 제거해버렸다. 우리는 노동에 대해서 하나의 리듬과 법률과 보호를 부여했다. 우리는 전 계급의 협력으로 우리의 힘과 우리의 장래의 힘을 만들었다. 소란과 파업으로 시간을 낭비하지 않는 그러한 협력은, 우리의 정신을 초조하게 만들고 동시에 우리 자신의 힘과 우리나라 경제의 견실함을 갉아먹는 분쟁을 부유한 사람들의 사치품이라 생각하고 있다. 우리는 힘을 절약하지 않으면 안 된다. 우리는 생산력으로서의 노동의 품위를 높였다. 그렇기 때문에 이들 노동자의 대다수를 대표하는 국회의원이 입법기관에 참가하고 있는 것이다. 그리고 그로 인해서 이 기관은 이탈리아 사회에 더욱 합당한, 더욱 강력한 조타수가 된 것이다.

우리는 러시아의 공산주의적 몽상처럼 자본을 추방하지 않았다. 우리는 그것을 더욱 중요한 생산의 요소라 생각하고 있다.

나는 이 자서전 속에서 내가 언제나 하나의 조직적인, 그리고 결합된 기구라는 특색을 모든 나의 정치적 사업 속에 가미하려 노력해왔다는 사실을 거듭 강조해왔다. 나는 단지 이탈리아 사회에 표면적인 장식과 색채를 부여하는 데 그치지 않고 이탈리아의 정신 깊은 곳에까지 감화를 주려 노력해왔다. 나는 사실을 바탕으로, 그리고 이탈리아 국민의 참된 상태를 바탕으로 나의 노력을 기울여왔다. 이러한 현실적 활동을 통해서 나는 귀중한 교훈을 얻었다. 나는 우리나라의 새로운 장래를 전망하여 유효하고 직접적인 결과를 부여할 수 있었다.

나의 경험과 교육개혁

내가 촉진한 개혁 중 하나는 학교의 개혁이었다. 나는 그 연속적 발전에 면밀한 주의를 기울여왔다. 이 개혁은 문교장관의 이름을 따서 젠틸레[98] 개혁이라 불렸다. 나는 이 장관을 로마 진군 직후에 임명했다. 학교문제의 중요성은, 한 국민의 운명에 관여하고 있는 모든 현대 정치가가 관심을 갖고 있는 부분이다. 학교문제는 그 모든 과정, 즉 초등학교, 중등학교, 대학의 형태를 놓고 생각하지 않으면 안 된다. 이 모든 것이 모든 국민생활의 경향과 도덕과 경제에 커다란 영향을 준다. 처음부터 이 문제는 늘 나의 머릿속에 있었다. 아마도 젊은 시절에 겪었던 교사로서의 체험이 청년과 그들의 발달에 대해 깊은 관심을 갖게 한 것이리라. 이탈리아에는 훨씬 더 높은 문화적 전통이 있었다. 하지만 공립학교는 부족한 수단과, 특히 정신적 인식의 부족 때문에 그 문화적 전통을 타락시켜버리고 말았다.

문맹자의 숫자는 감소했으며 어떤 지방—특히 피에몬테—에서는 완전히 사라졌으나 국민은 학교에서 교육적 소양의 커다란 기초, 즉

---

98) Giovanni Gentile(1875~1944). 철학자. 파시즘 정권 때 문교장관을 지냈으며 파시즘을 지지했다. 중앙집권적 교육제도를 확립하는 개혁을 단행했다.

청소년 수련회에 참석한 무솔리니

육체적 · 지적 · 도덕적 소양을 배우지 못했다. 중등학교에는 학생들의 숫자가 너무나도 많았다. 왜냐하면 모든 사람들이 정신이 담기지 않은 형식적 시험을 통해 그 자격과는 상관없이 입학할 수 있었기 때문이었다. 우리는 현명한 선택제도, 개인의 직업적 · 교육적 평가라는 면에서 부족함을 드러내고 있었다. 물레방아는 단지 빙글빙글 맴돌아 재고품과도 같은 인간을 만들어냈으며, 그들의 대부분이 관리가 되어버렸다. 그들 죽어버린, 결코 살아 있다고 할 수 없는 인물들 때문에 공적 일은 그 기능이 저하되어 있었다. 대학은 법률이나 의학과 같은 이른바 '자유기술(自由技術)'의 허수아비를 만들어내고 있었다.

국민의 정신생활에 이처럼 중대한 결과를 가져다주는 이 미묘한 기관이 명확하고 조직적이고 일정한 형태에 따라 개혁되어야 할 때가 왔다. 우리는 중등학교에서 부정적이고 불손한 분자들을 몰아내지 않을 수 없었다. 우리는 공립학교 속에 우리의 역사와 전통이 풍성하게 가지고 있는 광대한 인문주의적 흐름을 주입하기로 결의했다. 마지막으로 교육에 모든 사람들이 복종해야 하는, 특히 교사 자신이 복종하지 않으면 안 될 새로운 규율을 부여하는 것이 절대적으로 필요했다.

틀림없이 이탈리아 교사들의 임금은 박봉이다. 그리고 이것은 예산 상태가 좋아지면 그와 동시에 해결해야겠다고 결심하고 있는 문제 중 하나다. 그렇다고 해서 한정되고 인색한 대우를 그냥 내버려둘 수는 없었다. 이 인색한 정책은 자유주의와 민주주의의 낡은, 그리고 전형적인 정책이다. 그것은 교사들의 의무를 무관심하게 내버려두어 그들로 하여금 파괴적인 생각을 국가 자신에 대해서도 품게 하는 좋은 구실을 제공하는 정책이다. 이러한 상태는 마침내 치욕의 극점에 달해 있었다. 많은 교사들이 그들의 지위를 버리고 만 것이었다. 그러한 경향의 실례는 초등학교에서만이 아니라 특정 대학에서도 속출했다.

파시즘은 절대적인 규율을 만들어 이러한 모든 상황에 종지부를 찍었다. 그것은 높고 낮음에 상관없이 모두가 똑같이 지켜야 할 규율이었다. 특히 뛰어난 수완을 가지고 있으며, 질서와 규율을 가르칠 숭고한 의무를 가지고 있는, 이탈리아의 각 학교에서 인간 봉사의 최고 관념을 유지할 의무를 가진 사람들에게 부여한 규율이었다.

장관 카사티(Casati)의 이름을 따서 불리던 낡은 학교제도99)가 있었다. 그것은 1859년에 제정된 법률로 그 후 코피노(Coppino), 다네오(Daneo), 크레다로 각 장관이 수정을 가한 후에도 여전히 기본 법

---

99) 의무교육제와 무상을 원칙으로 하고 있는데 현재까지도 이탈리아 교육제도의 기초를 이루고 있다.

률로 존속하던 것이다. 우리는 우리 당의 열성적인 의지에 따라서 그것을 개혁하고 새로이 만들어내지 않을 수 없었다. 우리는 거기에 광범위한 교육적 · 도덕적 관점을 부여하고, 새로운 이탈리아에 나타난 재생의 정신을 부여해야만 했다. 위대한 사상과 위대한 혁명은 언제나 많은 문제의 해결에 적절한 시기를 부여하는 법이다. 수십 년 동안 끌어오던 학제문제는 마침내 젠틸레 개혁에 의해 해결되었다. 이 책은 그 개혁을 상세히 설명하기 위한 장소가 아니다. 하지만 문교장관과의 논의에 있어서 내가 논한, 그리고 해결한 근본적인 부분에 대해서는 이야기하기로 하겠다. 그것은 다음과 같은 내용으로 총괄할 수 있다.

첫 번째, 국가는 소질에 따라서 그 자격이 있는 자에게만 학교교육을 실시한다. 그리고 국립학교에 재적 중인 자격 없는 학생은 다른 지도기관에 맡긴다.

이는 국립학교를 모든 자들의 시설인 양, 즉 옥석을 가리지 않고 몰아넣는 쓰레기통처럼 생각하고 있던 민주주의적 사고를 배제한 것이다. 중산계급은 학교를 자신들을 위해 봉사하는 기관이라 생각하여 그것을 존경하지 않았다. 그것은 단지 가능한 한 빨리 학위를 따거나, 적당히 승진을 하려는 이용주의적 목적에 이르기 위한 최대의 혜택을 위해 요구되고 있었던 것에 지나지 않았다.

두 번째, 정부에 의해 임명된 위원 앞에서 행해지는 국가시험에 응한 국립학교 및 사립학교 학생은 동등한 대우를 받게 한다.

이렇게 하면 영국에서와 마찬가지로 사립학교를 장려할 수 있다. 이 제도는 가톨릭교도나 여러 학교 경영자에게는 유리한 것이나, 낡은 반교회파 사람들에게는 불리한 것이다. 이 제도로 관례적인 것 외에 학문적 사업을 자유롭게 발전시킬 수 있을 것이다.

세 번째, 국가는 사립학교를 감시하고 모든 학교의 교화(教化) 및 분위기를 향상시켜 사립학교와 국립학교 간의 경쟁을 유도한다.

국가는 사립학교를 위해 그 법률의 힘을 축소하지 않은 것이다. 반대로 모든 학교에 대해 감독을 행하는 것이다.

네 번째, 중등학교의 입학은 시험에 의해서만 허락한다. 중등학교는 폭넓은 인문주의적 문화를 위해 존재하는 것이다. 하지만 그것은 과거의 민주주의적 각 학교의 무질서 및 무책임한 태도를 영원히 해소하는 학문적 기준에 따라서 행해져야만 한다.

이러한 것들과 그 외의 개혁에 의해서 초등학교는 2개의 명백하게 조정된 목적을 가진 것이 되었다. 하나는 중급학교로 진학하기 위한 준비이며, 다른 하나는 그것만으로도 완성되는 수준 높고 폭넓은 인민교육이다.

중급학교는 다음과 같은 각 시설을 더해 그 폭이 더욱 넓어졌다.

1. '보습학교' 이는 예전에 폐지되었으나 새로운 방침에 의해 부활한 공업학교다. 이것만으로 완료되는 학교다.

2. 보다 높은 전문 '공업학교'

3. 더욱 고등한 '과학고등학교' 이는 폐지된 '근대 고등학교' 대신 설치된 것이자 공업학교의 물리수학부를 대신하는 것으로 대학 이학부에 입학하기 위한 준비를 하는 곳이다.

4. '교사학교' 이는 보조적으로 존재하던 사범학교를 폐지하고 대신 설립한 것이다. 온전한 인문주의적 철학학교다.

5. '여자고등학교' 이는 일반적 문화를 가르치는 학교다. 이것만으로 완료되는 학교다.

6. '고전고등학교' 그 본질은 종전과 다름없으나, 거기에 인문주의적 학교를 더했다. 이는 대부분의 대학 각 과정에 들어가기 위한

준비학교에 해당한다. 대학 입학을 위해서는, 입학시험 제도를 마련했다. 중간의 각 학교 및 고전, 과학, 각 고등학교의 마지막에 행해지는 시험은 '완성시험'이라 불린다. 모든 과목이 혁신되어 근대문화에 더욱 적합한 것이 되었다. 모든 학교에서 라틴어 수업이 부활했다. 단, 초등학교 및 중등학교의 보습과 및 종교과만은 예외다.

이처럼 서로 다른 모든 학교에 대해서 근본적인 규정이 실시되고 있다. 즉, 모든 학교는 일정한 숫자의 교실과 학생을 가진 하나의 단위적 조직이어야만 하며, 입학지원자는 졸업한 학교의 종류와 시험 결과에 의해 입학이 허용된다. 입학을 허가받지 못한 자는 사립학교로 가야 한다.

옛 취향과 옛 관념, 그리고 특히 사람들의 이용주의적 정신을 뒤엎은 이 개혁제도의 적용은 당연히 사람들의 악감정을 불러일으켰다. 이 문제는 반대파의 신문, 특히 『코리에레 델라 세라』에 의해 논쟁의 목적으로 사용되었으나 그 개혁은 나의 지휘에 따라 야심차게 시행되었다. 그리고 이탈리아 학교와 이탈리아 문화의 새로운 재생을 위한 첫 발을 내딛었다.

초등학교와 중등학교의 개혁과 함께 대학의 개혁도 실시되었다. 그 목적은 쓸데없는 중복을 피해 대학생을 각종 조직적 학교로 분할하는 것이었다. 국가시험 규정이 대학에도 역시 적용되어 국립학교 및 사립학교 학생은 똑같이 대학에 입학할 수 있다.

각 대학 파시스트 단체의 대표가 로마를 방문했을 때, "젠틸레 개혁은 우리가 결의한 모든 개혁 가운데서도 가장 혁명적인 개혁 중 하나다. 왜냐하면 그것은 1859년 이후 계속되어 오던 하나의 상태를 완전히 변혁시킨 것이기 때문이다."라고 나는 말했다.

나는 초등학교 여교사의 아들이었다. 그리고 나 자신도 초등학교와 중학교에서 교편을 잡은 적이 있었다. 이에 나는 학교문제에 대해서는 잘 알고 있었다. 따라서 나는 그것을 실제적으로 해결해야겠다는 생각을 가지고 있었다. 이탈리아의 학교는 세계 속에서 가치 있는 지위를 차지할 것이다. 우리 대학의 의자에서 참된 과학자와 시인이 나와 다시 이탈리아의 사상을 빛나는 것으로 만들어줄 것이다. 그리고 중등학교는 우리 국민에게 기술적이고 실행적인 사람들을 제공해줄 것이다. 또한 공립 초등학교는 국민을 교육하고, 대중 속에 공동체적 도덕의 배경을 만들어낼 것이다.

나는 각 대학과 협력해서 파시스트 경제 및 공동체 법률의 각 부문, 그리고 일련의 파시스트 문화의 훌륭한 열매를 맺게 할 각 시설을 만들 의지를 갖고 있었다. 그렇게 해서 순수한 학문적·학구적 세계에까지 파시즘이 파고들었으며, 그것은 현실 속 이론적·정신적 경험의 열렬하고 복잡한 활동에 의해 새로운 문화를 만들어 나가고 있다.

하지만 파시스트 대학제도보다 내 마음에 더욱 친근한 것은, 파시스트 혁명의 모든 새롭고 독창적인 각인을 가지고 있는 하나의 새로운 제도였다. 그것은 '국민 발릴라(Balilla) 단[100]'이다. 그것은 제노바의 전설적 소년 영웅인 발릴라의 이름하에 조직된 새로운 소년 및 청년 단체다. 이 젊은이들은 더 이상 과거처럼 각종 운동 단체나, 개별적으로 분산되어 있는 정치적 당파나, 부속단체에 속해 있지 않으며, 엄격하고 쾌활한 규율에 따라 질서 있는 국민생활의 전반적 규제 속에서 훈련되고 있다. 그들은 순종하는 습관을 기른다. 그리고 그들은 올바른 장래의 모습을 배우게 된다.

교육 부흥의 중요성을 증명하기 위해 나는 페루자 대학에서 강연

---

100) 소년 훈련조직.

을 했다. 학생들은 그것을 청년에 대한 교육의 의무에 관한 세계관을 확대한 것이라고 말했다.

마지막으로 문화 및 보다 높은 문화에 대한, 그리고 과학 · 예술 · 문학 분야에서 이탈리아의 이름을 높인 사람들에 대한 하나의 선물로, 나는 '불멸의 사람들'을 회원으로 하는 '이탈리아 한림원'을 창설했다.

이탈리아 국가와 군대, 파시스트, 종교

국가의 군대는 1919년, 1920년, 1921년에 쇠퇴해버리고 말았다. 우리 민족의 꽃이 한쪽 구석으로 내몰려 모욕을 당하고 있었다.

그러한 상태가 더욱 심해져서 '자유주의' 시대였던 당시의 육군 장관은 한 포고문 속에서, 사관은 군복을 입고 대중 가운데 모습을 드러내지 않도록 할 것, 그리고 무뢰한이나 악한의 도전을 받지 않도록 무기를 가지고 다니지 말 것을 권고했다.

국가를 위해 얼른 지나가야 할 이 상식에서 벗어난 사태에 보복을 가한 것이 파시즘이었다. 오늘날의 국가 정신은 당시와는 매우 다르다. 이제 사람들은 국가의 군대를, 국민의 안전을 지키는 가치 있고 명예로운 방어자라는 올바른 시선으로 바라보게 되었다.

1922년에 로마로 진군한 후, 내가 나의 협력자로 1918년에 거둔 승리의 가장 뛰어난 지도자를 선택했을 때, 나는 극히 명백하고도 단호한 계획을 가지고 있었다. 당시의 어려움에 임해서도 초연하게 침묵을 지키고, 니티 내각의 정책에 대해서는 상원에서 통렬하게 항의했던 아르만도 디아츠 장군을 나는 육군장관으로 임명했다. 그리고 나는 우리의 해전에서 가장 뛰어난 지도력을 보인 타온 데 레벨 제독을 해군장관으로 임명했다. 1923년 1월 5일에 디아즈 장군은 육군 개혁에 관한 완전한 계획을 각료회의에 제출했다. 그것은 하나의 역사적 회합이었다. 육군 혁신을 위한 근본적인 결의가 행해졌다. 그리고 우리는 국민을 향해 엄숙하고 명백한 태도로 육군은 '국가의 최고 이익을 위해, 육군에게 주어진 숭고한 사명을 성취하기 위해' 새로운 생명을 부여받았다고 선언했다.

나는 나 자신에게, 그리고 이탈리아 국민에게 한 첫 번째 약속을 지킨 것이었다. 그 직후에 나는 항공대 재편성에 착수했다. 그것은 이전 내각에 의해서 철저하게 파괴되어 있었다. 그 작업은 결코 쉬운 것이 아니었다. 모든 일을 처음부터 다시 시작해야 했다. 착륙장, 비행기, 조종사, 조직자, 기계기술자. 모든 것이 부활한 항공을 적대시하는 사람들 때문에 이탈리아 사람들은 거기에 대해서 단념하고, 실망하고, 신뢰할 수 없다는 생각을 갖고 있었다. 많은 사람들이 이 새로운 무기는 단지 스포츠로만 발달시켜야 한다고 생각하고 있던 상황 속에서 나는 노력을 기울였다. 나는 직접 실연을 해보였다. 나는 마침내 성공을 거두었다. 데 피네도((De Pinedo)와 마달레나(Maddalena)에서의 성공, 편대비행, 대대적인 항공연습 등이 이탈리아 항공대가 마침내 위대한 세력을 이탈리아의 하늘뿐만 아니라 비행할 여지가 있는 모든 하늘에서 획득했다는 사실을 보여주었다.

이와 같은 작업은 해군 쪽에서도 행해졌다. 해군도 역시 그 편제를 개편하고 함대 개선을 완성했으며, 훈련으로 효과를 거두었다. 네 번째로—그렇다고 해서 약하다는 의미는 결코 아니다—, 국가의 안전을 위해 대담한 정신을 가진 '국민의용군'이 설치되었다. 그것은 160개 군단으로 나뉘었는데 뛰어난 사관과 열렬한 파시스트가 그 지도자가 되었다. 이들이야말로 훌륭한 돌격대다.

마지막으로 우리나라의 병영과 군함은 평화와 힘의 참된 안식처라고 할 수 있다. 사관은 병사의 신체 및 교육상의 향상을 위해 헌신하고 있으며, 그 훈련은 현대적 기술전에 일치하는 것이다. 육군은 과거 정부하에서 종종 그랬던 것처럼, 전군에 맡겨진 국가 질서 유지를 담당하는 역할에서 더는 제외되지 않을 것이다. 내가 이 모든 것들을 변혁시켰다. 지난 5년 동안 육군은 야외연습을 위해 그 병영을 떠나 있었다. 하지만 이는 연습 이외의 다른 이유 때문이 아니다.

얼마 후 디아츠 장군은 건강상의 이유로 직에서 물러나지 않을 수 없었다. 잠시 디 조르조(Di Giorgio) 장군이 지휘권을 잡았다. 하지만 후에 이르러 나는 국가의 모든 병력을 하나의 지휘 아래 모아둘 필요가 있다는 사실을 분명히 깨닫게 되었다. 이에 나는 육해공군의 장관이 되었다. 이 방침의 결과 나는 전체를 완전히 둘러보고 모든 종류의 군비계획 전체를 승리라는 하나의 목적하에서 준비하는 임무를 가진 참모총장제를 설치했다. 우리의 군대정신은 활기 넘치는 것이다. 그것은 침략적이지 않다. 하지만 그것은 뜻밖의 기습에 결코 굴하지 않는 것이다. 그것은 평화로운 정신이다. 하지만 그것은 매우 주도면밀한 것이다.

파시즘의 부흥을 완성하기 위해서, 국가 생명의 위엄과 힘을 위해서 바로 해결해야 할 상태에 있던 몇 가지 작은 문제에 나는 늘 신경을 쓰지 않을 수 없었다.

세계대전 전에 얼마 되지 않는 연금을 받고 퇴관한 정부의 관리들은 계속해서 진행된 통화의 가치하락 때문에 안 그래도 빈약했던 그들의 수입 자원의 가치가 감소한 데 놀라움을 감추지 못했다. 나는 그들을 보호하기 위해 예외적 조항을 만들어서 그들의 연금이 나날의 필요에 적합한 것이 되도록, 그리고 화폐의 가치에 적합한 것이 되도록 하지 않을 수 없었다. 그리고 나는 성직자를 위해서도 은혜로운 조항을 만들었다. 그것은 정당하고 필요한 성질의 문제였다. 그러한 사항은 피상적인 증오로 가득했던 반교권주의에 의해 지배되던 비밀결사적 정치나 사회적 민주주의 시대에서는 생각할 수도 없었던 것이었으리라. 이탈리아의 성직자는 약 6만 명이다. 그들은 국가와 교회 사이의 역사적 분쟁과는 관계가 없는 사람들이다. 그들은 모든 종교적 활동에 있어서 현명한 일을 성취했으며, 이탈리아 국민을 도왔고, 파시즘이 대두한 이후부터는 정치문제에는 관여하지 않았다. 그들은 이제 자신들의 정신적 사명이 변질되는 것을 싫어한다. 물론 음모적인 성직자에 대해서는 우리도 싸우지 않을 수 없다. 그 대신 복음의 현명한 약속에 따라서 자신의 임무를 수행하고 사람들에게 위대한 인간의 모습, 그리고 신의 진리를 보이는 성직자에 대해서는 도움과 원조를 주고 있다. 그들 가운데 많은 사람들이 빈곤 속에서 생활하고 있었기에 우리는 그들 생활의 향상을 위해서 관대한 조치를 취했다.

이탈리아의 공공사업 정책은 언제나 선거적인 성질을 띠고 있었다. 사업이 조직적인 계획이나 명백한 필요에 의해서 결정되는 것이 아니라, 이런저런 투표자에게 개별적인 만족을 주기 위해 여기저기서 결정되고 있었다. 나는 합법화되어 있던 이러한 은고주의(恩顧主義)를 폐지했다. 나는 공공사업국 제도를 설정하고 그 사업들 전부를 중앙정부에 귀속시켰으며, 지방의 이익에 흔들리지 않으리라 내가 완전히 신뢰할 수 있는 사람들에게 그 일을 맡겼다. 이렇게 해서 나는 남부의 도로 상태를 매우 훌륭하게 개선할 수 있었다. 나는 수도, 철도, 항만에 대한 계획을 세웠다. 이탈리아 관리들은 정당한 일에 대해서는 바로 이해를 한다. 모든 행정적 관청은 새로운 활동력과 새로운 규칙을 갖게 되었다. 국영사업, 철도, 우편, 전신, 전화, 전매사업이 다시 운영되고 있다. 새로운 규칙에 대해 빈정거리는 듯한 말을 하는 사람들도 있다. 거기에 대해서는 간단히 설명할 수 있다. 이탈리아 사람들은 오래도록 규율에 반항해왔다. 그들은 정부의 사업과 활동에 대해서는 무턱대고 불평을 해대는 습관을 가지고 있는 것이다. 이러한 낡은 시대적 정신태도의 잔해가 지금도 여전히 표면으로 드러나 세계에 질서와 능률이 찾아온 것에 대해서조차 울부짖고 있는 것이다. 개인주의적인 야심은 우리의 규율과 규칙성의 강력한 업적에 부딪쳐 쓰러지고 말 것이다. 하지만 오늘날 국가는 추상적이고 이해할 수 없는 실체가 아니다. 정부는 언제나, 어디에나 있다. 국가 안에서, 혹은 국가 밖에서 생활하는 사람들은 모든 점에서 법의 존엄성을 느끼며 거기에 따라서 생활하고 있는 것이다. 모든 국영 공공사업이 미국과도 같은 능률로 행해지고 있으며, 속담에서는 느려 터졌다고 표현되는 관리가 이탈리아에서는 열심히, 그리고 활발히 일하게 되었다는 것은 매우 중요한 사실이다.

나는 수도에 대해서는 특별한 주의를 기울여왔다. 로마는 이탈리아인의 마음에, 그리고 전 세계 사람들에게 있어서도 친애하는 영원한 도시다. 그곳은 로마 제국 시절에 위대한 도시였다. 그리고 보편적인 빛을 간직해왔다. 그곳은 기독교의 역사적 왕좌이자, 포교의 중심이었다. 로마는 선구적 운명과 역사적 분위기를 가진 도시다. 그곳은 새로운 이탈리아의 수도다. 그곳은 기독교의 왕좌다. 그곳은 전 세계에 법률과 예술을 가르쳐왔다. 그리고 미래에도 역시 가르칠 것이다.

나는 이 장대한 수도를 미술적으로 아름답고, 또 지도자에 의해서 정치적 질서와 규율이 부여된 도시로 만드는 데 필요한 재원을 거부할 수가 없었다. 오스티아(Ostia)의 자연항과 그 새로운 도로에 의해 로마는 유럽에서도 가장 잘 정비되고 청정한 도시 중 하나가 될 것이다. 고대 로마의 기념비를 분리시켜 놓음으로 해서 고대 로마인과 이탈리아인 사이의 관계는 더욱 아름답고 의미 깊은 것이 되었다. 수도에 다시 가치를 부여하기 위해 거의 재건설하다시피 한 이 작업은 결코 다른 이탈리아 도시를 희생으로 삼지 않았다. 이탈리아의 도시들은 전부 고대 수도의 전형적인 특색을 가지고 있다. 커다란 존경을 받을 만한 왕조의 역사를 가지고 있는 도시는 페루자, 밀라노, 나폴리, 피렌체, 팔레르모(Palermo), 볼로냐, 토리노, 제노바 등이다. 하지만 지금은 로마와 그 영원한 영광을 다투려는 도시는 어디에도 없다.

날카로운 관찰력을 가진 한 작가가 우리나라 정치계의 변화를 하나하나 살펴보다 한 번은 재미있는 질문을 한 적이 있었다. 국가 파시스트당은 1922년 10월의 혁명적 승리 이후 어째서 해산, 혹은 당을 해체하는 법령을 만들지 않았는가?

이 질문에 답하기 위해서는 어떤 중대한 점을 신념으로 가지고 있어야만 한다. 역사는 우리에게 혁명운동은 보통 강제적인, 필요한 때에는 그 운동에 가담한 인물에 대해서조차 강제적인 규정에 의해서만 합법화되는 것이라고 가르친다. 모든 혁명은 예상하지 못했던 복잡한 양상을 띠게 되는 법이다. 역사적인 어떤 경우에는 명백한 최고의 이익을 위해서 어제까지 뛰어난 보좌관 역할을 수행했던 사람들을 희생으로 삼는 것이 필요한 경우도 있었다. 하지만 나의 생애에 있어서, 나는 누구를 희생으로 삼아야겠다고 생각하고 그것을 신중하게 바란 적은 결코 없었다. 따라서 나는 나의 훌륭한 보좌관에 대해서 가지고 있던 나의 커다란 영향력을 침체, 혹은 이단, 개인적 이익, 다툼을 막기 위해서만 써왔다. 나는 억압하기보다는 예방하는 방법을 택한 것이다.

하지만 필요한 경우라면 나는 가차 없는 태도를 보였다. 사실 나는 하나의 정당이 모든 권력의 책임을 지게 되면 탈퇴에 대해서 어떤 외과적 수술을, 때로는 대수술까지도 행해야 한다는 사실을 당은 알고 있어야 한다고 마음속에 새기고 있지 않으면 안 되었다. 나의 개인적 입장을 위해 당을 수립했을 때, 나는 언제나 그것을 지배해왔다. 산발적으로 탈당자가 나타나는 것은 이념의 차이 때문이 아니라, 존경과 흥미가 전반적으로 사라져버렸거나 또는 이기적인 목적이 나타나 위축되어버리는 등 개인적 기분에 좌우되었기 때문이다.

내가 절대적인 지배력을 가지고 있다는 의식이 내게 당을 존속시킬 수 있는 능력을 부여해온 것이다. 하지만 당의 해산을 반대한 다른 이유도 있었다. 첫 번째로 감정적 동기가 나의 마음속에는 물론 국민들의 감사하는 마음속에도 새겨져 있었다. 파시스트당원, 특히 청년들은 맹목적이고 절대적이고 커다란 헌신의 마음으로 나를 따라주었다. 나는 그들을 대학에서, 일터에서, 공장에서 데리고 나와 가장 극적인 변화 속으로 인도해왔다. 청년들은 위험에 직면했을 때도 주저하지 않았다. 그들은 자신들의 생명과 운명까지도 포함해서 장래의 입장을 어떻게 희생해야 하는지를 알고 있었다. 나는 예전의 의용군에게 가장 커다란 감사를 바치고 있다. 당을 해산하고 물러난다는 것은 은혜를 저버리는 행위였을 것이다.

마지막으로 훨씬 더 중요한 이유가 있었다. 나는 새로운 이탈리아의 지배방법을 만들어내는 것이 파시즘의 주요한 의무 중 하나라고 생각하고 있었다. 그것은 커다란 노력에 의해서, 충분한 경험을 쌓은 선택에 의해서, 임기응변적인 군의 지도자를 너무 많이 만들어 내는 것을 피함으로 해서 만들어질 것이었다. 우리 정부의 책임 있는 자리에 어울리는 사람들을 내게 제공하는 것은 당의 권리다. 그런 의미에서 당은 새로운 체제를 지배함에 있어서 정부와 어깨를 나란히 했던 것이다. 당은 강력한 투쟁의 방침을 버리지 않으면 안 되었다. 그러나 자랑스러운 정치적 비타협의 특색은 계속 유지하지 않으면 안 되었다. 여러 명백한 유지현상에 의해서 낡은 세계와 새로운 세계를 연결하기란 불가능하다는 사실을 나는 깨달았다. 그랬기에 나는 장래를 위해서 예비적인 사람들을 가지고 있을 필요가 있었다. 정부의 수장이 당의 수장이 되는 일은 충분히 가능했다. 그것은 마치 세계 각국의 대표적인 지도자가 언제나 의지의 대표자인 것과 같은 것이다.

그 사이에 공공의 질서를 위한 근본적인 점을 명시하기 위해 나의 정부는 1922년 12월에 파시스트 자신에게 하나의 경고를 발했다. 그것은 다음과 같다.

"모든 파시스트는 질서의 수호자가 되어야 한다. 질서를 어지럽히는 자는 설령 당원증명서를 소지하고 있다 할지라도 적이다."

이렇게 해서 간단한 말로 파시스트당의 의무와 지위를 제시했다. 1922년, 우리 앞에는 수많은 함정이 놓여 있었다. 당은 그 치열한 경험에 의해 매우 민감한 상태에 달해 있었다. 그 가장 어려운 시련의 시기에 당은 국가 전체의 이익을 이끌어낼 준비가 잘 되어 있음을 증명했다. 그 혁명은 잠시의 투쟁을 제외하면, 다른 혁명에서 볼 수 있는 것과 같은 오랜 유혈사태는 보이지 않았다. 강력행위는 내가 앞서 이야기한 것처럼 나의 의지에 의해서 통제되고 있었다.

그런데 어떤 반대파 신문의 입장은 참으로 기묘한 것이었다. 자유주의적 민주주의 색채를 가지고 있던 『코리에레 델라 세라』, 사회당의 『아반티!』가 기묘하게도 한 목소리로 파시즘의 동시적인 강력행위를 비난하고, 자신들의 마음속으로 염원하며 파시스트의 실험은 바로 끝장이 날 것이라고 보도했다. 이들 정치적 진단자들의 의견에 따르자면, 그것은 수명이 짧은 실험으로 파시즘은 의회의 암초에 좌초하거나, 혹은 이탈리아 사회의 복잡한 사정을 지도할 능력이 없기 때문에 붕괴할 수밖에 없다는 것이었다. 그 후, 이 예언자들은 비참한 최후를 맞이했다. 하지만 실적을 얻기 위해서 나는 특히 첫 1년 동안은 당을 감시하지 않을 수 없었다. 당은 언제나 반대파의 비평과 매도에 초연하면서도, 늘 준비를 갖추어서 지휘와 명령에 자신들의 능력을 완전히 발휘할 수 있는 상태에 있어야만 했다.

　　커다란 위험 하나가 당 앞으로 다가오고 있었다. 그것은 새로운 사람들을 너무 많이 입당시켰다는 점이었다. 전투 초기에는 한 줌밖에 되지 않았던 우리의 세력이 이때는 극도로 팽창해가고 있었다. 그 숫자가 너무나도 많았기 때문에 그 이상의 당원이 들어오는 것을 막기 위해 문에 빗장을 걸 필요가 있었다. 파시즘의 견고함이 일단 입증되자 모든 옛 세계의 사람들이 파시즘의 대열 속으로 뛰어들려 했다. 만약 그런 일이 실제로 일어났다면 우리는 교육과 헌신으로 당원을 선택하며 성장시키는 대신, 단지 좋지 않은 혼합이 급격하게 일어나 과거의 정신과 결점으로 되돌아가 버렸을 것이다. 그렇게 하지 않았다면 당은 막차를 타려는 기회주의자들이 더해져 그 약동하는 근본정신을 잃고 말았을 것이다. 낡은 세계를 정지시키지 않으면 안 되었다. 낡은 세계는 이탈리아 재생을 위한 젊은이들의 운동을 더럽히지 말고 얌전히 기다리기만 하면 되는 것이다.

1926년, 입당을 금지하고 있었을 무렵에 나는 청년의 선택과 교육을 위해서 나의 모든 힘과 모든 주의와 모든 수단을 동원하고 있었다. '아방구아르디아(전위)'가 그 시기에 창립되었다. 그와 동시에 '발릴라 국민 오페라단'이 만들어졌다. 그것은 소년소녀의 단체인데, 그 수많은 공적과 교육활동의 높은 가치 때문에 나는 '파시스트 조직의 가장 존귀한 자녀'라 부르고 있다.

　이 계획은 비할 데 없는 결과를 낳았다. 그 덕분에 당이 참으로 중요한 위기에 빠지는 일은 없었다. 나는 내 능력 가운데 약점이나 함정이 숨겨져 있는 부분을, 그릇된 감상을 품지 않고 적당한 시기를 잘 가늠해서 적절한 행동으로 없애는 능력을 가지고 있다고 믿고 있다.

　이 용의주도한 방어를 수행함에 있어서 나는 끊임없이 나를 도와주었던 뛰어난 당의 간부들을 언제나 내 곁에 머물게 했다. 미켈레 비안키는 우리의 로마 진군까지 당을 잘 지도해왔다. 그는 그 운동의 특히 폭력적인 특성과, 현실의 현명함으로 다루어야 할 정치적 상태와의 균형을 잘 이루어 나갔다. 이런 의미에서 미켈레 비안키는 뛰어난 정치적 간부로, 지금도 여전히 국내 정치에 있어서 나를 가장 잘 이해하는 협력자로 정부 안에 속해 있다. 그는 가장 뛰어난 정치적 정신과 사색적 정신을 가지고 있다. 그는 언제나 충실하다. 파시스트 단체는 어떠한 경우에라도 그를 신뢰할 수 있다.

　지난 세계대전의 용감한 종군자이자 현재 세계대전 국제노병연합의 회장인 산사넬리(Sansanelli) 경도 자신의 역할을 잘 수행해주었다. 산사넬리 경은 파시스트 이전의 특수한 이탈리아 정치적 비밀결사에 뿌리를 둔 애매한 탈당운동을 잘 막아주었다.

　그 무렵에 반파시스트 세력의 보복운동이 있었다. 파스시트 단체가 관대한 배려로 대우하고 있던 패배한 옛 자유주의 세계는 새로운 질서를 정확하게 알지 못했다. 그것은 다시 예전의 오만한 태도로 돌아갔다. 이탈리아 비밀결사는 여전히 그 명료하지 않고 막기 어려운 촉수를 뻗어 파괴와 분열을 위한 공작을 펼치고 있었다. 이들 부정세력은 공산당의 잔여세력을 무장시켜 매복행위를 하게 하고, 지하실에 숨어 있었다. 당의 간사인 준타 경이 지배하는 하나의 새로운 지도기관이 1924년 9월의 선거 후에 만들어졌다. 준타 경의 파시스트 활동에 대해서는 이미 이야기한 바 있다. 그해 하반기에 분명하지 않은 국가적·국민적 세력에 의해 일어난 반파시스트운동이 곳곳에서 점차 격렬해져가고 있었다. 나는 그 운동을 1925년 1월 3일의 연설로 완전히 물리쳤다. 하지만 거기에 이어서 나는 우리 당에 보다 전투적인 비타협주의를 강조하지 않으면 안 되겠다고 생각했다. 그리고 그 의무를 마음속에 품은 채 1925년 2월 10일에 나는 로베르토 파리나치(Roberto Farinacci) 경을 당의 총서기로 임명했다.

파리나치는 내가 그에게 부여한 임무를 어떻게 수행해야 하는지를 잘 알고 있었다. 그 전체를 놓고 봤을 때, 그리고 얻은 성과를 놓고 봤을 때, 그는 당의 총서기에 걸맞은 성공을 거두었다. 그는 전국 곳곳에 남아 있던 '아벤티니스모(aventinismo)' 운동의 잔존세력을 분산시켰다. 그는 당 전체의 정치적, 그리고 도덕적 비타협주의 정신을 강화시켰으며, 소요를 일으키는 자와 음모를 꾸미는 자에 대한 특별한 법률을 제정할 것을 요구했다. 나는 반파시즘의 범죄행위로 나의 암살 계획이 4번에 걸쳐서 일어난 후에야 그 법률을 발령했다. 나는 우리 당의 강력한 보복운동에 세심한 주의를 기울이고 있었다. 그리고 그 사이에 필요한 준비를 갖추었다. 파리나치 경은 이탈리아 파시즘의 건설자 중 한 명이다. 그는 1914년 이후부터 충실하게 나를 따라주었다.

자신의 임무를 수행한 뒤에 파리나치 경은 그 총서기의 자리를 아우구스토 투라티(Augusto Turati) 경에게 물려주었다. 투라티도 세계대전에 참전했던 용감한 노병으로 맑은 마음과 귀족적 기질을 가진 인물이었다. 그는 당에 새로운 시대적 형식과 새로움의 요구에 대한 인식을 가져다주었다. 투라티는 파시스트 대중의 교육적 향상이라는 위대하고도 간과해서는 안 될 일을 이루어냈다. 지금 당의 높은 지위에 있는 이들 존경스러운 사람들 외에도 나는 '발릴라 단'의 조직자인 레나토 리치(Renato Ricci) 경, 의용군의 조직자인 멜키오리(Melchiorri), 용감한 간사 마리넬리(Marinelli), 대담한 노전사 스탈라체(Starrace) 및 1919년 3월부터 충실한 검은 셔츠 대원이자 볼로냐 파시즘의 건설자인 알피나티를 들지 않을 수 없다.

파시스트 이탈리아를 위해 나는 우리 당원 가운데서 새로운 지방장관, 조합조직원, 영사를, 그리고 당의 국회의원 가운데서 장관과 차관을 임명했다. 조금씩 단계를 밟아서 정치계 전체에 이전보다 더욱 견고한 비타협적 분위기를 강화해나갔다. 거의 대부분의 지배적 지위는 지금 파시스트가 차지하고 있다. 이 4년 동안의 파시스트 체제 후에 우리는 '모든 권력을 파시스트에'라는 방식을 실현했다. 이 말은 1925년 6월에 로마에서 열린 파시스트 대회에서 내가 처음으로 한 말이다.

나는 계속해서 인내심을 발휘했다. 나는 암흑 속으로 뛰어드는 일은 피했다. 나는 결말을 향해 가는 도중에 잠들지 않았다. 나는 기존의 요구와 미래의 틀을 조합했다. 당연히 국가에 완전한 파시스트적 특색을 부여하고, 국민생활의 전 신경을 충실한 검은 셔츠의 생명력과 새로운 힘으로 가득 채워나갔으나, 파시스트 체제의 힘인 국가 파시스트당의 중요성은 조금도 손상되지 않았을 뿐만 아니라 더욱 증가해가고 있다. 이 정치단체를 국가가 보증하는 영원한 조직으로 변혁시켜 나가는 일은 가장 견실한 정치체제의 장래를 만들어나가는 일이다. 나는 나의 손으로 이탈리아 전체의 이익에 기반을 둔 의회제도개혁을 위한 하나의 초석을 놓았다. 그리고 나는 '파시스트 대평의회'를 국가 존속을 위한 명백한 입헌적 기관으로 만들었다. 이렇게 해서 파시스트당은 독립적 지위를 유지하면서도 새로운 파시스트 국가의 정수에 강철 허리띠로 묶이게 된 것이다.

이탈리아인은 물론 외국인 사이에서도 늘 흥미를 불러일으키는, 그리고 때로는 오해를 불러일으키는 하나의 문제가 바로 이탈리아 국가와 교회 사이의 관계다. 1870년의 '보장법[101]'에 의해 이 문제가 해결되었다고 여겨지고 있었는데, 이 법률은 파시즘이 발흥한 이후에도 아무런 중대한 알력을 불러일으키지 않은 양자 관계의 하나의 형태가 되어 있다. 로마 교황청이 이탈리아 국가에게 빼앗겼다고 생각하는 로마에서의 권리에 대해 항의를 거듭하고 있는 사항은 분명히 존재하나, 거기에 어떤 커다란 물의를 일으킬 만한 동기는 없으며, 심각하게 사이가 벌어질 만한 동기도 숨어 있지 않다.

파시스트 체제에게 있어서 이 평화로운 양자의 관계는 하나의 선물이다. 과거에는 당파적 원한을 도발하던 역사적 항쟁 속에서 이제는 하나의 전설이 꽃을 피운 것이다. 반교권적 활동이 오랜 세월 여러 가지 형태로 발전되어 왔다. 그리고 그 운동은 이른바 '자유사상'

---

101) 1870년에 로마를 함락시킨 이탈리아는 교황령의 범위를 놓고 교황청과 여러 차례 협상을 벌였으나 모두 실패했다. 교황청은 이탈리아 정부가 내놓은 교황 보장법을 인정하지 않았다. 교황령의 범위가 지금의 크기로 확정된 것은 교황 비오 11세와 파시스트 정권이 1929년에 맺은 라테라노 조약에 의한 것이다.

단체의 몇몇 분파를 거쳐 우리나라 비밀결사의 극악한 정치적 세력을 증가시키는 역할을 해왔다. 종교는 '사적인 일'이라는 관념이 유포되어, 어떠한 공공활동과 사업도 승인을 얻지 못했다.

물론 반교권주의가 피상적이고 저급한 것이기는 했으나, 한편으로는 교회가 새로운 이탈리아를 이해하지 못했기 때문에 그 고집스러운 열정으로 쓸데없이 반교권주의자를 화나게 만들었던 것도 사실이다. 반교권주의 세력은 마침내 모든 가톨릭회의 상징과 기독교의 교리마저도 학교에 채용하는 것을 금지하기 위한 행동을 취하기에 이르렀다. 이는 무모한 사회주의적·비밀결사적 시대의 일이었다. 사상을 명확히 할 필요가 있었다. 우리는 정치적 교회주의 원칙과 가톨릭교 신념의 본질을 구분하여 서로를 떼어놓지 않을 수 없었다. 그것은 1870년부터 1900년대까지의 '금주' 정책에서 변하여 불행한 추억을 가진 인민당으로 발전했고 그것이 다시 점차로 타락해서 1925년에는 교회공산주의 형태로까지 전락해버렸는데 당시 이탈리아에 위험한 일탈을 불러일으켰던 이 공산주의를 나는 완전히 해산시키고 정치적·지식적으로도 파산에 이르게 했다.

이러한 오해와 피상적인 견해에 해를 입어 혼란스러웠던 분위기가 파시즘에 의해서 해소되었다. 나는 국가와 교회 사이에서 언제나 입을 벌리고 있던 중대한 위기에 대해 눈을 감고 있지 않았다. 나는 가장 커다란 이익과 원칙을 포함하고 있는 분쟁을 치유할 수 있다는 어리석은 생각은 품지 않았을 뿐만 아니라, 이들이 향하고 있는 일정한 방향과 굽히지 않는 기질을 깊이 연구했다. 만약 그러한 기질이 부드러워진다면, 정치적 분쟁과 분리되어 종교적 신념의 원칙과 종교적 의식과 예배의 형식에 대한 존경이 꽃을 피우게 될 터였다. 이러한 것들은 실제로 갱신되어가고 있는 나라의 도덕적·국민적 향상을 위한 중요한 요소다.

로마 교황청의 상층부는 정치적 이유에서 나의 일을 언제나 이해하지 못했으며, 또 모든 사람들에게 현명한 것이라 여겨지는 나의 행보를 도우려 하지 않았던 것이라는 사실을 덧붙여두지 않을 수 없다. 나의 노력은 그리 쉬운 것이 아니었다. 우리나라의 비밀결사는 반종교활동을 위해 참으로 복잡한 그물을 펼쳐놓고 있었다. 그것은 사조를 지배하고 있었으며 출판물 위에서, 교육 위에서, 정치 위에서, 그리고 군대의 지배적 지위에 있는 사람들 위에서 세력을 떨치고 있었다. 얼마나 커다란 세력을 떨치고 있었는지는 다음의 의미심장한 실례를 살펴보면 충분히 이해할 수 있을 것이다. 파시스트 혁명 후, 1922년 11월 16일의 의회에서 내가 처음으로 연설을 했을 때, 나는 나의 어려운 일에 신의 가호를 빌며 연설을 마무리했다. 나의 이 한마디는 시대에 뒤떨어진 것이라 여겨졌다. 이탈리아 비밀결사의 활동무대였던 의회에서는, 오래도록 신의 이름이 금지되어 있었던 것이다. 이른바 가톨릭당, 즉 인민당조차 신의 이름을 입에 담으려 하지 않았다. 이탈리아에서 정치가는 신을 생각하려고도 하지 않았다. 설령 그가 신을 생각한다 할지라도 특히 정치적 모임에 있어서는 주위에 대한 눈치와 두려움 때문에 신을 입에 담을 수 없었다. 이와 같은 대담한 혁신을 해낼 수 있는 사람은 오로지 나밖에 남아 있지 않았던 것이다! 그리고 격렬한 혁명의 단계에서 무엇이 진리인지 당당하게 신념을 피력하는 것은 힘의 증거라고 할 수 있을 것이다.

나는 종교적 정신이 다시 꽃 핀 것을 보았다. 사람들이 다시 교회로 모여들었으며, 신의 사자는 새로운 존경에 둘러싸였다. 파시즘은 그 의무를 다했다. 그리고 다시 수행해나가고 있다.

앞서도 이야기한 것처럼 어떤 종교사회는 새로운 이탈리아의 정치적·도덕적 재생의 중요성을 평가할 능력도 이해할 능력도 갖고 있지 못했다.

이러한 몰이해의 첫 번째 예는 파시스트의 지배 초기에 나타났다. 이른바 가톨릭당은 당초 새로운 체제의 정부에 당원을 가담시켜 협력하려 했다. 하지만 그 협력은 우리를 무언의 상태 속으로, 그리고 잘못된 생각 속으로 끌고 가려했다. 그랬기에 나는 6개월 뒤에 그 당에 속한 장관들을 해임하지 않을 수 없었다.

나는 인민당이 비밀결사와 동맹을 맺은 것을 보았다. 하지만 그 정당이 아직 이탈리아의 정국에서 사라지지 않았던 당시에는 국가와 교회 사이의 분쟁이 국제정치에도 반영되고 있었다.

이제 파시즘은 최고의 성실함으로 교회와 교회의 힘을 이해하고 존중하고 있다. 그것은 모든 가톨릭 국민의 의무다. 하지만 정치와 국가의 이익을 지키는 일과 우리 국민과 다른 국민 사이의 전투는 현대 파시스트 이탈리아인의 일이어야만 한다. 파시스트 이탈리아 국민은 영원불변하고 움직일 수 없는 성 베드로 교회가 존경받기를 바람과 동시에, 명백한 주의도 없고 애국심도 모르는 그 어떠한 정치적 세력과도 혼합되지 않기를 바라고 있다. 이탈리아에 있어서 신앙은 더욱 견고해졌다. 파시즘은 국교에 힘을 부여했다. 하지만 파시즘은 어떠한 이유에서도 국가와 국가기능의 주권을 포기할 수는 없다.

제11장 나는 미래로 가는 도상에 서 있다

나는 나를 위해서는 아무것도 바라지 않는다

내 자서전의 독자 중에는 이들 페이지를 나의 완성된 생애의 이야기라고 생각하는 사람이 있을지도 모르겠다. 만약 이 이야기가 완료된 것이라고 생각한다면 그것은 착각이다. 45세에 투쟁의 생애를 완결할 수 있다고 생각하는 것은 우스운 일이다.

자질구레한 개인적 추억에 대한 차분한 회상은 노년과 난롯가의 특징이다. 나는 나의 추억담을 당장은 쓸 생각이 없다. 그것은 그저 일정하게 완료된 그림을 나타내는 것에 불과하다. 가장 왕성하게 활동하며 열정에 불타오르고 있는 사람에게 그와 같은 추억은 그다지 중요하지 않다고 생각된다.

나는 39세에 혁명의 지도자이자 정부의 재상이 되었다. 나는 내 사업을 아직 완료하지 않았을 뿐만 아니라, 때로는 아직 시작하지도 않은 것이 아닐까 생각하는 적조차 있다.

보다 좋은 역할이 나를 향해 다가오고 있다. 나는 그것을 향해 나아가려 한다. 하지만 나는 파시즘 건설의 굳건한 기초를 다졌다고 자부심을 가지고 단언할 수 있다. 많은 사람들이 장래에 대한 나의 정책은 어떠한 것인가, 그리고 나의 궁극적인 목적은 어디에 있는가를 내게 묻는다.

나의 대답이 여기에 있다. 나는 나를 위해서는, 또 나의 것을 위해서는 아무것도 바라지 않는다. 어떠한 물건도, 어떠한 명예도, 어떠한 기념물도, 혹은 나를 역사에 남기려 하는 어떠한 찬성과 결의도 나는 바라지 않는다. 나의 목적은 간단하다. 나는 이탈리아를 위대하고 존경받고 경외의 대상이 되는 나라로 만들고 싶은 것이다. 나는 우리나라를 고귀한 고대의 전통에 합당한 나라로 만들고 싶은 것이다. 나는 나라를 국민공동체의 가장 높은 영역으로까지 발전시키고 싶은 것이다. 나는 언제나 모든 국민에게 보다 커다란 번영을 가져다주고 싶은 것이다. 나는 우리의 발전을 표현하고 보증하고 보호하는 정치조직을 만들고 싶은 것이다. 나는 이탈리아 국민이 끝도 없이 재생하고 또 다시 재생하는 모습을 보고 싶은 것이다. 나의 모든 힘을 기울여서, 나의 모든 정력을 쏟아 부어서, 쉬지 않고, 방해받는 일 없이 이탈리아 국민에게 가장 충분한 기회를 주고 싶은 것이다. 나는 다른 나라 국민들의 경험을 가볍게 생각하지는 않는다. 하지만 나는 우리 자신의 요소로, 우리 자신의 능력에 따라서, 우리의 전통에 의해서, 그리고 이탈리아 국민의 정력에 의해서 건설하고 싶은 것이다. 나는 우리나라 대중의 이익과 포부와 경향을 깊이 검토했다. 나는 보다 나은 생활력과 진보를 향해 매진하고 있다. 나는 그것을 존중하고 그것을 향해 나아가고 그것을 지도하고 있다. 우리나라는 다른 나라에 비해서 수십 년, 혹은 1세기 뒤져 있다. 나는 파시스트의 용기로 이 뒤쳐진 기간을 정복하고 싶은 것이다. 우리의

1928년 3월

군대는 비할 데 없는 세력을 보이고 있는 당원들이다. 나는 청년들을 믿는다. 그들의 정신적 · 물질적 생활은 주의 깊고 민첩한 지식과 열렬한 마음에 의해 지도되고 있다. 나는 충고가 진지한 것이라면 설령 반대자의 충고라 할지라도 그것을 배격하지 않는다. 하지만 정직하지 못하고 거짓말만 해대는 반대당, 중상자, 국가를 부정하는 자, 저급한 원한의 불결한 하수도 속에 있는 국민적 · 인간적 공동 감정은 전부 경멸한다. 불어오는 바람을 향해 울부짖는 암탉 같은 패배자, 영원히 파괴되어버린 건물 속에 여전히 남아 있는 자, 국가를 끌어들이려 했던 파멸과 치욕 속의 공범자는 때로 침묵하는 위엄조차 가지고 있지 않다.

나는 나의 가장 충실한 추종자에 대해서도 엄격하다. 나는 사치와 방종을 볼 수 있는 곳에는 언제나 간섭을 해왔다. 나는 대중의 마음속으로 다가가 그 고동에 귀를 기울이고 그 포부와 흥미를 읽으려 하고 있다. 나는 대중의 미덕을 알고 있다. 나는 그 순결함과 건전함을 음미하고 있다. 나는 악덕과 타락에 맞서 그것을 물리치려 하고 있다. 이른바 '자유제도'는 예전에 보호정책이라는 옷을 입고 있었으나 그것은 국민을 기만하는 행위다. 이 '자유제도'는 현실에 뿌리를 내린, 그리고 이상을 가지고 있는 파시즘의 새로운 힘에 의해 파괴되어 가식적인 이상주의적 가면이 벗겨져버리고 말았다.

공기와 빛과 힘이 이탈리아의 무한한 하늘 위에서 빛나고 고동치고 있다! 가장 숭고한 국민의, 그리고 국가의 시선이, 위대하고 새로운 봄 속에 살고 있는 이 국민을 이제 그 궁극의 목적으로 인도해 나갈 것이다. 그것은 나의 오랜 노력에 힘을 더해주는 것이다. 나는 지금 45세가 되었다. 그리고 나는 나의 일과 사색에서 힘을 느끼고 있다. 나는 내 안의 모든 이기주의를 제거해버렸다. 나는 가장 헌신적인 국민처럼 내 위에, 그리고 내 심장의 고동 하나하나 위에 이탈리아 국민을 향한 봉사를 올려놓았다. 나는 모든 이탈리아 국민이 나를 이해하고, 나를 사랑하고 있다는 사실을 느끼고 있다. 나는 나약함 없이, 망설임 없이, 자신을 잊고, 확고한 신념으로 지도하는 자만이 사랑받는다는 사실을 알고 있다.

따라서 내가 이미 해온 일들을 돌아보면 파시즘이 이탈리아 민족의 창조물로, 역사적 필요를 이미 충족시켰으며, 또 앞으로도 그것을 충족시키리라는 사실을, 그리고 20세기의 역사에 지워지지 않는 감화를 줄 운명을 가지고 있다는 사실을 알게 될 것이다.

◎ 로마 진군 전후부터의 무솔리니

* 로마 진군

1921년 이탈리아 총선거에서 의석을 얻은 후에도 의회정치에 의하지 않고 조기에 권력을 장악하려 한 무솔리니의 의사에는 변함이 없어서, 각지에서 당의 사병조직(검은 셔츠단)에 의한 직접행동이 계속되었다. 무솔리니는 민족주의 · 국가주의를 표방하는 정권을 세우기 위한 쿠데타 준비를 시작하였으며, 파시스트당을 제압하지 못해 퇴임한 보노미 정권을 대신하여 인민당 · 자유당 · 급진당 · 사회주의당의 연립정권을 수립한 루이지 팍타 정권에 대한 반란을 계획했다. 당서기장인 미켈레 비안키, 당지부 서기 이탈로 발보, 하원의원 체사레 마리아 데 베키, 육군원수 에밀리오 데 보노 등을 비롯한 파시스트 당원이 에밀리아, 로마냐, 토스카나에서 3개 군단으로 나뉘어 무장봉기, 최종적으로는 수도 로마를 점거하여 무솔리니를 수장으로 추대하겠다는 계획이 세워졌다. 군도 이 움직임에 호응하여 1922년 10월 18일에는 일부 장군들이 무솔리니를 돕겠다고 은밀하게 약속했으며, 사보이아 가[102]와의 비밀 교섭도 행해졌다.

당 집행부 내에서는 데 베키가 계획에 소극적이었다. 검은 셔츠단은 퇴역병으로 이루어진 퇴역병 조직이었기에 계엄령에 의한 진압이 시작되면 쉽게 진압당할 것이라 예상했기 때문이었다. 또한 일부 장군들이 약속한 협력도 군의 총사령관인 국왕이 명령을 내리면 곧 중단될 것이 명백했다. 그러나 발보와 같은 강경파의 주장으로 10월 28일까지 수도

---

102) 이탈리아 통일 후, 이탈리아 왕국의 왕가.

로마로의 진군이 당 내에서 의결되었으며, 무솔리니는 밀라노의 당본부에서 지휘하고, 당서기장인 비안키는 발보, 데 보노와 페루자에서 당원을 지도하기로 했다. 결정에 불복한 데 베키는 혼자 로마로 가서 제1차 세계대전 초기에 재상으로 있던 안토니오 살란드라와 연립정권에 관한 교섭을 독단으로 행해 무솔리니로부터 신뢰를 잃었다.

10월 24일, 무솔리니는 나폴리에서 열린 당대회에서 6만 명의 당원들에게, "우리의 계획은 단순한 것이다. 우리가 조국을 통치하는 것이다."라는 연설을 했다. 10월 27일, 국가 파시스트당의 쿠데타가 눈앞으로 다가온 가운데서도 팍타 수상은 로마의 궁전을 떠나 있던 국왕 비토리오 에마누엘레 3세와 연락을 취하려는 노력조차 하지 않았으며, 특별열차로 로마에 돌아온 국왕을 만난 자리에서 비로소 사태를 설명했다. 그러는 사이에도 포 평원 각지에서 정부의 주요시설이 검은 셔츠단에 의해 점거당하는 사태가 벌어졌으며 무장한 당원들을 가득 실은 열차가 수도를 향해 속속 출발했다. 10월 28일, 밀라노에서 무솔리니는 『일 포폴로 디탈리아』를 통해 성명문을 발표했다[103].

마침내 로마로 향한 진군이 시작되자 이른 아침에 열린 각료회의에서 팍타 수상은 계엄령을 발동할 결의를 했다. 그러나 팍타 수상을 만난 국왕은 계엄령 발동을 거부하며 명령서에 서명하지 않았다. 민병부대가 이미 밀라노 등을 손에 넣었으며 진압 후에도 정치적 혼란이 계속될 가능성이 있었을 뿐만 아니라, 팍타 수상은 반왕당파인 이탈리아 사회당 · 이탈리아 공산당에 강경한 자세를 보이지 않아 왕당파에서 불신감을 품고 있었기 때문이었다. 설 자리를 잃은 팍타 수상은 사임을 표명, 계엄령은 발동되지 않았다.

밀라노의 일 포폴로 디탈리아 사에서 추이를 지켜보고 있던 무솔리니

---

103) 이 책의 pp.196~197.

는 계엄령이 중지되었다는 보고를 받자 정부와의 교섭에 나섰다. 정부 쪽에서는 제2차 살란드라 내각에 입각할 것을 요구했으나, 어디까지나 수상이 되겠다고 요구하여 마침내는 무솔리니의 요구가 받아들여졌다. 교섭을 마친 뒤 옆에 있던 동생 아르날도에게, "아버지가 살아계셨다면 좋았을 걸."이라며 미소 지었다고 한다.

1922년 10월 29일, 로마에 검은 셔츠단이 입성한 가운데 국왕은 무솔리니에게 조각을 명령했다. 1922년 10월 31일에 새로이 국가 파시스트당과 인민당 · 자유당 · 사회민주당 연립에 의한 제1차 무솔리니 정권이 성립, 의회로부터도 행정개혁을 목적으로 한 임시 위임입법권을 인정케 했다.

이후 이탈리아 왕국은 1943년까지 약 20년에 걸쳐서 통제적이고 전체주의적인 파시스트 정권 시대를 맞이하게 된다. 훗날 스페인에서는 실패했던 '파시즘과 입헌군주제의 양립'이 이탈리아에서는 성공을 거두었던 셈이다. 독일에서는 아돌프 히틀러가 로마 진군을 참고하여 뮌헨 폭동을 일으켰으며, 폴란드에서는 5월 혁명이 일어났다.

* 수상 시대
 · 조각

정권의 좌에 앉기는 했으나 무력을 등에 업고 있었을 뿐, 이 시점에서는 아직 독재적 정권이라고 부를 수는 없었다. 초기의 무솔리니 내각은 국가 파시스트당을 포함한 국민블록, 중도우파인 자유당 · 인민당, 중도좌파인 사회민주당의 연립정권이었다. 파시스트당 출신 각료는 수상, 내무장관, 외무장관을 겸한 무솔리니를 제외하면 3명밖에 되지 않았다. 요직은 자신들이 차지하면서도 다당제에 대한 배려를 한 인사였

각료진

다[104].

무솔리니는 굳건한 거국일치내각의 수립을 구상하고 있었기에 연립 정권에 사회당이 참가하지 않은 것은 오히려 문제라고 생각했다. 사회당에서도 무솔리니 거국정권에의 참가를 검토했으나 국가 파시스트당과 달리 단순한 반동정당인 이탈리아 내셔널리스트 협회 등 국민블록 내의 강경파가 반대했기에 교섭은 중단되었다. 그러나 동시에 사회당계열의 노동조합연맹에 대해서 정권에 협력할 것을 명령하고, 후에 연맹으로부터 개인 참가라는 형식으로 2명의 장관을 선출하는 등 간접적인 협력관계가 형성되었다. 의회의 투표가 행해져 찬성다수로 무솔리니 연립정권의 조각이 승인을 얻었다.

무솔리니 내각 가운데 교육장관인 철학자 조반니 젠틸레는 대규모 교육개혁을 추진하여 현재 이탈리아 교육제도의 기반이 되는 정책을 실시했다.

---

104) pp.213~216.

국가 파시스트당의 약진에는 제1차 세계대전 이후의 경제난도 배경에 있었는데, 그 해결은 파시스트 정권에게 있어서도 중요한 문제였다. 초기의 파시스트 경제는 알베르토 데 스테파니 재정장관에게 맡겨졌다. 경제적 자유주의를 지향한 스테파니 재정장관은 재정건전화를 내걸고 공적 부문 축소와 공무원 삭감에 착수하여 정부부처의 통폐합을 진행하는 한편, 투자와 자유무역을 진흥했다. 사회당 시절에 주어졌던 소작인과 노동자의 권리를 축소하고, 지주·기업가 측에 선 경제개혁을 추진하여 과도하게 일어났던 데모도 감소, 생산력이 증대되었다. 또한 재정건전화와 함께 공공투자를 대대적으로 행하여 이탈리아 전역에 고속도로를 건설하는 계획을 실시했다. 이와 같은 의욕적 경제정책으로 커다란 경제성장률의 향상을 달성했으며, 민간기업의 국유화를 피하면서도 실업률을 개선했다.

　또한 경찰국가로의 추진으로 인해 마피아를 비롯한 범죄조직이 철저한 단속을 받아 그 대부분이 파멸상태에 내몰렸기에 경제범죄도 감소했다. 경제재건이라는 중요한 과제에 성공을 거두었기에 국민 대부분도 연립정권을 지지하거나, 혹은 중립을 지키게 되었다.

　1922년 12월에 왕가와 당과 정부의 의견을 조정하는 조직으로 파시즘 대평의회가 설립되었다. 대평의회는 파시스트당의 정치방침을 책정하는 외에도 주요한 외교의제와 사보이아 가의 후계자 선출 등 다양한 문제에 대해서 논의할 권리를 가지고 있었기에 무솔리니는 이를 파시스트 체제의 '정치 참모본부'라고 표현했다. 1923년 2월 1일에는 대평의회의 심의를 거쳐 검은 셔츠단을 국방의용군이라 개칭하고 정식 예비군사 조직으로 정부군의 지휘하에 두기로 결정했다. 국방의용군 내에 무솔리니의 호위를 목적으로 하는 통수경호대대를 새로이 편성하여 신변의 경호를 맡게 했다.

독일의 국가사회주의독일노동당(나치스)이 정권 획득 후에 돌격대를 숙청한 것과 대조적으로 국가 파시스트당은 민병조직을 배제하지 않았다. 이는 파시스트당이 '병사의 정당'이라는 배경과 숙청이나 내부 대립을 선호하지 않고 대동단결을 선호했던 무솔리니의 정치적 신념에 의한 판단이기도 했다. 실제로 무솔리니는 히틀러에 의한 장검의 밤 사건을 듣고 자신의 아내에게, "그 사람은 야만인이야. 사람을 그렇게 죽이다니."라고 말했을 정도로, 옛 친구를 냉혹하게 처단한 일에 혐오감을 느꼈다. 국민블록 내에서의 노선 차이가 표면화되어가고 있던 이탈리아 내셔널리스트 협회에도 관용적인 자세를 보였으며, 1923년에는 국가 파시스트당에 합류시키는 융화책을 취했다.

· **비례대표제 개혁**

1923년, 국가 파시스트당 소속인 아체르보 의원에 의해 기존의 비례대표선거를 수정하는 선거법 개정안이 제출되었다. 이는 앞으로의 비례대표선거에서는 전체의 25% 이상을 득표하여 제1당이 된 정당이 전 의석의 3분의 2를 획득하고, 나머지 의석을 제2당 이하에게 득표율에 따라서 분배한다는 내용을 담은 법이었다. 소정당 난립에 의한 연립정치와 야합 방지와 함께, 일당독재제에 의한 정치권력의 집중이라는 파시즘의 중요한 목표도 의도한 것이었다. 법안은 선거가 행해지는 하원에 관한 것이었으며, 국왕에 의한 임명제인 상원은 여기에 해당되지 않았다.

야당인 공산당과 사회당이 아체르보법에 반대했으며, 국가 파시스트당이 소속되어 있는 연립여당에서도 의견이 갈렸기에 당초에는 성립이 의문시되었다. 그러나 인민당과 사회당 등 좌파계열 정당의 약진에 위기감을 느끼고 있던 자유당이 찬동했으며, 당초에는 반대하던 인민당도 무솔리니의 콩코르다트(정교조약) 노선을 지지하는 로마 교황의 뜻을 받아 연립에서 이탈하고 기권표를 던지기만 했을 뿐, 반대표는 던지지 않았다. 인민당·자유당을 회유하고 아울러 쿠데타에서 활약했던 검은 셔츠단을 동원하는 등 회유책과 강경책을 사용하여 반대파를 붕괴, 마침내는 아체르보법을 의회에서 가결시켰다.

국가 파시스트당의 일당독재를 허용한 셈이기에 부정적으로 평가되는 경우가 대부분이지만, 이 아체르보법은 비례대표제의 단점인 소수정당의 난립(파편화)에 의한 의회의 공전(空轉)을 막기 위해 비례 제1당에 추가의석을 주고 소수정당의 의석을 몰수하는 등의 방법으로 커다란 정당에 의회의 주도권을 주기 위해서 제2차 세계대전 이후에도 종종 활용되었다.

· **코르푸 섬 사건**

1923년 8월, 제1차 세계대전에서의 전승국에 의한 외교조직인 '대사회의'가 알바니아, 유고슬라비아, 그리스 등 발칸 각국의 국경선을 확정하기 위한 조사를 실시했는데, 국경조사단의 멤버였던 이탈리아 육군의 장군이 암살당하는 사건이 발생했다. 당초부터 영토문제에 불만을 품고 있던 그리스계 조직에 의한 범행이 의심되어 이탈리아와 국제사회로부터 강한 항의를 받았으나 그리스 정부는 관계를 부정하고 조사와 사죄를 거부하는 자세를 취했다. 이에 대해서 무솔리니는 국제사회에 의한 조정을 포기하고 강경수단으로의 해결에 나서, 8월 31일에 그리스 왕국령인 케르키라 섬(코르푸 섬)을 해군의 힘으로 점령했다. 최종적으로 그리스 정부는 사건에 관한 책임과 조사에 미비한 점이 있었음을 시인하고 이탈리아에 사죄했으며 5천만 리라의 배상금을 지불했다. 대외적인 강경책이 국민의 애국심을 자극하여 무솔리니 연립정권에 대한 지지는 더욱 상승했다.

1924년, 유고슬라비아 왕국과 우호조약을 맺어 인접국과의 외교관계를 강화했다. 그리고 같은 시기에 이탈리아는 소비에트 연방을 국가로 승인한 최초의 서방국가가 가운데 하나가 되었다.

1925년 10월, 영국 · 프랑스 · 독일 · 이탈리아의 공동 평화조약인 로카르노 조약이 체결되었다.

· 총선거에서의 승리

1924년 4월 6일의 1924년 이탈리아 총선거를 앞두고, 국민블록과 합병한 국가 파시스트당을 중심으로 하여 선거연합인 '국민리스트'가 설립되었으며, 중도우파인 인민당과 자유당, 중도좌파인 자유민주당도 참가를 성명했다. 국민리스트에 참가한 3당에 공통되는 것은 반공주의로, 좌파를 주도하는 사회당을 주적으로 삼았다. 이 사회당은 보노미와 무솔리니에 이어 마테오티와 톨리아티 등도 이탈했기에 세력이 현저하게 줄어들어 그들이 설립한 통일사회당은 공산당과 표를 경쟁해야 하는 상태에 빠졌다. 여기에 새로이 창당된 행동당과 농민당, 전통의 소수정당인 공화당 등이 야당 쪽으로 돌아섰다.

이 선거의 투표율은 63.8%였는데 그 가운데 백지투표를 던진 사람이 전체의 6%였다. 그러한 가운데 무솔리니 내각을 지지하는 국민리스트는 유효표의 64.9%에 해당하는 약 460만 표를 획득하여 압도적인 인기로 현 정권의 유지를 확정했다. 무솔리니 정권의 경제정책이 거둔 성공과 국위선양 등이 국민들로부터 높은 평가를 얻었음이 증명되었으며 국왕조차도 그 결과를 칭찬했다. '국민리스트'는 최종적으로 535석 가운데 374석을 얻었는데, 그 중추인 국가 파시스트당 내부에서 급속한 조직규모의 확대로 인한 알력이 발생했을 정도였다. 무솔리니는 대규모의 당원 추방과 지도부 개조를 통해 당을 정비했으며 당서기장도 일시적으로 단독에서 4명에 의한 합의제로 변경했다.

이에 비해 제1야당인 사회당의 득표는 초라한 것이어서 이전의 160만 표에서 겨우 36만 표만을 얻는 데 그치는 참담한 패배를 맛보았다. 이는 마테오티파에 의한 통일사회당(약 42만 표)에도 미치지 못하는 득표율이었다.

다른 신당이나 협력정당 역시 존재감을 내보이지는 못했으나 무솔리니는 압승을 거둔 후에도 의회정치 · 다당제를 유지하겠다고 약속하고 선거연합에 참가한 인민당, 자유당, 자유민주당과 연립정권을 조각했다. 이렇게 해서 정권 내의 각료 대부분이 국가 파시스트당 출신으로 채워졌으나 복수의 인물이 '무솔리니는 사회당을 포함한 각 정당과의 거국정권 수립을 포기하지 않았다.'고 증언했다.

· 정치투쟁과 독재 개시

이탈리아 민주제는 급속하게 후퇴했는데, 무솔리니 정권의 비판에 가장 앞장선 것은 제1야당인 통일사회당의 자코모 마테오티 서기장이었다. 1924년 6월 10일, 그 마테오티가 누군가에 의해 암살된 것을 계기로 무솔리니 내각에 대한 대규모적인 반정부운동이 발생했다. 마테오티는 사회당이 무솔리니가 내건 거국정권에의 참가를 검토하고 있다는 사실에 반대했으며, 사건 직전인 5월 30일에 행한 의회연설에서 국가 파시스트당을 격렬하게 비판했다. 마테오티 암살이 무솔리니의 명령에 의한 것이었는지에 대해서는 여전히 논의거리가 있지만, 어쨌든 파시스트당이 반민주주의적이라는 평가는 결정적인 것이 되었다.

이전까지 무솔리니 정권에 대해서 여러 가지 태도를 취하던 각 정당도 단번에 강경한 태도로 돌아서 의회를 결석하는 아벤티노 연합이라는 정치운동이 시작되었다. 혼란한 가운데 당의 지방조직 중에서도 '비타협파'라 불리는 검은 셔츠단을 중심으로 한 당내 과격파가 파시즘 운동의 집권화와 온건노선에 대한 불만을 다시 폭발시켜 이전부터 비타협파의 숙청을 요구하던 수정주의파 파시스트와의 당내 항쟁을 불러일으켰으며, 지도부에 반대하는 이탈자도 속속 발생했다. 당 내외로부터의 압력으로 무솔리니는 최대의 정치적 위기를 맞이하게 되었다.

그러나 결론부터 말하자면, 정신적 지도자인 무솔리니의 권위가 당내에서 결정적으로 흔들리는 일은 없었으며, 당의 붕괴나 분열도 일어나지 않았다. 반파시스트 운동도 국왕이나 군의 지지를 얻지 못했기에 점차 세력을 잃었으며, 최종적으로는 총파업에 돌입할지를 두고 공산당과 사회당, 인민당의 대응이 갈리어 와해되고 말았다. 내분을 막은 무솔리니는, 당내에서는 중재자로서, 정부 내에서는 기존의 다당제를 유지하면서 제도개혁을 생각하고 있던 그때까지의 계획을 불충분한 것이라 느꼈기에 근본적으로 국가제도를 개혁하여 일당제에 의한 독재정치를 행해야겠다고 결의했다. 무솔리니는 이때까지 당의 서기장에 오르지 않았으며, 수상 시절에 연립정권이라는 형식을 취하는 등 자신이 독재자가 되기를 바라지 않았으나, 전술한 내분이 전체주의를 확립하기까지의 과도기에는 독재자가 필요하다는 생각을 품게 했다.

1924년 12월 31일, 각지에서 반파시스트파에 대한 실력행사를 재개한 국방의용군의 간부 33명이 연시의 인사를 위해 수상관저를 방문했을 때 파시스트당에 의한 쿠데타를 제안하자 무솔리니도 이번에는 그것을 승인했다. 1925년 1월 3일, 무솔리니는 의회연설[105]에서 독재 추진을 공언했으며, 그해 12월 24일에 수상을 대신하는 새로운 자리로 수석재상 및 국무대신을 창설하고 자신이 취임했다. 논자에 따라서 차이는 있으나 대략 이때부터 무솔리니의 독재가 개시되었다고 보고 있다.

---

105) pp. 248~257.

* 파시즘 체제의 구축

1925년 1월 3일의 독재선언 이후, 무솔리니는 결사규제법·정기간행규제법·정부에 의한 공무원 면직법 등을 차례로 가결시켜 반대파가 전체주의(총력전주의)라고 부르는 통제적 사회체제를 만들어나갔다. 뒤에 이어지는 나치스 독일 체제에서의 강제적 동일화와는 달리 쓸데없는 대립을 피하고 장기적인 시야에 바탕을 둔 체제구축을 지향한 파시즘 이탈리아 체제는 '선택적 전체주의'라고 정의된다.

1925년 6월에 열린 국가 파시스트당의 당대회에서 무솔리니는 '이탈리아 국민의 파시스트화'를 선언했다. 모든 국민이 연령·성별·직업·거주지 등 일정한 구분에 따라서 조직화되어, 자유주의국가에서 인정되고 있는 정치사회와 시민사회의 경계선이 제거되었다. 정치행정에서부터 문화정책에 이르기까지 모든 분야에서 파시즘에 바탕을 둔 사회·국가의 구축이 시도되었다. 1927년 10월 '파시스트력(曆)'의 도입이 결정되어 로마 진군이 행해졌던 1922년을 '파시스트력 1년'으로 제정했다. 전통적인 연호 옆에 로마 진군 이후 경과한 연수가 새겨졌으며 파시즘의 상징인 파스케스(속간)가 국장 등에 더해졌다.

· **지방자치와 의회민주제의 폐지**

전체주의사회를 만들어나가는 과정에서 철저하게 중앙정부로 권력을 집중시키는 작업도 추진되어, 그 창끝이 지방정부로도 향하게 되었다. 지방행정을 총괄하는 단체장의 권한을 강화하는 한편, 기초단체장을 정부가 임명하는 제도로 변경하는 개혁을 행하여 중앙정부로부터의 분권을 대대적으로 박탈했다.

1928년 9월에는 파시스트당의 자문기관인 대평의회를 법제화하여 정식 국가기관으로 삼아 당과 국가의 권한을 집중시켰다. 의회 내에서는 이미 압도적 다수를 점하고 있는 파시스트당에 의한 지배체제가 확립되었으나, 일당제 추진에 반대하는 다른 정당의 공격이 끊이질 않았다. 야당뿐만 아니라 정권에 참가한 연립여당에도 압력을 가했으며, 1925년에는 가스페리 등 인민당을 여당에서 추방하고 해산을 명령했다. 그리고 잠보니 사건 이후 마침내 반파시스트주의자의 하원의석을 박탈하는 법률이 가결되어 파시스트당 이외의 정당은 비합법화 되었다. 거기에 행정권인 정령에 법적 구속력을 부여하여 입법권을 가진 의회를 무력화시켰다.

1929년 3월 24일에 행해진 1929년 이탈리아 총선거에서는 국가 파시스트당 이외의 참가가 인정되지 않았으며, 선거구도 의원정수 400명인 전국선거구로 통합되었다. 대평의회가 결정한 400명의 입후보자가 공시되었고, 국민은 후보자 명단을 받아들일지 말지만으로 자신들의 의사를 표시할 수 있었다. 즉, 투표용지가 찬·반 2개 항목만으로 나뉘어져 있었던 것이다. 사실상의 신임투표가 되어버린 선거에 대한 국민들의 관심은 매우 높아서 투표율이 89.8%에 이르렀다. 찬성표 98.43%, 반대표 1.57%로 국가 파시스트당의 전 의석 획득이 승인되었다. 1934년 3월 25일에는 1934년 이탈리아 총선거가 실시되었는데, 이때도 대평의회의 후보자 명단이 재승인 되었다.

국민의 개인적 의사에 바탕을 둔 투표가 그 이름만 남게 된 것과 같은 시기에 노동조합을 정부의 지도에 따라 노사협조를 목표로 하는 협동조합으로 삼는 개혁이 진행되었다. 무솔리니는 협동조합의 합의를 새로운 국민의 의사결정기관으로 삼는 협동조합주의국가(코퍼러티즘 국가)로의 개혁을 추진해나갔다. 1939년 3월 23일에는 세 번째 찬반투표

대신 몬테치토리오 궁전의 대의원을 산업별 대표자에 의한 결속협동조합의회로 재편할 것을 결정했다. 새로운 의회의 초대의장으로는 코스탄초 치아노 백작이 뽑혔으나 같은 해에 다른 당원인 디노 그란디 의원으로 교체되었다.

· 당에 의한 지도권

파시스트당 내에서는 비타협파인 로베르토 파리나치가 제5대 당서기장으로 선출되었으나 당 중앙의 규율을 무시하는 당지부의 움직임을 억제하라는 무솔리니의 명령을 충분히 실행하기 못했기에 해임되었으며, 새로이 아우구스토 투라티가 제6대 당서기장으로 지명되었다. 무솔리니의 뜻을 받은 투라티 체제에서 당 내의 기강숙정이 철저하게 행해져 개혁에 반대하는 10만 명의 당원이 당적을 박탈당하는 처분을 받았다. 아울러 당의 당직도 전부 지도부로부터의 임명제로 당의 규약이 변경되어, 그 이전까지 당 내에서 무솔리니의 위치는 정신적 지도자로서의 부분이 컸으나, 대평의회 설립에 이은 당 개혁으로 명백히 무솔리니를 정점으로 서기장과 대평의회가 그를 보좌하는 집권적 정당이 되었다. 이렇게 해서 무솔리니에게 대항할 수 있는 것은 당 자문기관인 대평의회와 그의 후견자인 사보이아 집안뿐이었다.

1929년에 관저로 사용하던 키지 궁에서 나와 대평의회가 설치되어 있던 베네치아 궁으로 집무실을 이전했다.

1931년, 제8대 서기장인 아킬레 스타라체 시절에 새로운 당 개혁이 추진되었다. 그때까지 국내의 정치적 엘리트를 선발하는 지도적 정당으로서의 노선을 수정하여 '대중 속으로'를 슬로건으로 국민에게 신규입당을 장려하는 대중정당으로 변모했다. 입당자격을 대대적으로 완화했으며, 공무원 · 교사 · 사관장교 등은 오히려 입당이 의무화되었고 입당을 거부하는 자는 해임되었다. 역대 서기장 가운데서도 무솔리니에게 가장 맹목적이었던 스타라체 시절에 진행된 대중화 정책으로 파시스트 당원은 260만 명 이상으로 팽창되었다.

노동자의 복리후생을 국영화하기 위해 설립된 노동자단체 도포 라보로 협회, 전설적으로 전해 내려오는 애국소년의 이름에서 따온 소년·소녀조직인 발릴라 단 등 복지와 교육, 청소년 단체 등의 분야에서도 당의 협력조직이 연달아 설립되었다. 도포 라보로 협회에는 380만 명, 발릴라 단에는 170만 명이 각각 가입하여, 신규 입당자에 더해 준당원을 포함하면 당원은 약 600만 명 이상에 달했다. 단, 나치스가 그랬던 것처럼, 선참 당원들 사이에서는 권력장악 후에 입당한 사람을 당의 약칭(PNF)에 빗대어 '가족을 위한 파시스트'라고 부르며 경멸하는 경향이 있었다.

1932년 10월 28일, 로마 진군 10주년을 기념하여 국내 모더니즘 예술가의 협력하에 파시스트 혁명 기념전이 성대하게 개최되었으며, 이듬해의 기념일에는 수도 로마에 비토리오 에마누엘레 2세 기념당에서 콜로세움까지를 잇는 대로인 황제가도가 개통되었다. 독재제와 일당제에 의해 견인되는 전체주의는 필연적으로 지도자에 대한 개인숭배를 낳았다. 정부선전을 통해서 독재자 무솔리니는 국가·민족의 영웅으로 신격화되었으며, 신화라고도 할 수 있는 프로파간다가 전개되었다.

· 경찰국가화

결사와 의회제 민주주의가 규제되어가던 중 집단행동을 기본으로 하는 사회민주주의·자유주의·공산주의(사회주의) 등은 저항할 힘을 잃거나, 기독교 민주주의·민족주의·국가주의처럼 파시즘 운동에 의한 전체주의에 합류했다. 그러나 아나키스트만은 개인주의에 바탕을 둔 충동적 테러로 여전히 전체주의에 대한 저항을 계속했다. 1926년 10월 31일, 15세의 소년이었던 안테오 잠보니가 볼로냐에서 총격사건을 일으켰는데, 호위하고 있던 당원들에 의해 그 자리에서 폭행이 가해져 사망하고 말았다. 잠보니는 아나키스트계열의 정치운동에 참가하고 있었다. 그 후에도 아나키스트에 의한 암살계획이 계속되어 지노 루체티, 미켈레 실라 등이 암살미수사건을 일으켰다. 또한 1926년 4월 7일에는 아일랜드 귀족의 딸인 바이올렛 깁슨이 암살을 시도하다 체포되었다. 바이올렛은 가두에서 총격으로 무솔리니에게 경상을 입혔는데 곧 군중에게 사로잡혀 구타당한 뒤 경찰에 넘겨졌다. 바이올렛은 범행 이유에 대해서 횡설수설했기에 정신장애자로 국외추방이 명령되었다.

그러나 무솔리니는 아나키스트에 의한 암살사건조차 경찰국가화로 가는 구실로 활용하여 수상에 대한 암살계획은 미수라 할지라도 사형에 처하는 법률을 제정했다. 1927년에 사법을 개정하여 정치범을 대상으로 공소가 인정되지 않는 국가보호특별재판소를 설립했으며, 1930년에는 파시스트당이 지휘하는 비밀경찰인 OVRA(반파시스트 주의자에 대한 감시와 진압을 위한 조직체)가 경찰장관 직속조직으로 설립되어 500명의 대원이 선발되었다. 1926년부터 1940년까지 14년 동안 경찰장관을 수행했던 아르투로 보치니의 지도하에 OVRA는 국가보호특별재판소와 연동하여 정치범의 적발을 실행했다.

경찰국가화 과정에서 이탈리아 사회에 뿌리내렸던 이탈리아 남부의 범죄조직에 대한 적발이 개시되었다. 남부의 범죄조직은 사회불안을 일으키고 이탈리아 경제의 발전에 방해가 되었을 뿐만 아니라, 그 가운데서도 오랜 역사를 지닌 시칠리아 섬의 마피아는 종종 시칠리아 섬의 분리주의운동과도 결탁하여, 민족주의 · 전체주의를 지향하는 파시즘으로부터 적대시되고 있었다. 특히 시칠리아 섬에서 세력을 떨치던 마피아에 대한 대처는 엄격한 것이어서 경찰 출신인 체사레 모리가 팔레르모의 지사로 발탁되었다. 무솔리니는 체사레에게 다음과 같이 훈시했다.

"그대에게는 시칠리아에서의 전권이 부여되어 있네. 내가 늘 말하고 있는 것처럼 시칠리아 섬은 질서를 되찾아야 하며, 그대는 그것을 절대적으로 실현해야 하네. 어떠한 법이 방해가 된다면 내가 새로운 법을 제정하겠네."

무솔리니와 파시스트당 정권의 전면적인 협력에 의해 모리 체제하의 경찰조직은 차례차례로 마피아의 거물을 투옥·처형했으며, 마피아에 관여하고 있던 시칠리아 당지부에 대한 숙청과 재편도 행했다. 모리의 수법은 무솔리니가 기대했던 것처럼 수단을 가리지 않는 가차 없는 것이었다. 구성원의 신원이 밝혀지면 처자를 연행하여 인질로 삼았으며, 비합법 고문을 가해 내부사정을 자백케 하는 등 마피아에도 지지 않을 정도의 잔인함으로 조직을 섬멸해나갔다. 시칠리아 마피아의 거물인 비토 카시오 페로는 종신형을 받아 1943년에 옥사했으며, 그 외의 거물들도 몸을 숨기거나 해외로 망명할 수밖에 없었다. 오늘날까지도 무솔리니의 평가가 유지되고 있는 이유 가운데 하나는 이처럼 철저했던 마피아 대책 때문이었다고 일컬어지고 있다. 실제로 모리가 무솔리니와 대립하여 팔레르모 지사에서 퇴임한 1929년 시점에서 시칠리아의 살인사건은 파시즘 체제 이전보다 10분의 1로 줄었다고 한다.

· 경제정책의 전환

1920년대 후반부터 파시스트 정권하에서의 경제성장은 무역적자와 물가상승으로 부진한 모습을 보여, 독재체제 확립 후부터 그때까지의 스테파니 재정장관에 의한 경제적 자유주의를 철회하고 경제 면에서도 정부에 의한 통제를 진행하기 시작했다. 1925년 7월, 스테파니의 후임으

파시즘 정권의 선전용 포스터

로 산업계·은행계 출신의 실업가인 주세페 볼피가 재정장관으로 임명되어 자유무역에서 보호무역정책으로 전환, 자국산업의 보호를 꾀했다. 통화의 안정화와 디플레이션화도 추진되었는데, 통화 안정화에 있어서는 그 이전부터 정리통합이 추진되어 이탈리아 은행(중앙은행), 나폴리 은행, 시칠리아 은행 등 3개 은행에 부여되어 있던 통화발행권을 제한하여 중앙은행의 전권사항으로 삼았다. 디플레이션화에 있어서는 '리라 전쟁'이라는 이름으로 리라의 가치를 올리는 정책이 추진되어 리라의 가치가 상승했으며, 금본위제로도 복귀했다. 볼피 재정장관의 경제정책에 따라서 대자본에 의한 생산의 합리화가 진행되는 한편, 중소기업이나 수출기업 등은 불리한 상황에 놓이게 되어 임금저하와 실업자 증가 등도 발생하게 되었다.

노동조합에 대해서는 구내셔널리스트 협회 출신인 알프레도 록코 사법장관이 1926년 4월에 비도니 협정을 맺어 파시스트당계열 이외의 노동조합에게는 기업조합인 공업총연맹과의 교섭권을 인정하지 않음으로 해서 실질적으로는 그들을 유명무실화시켰다. 또한 파시스트당계열의 조합에 관해서도 파업은 위법이라는 록코법을 제정하여 그들을 약체화시켰다. 같은 해 11월에는 파시스트계열의 중앙조직인 국민총연맹이 6개의 산업연맹으로 분파되었다. 또한 노사협조의 관점에서 직업별 협동조합조직을 설치하려는 움직임이 추진되어 1926년에 코퍼러티즘부가, 1930년에 산업분야별로 노동조합의 대표를 모은 코퍼러티즘 평의회가 설립되었다. 한편으로는 이러한 협동조합조직을 사회적 의사결정장치로 편입시키려는 시도도 행해져 최종적으로는 코퍼러티즘 의회의 설립으로 이어졌다.

한편 농촌의 빈농이 직업을 찾아 도시로 유입되는 것이 사회문제화되었기에 농촌의 개척사업을 진행했다. 무솔리니는 농업개척에 의한 공공투자로 농촌의 실업률 개선과 국내에서의 밀 증산을 목표로, '밀 전쟁'이라 명명한 대규모 개척정책을 실시했다. 이탈리아 중부의 라티나 시와 사바우디아 시 사이에 5,000개소나 되는 밀 농장을 정비하고 그 중심지로 5개의 농업도시를 건설하는 구상이 세워졌다. 또한 도서지방인 사르데냐 섬에도 농업개척 모델 도시가 건설되어 빌라지오 무솔리니, 혹은 무솔리냐 디 사르데냐라고 이름 붙여졌다. 이 모델 도시는 새로운 농촌사회의 모습을 보여주는 것으로 농민에게 '농촌에 대한 자부심'을 품게 만들려는 목적도 있었다. 농업도시 건설은 국가 파시스트당의 지지단체 가운데 하나인 전국병사협회의 협력을 얻어 행해졌으며, 주로 베네토 주의 농민들이 이주하여 농지개간을 행했다.

밀 전쟁은 개척사업으로 농업종사자를 늘리고 곡물을 증산하는 데는 성공했으나 밀 증산에 집착한 나머지 개척지에 문제가 있어도 생산을 강제했다. 단, 이들은 최종적으로 실업대책과 농업증산·공중위생의 개선에 도움을 주었다. 국내에서 실시된 수입 밀의 관세 인상과 함께 곡물가격이 상승하여 소비량이 저하되었다. 단, 1925년에 비하여 1930년대에는 밀 생산량이 늘어 곡물 수입량이 75% 감소하였으며, 1933년까지는 거의 수입이 필요 없었다. 이러한 개척과 농업정책은 실업률 개선과 농업생산력 향상을 이루었으며 인구 증가에도 효과가 있었으나, 정부가 농가에 지불하는 조성금의 증액으로 이어져 경제회복에는 기여하지 못했다. 밀 전쟁과 병행하여 '토지 전쟁'이라 불리는 농지개혁과 말라리아의 원인이기도 했던 라치오 주의 폰티노 습지의 간척 등 농업용지 확대도 실시되어 일정한 성과를 거두었다. 그 외에도 로마의 남폰티에노 습지의 간척에도 성공했다. 이는 로마 제국과 로마 교황, 그리고 나폴레옹도 시도했으나 성공하지 못했던 사업으로 무솔리니의 간척사업 가운데 성공사례로 꼽히고 있다.

도시의 개조도 의욕적으로 추진했는데 로마 만국박람회를 앞두고 수도 로마에 새로운 도심부인 EUR 지구를 건설했다. 설계는 무솔리니가 모더니즘 건축을 좋아했기에 거기에 바탕을 두고 행해졌다. 동시에 로마 시대에 개선문과 함께 승리를 축하하기 위해 건설하는 습관이 있었던 기념 기둥도 설치하여 고전취향과 모더니즘이 혼합된 독자적인 도시계획이 되었다. 마찬가지로 신흥 문화를 배경으로 하는 영화산업 육성에도 힘써 국립촬영소와 이탈리아 국립영화실험센터를 설립, 이탈리아 영화계를 크게 발전시켰다.

1929년의 세계적 공황에 의한 수출부진과 외자의 철수로 인해 유럽 경제가 후퇴하자 이탈리아에서도 1930년 여름 무렵부터 노동자의 실업과 임금인하가 연달아 일어났다. 금지되었던 파업을 감행하는 자도 나타났으며, 1931년에 2개의 국영기업을 설립했으나 모두가 기업과 은행을 공적자금으로 구제하는 것을 목적으로 했다. 특히 산업부흥기구(IRI)는 민간은행에서 보유하고 있던 주식을 세금으로 사들이는 사업을 행하여 은행을 구제하는 한편, 철강·해운·조선 분야 등의 대기업을 자사의 일부로 국유화했다. 제2차 세계대전이 시작된 1939년 시점에서 이탈리아는 소비에트 연방 다음으로 국유기업의 비율이 높은 나라가 되어 있었다. 일련의 정책은 경제학자 출신인 프란체스코 니티 수상 시절에 육성된 기술관료에 의해서 주도되었다.

공공투자 자금을 모으는 일환으로 '조국을 위해 금을'이라는 국가주의적 슬로건을 내건 정부에의 금제품 제공이 진행되었는데 무솔리니 자신도 결혼반지를 정부에 제공했다. 모인 금은 녹여 금괴로 정제되었고 국립은행의 예비금으로 관리되었다.

· 가톨릭교회와의 동맹

이탈리아 통일운동(리소르지멘토)에 의한 교황령 폐지, 프로이센-프랑스 전쟁 당시의 로마 천도 이후 사보이아 가 왕족에 대한 파문이 행해지는 등 이탈리아 정부와 로마 교황청은 대립관계에 있었다. 무솔리니는 무신론자였으나 가톨릭계열 정치세력을 전체주의체제 속으로 편입하기 위해 이전부터 화해교섭을 계속하고 있었다. 독재체제를 확립하고 난 이후인 1929년 2월에 교황청 국무장관인 피에트로 가스파리 추기경의 중개로 라테라노 조약이 체결되었다. 조약은 2개의 협정으로 나뉘었는데 하나는 이탈리아와 로마 가톨릭의 화해안이었다. 이로 인해서 이탈리아 왕국과 로마 교황청의 대립에 종지부를 찍게 되었으며 동시에 바티칸 시국이 새로이 성립되었다.

두 번째 협정은 콘코르다트(정교조약)에 관한 내용으로 건국 이후 유지하던 반교권주의를 철회하고 교회에서의 혼인, 의무교육에서의 종교교육, 로마 교회의 청년조직인 가톨릭청년단의 활동 등 지금까지 공적으로 비공인 상태에 있던 이탈리아 국내에서의 포교활동의 재개가 인정되었다. 가톨릭계열 세력과의 화해로 기독교 민주주의와 기독교 사회주의 등의 가톨릭계열 정치운동도 파시즘에 편입되었다. 그러나 본질적으로 기독교를 멸시하던 무솔리니는 가톨릭청년단을 파시스트 당 청년단인 발릴라 단으로 통합하도록 압력을 행사하는 등 그 후에도 수면 밑에서의 대립관계는 계속되었다.

북아프리카 등에서의 이슬람교 세력과는 늘 우호적으로 접했으며, 파시스트당은 이슬람교의 비호자라고 선전했다.

· 오스트로 파시즘과의 연대

1932년 5월 20일, 이탈리아 왕국에게는 오랜 숙적으로 오스트리아·헝가리 제국의 후예 국가인 오스트리아에서 기독교 사회당의 당수인 엥겔베르트 돌푸스가 수상에 취임했다. 무솔리니는 이탈리아 민족주의 자로서 오스트리아에 전통적인 반감을 가지고 있기는 했으나, 무솔리니가 정권을 획득한 뒤 11년이 지나서 독일의 정권을 획득한 나치당 당수 히틀러가 고향인 오스트리아 병합을 비원하고 있었기에 독일의 이러한 움직임을 견제하기 위해서 협력관계를 맺었으며, 돌푸스도 파시스트 정권의 제도를 참고한 조국전선당을 중심으로 한 오스트로 파시즘 체제를 형성했다. 돌푸스와의 사이에서는 개인적 우정도 싹터 가족끼리도 교류하는 사이가 되었다. 또한 오스트리아의 독립파가 주장한 합스부르크 가의 복위에도 찬성했으며, 혼인에 의한 사보이아 가와 합스부르크 가의 합동도 검토하고 있었다고 한다.

1934년 7월 25일, 나치당의 영향 아래에 있던 오스트리아 나치스의 당원이 오스트리아 병사로 위장하여 수상의 관저로 돌입, 돌푸스를 암살하는 사건이 일어났다. 이는 돌푸스 가가 무솔리니 가의 리초네에 있는 별장을 방문할 예정으로 있던 때에 생긴 일이었다. 무솔리니는 앞서 이탈리아에 입국해 있던 돌푸스 부인에게 사건을 전하고 육군에게 4개 사단을 즉시 오스트리아 국경으로 전개하라고 명령했다. 동시에 이탈리아는 영국·프랑스와 함께 독일에 대한 비난성명을 냈다. 이에 단번에 병합을 꾀하던 히틀러는 사건에의 관여를 부정하고 계획을 철회할 수밖에 없었다. 무솔리니의 히틀러에 대한 인상은 더 없이 좋지 않은 것으로 바뀌어, 그가 자신에게 존경심을 품고 있던 히틀러를 경멸했다는 것은 이 시기를 가리켜 하는 말이다.

* 추축국 진영의 형성
· 제2차 에티오피아 전쟁

1934년 12월 5일, 에티오피아 제국과 이탈리아령 에리트레아·소말릴란드의 국경문제를 둘러싸고 이탈리아와 에티오피아 사이에서 무력충돌이 발생했다. 청년 시절부터 제1차 에티오피아 전쟁에 대한 복수를 원했던 무솔리니는 이를 계기로 에티오피아에 대한 식민지 전쟁을 재개하여 에리트레아 및 소말릴란드 주둔군에게 원정준비를 명령했다. 전쟁에 임하면서 무솔리니는 영국과 프랑스와의 교섭도 겸하여 조정을 시도했으나, 좌파인 노동당과 국민의 평화주의운동에 부딪친 영국과 프랑스는 애매한 태도를 취했으며, 최종적으로는 자유주의에 가까운 브탠리 볼드윈 영국 수상과 반파시스트였던 영국의 외무차관 앤서니 이든의 강한 주장이 받아들여져서 에티오피아 측에 섰다.

이든의 외교적 자세는 스트레사 전선을 주도하는 등 구협상국 편에 있던 무솔리니를 독일에 접근시키는 결과를 낳았으며, 이러한 점에 있어서 친파시스트였던 새뮤얼 호어, 윈스턴 처칠, 영국 왕인 에드워드 8세의 생각과는 대조적이었다. 특히 이든의 상사인 외교장관 호어는 파시스트 운동을 초기 단계에서부터 후원했던 무솔리니의 오랜 친구로, '설령 경제제재가 가해진다 할지라도 석유만은 결코 금지하지 않겠다.'고 약속했다.

1935년 10월 2일, 무솔리니는 외교교섭의 중단을 결의하고 베네치아 궁에서 에티오피아 제국에 대한 선전포고 연설을 행했다.

"지난 수개월 동안 운명의 수레바퀴는 늘 우리의 맑디맑은 판단에 의해 움직여 원래 그것이 가야 할 곳으로 향해왔다. ……에티오피아 제국에 대해서 우리는 40년 동안 인내를 거듭해왔으나, 이제는 그것도 지긋지긋하다. 경제제재에 대해서 이탈리아는 규율과 절약, 희생으로 싸울 것이다. 군사제재에 대해서는 병력으로, 전쟁에 대해서는 전쟁으로 싸울 것이다."

1935년 10월 11일, 국제연맹은 이탈리아에 대한 경제제재를 요구하는 결의를 행해 반대표를 던진 오스트리아, 헝가리, 알바니아, 파라과이를 제외한 가맹국의 찬성으로 가결되었으나, 석유를 제재 대상에서 제외하여 양보하는 모습도 보였다. 이든은 석유도 제재품목에 넣을 것을 주장하며 국내에서 캠페인을 전개하는 등 침략에 반대하는 입장을 고수했으나 파시즘에 호의적이었던 프랑스의 피에르 라발 정권은 거기에 반대했다. 그러나 국제연맹에 미국이 가맹하지 않았기에 무역로가 봉쇄되지 않는 한 물자수입은 얼마든지 가능했다. 그래도 경제제재는 이탈리아 경제와 시민생활에 적지 않은 악영향을 주어 자급률을 높이는 자급자족경제 구축이 추진되었다.

이탈리아와의 화해를 꾀한 영국의 외무장관 호어와 프랑스의 수상 라발은 에티오피아에 대해서 이탈리아에 대대적인 영토 할양을 요구하는 호어·라발 협정을 매듭지었고 볼드윈 영국 수상도 일단은 이를 받아들였다. 그러나 노동당과 국민이 맹렬하게 정부를 비판했기에 총선거를 앞둔 볼드윈은 협정을 파기했으며 호어는 사임하기에 이르렀다. 그를 대신하여 외무장관으로 승격한 사람이 이든이었는데, 외무장관이 된 뒤부터는 석유제재뿐만 아니라 수에즈 운하의 봉쇄까지 주장했다. 이탈리아 국내에서는 보어 전쟁의 전쟁범죄를 다룬 보도가 행해지는 등 반영주의가 활발히 진행되었으며, 홍차 등 '영국적인 물건'은 자급자족경제의 일환으로 금지되었다. '이탈리아에서 가장 증오하는 사내'가 되어버린 이든은 이탈리아 전역에서 매도당했으며, 이든(Eden)과 같은 철자가 있는 지명은 전국에서 변경이 행해졌다. 이와 같은 배외주의가 이탈리아 국민의 애국심과 전쟁에 대한 의지를 강화하여 결과적으로 전쟁을 중단시키는 데에는 역효과를 낳았다. '52개국의 포위'라 불렸던 국제적 고립은 베르사유 조약 이후 국제외교에 반감을 품고 있던 이탈리아 국민에게는 '국익을 지키기 위한 싸움'으로 받아들여져, 국가에 대한 충성심이 가장 고조되었다.

전선에서의 싸움은 에밀리오 데 보노 육군원수, 피에트로 바돌리오 육군원수, 로돌포 그라치아니 육군대장 등이 지휘했으며, 개전 직후 바로 오랜 원한의 땅인 아도와를 점령했다. 겨울이 찾아오자 일시적으로 진군이 정체되었으나, 1936년 봄에 행군이 재개되어 그해에 에티오피아 전역을 제압했다. 1936년 5월 2일, 패배한 에티오피아의 황제가 특별열차를 타고 지부티로 도망하려 했는데, 그라치아니가 이를 공격하자고 했으나 무솔리니는 그 제안을 각하했다. 이탈리아 소속 병사들의 사상자는 4,100명으로 경미한 편이었다. 전투에서는 피에트로 바돌리오 원수의 주장으로 독가스도 사용되었으나, 군사적 효과는 한정적이었으며 헤이그 육군조약 위반에 대한 보복으로 사용되었다. 병합된 에티오피아 제국의 제위는 에마누엘레 3세가 겸임했으며, 후에 구에티오피아 제국령은 주변의 이탈리아령 식민지와 합쳐져 이탈리아령 동아프리카로 재편되었다.

1936년 5월 5일, 유럽계열의 식민자들로부터 환호를 받으며 백마를 탄 바돌리오 원수가 수도인 아디스아바바에 입성하여 전쟁은 종결되었다. 같은 날 밤, 베네치아 궁의 대광장에 모인 국민에게 무솔리니는 '에티오피아 제국에의 전승'과 '사보이아 가가 황제의 칭호를 얻었다.'는 2가지 사실을 보고했다. 열광하는 국민들 앞에서 "너희는 여기에 값하는가?"라고 무솔리니가 묻자 "그렇다!"라는 환호성이 몇 번이고 울려퍼졌다. 뒤이어 국왕인 비토리오 에마누엘레 3세는 오늘부터 왕에서 황제가 되어 로마 제국 이후로 '이탈리아에서 제국이 부활'했음을 선언했다.

전쟁반대론을 주장하던 영국의 볼드윈과 이든은 전쟁이 장기화될 것이라는 예측이 빗나가 체면을 구겼으며, 보수당 정권으로 이탈리아를 지지해왔던 네빌 체임벌린과 윈스턴 처칠 등이 힘을 얻기 시작했다. 처칠은 이든의 수에즈 운하 봉쇄계획에 반대했으며, 볼드윈이 차기 수상으로 생각하고 있던 체임벌린은 제재 해제를 요구하는 연설을 행했다. 또한 전쟁종결 직전에 주영대사인 디노 그란디를 만난 에드워드 8세도 '이탈리아의 전승에 대한 진심어린 기쁨'을 나타냈다고 한다. 주위의 의견에 굴복한 이든은 국제연맹에 '더는 아무런 유용성도 없다.'며 제재 해제를 요구했으며, 7월 15일에 국제연맹은 경제제재를 해제했다.

국가 파시스트당이 초기 단계부터 주창했던 확장주의, 생존권이론인 불가결의 영역을 요구하는 움직임이 로마 제국 시절을 연상시키는 '이탈리아 제국'의 성립에 의해서 더욱 세력을 얻었다. 단, 이탈리아 제국주의의 목표는 지중해권의 통합이 아니라 이집트에서부터 서아프리카, 발칸 반도 서부, 동지중해의 섬들과 비지(飛地)를 묶으려는 구상이었다. 1938년 3월 30일에는 제국 전체의 통수권으로서 제국원수수석이 창설되었다. 무솔리니는 제국원수수석으로 비토리오 에마누엘레 3세와 공동으로 취임함으로 해서 실질적인 통수권을 부여받게 되었다. 또한 비토리오 에마누엘레 3세로부터 공작 서임을 제안받았으나, "저는 지금까지와 다름없는 베니토 무솔리니입니다, 폐하."라고 답하여 작위를 사퇴하고 그 대신 '제국의 창설자'라는 명예칭호를 얻었다.

· 스페인 내전

1936년 7월 17일, 미국과의 전쟁과 제3차 리프 전쟁 등 식민지에서의 군사적 좌절로 인해 쇠퇴하던 스페인 왕국에서 내전이 발생했다. 프란시스코 프랑코 장군을 중심으로 한 반란군(국민군)은 친파시즘을 표방하며 독일과 이탈리아 양국에 지원을 요청, 7월 21일에 사자가 이탈리아를 방문했다.

파시즘의 영향을 받은 팔랑헤당도 국민군의 반란에 가담했으나 무솔리니는 내전 참가에 당초에는 반대를 했다. 그러나 외무장관 치아노가 적극적이었으며, 프랑스가 정부군(인민군)의 지지를 검토했기에 국민군에 대한 원조를 명령했다. 뒤이어 독일도 히틀러와 괴링이 지원을 결정했으며 우선 독일과 이탈리아에서 합계 21기의 항공기를 제공했다. 제2공화제에 대한 프랑스의 지원은 실제로는 행해지지 않았으며 영국과 함께 '스페인 불간섭위원회'를 조직했다. 그 대신 소비에트 연방이 공화국파의 지원을 표명했기에 원래는 우호적이었던 이탈리아와 소비에트의 대립이 발생했다. 한편 내전의 조기 승리에 부정적이었던 프랑코가 옛 수도인 마드리드 점령을 피하고 장기전을 위한 체제구축을 지향했기에 무솔리니와 히틀러는 국민군의 전의를 의심했다.

1936년 12월 6일, 독일 해외방첩청 장관인 빌헬름 카나리스와 로마에서 의견을 교환한 뒤, 독일과 이탈리아의 직접 개입이 필요하다는 결론에 도달했다. 독일은 항공지원만을 결정하여 콘도르 군단을 투입한 데 대해서 무솔리니는 육군파견도 감행, 정부 내에 '스페인국'을 설립하고 프랑코 군과 공동부대를 편성할 계획을 세웠다. 계획은 지휘권을 둘러싼 대립 때문에 중지되었으나 마리오 로아타 육군준장을 사령관으로 하는 이탈리아 의용군단이 공군과 함께 투입되었다.

독일과 이탈리아의 직접개입 후에도 프랑코의 신중함은 변하지 않아서 마드리드 포위를 개시한 이후에도 2차례에 걸쳐서 공화국군에게 패배했다. 무솔리니는 로아타에게 반란군의 남서방면 부대와 공동으로 마드리드 남부의 말라가를 공격하라고 명령했으며 이탈리아 의용군단은 2월 7일에 말라가를 점령했다. 육군과 공군 이외에 잠수함을 중심으로 한 해군도 참가하게 되었다. 이탈리아 해군의 공격으로 공화국 측 해군은 지중해의 제해권을 완전히 상실했으며, 흑해·지중해를 경유하는 보급선을 차단당한 소련의 물자원조는 발트 해·대서양 방면으로만 가능하게 되었다. 뒤이어 무솔리니는 북방의 발렌시아 공략을 명령했으나 소장으로 승진한 로아타의 반대에 부딪쳐 이를 단념했다. 의용군단은 4개 사단을 지휘하에 두고 있었는데 그 반수가 국방의용군에 소속되어 있는 민병부대였기에 육군에서 보낸 부대보다 숙련도에 문제가 있었다.

1937년 2월 6일, 프랑코는 말라가 공략에 호응하기 위해 마드리드 북방의 하라마로 진군하여 남북에서 수도를 포위하려 했으나 국제여단이 가세한 공화국군의 격렬한 저항에 부딪쳐 이번에도 좌절하고 말았다. 그러자 프랑코는 마드리드 공략에 대한 조력을 구했다. 무솔리니는 양동작전을 펼치기 위해 과달라하라로의 진출을 의용군단에게 명령했으며, 로아타는 편지로 '양군의 공동공격'에 대한 동의를 프랑코로부터 얻었다. 1937년 3월 8일, 과달라하라 전투에서는 무솔리니도 프랑코와 마찬가지로 뼈아픈 패배를 맛보았다. 의용군단의 피폐, 물자결핍, 악천

후, 같은 이탈리아인의 공화국군 부대인 '가리발디 국제대대'의 분전, 그리고 프랑코가 사전 협정을 어기고 공동공격을 행하지 않았다는 점 등이 고전의 원인이 되었다. 의용군단이 공화국군의 전선을 돌파하여 과달라하라 근교까지 접근했는데도 반란군 부대는 움직이지 않았으며, 공화국군의 반격이 시작된 뒤에도 구원을 하러 오지 않았다. 작전의 실패가 확정적이던 3월 18일이 되어서야 프랑코는 반란군으로 전선을 교체했다.

프랑코가 이탈리아의 스페인에 대한 영향력 저하를 기대하는 듯한 동향이 있었기에 무솔리니는 격노했으나 지원을 철회할 수 있는 단계가 아니었기에 프랑코가 이탈리아 의용군단을 지휘하에 두는 것을 수락하지 않을 수 없었다. 사령관은 로아타에서 에토레 바스티코 육군소장으로 교체되었다. 프랑코는 장기전을 전제로 한 전쟁지휘로 회귀하여 마드리드 이외의 각 지역을 공격했으며, 이탈리아 의용군단은 북부의 바스크 지방과 칸타브리아 지방을 맡게 되었다. 1937년 6월, 국민군과 독일·이탈리아군은 바스크의 빌바오에 구축되어 있던 진지인 '철의 벨트'를 둘러싼 전투에서 승리를 거두었다. 같은 해 8월, 무솔리니는 바스크 정부에 투항을 권했으나 응하지 않았기에 이탈리아 의용군으로 하여금 바스크와 인접한 칸타브리아까지 추격전을 펼치게 했고 바스크 군은 산탄데르에서 항복했다.

이탈리아 의용군단은 바스크인 난민의 망명을 인정하여 중립선이 정박해 있는 산토냐 항으로 난민을 이동시켰으나, 국민군이 그들의 인도를 강력하게 요구했다. '항복협정을 준수하겠다.'는 말이 있었기에 바스크인 난민을 넘겨주었으나 프랑코는 약식재판을 거쳐 난민을 즉시 처형했다(산토냐의 비극). 이 행동에 바스티코는 '이탈리아의 명예를 더럽혔다.'며 맹렬하게 항의했다. 무솔리니는 프랑코와 험악한 관계가 되어버린 바스티코에서 마리오 베르티 육군소장으로 사령관을 교체하여 국민군과의 협력체제를 유지했다. 한편, 프랑코의 신중함으로 인해 내전이 지나치게 장기화되어 끝이 보이지 않자 원조하는 입장에 있던 무솔리니는 프랑코에게 수차례 초조한 마음을 전달했다.

1938년 7월, 공화국군이 에브로 강에서 대공세를 개시하여 내전이 더욱 장기화되자 같은 해 9월에 이탈리아와 소련은 각각 개입부대를 삭감하고 국제여단도 해산했으며, 양군은 철수시기를 모색하기 시작했다. 같은 해 11월, 주위의 움직임에 자극을 받은 프랑코가 적극책으로 나서서 이탈리아 의용군단과 독일 콘도르 군단을 전면적으로 투입하는 반격작전을 개시했다. 1939년 1월, 반란군에 의한 공화국 정부의 본거지 카탈루냐에 대한 최종 공격이 개시되었으며, 1월 26일에 이탈리아 의용군단이 임시수도인 바르셀로나로 돌격, 2월 3일에 마누엘 아사냐 대통령 등 공화국 정부의 각료진이 프랑스로 망명했다. 2월 13일, 프랑코는 내전 중의 행위에 대해서 '법의 불소급을 적용하지 않는다.'고 선언한 뒤 공화국파에 대해서 무차별적인 숙청을 감행했으나, 무솔리니는 공화국 관계자에 대한 망명과 구명활동을 도우라고 의용군에게 명령했다. 옛 수도 마드리드 등 일부 지역에서 저항이 계속되었으나 오래 지속되지는 않았으며 3월 중에는 거의 전국이 제압당했다.

1939년 4월 1일, 프랑코가 내전 승리를 공식적으로 선언했다. 프랑코는 의용군단의 활약을 높이 평가하여 내전 종결을 축하하는 기념 퍼레이드가 마드리드에서 행해졌을 때 그들을 주역으로 내세웠다. 스페인 내전의 승리로 이베리아 반도에서의 파시스트정권 수립이라는 목적이 달성되었기에 지중해 각국에서 무솔리니의 위신은 높아졌으나, 군비와 국비를 소비했기에 이탈리아 국익을 해친 부분도 적지 않았다.

· '로마와 베를린의 추축' 발언

독일의 히틀러 정권은 파시즘에 영향을 받은 나치즘과 베르사유 조약 체제 타파를 앞세워 재군비 선언 등에 착수, 국제적으로 고립되었다. 히틀러는 무솔리니에 대한 존경심을 공언했으며 이른 단계에서부터 독일과 이탈리아의 국가동맹을 모색했다. 이에 대해서 무솔리니는 독일이라는 국가에는 젊었을 때부터 호의를 품고 있었으나 나치즘이 가진 인종주의적 요소를 혐오했으며, 권력정치라는 점에서도 베르사유 체제 유지를 지지했다.

1934년 6월, 이탈리아를 첫 번째 순방국으로 선택한 히틀러와 베네치아에서 회담했다. 회담에서 히틀러는 무솔리니를 카이사르에 비하는 등 커다란 호의를 보였으나, 특유의 북방인종론을 입에 담아 분위기가 식었다. 무솔리니는 나치스의 반유대주의를 '상식에서 벗어났다.'며 비판했고, 오스트리아 병합문제에서도 돌푸스 정권을 지지했다. 회담 후, 외무차관과의 대화에서 히틀러를 '광대'로 평했다는 것은 유명한 일화다. 그 후에도 연달아 일어난 돌격대 숙청과 돌푸스 암살사건 등 히틀러의 인간성을 의심할 만한 사건들이 이어졌기에 혐오감은 더욱 깊어져만 갔다. 그런 이유에서인지 독일과 이탈리아 사이에서는 이후 3년에 걸쳐서 회담이 열리지 않았다. 그러나 히틀러의 정치적 능력에 대해서는 무솔리니도 당초부터 높이 평가했으며, 자신에 대한 경의도 진심으로 받아들였다. 제2차 에티오피아 전쟁으로 영국·프랑스와 대립할 무렵부터 히틀러와의 교류를 진전시켰으며, 스페인 내전에서는 사실상의 동맹국으로 공동전선을 펼쳤다.

무솔리니는 1923년에 '역사의 추축은 베를린을 통과한다.'며 당시 바이마르 공화정 체제하의 독일정부와의 관계의 중요성을 지적할 때 처음으로 '추축'이라는 용어를 정치적으로 사용했다. 그로부터 독일과 이탈리아의 관계가 깊어가던 중에 '로마와 베를린의 추축'이야말로 새로운 세계질서를 낳는다고 연설하여, 구협상국에 도전하는 독일과 이탈리아를 '추축국'이라고 부르는 정치용어가 국제적으로 정착되었다. 1930년대 후반부터 무솔리니는 신생 독일이 영국과 프랑스를 대신할 것이라고 역설하게 되었으며, 구협상국의 중심인 영국과 프랑스에서 인구

독일어로 연설하는 무솔리니

감소와 고령화가 진행되고 있음을 쇠퇴의 증거로 들고, 독일과 이탈리아에 의한 추축국의 형성을 국민에게 호소했다.

1937년 7월, 이번에는 무솔리니가 독일을 방문하기로 결정하자 히틀러는, "나의 스승이 오신다. 모든 것이 완벽해야 한다."라고 측근에게 말하고 숙박할 건물과 사용할 방을 세심하게 검토했으며, 베를린 중앙광장에 스스로 설계한 무솔리니 기념상을 건설케 했다. 독일 각지에서 나치당원의 조직적인 환영을 받은 무솔리니는 유럽 최고의 공업력과 재건된 독일 국방군 육군부대의 훈련을 시찰한 뒤 깊은 감명을 받았다. 회담의 마무리로 전년도에 베를린 올림픽이 개최되었던 마이펠트 광장에서 열린 나치당의 정치집회에 참석하여 기념연설을 행했다. 100만 명의 청중 앞에서 히틀러로부터 '역사에 의해 만들어지는 것이 아니라 역사를 만드는, 얻기 어려운 인물'로 소개를 받은 무솔리니는 근대 독일과 이탈리아가 같은 시기에 통일을 달성했다는 사실을 이야기하고,

현대 독일과 이탈리아의 우호, 그리고 파시즘과 나치즘의 사상적 동맹에 관해서 다음과 같이 독일어로 연설했다.

"파시즘과 나치즘은 같은 세기에 같은 행동으로 통일을 획득하여 부활한 우리 민족들의 생명을 연결하는 역사적 전개의 병행성의 표현이다."

"우리는 세계관의 많은 부분을 공유하고 있다. 의사가 민족의 생명을 결정짓는 힘이며, 역사를 움직이는 원동력임을 우리는 확신하고 있다."

"파시즘에는 지켜야할 윤리가 있다. 그 윤리는 나의 개인적 윤리이기도 하다. 그것은 숨김없이 명확하게 발언하는 것이며, 친구가 있다면 최후까지 함께 나아가는 것이다. 지금의 세계에 존재하는 가장 순정한 민주주의국가는 독일과 이탈리아이며, 내일은 유럽 전체가 파시즘화할 것이다."

고립감에 빠져 있던 독일 국민의 심정을 이해한 무솔리니는 독일과 이탈리아의 우정을 이야기하고, 파시스트당과 나치당의 연대를 이야기했다. 비가 내리는 악천후 속에서 행해졌음에도 불구하고 현란하게 민중을 선동하는 무솔리니의 연설 중에는 나치당원으로 부터 몇 번이고 갈채가 올랐으며 박수가 회장에 울려퍼졌다. 그것은 이탈리아가 여우처럼 교활한 국가에서 탈피할 것을 약속하는 '우정의 서약'이기도 했으며, 무솔리니 개인은 최후까지 그 서약을 지켰다.

1938년 3월 13일, 오스트리아에서 행해진 주민투표를 근거로 독일이 오스트리아 병합을 실행하자 무솔리니는 이를 승인하는 선언을 했다. 히틀러가 직접 보낸 전보가 무솔리니에게 도착했는데 거기에는 '평생 잊을 수 없는 일'이라고 적혀 있었다. 같은 해 5월에 히틀러의 두 번째 이탈리아 방문이 있었는데 나폴리에서 행해진 이탈리아 왕립해군에 의한 관함식을 시찰했다. 육군으로 구성된 독일군에 비해서 대규모

전함과 80척의 잠수함대를 가진 이탈리아군의 실연을 본 히틀러는 이탈리아 해군의 전력에 기대를 품었다. 반면 빌헬름 2세를 냉대하는 히틀러와 달리 입헌군주제를 유지하는 무솔리니가 사보이아가와 비토리오 에마누엘레 3세에 충성을 맹세한 것에 대해서는 우려의 말을 하기도 했다.

무솔리니와 히틀러

독일과 이탈리아의 접근에 위기감을 느낀 영국의 접촉으로 협상동맹을 재건하기 위한 교섭도 진행되었으나, 이탈리아와 튀르크의 전쟁 이전부터 계속된 튀니지 영유권과 이탈리아계 튀니지인 문제를 둘러싼 프랑스와 이탈리아의 대립도 있었기에 이렇다 할 성과는 얻지 못했다. 한편 무솔리니는 1938년 4월 16일에 영국과 중립조약을 체결했으며, 소련과는 그 이전인 1933년에 우호중립불가침조약을 맺었기에, 이탈리아의 가상의 적국은 독일이나 영국, 미국, 소련이 아니라 이탈리아의 미회수 영토를 포함하고 있는 프랑스였음을 엿볼 수 있다.

· 독일 · 이탈리아 · 일본 방공협정

천진에 조계(租界)를 가지고 있던 이탈리아는 1930년대 중반에 전 외무장관인 알베르토 데 스테파니를 금융재정 고문으로, 그리고 공군

고문과 해군 고문도 중국에 상주시키고 이탈리아제 병기를 대량으로 수출하여 중일전쟁에 투입, 일본으로부터 항의를 받았다. 그런데 에티오피아 전쟁으로 이탈리아에 대해서 행해진 경제제재에 중국이 찬성한 사실을 두고 상해 총영사로 근무한 경험도 있던 갈레아초 치아노 외무장관이 '유감'을 표명했기에 중국과의 관계가 급속도로 악화되기 시작했다.

거기에 1937년 8월 21일에 중국과 소련의 중소불가침조약이 성립되었기에 이탈리아의 방공협정 참가는 피할 수 없는 것이 되었으며, 무솔리니는 동양의 평화를 위해 일본의 자위행동을 시인한다는 논문을 발표, 벨기에 9개국 조약회의에서 이탈리아 대표단은 일본을 지지하는 등의 움직임을 보였다. 회기 중인 1937년 11월 6일, 이탈리아가 원 서명국 가운데 하나로 방공협정에 가맹할 것을 규정한 '일본국 독일국간에 체결된 공산인터내셔널에 대한 협정에의 이탈리아국의 참가에 관한 의정서'에 조인하여 독일, 이탈리아, 일본 방공협정으로 발전했다.

또한 1938년 5월부터 6월에 걸쳐서 이탈리아는 대규모 경제사절단을 일본과 만주국에 보냈다. 그리고 8월에 이탈리아는 중국에의 항공기 판매를 중지했으며, 12월에는 독일에 이어 공군과 해군 고문단의 완전한 철수를 결정, 일본을 중시하는 자세로 돌아섰다. 게다가 같은 해 11월에 이탈리아는 만주국을 승인했다. 이에 대한 답례로 일본 육군은 이탈리아에서 항공기와 전차, 자동차와 선박 등의 조달을 추진하여 중일전쟁의 전장에 연달아 투입했다. 이탈리아 역시 대두의 공급처로 만주국을 선택하여 전 수출량의 5%를 점했으며, 미국으로부터의 수입을 중지했다.

· 뮌헨 회담

1938년 9월 28일, 오스트리아에 이어 체코슬로바키아의 주데텐 지방을 노리는 나치스정권에 대해서 사태를 무겁게 본 영국과 프랑스가 개입했다. 히틀러는 최악의 경우 그대로 세계대전에 임할 각오였으나 양 진영에서 일단 조정의 자리를 마련했으며, 곧 양자 사이에 선 이탈리아도 포함하여 회담이 시작되었다.

무솔리니는 영어, 독일어, 프랑스어, 이탈리아어 4개 국어를 사용하여 통역 없이 각 참가자와 정력적으로 논의를 거듭하고 의견을 교환하여 회담을 독일에게 유리한 쪽으로 이끌고 갔다. 바이에른 사투리가 섞인 독일어밖에 구사하지 못하는 히틀러의 중개역을 맡아 어학에 뛰어난 무솔리니는 커다란 활약을 했다. 회담에 참가한 주독 프랑스 대사 안드레 프랑소와-폰세는 외교의 장에서 히틀러는 무솔리니에게 완전히 의존하고 있었다고 술회했다.

"……히틀러는 마치 최면술에라도 걸린 사람처럼 무솔리니가 웃으면 자신도 웃었으며, 무솔리니가 얼굴을 찌푸리면 함께 얼굴을 찌푸렸다."

영국과 프랑스의 소극적인 태도도 있었기에 회담은 결국 히틀러의 주장을 전면적으로 옹호하는 무솔리니가 주도권을 쥔 채 끝나버리고 말았으며, 독일의 주데텐 병합이 승인되었다. 회담에 참가조차 하지 못하고 조국을 해체당한 체코슬로바키아의 얀 마사리크 주영 대사는 옆방에서 눈물을 흘렸다고 한다. 이탈리아로 귀환한 무솔리니는 평화의 사자로 칭송받으며 정치적 권위의 정점에 이르렀다.

· 알바니아 병합

뮌헨 회담에서 체코슬로바키아 해체에 대해 국제사회가 소극적인 자세를 취하는 모습을 본 무솔리니는 1939년 3월 25일에 알바니아 병합도 가능하다고 생각하여 조구 1세에게 최후통첩을 보내 선전포고했다. 런던 조약 후에 오스만 제국에서 독립을 달성한 알바니아 공국은 공화제로의 이동을 거쳐 조구 1세에 의한 독재가 행해지고 있었다. 알바니아 왕을 자칭하는 조구는 무솔리니의 협력을 얻어 독재체제를 유지하고 있었기에 실질적으로는 이탈리아의 괴뢰정권이 되어 있었다. 4월 7일에 이탈리아군이 아드리아 해를 건너 알바니아에 상륙, 4월 10일에 수도 티라나를 점령하여 전쟁은 종결되었으며 조구는 영국으로 도망쳤다. 4월 12일, 알바니아 의회는 조구의 폐위와 이탈리아 왕 비토리오 에마누엘레 3세에게 알바니아 왕 재관을 청원하는 결의를 행했다. 4월 17일, 로마에서 재관식이 행해져, 이탈리아 왕국과 알바니아 왕국은 같은 왕을 둔 연합이 되었다.

이탈리아 본국에서 알바니아 총독이 파견되는 등 취급은 식민지를 대하는 내용에 가까웠으며, 알바니아군은 이탈리아 왕국군의 외국인 사단으로 통합되었고, 외무부 직원은 이탈리아 외무부의 알바니아 대사관으로 흡수되었다. 국가운영은 알바니아 총독에 의한 통제하에서 정치가 타우픽 세림이 파시스트당을 모방해서 결당한 알바니아 파시스트당과 당의 무장조직인 알바니아 민병이 담당했다.

· **강철협약**

국제연맹 탈퇴, 스페인 내전, 방공협정, 뮌헨 회담 등 유럽에서 독일과 이탈리아 양국의 급속한 접근을 나타내는 일들이 연달아 일어났음에도 불구하고, 무솔리니는 공식적으로 독일과 이탈리아의 동맹을 맺자는 히틀러의 제안에는 늘 난색을 표명해왔다. 이는 이해관계에 차이가 있었을 뿐만 아니라 타국을 압도하는 공업국인 독일과 후진적 농업국인 이탈리아의 군사력 차이가 하나의 원인이기도 했다. 정권의 좌에 오른

지 15년 이상의 세월이 흘러 독재체제가 장기화하는 가운데 무솔리니는 이탈리아 경제와 군비가 심각하게 쇠퇴하고 있는 상황을 우려하고 있었다.

이탈리아는 원래 기본적으로 농업국이었기에 경제규모에 비해서 공업생산력이 낮았으며, 공업화의 중점화라는 의미에서는 소국인 체코 슬로바키아나 헝가리가 훨씬 유리한 상태에 있었다. 공업력의 부족에 대한 예로 근대 수송의 요체인 자동차 생산수를 들어보겠다. 대전 전후의 프랑스, 혹은 영국 본국의 자동차 생산수는 약 250만 대였음에 비해서 이탈리아의 자동차 생산수는 약 37만 대에 지나지 않아 영국이나 프랑스의 15% 정도밖에 되지 않았다. 이는 이탈리아군이 영국이나 프랑스군에 비해서 부대의 기계화에 크게 뒤쳐졌음을 의미한다. 전쟁행위의 유지에 필요불가결한 전략물자의 결핍도 심각한 상태였고, 이탈리아 반도 및 대륙부는 자원이 극히 빈약했으며, 거기에 영국처럼 유력한 식민지도 보유하고 있지 못했다.

위와 같은 이유로 이탈리아 왕국군의 육군과 공군은 구식 병기를 신식으로 바꾸지 못했으며 병력 동원과 훈련도 충분하지 못한 상태에 놓였고, 핵심인 해군조차 제대로 운용할 수 없는 입장이었다. 군수조사담당 장관인 카를로 파바그로사는 군수 생산력이 충분히 확보되는 것은 1949년이 될 것이라는 시산을 정리했다. 보고는 후에 수정되었으나 그래도 '1942년 10월까지 대규모 전쟁은 불가능하다.'는 결론을 내렸다. 1939년 5월 22일, 히틀러의 요청에 응해서 독일과 이탈리아 사이에 10년 동안의 국가동맹(강철협약, 피의 맹약)이 체결되었으나, 동시에 무솔리니는 군비 면에서의 협력관계에 있어서는 준비의 필요성을 설명하여 1943년까지 공동참전 의무의 연기에 대해서 히틀러의 동의를 얻었다. 이탈리아 왕인 비토리오 에마누엘레 3세, 이탈로 발보 공군장관,

갈레아초 치아노 외무장관 등이 독일과의 동맹에 반대하는 목소리를 냈을 뿐만 아니라, 강철협약 이전에 영국과 중립조약을 체결하기도 했기에 대전 초기의 이탈리아는 국외중립국을 선언할 수밖에 없었다.

특히 치아노는 히틀러의 과격한 침략사상에 경계심을 품고 있었기에 폴란드에 대한 야욕으로 세계대전을 일으켜서는 안 된다고 직접 요청하기도 했으나, 히틀러는 오히려 달마티아를 영유하고 있는 유고슬라비아로 이탈리아가 침공할 것을 제안했다.

* 제2차 세계대전

· **국외중립과 참전**

소련의 소비에트 연방과 독소불가침조약을 맺은 히틀러가 폴란드 침공(1939. 9. 1)을 실시하여 마침내는 우려하던 제2차 세계대전이 발발하고 말았다. 동란에 관여하는 것을 일관되게 반대해왔던 치아노 백작은 영국 정부와 연락을 취해 영국의 외무장관인 에드워드 우드와 교섭을 행했다. 에드워드 우드는 치아노 백작에게, 구협상국 이후 이어진 우호에 따라 연합국 쪽에 서서 참전할 것을 요청했다.

프랑스의 행동은 영국과 대조적이었다. 독일의 행동을 자살행위라고 본 프랑스는 새로운 대전이 독일의 패전으로 간단히 끝날 것이라 예측하고 있었다. 또한 이탈리아와는 앞서 이야기한 것처럼 '미회수 이탈리아'에 의한 코르시카, 니스의 귀속문제나 북아프리카의 식민지 분할을 둘러싼 다툼 등 여러 영토문제로 대립하고 있었으며 교섭도 정체되어 있었는데, 이러한 배경 때문에 프랑스는 상황을 자국의 위기가 아닌 호기로 보았다. 독일 국경으로 군을 진군시키는 한편, 영국령 이집트와 프랑스령 알제리 사이에 껴 있는 이탈리아령 리비아로도 중립을 파기하고 침공하자는 의견까지 나온 상태였다.

한편 추축진영의 파트너인 독일은 앞선 강철조약에 '군비의 필요성에 의한 참전연기' 조문이 있음에도 불구하고 이탈리아가 독일 편에 서서 조기에 참전할 것이라 보고 있었다. 1939년 11월, 히틀러는, "두체가 건재한 이상, 나는 이탈리아가 제국주의적 호기를 놓칠 리 없다고 확신한다."고 말했다. 또한 역사가인 알렉산더 깁슨은, "연합국 측에서는 이탈리아가 독일을 지지하여 추축국 진영이 형성되는 것은 시간문제라고 보는 의견이 다수를 점하고 있었다."라고 말한 뒤, 연합국 측에서 '참전이 확실하다면 이탈리아 왕국군의 군비가 갖추어지기 전에 참전시킬 필요가 있다.'고 인식하여, 이탈리아의 참전을 재촉하는 도발을 되풀이했다고 주장했다.

그러나 실제로 무솔리니는 스스로의 이념을 관철시키기보다, 국가 지도자로서의 객관적인 판단을 우선시했다. 피폐한 군비와 경제로 장기전은 불가능하며, 외교적으로도 독일에 종속될 우려가 있다는 결론을 굽히지 않았다. 또한 외교 면에서 영국·미국과 대립하면 매우 불리한 입장에 놓이게 된다는 점에도 유의할 필요가 있으며, 특히 수에즈 운하를 봉쇄당해 지중해 무역망이 끊기면 원재료 수입이 어려워질 것이라고 생각했다. 그랬기에 폴란드 침공에 대해서는 국외중립을 선언했으며, 프랑스 침공에 대해서도 사태를 지켜보는 자세를 선택했다. 그러나 국왕과 측근들로부터도 찬성을 얻은 이 판단에 대한 결의는, 전격전에 의한 영국과 프랑스 주력군의 붕괴에 의해서 와해되기에 이르렀다. 공세로 전환한 뒤부터 압도적인 기세로 수도 파리로 공격해 들어가는 독일군 앞에 프랑스군의 베이간 장군이나 친이탈리아파 정치가인 라발로부터, '독일과의 휴전을 중재해주었으면 한다.'는 요청을 받았다.

갑자기는 믿을 수 없는 독일군의 역사적 압승을 앞에 두고 무솔리니보다 훨씬 더 참전에 신중했던 군부와 왕당파 가운데서도 점차 태도를 바꾸는 자들이 나타나기 시작했으며, 육군 총책임자로 훗날 무솔리니를 배신하는 인물인 피에트로 바돌리오 참모총장과 국왕인 비토리오 에마누엘레 3세까지 참전파로 돌아섰다. 애초부터 심리적으로는 참전을 바라던 무솔리니였기에 그를 가로막고 있던 요인들이 사라진 이상 국외중립이라는 판단도 뒤집힐 것은 명백한 사실이었다. 그러나 언제나 현실적인 성격이었던 무솔리니에게 히틀러에게서 볼 수 있는 것과 같은 과대망상 경향은 없었으며, 이탈리아 제국이 로마 제국의 판도를 영유할 수 있으리라는 몽상에 잠긴 적 역시 한 번도 없었고, 히틀러의 『나의 투쟁』으로 대표되는 세계지배 마스터플랜을 내건 적도 없었다.

무솔리니는 퇴역군인으로서 전쟁을 미덕으로 여기며 정신론적으로 찬양하고, 제국주의자로서 이탈리아 민족의 조상인 고대 로마를 찬양했으나, 그것은 국민을 고무하기 위한 정치선전에 불과했다. 무솔리니는 조국의 군비와 국민경제의 피폐를 알고 있었으며, 그 결과 장기전이나 대규모 전쟁은 불가능하다는 사실도 충분히 이해하고 있었다. 그러나 영국과의 전쟁이 종결되면 전쟁은 단기간에 끝날 것(따라서 군비부족은 근본적인 문제가 되지 않을 것)이라고 판단했기에 참전을 결정했다. 실제로 프랑스가 항복 직전으로 내몰렸고, 미국과 소련은 중립을 유지하고 있었으며 남은 것은 영국뿐인 상태에서 동시대 사람의 눈에 이러한 판단은 잘못된 것으로 보이지는 않았다. 그러나 히틀러는 애초부터 유럽에서 볼셰비키를 일소하고 동방생존권을 얻기 위해 소련과의 전쟁을 피할 수 없는 운명이라 생각하고 있었다. 자신의 '우리의 바다'는 단순한 슬로건에 지나지 않으나, 히틀러의 '생존권'은 그의 정치목표임을 무솔리니는 꿰뚫어보지 못했던 것이다.

1940년 6월 10일, 영국의 항복에 의한 조기 종전과 추축국 진영의 승리를 예상하고 이탈리아 왕국은 프랑스 공화국과 영국 제국에게 선전포고했다. 베네치아 궁에 모인 군중을 향해 행한 선전포고 연설에서 무솔리니는 이 전쟁은 이데올로기를 둘러싼 전쟁이자, 인구감소와 고령화로 몰락해가고 있는 영국·프랑스와의 싸움이며, 파시스트 혁명의 최종 도달점이라고 연설했다.

"우리는 승리할 것이다. 이탈리아와 유럽과 세계에 오랜 평화와 정의의 시대를 가져다주기 위해서! 이탈리아 국민이여! 무기를 쥐고 너희들의 강인함을, 용기를, 가치를 보여주자!"

이날 이탈리아군은 프랑스 국경을 넘어 코트 다쥐르로의 침공을 개시했다. 1940년 9월 27일에 독일·이탈리아·일본 방공협정을 발전시킨 삼국군사동맹이 맺어져 추축국 진영의 중심이 되었다.

· 서전에서의 좌절

개전과 함께 프랑스와의 국경지대로 향한 이탈리아 제1군과 제4군을 통합하여, 황태자인 움베르토를 명목상의 지휘관으로 삼은 서방군집단을 편성했다. 군집단의 병사는 30만을 헤아렸으나, 병사들의 장비는 열악한 것이었다. 특히 산악전에서의 방한장비가 전혀 준비되어 있지 않아 극한의 알프스 산맥을 진군하는 부대에서 동상자가 다발, 산악에서의 동상자 수가 2,151명에 달했다. 해안선을 따라 진군하는 부대는 국경지대인 망통을 점령하여 전술적 승리를 얻었으나 독일과 프랑스 간 국경지대의 마지노선이라 일컬어지던 알파인에 도착하여 전시대적인 정면공격을 감행한 사령부의 무모함 때문에 손해를 입었다.

결국 프랑스가 추축국에게 전면 항복을 선언하고 비시프랑스 정권이 성립되기까지 631명의 전사자와 수천 명의 부상자가 나왔다. 이탈리아도 프랑스와 휴전협정을 맺고 그 대가로 망통 할양과 사부아 및 니스의 비무장화를 포함한 프랑스 남부에서의 이탈리아 진주 권리를 얻었으나 코르시카와 전략상 중요한 튀니지의 획득에는 실패했다. 개전 이전부터 우려되었던 군비부족과 전시대성이 상상 이상으로 크다는 사실을 통감하지 않을 수 없었다.

프랑스의 항복 이후 전쟁의 주요 대상은 예상했던 대로 고립되어버린 영국으로 한정되었다. 프랑스 북부에서 영국군을 몰아내고 영국 본토로의 상륙을 위해 영국 본토 항공전을 펼치던 히틀러로부터 북아프리카의 영국령 식민지를 공격해달라는 요청이 있었다. 북아프리카에서는 프랑스령 튀니지의 위협이 줄어들었기에 이탈리아령 리비아에서부터 영국령 이집트로의 진출을 꾀했으며, 병행해서 영국 본토 항공전에도 공군부대를 투입했다. 무솔리니가 이집트 원정을 명령하자 이탈리아·리비아 방면의 군이 서이집트 국경을 점령했다. 또한 아프리카의 AOI군을 적극적으로 활용하여 영국령 소말릴란드, 케냐, 수단 등에서도 영국군에게 승리를 거두었다.

북아프리카 전선에서 수적으로는 우세에 있었으나 공업력이 부족하여 기계화로 나아가지 못한 이탈리아군에 비해서 영국군은 기계화 보병과 전차부대를 보유하고 있었기에 군부 내에서는 원정을 반대하는 풍조가 매우 강했다. 로돌포 그라치아니 육군원수가 '벼룩이 코끼리에게 덤벼드는 것과 같은 폭거'라고 충고했으나, 독일 지원을 결정한 무솔리니는, "1천 문의 대포를 가진 벼룩은 들어본 적이 없네."라고 대답했을 뿐이었다. 원정이 시작되자 염려했던 대로 원정군은 수송력과 설비 부족으로 병참을 유지하지 못했다. 알렉산드리아로 향하는 철도의 시발점인 마르사 마트루흐에 도달하기 전에 보급선이 끊겨 시디 바라니에서 공격의 한계점에 달했다. 그라치아니 원수는 발보 시절부터 거듭 기계화 장비와 장갑전력의 증파를 요구했으나, 바돌리오 원수 등의 반대도 있었기에 실현하지는 못했다. 영국 본토 항공전에 참가한 공군 부대도 항속거리 부족과 숫자의 부족 때문에 영국군 승리로 기울어가고 있는 전국에 영향을 주지는 못했다. 유일한 전략적 승리를 거두고 있던 동아프리카 전선도, 보급수단이 거의 존재하지 않는다는 악조건 때문에 주요 전선인 북아프리카 전선이 정체한 이후부터는 방어전만을 펼치게 되었다. 최종적으로 영국군에 의해 이집트 원정군은 포위 섬멸당했으며, AOI군은 정규병과 동아프리카 병사 대부분이 전사하거나 부상당할 때까지 싸웠으나 곤다르 전투를 마지막으로 AOI군의 조직적 저항도 끝을 맺었다.

영국과의 전쟁에 대한 타개를 바라던 무솔리니는 동·북아프리카 전선과 병행하여 육지로 이어져 있는 속국 알바니아를 교두보로 발칸 반도에서의 군사행동을 결정하고 친영 국가인 그리스로의 침공을 결의했다. 그리스를 점령하면 발칸 반도는 추축국 일색으로 물들어 영국군은 아프리카의 배후인 중동의 영국령 식민지에의 침공을 걱정해야 할 필요가 있었다. 이집트나 이라크, 시리아에서 반영투쟁이 활발하게 전개되고 있다는 점도 선택을 부추긴 요인 가운데 하나였으나, 지금까지 영국과의 전쟁을 부추겼던 히틀러는 이를 강력하게 반대했다. 영국 본토 상륙이 불가능해진 이후 히틀러는 영국과의 전쟁은 뒤로한 채 중립동맹을 맺은 소련으로의 기습을 감행하여 침공하겠다는 구상을 세우고 있었으나, 이 시점에서는 동맹국에게도 비밀로 하고 있었으며 무솔리니에게조차 통보하지 않았다. 무솔리니 쪽도 루마니아 진주 등을 아무런 상의 없이 진행한 히틀러에 대해 불신감을 품고 있었기에 추축 내에서 병행하여 전쟁을 진행하겠다는 결의를 굳혔다.

서전에 투입이 준비된 전력은 그리스군에 비해서 약간 많은 정도였는데, 이는 제1차 세계대전 후의 그리스와 튀르키예의 전투에서 받은

'약소한 그리스군'이라는 감정이 존재했기 때문이었다. 그러나 그리스 군이 에피루스 산악지대에 자연을 이용한 견고한 방어선을 구축했으며, 추축진영인 불가리아가 중립을 선언했기에 산악지대를 우회할 수도 없게 되었다. 또한 개전 직후의 병력 부족을 보충하기 위해 군부에서는 대규모 동원령을 실시했으나, 국내 생산력 저하가 문제시되었기에 동원을 부분 해제하는 방침으로 전환했다. 갑작스러운 전선 확대는 병력이 부족한 사단으로 전투를 치르겠다는 것을 의미했기에 군부는 원정을 강력히 반대했다. 무솔리니 자신도 망설였으나, 최종적으로는 로마 진군 기념일인 10월 28일에 알바니아 주둔군에 의한 진군이 개시되었다.

이탈리아 병사가 에피루스 산맥의 북부로 진출하기는 했으나 우기에 산악지대를 행군한다는 것은 매우 어려운 일이어서 별 진전이 없는 산악전이 계속되었다. 그리스군의 증원과 동맹군인 알바니아군의 반란이 연달아 일어나 전선은 오히려 후퇴했으며, 수세에 몰려 알바니아 남부에 방어선을 형성하는 굴욕을 맛보았다. 무솔리니는, "그리스에게 지느니 나는 차라리 이탈리아인이기를 그만두겠다."라고까지 말했다. 대국 영국이라면 몰라도 한 수 아래로 평가되던 그리스에 고전을 면치 못하는 참상에 무솔리니는 군부에 대한 실망을 참지 못하고 징벌적 인사로 바돌리오 원수를 참모총장에서 해임했다.

· 독일로의 종속

1941년 1월 18일, 예상했던 것보다 훨씬 더 어려움을 겪고 있는 전선의 상태에 실망감을 안은 채, 무솔리니는 베르히테스가덴의 베르그호프에서 열린 독일과의 수뇌회담에 참가했다. 무솔리니를 존경하는 히틀러는 진심어린 위로의 말을 건네고 이탈리아 왕국군의 고전에 대해서도 옹호하는 발언을 했으나, 동시에 앞으로는 추축국의 전쟁

지도에 혼선을 빗게 하지 말라고 요구했다. 회담에서 무솔리니는 자신의 전쟁지도를 바꾸겠다는 뜻을 굳혔으며, 추축국 진영 내에서 독일과 히틀러가 주도하는 전쟁계획에 종속하겠다는 자세를 선명히 했다.

유고슬라비아 왕국에서 국왕 페타르 2세가 독일의 거듭되는 내정간섭을 거부하고 친독파를 일소하는 사건이 일어나자 격노한 히틀러는 곧 군을 남하시켜 유고슬라비아 침공을 감행했다. 무솔리니는 군에 독일을 도우라고 명령했으며, 이탈리아 제2군이 이스트라 반도에서 유고슬라비아령으로 진군, 남하한 독일 제2군과 함께 유고슬라비아 제7군을 협공하여 슬로베니아 지방을 점령했다. 또한 피우메에서 아드리아 해 연안부로도 진군하여 달마티아 지방을 점령했으며, 북부 알바니아에서도 이탈리아 제9군이 동원되었다. 싸움은 독일 · 이탈리아 · 헝가리로 구성된 추축군의 압승으로 끝났으며 유고슬라비아 왕국은 해체되었다. 군사적 존재감을 발휘한 무솔리니는 분할안에 따라서 슬로베니아의 독일 병합을 인정하는 대신 달마티아 연안부의 병합에 의한 달마티아 이탈리아인의 통합이라는 중요한 정치적 성과를 거두었다.

다른 점령지인 몬테네그로 지방에 대해서 무솔리니와 히틀러는 이탈리아의 왕비이자 몬테네그로의 공주였던 엘레나의 혈통 가운데서 페트로비치-네고슈 가의 왕조를 부흥시키기로 합의를 보았다. 나치스와 파시스트당에 반대하고 있던 미하일로 페트로비치가 협력을 거부하는 돌발사고가 발생하기는 했으나 몬테네그로가 '이탈리아의 영역'이라는 협정에는 영향을 주지 못했으며, 엘레나의 남편이자 이탈리아의 왕인 비토리오 에마누엘레 3세가 알바니아, 에티오피아에 이어서 몬테네그로에서도 사실상 군주를 겸임했다. 훗날 히틀러는 미하일로를 반이탈리아 · 반독일주의자로 강제수용소에 수감했으나, 엘레나의 요청을 받은 무솔리니의 중재로 석방되었다.

달마티아를 제외한 크로아티아 지방에는 크로아티아인 국가가 건국되었으나 여기에도 자신이 오랜 세월 지원해오던 크로아티아인 단체 우스타샤의 지도자인 안테 파벨리치와 사보이아 가의 아이모네 두 사람을 보내서 각각 크로아티아 수상과 크로아티아 국왕으로 삼아 괴뢰화 시켰다(크로아티아 독립국). 종속국 알바니아의 대알바니아주의도 교묘하게 활용, 코소보 편입을 인정케 하여 영향권에 두는 등 유고슬라비아 분할로 가장 풍성한 성과를 거두었다.

유고슬라비아를 정리한 히틀러는 불가리아를 추축국 측에 참전시키고, 그대로 이탈리아와 그리스의 전쟁에도 참전, 그리스군의 측면을 찔러 그들을 붕괴시켰다. 그리스 점령지에는 독일 · 이탈리아 · 헝가리가 공동으로 통치하는 그리스국이 설치되었으며, 통치영역 대부분을 이탈리아가 담당하여 핀도스 공국 등을 수립했다. 무솔리니는 구유고슬라비아령에도 다수의 육군과 경찰병력을 주둔케 했으며, 알바니아 · 몬테네그로 · 크로아티아 이외에도 세르비아계 민병조직인 체토니크를 지지하는 등 대전 후반까지 이 지역의 치안유지에 힘썼다.

아프리카 전선에서는 히틀러가 제안한 독일과 이탈리아 양군의 북아프리카 원정을 받아들이는 형태로 독일의 아프리카 군단을 지원군으로 맞았으며, 후임 육군참모총장이 된 우고 카발렐로 육군대장을 설득하여 독일군의 실질적인 독립지휘권도 용인했다. 발칸의 정세가 결정된 후에는 병력의 추가 파병에도 착수하여 제185공정사단, 제102기계화사단, 제131전차사단 등을 이탈리아의 본토와 발칸 반도에서 북아프리카로 보냈다. 독일과 이탈리아 양군이 영국군을 밀어붙여 이집트령 엘 알라메인까지 진군, 중동에서 추축군과 연합군의 전투도 본격화되었다.

어느 시점까지 독일에의 종속은 타당한 판단인 듯 보였으나, 영국 본토를 내버려둔 채 히틀러가 소련과의 전쟁을 개시하자 계산은 다시 어긋나기 시작했다.

독일의 기습작전을 안 것은 공세가 개시된 오전 0시에서 3시간이 경과한 뒤의 일이었다. 주이탈리아 대사로부터 히틀러의 비밀연락을 받은 무솔리니는 서면을 읽고 난 뒤, "이건 광기다."라고 중얼거렸다고 한다. 같은 해 말에는 일본이 코타바루 상륙을 계기로 미국과의 교전상태에 돌입, 무솔리니는 히틀러의 독일에 이어 미국에 대해서 선전포고했다. 일본과 미국의 참전으로 전선은 유럽에서 확대되어 그야말로 세계대전이 되었다. '영국과 프랑스 대 독일과 이탈리아'의 전쟁은 '미국과 소련과 영국 대 독일과 이탈리아와 일본'의 대전으로 이동되어 참전 당초와는 전혀 다른 양상으로 변해갔다.

추축국·신추축국의 협력도 단계적으로 개시되어 루마니아, 핀란드, 체코슬로바키아, 헝가리, 비시프랑스, 스페인 등이 원군을 파병했다. 1941년 6월 22일, 무솔리니도 히틀러에 협력을 제안, 조반니 메세 육군중장을 지휘관으로 하는 '이탈리아의 러시아 파병군'을 파견했다. 메세 중장은 기병연대와 자동차화사단 등을 이끌고 남방군집단, 독일 제11군의 지휘 밑으로 들어가 페트로프카와 스탈리노 점령 등 독일과 소련의 초기 전격전에서 활약하여 히틀러로부터 기사철십자훈장을 수여했다.

독일을 중심으로 한 추축군이 일거에 우크라이나에서 벨라루스까지를 점령하에 두는 승리를 거두자 비현실적으로 보였던 히틀러의 생존권 구상과 인종적 세계관이 현실이 될 것처럼 보였다. 무솔리니는 원군을 파견하기에 앞서, "가장 걱정되는 것은 우리가 도착하기 전에 전쟁이 끝날지도 모른다는 점이다."라고까지 측근에게 말했다. 초반의 전승에 고무된 히틀러와 무솔리니는 우크라이나 전선을 방문하여 추축국 병사들의 열렬한 환영을 받았다. 히틀러에게는 혐오스러운 슬라브인의 소굴이지만, 무솔리니는 한때 존경했던 레닌의 고국이었기에 틀림없이 선진

동부전선으로 향하는 무솔리니와 히틀러

적 국가일 것이라는 기대를 품고 있었다. 그러나 히틀러와 열병을 행한 브레스트 리토프스크의 초라한 거리 풍경에 실망을 금치 못했다. 돌아오는 길에는 비행기 면허를 가지고 있는 무솔리니가 비행 중에 조종간을 잡고 운전했기에 옆에서 지켜보던 히틀러가 걱정스러운 표정을 지었다고 한다.

1942년, 소비에트군의 완강한 저항으로 동부전선이 장기화되자 자원지대를 무너뜨리기 위해 추축군의 청색작전이 개시되었다. 이전부터 무솔리니의 전쟁계획에 의문을 품고 있던 메세는 히틀러의 요청에 응해서 병력 증파를 진행하는 무솔리니와 대립하여 해임되었으며, 후임지휘관으로 북아프리카에 있던 이탈로 가리볼디 육군대장을 전임시켰고 병력도 9개 사단으로 증파하여 이탈리아 제8군으로 확대했다. 이탈리아 제8군을 포함한 추축 동맹군은 구독일 남방군집단과 코카서스 지방의 유전지대로 진군, 돈 강 연안에 전선을 구축하고 스탈린그라드를 포위했다.

히틀러는 이 지역의 공략을 고집했고 그로 인해서 동맹군이 지키는 진지가 허술해지자 그 틈을 이용하여 소련군의 일제반격이 시작되었다. 이후 동부전선에서의 전국이 바뀌어 소련과의 전쟁도 영국과의 전쟁과 마찬가지로 전승에 의한 강화는 기대할 수 없는 상태가 되었다.

· 추축군의 후퇴

스탈린그라드에서의 치명적 패배는 추축국의 패전이 의식되기 시작한 사건이었는데, 그보다 수개월 전에 북아프리카 전선에서 이집트 전면으로 다시 진출해 있던 독일과 이탈리아군이 격전 끝에 제1차 엘 알라메인 전투와 제2차 엘 알라메인 전투에서 영국군에게 패배한 일도 전국에 영향을 주었다. 일본의 추축국 참전으로 연합국 진영에 미국이 참가하게 된 일 역시 커다란 영향을 주었는데, 횃불작전으로 미군이 유럽 전선에 개입하여 튀니지의 비시프랑스군을 항복하게 만들었으며, 튀니지의 미군과 이집트의 영국군이 협공을 가해 독일과 이탈리아군은 궁지에 몰리게 되었다. 추축군의 전선이 급속도로 축소되자 이탈리아에서는 나치스 독일에 종속되어온 무솔리니의 전쟁계획에 의문을 품게 되었으며, 1942년 후반 무렵부터 휴전을 위한 계획이 시작되었다.

히틀러와 무솔리니는 합의하에 프랑스 남부에 독일과 이탈리아의 진주를 실시, 이탈리아는 코르시카 섬과 프로방스 지방을 점령했다. 개전 직후부터 무솔리니는 히틀러에게 프랑스 남부 연안부와 튀니지를 전쟁에 비협조적인 비시 정부로부터 할양케 하고, 프랑스 지중해함대의 잔존함대도 독일과 이탈리아가 접수할 것을 제안했다. 비시 정권의 자발적 참전을 기대하고 있던 히틀러는 그 제안에 반대했으나, 역시 참전할 것이라 기대를 품고 있던 스페인과 마찬가지로 비시프랑스도 마지막까지 참전하지 않았기에 히틀러의 기대는 완전히 헛된 것이 되고 말았다. 안톤 작전으로 연합군이 유럽으로 들어오는 교두보를 확보하지 못하도록 하는 데 성공하기는 했으나 지중해 전선은 이미 손을 쓸 수 없는 상태였다.

이 외에도 아프리카로의 보급선을 확보하기 위해서 몰타 섬의 점령도 거듭 제안했으나 롬멜의 의견을 들은 히틀러가 독일과 이탈리아 공군에 의한 폭격만을 행했기에 편성되어 있던 이탈리아 육군의 공정사단은 북아프리카에 투입되었다. 무솔리니는, "히틀러는 지중해의 중요성을 전혀 이해하지 못하고 있다."며 소련과의 전쟁에만 집착하는 히틀러에게 불만을 품고 있었다. 건강이 악화된 롬멜이 독일로 귀환하자 그의 뒤를 이어서 동부전선에서 전임한 조반니 메세 육군대장과 롬멜의 후임인 독일군의 한스 위르겐 폰 아르님 상급대장이 작전지휘를 맡게 되었다. 메세와 아르님이 저항하는 모습을 보이기는 했으나 보급이 끊겨버렸고 제해권과 제공권 모두를 빼앗긴 상태에서는 달리 손을 쓸 방법이 없었기에 튀니스 함락 이후의 휴전교섭을 거쳐 1943년 5월에 지중해 전선은 연합국의 승리로 종결되었다.

국내 경제도 자원고갈과 연합군의 전략적 폭격으로 인해 파멸적 타격을 입어 공장의 조업이 거의 정지되는 상태에 빠지고 말았다. 2대 공업도시인 밀라노와 토리노에서는 공습의 위험을 피해 노동자들이 스스로 피난했다. 노동운동은 코퍼러티즘에 의한 노사협조와 정부통제에서 벗어나 반정부적인 자세를 보이기 시작했다. 1943년 3월에는 18년 만에 대규모 파업이 전국에서 전개되어 토리노, 밀라노, 제노바의 삼각공업지대에서는 150만 명이나 파업에 참가했다. 농업생산력도 저하되어 심각한 식량난이 발생하는 등, 전시 자급자족경제의 와해 직전에 이르자, 베네치아 광장에서 무솔리니의 참전 연설에 환호했던 국민들 사이에 반전감정이 퍼져나가기 시작했으며 국영방송이 아닌 베네치아 시국의 방송이나 연합군의 선전방송을 듣는 가정이 늘어났다.

· 휴전에의 움직임

시시각각으로 전국이 악화되기만 하여 형세가 불리해지자 이탈리아 왕국 내의 휴전계획이 폭넓은 지지를 얻게 되었다. 그때까지 전시정권을 지지해온 파시스트당과 왕당파 사이에서도 반독일파 · 친영미파를 중심으로 휴전을 요구하는 움직임이 일어났으며, 애초부터 개전반대론 이 주류를 이루었던 군부에서도 휴전에 찬동하는 장관들이 나타났기에 단독강화가 현실성을 띠기 시작했다. 무솔리니도 패전이나 휴전계획 같은 결말을 피할 수 없으리라 느낀 것인지, 혹은 위장병의 영향 때문인 지, 젊었을 때만큼의 패기는 가지고 있지 않았다. 동부전선에서의 파국이 발칸 반도에 집중되어 있던 추축진영의 작은 나라에 커다란 공포심을 심어주어 그들은 연합국이나 소련과의 분리강화나 추축국에서의 이탈 을 시작했다. 그러한 나라 가운데 하나인 불가리아 왕국의 수상은 로마를 방문하여 이탈리아도 독일과 손을 끊고 소련과 분리강화를 맺어야 한다고 무솔리니에게 권했다.

1943년 4월 7일, 클레스하임에서 열린 독일과 이탈리아의 수뇌회담에 서 히틀러에게 소비에트 연방과 강화를 맺고 영국과 미국과의 싸움에 집중하라고 말했으나 동의는 얻지 못했다. 무솔리니는 당초부터 영국과 의 전쟁을 등한시한 채 양면작전을 펼친 것이 최대의 과오였으며, 외교적 으로 동부전선을 매듭짓고 하나의 전선에 집중해야 한다고 생각했다. 그러나 슬라브인의 괴멸을 최종 목표로 삼고 있던 히틀러는 소련과의 강화를 거절했다. 소비에트에 대한 승리에 집착하는 히틀러를 설득할 수 있는 사람은 아무도 없었다. 기세가 오른 연합군이 7월 10일에 지중해

시칠리아 섬에 상륙한 영국군

를 경유하여 이탈리아 남단에 있는 시칠리아 섬을 침공하자 파시스트 정권의 패전은 더 이상 피할 수 없는 정세가 되어버렸다.

애초부터 부족했던 군비를 전부 써버린 이탈리아 육군에게 연합군의 상륙을 막을 힘은 없었기에 이탈리아 제6군은 미국 제7군·영국 제8군에게 패했으며, 독일 제15장갑사단과 헤르만 괴링 공군장갑사단의 지원을 얻어 메시나 해협으로 철수했다. 같은 시기에 수도 로마에 대한 대규모 공습도 행해져 패전을 앞에 둔 정부와 군의 휴전파가 연합군과 비밀교섭을 개시했다. 그러한 가운데 페트레에서 급히 개최된 독일과 이탈리아의 13번째 수뇌회담에서 히틀러는 이탈리아 정부와 국군에게 처음으로 격렬하게 화를 냈다. 히틀러는 이탈리아에 대해서 비판할 때도 무솔리니 개인에 대해서는 늘 옹호적이었으나, 그럼에도 전국에 대한 격렬한 어조는 예의에서 벗어난 것이었다. 게다가 히틀러의 의견은 구체성이 결여된 것으로 논의라기보다는 연설에 가까웠다. 실제로는 무솔리니의 전쟁의지를 지속시킬 생각이었던 듯하나 무솔리니는 피로감을 느낄 뿐이었다.

무솔리니와 히틀러의 신뢰관계가 무너진 것을 본 주세페 카스텔라노 참모차관은 회담 도중에 연합군과의 단독강화안을 은밀하게 이야기하고, 그 자리에서 독일과의 동맹 해제를 선언해야 한다고 제안했다. 카스텔라노 등 군의 휴전파는 로마 주변에 신설된 3개 기계화사단을 대기시켜놓아 연합군의 북진에 호응할 준비도 갖춘 상태였으나 무솔리니는 단독강화안을 각하했다. 회담 후반부터 냉정을 되찾은 히틀러는 독일과 이탈리아의 우호를 재확인했으며, 무솔리니와 앞으로의 전쟁협력에 대해서 이야기를 나누고 이탈리아에서의 추축군에 의한 공동전선 구축계획을 세웠다. 이탈리아 육군의 전차 부족을 보충하기 위해서 독일 국방군이 사용하고 있는 3호 전차·4호 전차 제공이 결정되었으며, 독일식 장갑사단인 제1의용 장갑사단이 편성되었다. 당초 이 장갑사단은 국방의용군의 통제를 받아 당의 지휘하에 있었으나 통합참모본부의 강한 반대로 육군의 지휘를 받도록 이관되었다.

페트레 회담으로 무솔리니의 전쟁을 계속하겠다는 의사가 분명해지자 군부를 중심으로 한 휴전파는 현 정권에서의 휴전을 포기하고, 강화의 전제조건으로 쿠데타를 일으켜야겠다고 생각하게 되었다.

· 쿠데타 계획

사려 깊지 못하고 어리석기까지 했던 벨기에 출신의 왕태자비에 의한 음모를 포함해 무의미하고 무력한 휴전계획이 여러 가지로 세워졌으나 실제로 실행력을 수반한 것은 2가지밖에 없었다. 국가 파시스트당의 휴전파에 의한 계획과 육군과 국왕에 의한 계획이었다. 그들은 '무솔리니의 독재권 반환'과 '이탈리아의 단독강화를 지지'한다는 점에서는 일치했으나 그 동기는 전혀 달랐다.

국가 파시스트당의 휴전파 가운데서는 이탈로 발보에 이은 친영파 파시스트로 코퍼러티즘 평의회의장인 디노 그란디가 적극적으로 움직였으며, 왕당파와도 연락을 취해 휴전계획의 일원화를 꾀했다. 그 외에도 외무장관, 전 문화장관 그리고 파시스트당의 친영파·반독파 의원들이 주로 거기에 동조했다. 그들은 독일 주도의 전쟁에 반대한 것이지 파시즘 운동에서 이탈하려는 것은 아니었다. 예외적으로 그란디는 파시스트당 정권의 폐지도 어쩔 수 없는 일이라고 생각했으나 그럼에도 무솔리니 개인에 대한 충성심에는 흔들림이 없었다. 쿠데타의 의도에 대해서, 무솔리니가 통치권을 반환함으로 해서 사보이아 가가 전쟁책임에 대해 전면적으로 참여하지 않을 수 없는 상태로 만드는 것이 목적이라고도 말했다.

사보이아 가는 제1차 세계대전에서 얻은 교훈으로 로마노프 가와 같은 말로를 피하기 위해 파시스트당의 후원자로 행동한 것이었는데, 이제는 실각을 할 가능성이 현실화되었기에 패전에 의한 왕정폐지를 두려워하게 되었다. 군부는 개전 전부터의 군비부족이 대전 후기에 이르자 더욱 심해져, 연합군이 시칠리아에 상륙할 때조차 연료가 부족해서 해군이 출격하지 못할 정도였다. 에마누엘레 3세는 1943년 1월부터 무솔리니를 자신의 재상에서 용퇴시키는 방안에 대한 검토를 시작, 연합군의 시칠리아 침공 이후인 같은 해 7월에 궁내대신에게 그 뜻을 전했다. 무솔리니와 함께 통수권을 가지고 있는 에마누엘레 3세가 연합군의 시칠리아 침공 이전에 이미 '독일과의 동맹 파기를 검토해야 한다.'

는 각서를 남겼다는 사실도 있었기에 군부는 연합국과의 휴전을 위해 움직였다.

실무적으로는 비토리오 암브로시오 통합참모본부 총장과 주세페 카스텔라노 통합참모본부 차장이 일을 진행했으나 피에트로 바돌리오 원수, 에밀리오 데 보노 원수, 엔리코 카비그리아 원수 등 육군의 장로들도 후원자로 관여했다. 사보이아 가와 군부는 쿠데타 이후 민정이관이 아닌 군사독재를 예정하고 있었기에 여전히 영향력을 가지고 있을 무솔리니의 신병도 구속할 의향을 가지고 있었다. 한편, 무솔리니는 까다로운 성격의 비토리오 에마누엘레 3세의 신뢰를 얻은 몇 안 되는 인물 가운데 한 명이자, 외국에서도 독일의 아돌프 히틀러나 영국의 처칠로부터 교섭할 만한 가치가 있는 인물이라 여겨지고 있었다. 이러한 점에서 무솔리니를 퇴임시키는 것은 오히려 혼란을 가중시킬 가능성이 높으니, 무솔리니를 지도자로 유지한 채 연합국과의 휴전 및 독일과 소련의 강화를 촉구해야 한다는 의견도 강했기에 페트레 회담까지 신중하게 검토를 계속했다.

한편 군부 및 국가 파시스트당의 친독파인 로베르토 파리나치 전 당서기장과 우고 카발렐로 육군원수 등은 전쟁을 계속하기 위한 별도의 계획을 준비하고 있었기에 정세가 매우 혼란스러웠다.

그란디 의원의장은 파시즘 대평의회에서 무솔리니의 독재권 반환을 요구할 준비를 시작했는데 결의안은 은밀하게 행해진 모의나 음모가 아니라 공식 의안이었으며, 무솔리니에게도 별건의 회담 중에 그란디가 그 사실을 직접 알렸다. 따라서 무솔리니는 마음만 먹었다면 강권을 발동하여 대평의회 소집을 거부하거나 반대파를 숙청할 수도 있었을 것이다. 게다가 평의회는 어디까지나 자문기관으로 직접적인 법적 권한은 가지고 있지 못했으며, 의결은 상징적인 의미밖에 가지고 있지 못했다. 그리고 소집이나 평의원 선출은 당 지도자의 전권사항이었다. 무솔리니는 정말 중요한 것은 사보이아 가의 후원과 독일과 연합군의 동향이라고 생각했다.

· 그란디 결의

1943년 7월 24일, 대평의회가 개최되어 평의원 자격을 가진 자 가운데 28명이 베르사유 궁으로 소집되었다. 대평의회 의장이기도 한 무솔리니는 녹색 국가의용군 제복을 입고 있었으며, 평의원들은 검은 셔츠단의 하복과 같은 옷을 입고 있었다. 이날 시칠리아 섬의 중심지인 팔레르모가 함락되었다는 보고가 들어와 출석자들 모두 무거운 기분으로 회의를 기다렸다.

오후 5시 14분, 무솔리니가 의장석에 앉자 평의회가 개최되었다. 우선 독일군의 군사행동에 대해서 무솔리니가 소견을 밝히고 전국이 '극히 위태로운 상태'에 있다는 사실을 인정하면서도 전쟁의 계속을 주장했다. 그리고 제1차 세계대전의 카포레토 전투를 예로 들어, 당시의 정부가 단독강화안을 거부하고 로마에서 시칠리아로 천도하면서까지 싸우겠다는 결의를 다져 마침내는 협상국의 남부전선을 지켜낸 사실을 이야기했다. 또 휴전이나 강화에 대해서는, 연합국이 적으로 삼고 있는 것은 '이탈리아이지 파시즘이 아니다.'라고 지적했다. 그란디가 제출을 예정하고 있는 결의안도 단지 상황을 혼란시키기만 할 뿐이라고 일축하면서도, '합의는 지켜져야 한다.'며 결의 결과에는 따르겠다고 말했다.

무솔리니에 이어 데 보노 원수, 체사레 마리아 데 베키 의원이 발언했으나 논의에 영향을 줄 만한 발언은 피했다. 전 문화장관인 주세페 보타이는 협상국과 마찬가지로 추축국(독일)은 이탈리아를 충분히 지원할 것이라는 무솔리니의 주장에 반대하며 현재 상황으로 봐서 이탈리아에서의 결전은 불가능하다고 주장했다. 무솔리니가 암암리에 어려운 상황임을 인정한 것은 오히려 전쟁을 계속해야 한다고 주장하는 무리들의 환상을 깨는 '커다란 망치'라고 말했다. 보타이에 이어서 발언의 자리에 선 그란디가 '사보이아 가에 통수권과 헌법상의 대권의 장악'을 요구하는 결의안(그란디 결의)을 대평의회에 제출했다. 그란디는 기본적으로 현재의 국가지도를 비판하는 자세를 취했으나, 앞서 이야기한 것처럼 결의안은 무솔리니에게도 유용한 것이라는 지론도 함께 이야기했다. 무솔리니 개인에 대한 비판은 행하지 않았으며, 전체주의체제 구축을 위해 선택된 독재체제에 대해서 비판했다. 무솔리니와 파시즘의 고결한 이상은 독재와 통제사회라는 현실적 수법 때문에 잘못된 길을 걸었다는 것이 그의 주장이었다. 그란디는, "예전의 귀하로, 우리들의 무솔리니로, 우리들이 따랐던 무솔리니로 돌아와주시기 바랍니다."라고 말하고, 마지막으로, "두체, 우리들과 모든 책임을 나누기로 합시다." 라는 말로 연설을 마쳤다.

다음으로 발언한 것은 사위인 외무장관 갈레아초 치아노였다. 치아노도 역시 무솔리니를 비판하지는 않고 독일의 파멸적이고 전횡적인 전쟁계획을 비판했다. 특히 자신도 체결에 관여한 강철조약의 '1942년까지 양국은 전쟁을 회피한다.'는 조문을 독일이 깬 시점에서부터 독일과의 외교상 신의는 상실되었다고 지적했다. 치아노는 "우리는 배신자가 아니다. 우리야말로 배신을 당했다."라는 말로 동맹 파기에 대해서 어떠한 역사가의 부정적 평가도 두려워할 필요는 없다고 주장했다. 한편 친독파로 전쟁의 계속을 주장하던 평의원인 전 당서기장 로베르토 파리나치도 왕가에 대권을 반환함으로 해서 보다 단결된 지도체제를 구축해야 한다는 그란디의 제안에는 찬성했다. 단, 휴전과 강화를 의도했던 그란디와는 달리 전쟁을 계속하기 위해서 사보이아 가를 포섭해야 한다는 의도였다.

논의는 한밤중까지 이어졌으며 후텁지근한 궁전에 머물고 있는 평의원들에게는 피로의 빛이 역력했다. 결의에 찬성한 것은 최초 10명 정도였으나 끊임없이 계속되는 논의 가운데 평의회 출석 경험이 없고 논의에 익숙하지 않은 사람들에 대한 그란디의 집요한 설득이 전개되어 만장일치 쪽으로 분위기가 기울기 시작했다. 무솔리니가 평의원들의 피로를 고려하여 논의를 이튿날 재개하자고 발언했으나 그란디가 반대했기에 결국은 30분 동안의 휴식 후에 재개하기로 했다. 패기를 잃은 무솔리니는 대항을 위한 사전교섭은 행하지 않았으나, 그 대신 재개된 평의회에서 국민과 당 사이의 균열을 강조하는 그란디를 '결의가 통과되면 그 균열이 당을 집어삼킬 것'이라고 강하게 비판하는 연설을 행했다. 이 연설이 결의안의 의미에 대한 평의원들의 재고를 촉구하게 하여 결의 찬성 쪽으로 기울어 있던 서기장 스코르초의 마음을 바꾸게 했다. 스코르초는 무솔리니와 PNF를 중심으로 한 파시즘체제로의 회귀를 주장하는 새로운 의견을 제출하여 그란디와 보타이 등을 놀라게 했다.

그 외에도 복수의 평의원이 찬성의 뜻을 거두어들이기 시작하자 그란디는 서둘러 논의를 마무리 짓고 결의를 행하자고 요청했다. 무솔리니는 결의를 행할지 말지에 관한 권한도 가지고 있었으나 지지가 돌아오고 있었음에도 불구하고 논의를 계속하지 않고 스코르초에게 명하여 결의를 행하게 했다. 결의 결과는 28명 가운데 찬성 19명, 반대 7명, 기권 1명이었다. 이렇게 해서 사보이아 가로의 독재권 반환을 요구하는 결의가 가결되었다. 무솔리니는 묵묵히 서류를 정리하며, "이것으로 파시즘 체제는 위기를 맞이하게 되었다."고 말한 뒤 자리를 떴다.

그란디 등에게 설득당해 찬성표를 던진 중립파의 대부분은 그 결의가 의미하는 결과를 이해하지 못했기에 그 결과를 곁의 사람에게 묻기도

하고 무솔리니에게 경례를 하기도 했다.

· 독재권 반환

평의회를 마친 뒤 집무실에서 스코르초 등 반대표를 던진 사람들이 그란디 등의 체포를 제안했으며, 당본부에서 용무를 마치고 자택으로 돌아갔을 때에도 아내 라켈레 역시 숙청을 권했으나 무솔리니는 전부 받아들이지 않았다. 무솔리니는 휴전계획도 숙청도 내전으로 이어질 것이라 생각했기에 국가가 결속을 잃지 않는 형태로의 결착을 모색, 사보이아 가에 의한 중재에 기대를 걸고 있었다. 그러나 왕당파와 암브로시오 통합참모본부 총장 등은 이미 무솔리니의 구속을 결의한 상태였다.

1943년 7월 25일, 무솔리니는 자택에서 잠깐 동안의 가면을 취한 뒤 아침 일찍 베네치아 궁으로 향했다. 베네치아 궁의 집무실에서 그란디와 연락을 취해 논의를 시도하려 했으나 그란디는 이미 군부와 왕가의 결의를 전해 듣고 몸을 숨긴 뒤였다. 무솔리니는 잠시 집무실에 머물며 그날 처형이 예정되어 있던 크로아티아인 파르티잔 2명에게 은사를 명령하고 국왕의 부관에게 월요일의 정례 알현을 저녁으로 미루어달라고 연락한 뒤 일본의 주이탈리아 대사와 면담했다.

7월 25일 오후 3시, 국왕을 만나기에 앞서 자택으로 돌아가 라켈레와 점심을 먹은 뒤 옷을 갈아입고 자신의 차인 알파 로메오를 타고 출발했다. 목적지는 의례적인 식전이 행해지는 퀸나레 궁이 아니라 사보이아 가의 이궁과 정원이 있는 빌라 사보이아였다. 예정보다 만남이 일찍 행해졌기에 군부와 왕당파는 서둘러 준비를 진행했으며, 쿠데타는 육군이 아닌 경찰군을 주체로 하여 행해지게 되었다. 군부와 왕가로부터 수상으로 선정된 바돌리오는 쿠데타의 실무에 전혀 관여하지 않았으며 사보이아 가로부터 작위와 함께 부여받은 저택에서 휴가를 취하며 카드게임을 즐기고 있었다고 한다.

7월 25일 오후 4시 55분, 빌라 사보이아의 문 앞에 도착하여 차량에서 내린 무솔리니는 비서관만을 데리고 이궁으로 들어갔다. 비토리오 에마누엘레 3세는 대원수의 군복을 입고 중앙현관에서 무솔리니를 맞이한 뒤 회견실까지 함께 걸어갔다. 회견실에는 푼토니 장군만을 문 앞에 남겨둔 채 20분쯤 무솔리니와 대화를 나누었다.

무솔리니가 대평의회의 결정에 대해서 말하려 하자 그것을 가로막듯 하며 에마누엘레 3세는 피에트로 바돌리오 전 통합참모본부 총장에게 조각을 명령하는 칙령을 내렸다. 유일한 동석자인 푼토니에 의하면 칙령이 내려지자 무솔리니는, "그럼 모든 것이 끝났다는 말씀이십니까?" 라고 물었고, 에마누엘레 3세는, "안타깝지만……, 참으로 안타깝다."라고 중얼거렸다고 한다. 에마누엘레 3세는 무솔리니와 악수를 나누며, "내가 책임지고 신변의 안전을 보장하겠네."라고도 말했다고 한다.

회견을 마치고 무솔리니가 밖으로 나오자 기다리고 있던 국가헌병이 신변경호라는 명목으로 신병을 구속했다.

* 유폐에서 부활까지
· 바돌리오 정권하에서의 유폐

1943년 7월 27일, 무솔리니는 신변경호라는 명목으로 의장용 구급차에 실려 해군기지로 호송되었으며, 거기서 수송선을 타고 티레니아해의 섬으로 들어가 그곳에 유폐되었다. 처음에 연금된 폰차 섬에서는, 준비가 되어 있지 않았기에 비어 있는 민가가 제공되었다. 목욕탕을 쓸 수 없는 등 허름한 건물이었으나 감시를 맡은 하사관 등은 무솔리니에게 경의를 표했으며, 책이나 의복을 넣어주는 등 연금생활을 도왔다.

며칠 후 보다 엄중한 경비가 행해지고 있는 라 마달레나 섬으로 옮겨졌는데 거기서는 해군 장교용 저택을 제공받았으며, 신문 등의 구독도 허가되었다. 격무로 인해 중단했던 독서와 집필에 전념하는 나날을 보내는 한편, 지금까지의 국가지도에 대해서 되돌아볼 기회를 얻었으며 향후의 파시즘 운동에 대해서도 모색할 수 있었다.

유폐되어 있는 동안에도 외부에서는 정치정세가 혼란을 거듭했다. 바돌리오는 수상(각료평의회 의장)이 아니라 무솔리니와 마찬가지로 수석재상 및 국무총리의 지위에 취임하여 국가 파시스트당에 의한 독재를 모방한 군부독재를 지향했다. 그랬기에 바돌리오 정권은 보노미 등을 비롯한 의회제 민주주의의 복권을 요구하는 정치가들로부터 적극적인 협력을 얻지 못했다. 사보이아 가를 필두로 하는 왕당파가 협력하고 있었기에 공산주의·공화주의의 반란세력으로부터도 적대시되었다. 또한 바돌리오는 국가 파시스트당(PNF)과 그 청년조직인 리토리오 청년단의 해산 및 치아노 등 파시스트당 간부의 자산몰수, 파시스트 코퍼러티즘회의, 대평의회, 국가특별재판소의 폐지 등을 행하여 파시스트 세력과도 전면적으로 대립했다. 자산몰수의 명분은 부정축재 조사였으나, 자신이 파시스트 정권하에서 축적한 막대한 재산은 불문에 부쳤다.

무솔리니 해임에 격노한 히틀러가 이탈리아 진주를 계획하고 있다는 보고도 전해졌다. 히틀러는 바돌리오를 '우리의 가장 잔혹한 적'이라고 불렀으며, 프랑스 남부에 이어 이탈리아 북부에의 진주계획인 '아라릭 작전'의 발동을 계획했다. 아라릭 작전은 원래 '이탈리아의 전쟁 이탈이 결정된 순간'을 전제로 하고 있었으나 평정심을 잃은 히틀러는 어떠한 희생을 치르더라도 이탈리아에 진주하여 바돌리오 정권 관계자를 구속하라고 명령했을 뿐만 아니라 쿠데타에 협력했을 것이라 여겨지는 가톨릭교회의 '괘씸한 놈들'을 체포하기 위해서 바티칸도 점령하라고 명령했다. 그러나 이탈리아 전선의 지휘관들이 준비 부족을 이유로 반대했기에 당분간은 바돌리오 정권의 움직임을 주시하며 무솔리니가 연금되어 있는 장소를 조사하기로 결정했다.

애초부터 지지기반이 약했던 정권이었으며, 거기에 무솔리니에 비해서 결단력이 부족한 바돌리오 개인의 정치적 자질도 있었기에 추축국과 연합국 사이에 긴 상황하에서의 휴전교섭은 암초에 부딪치고 말았다. 연합국의 미국 대통령 루즈벨트와 영국 수상 처칠이 추축국에 대해서 기본적으로는 무조건 항복 이외의 것은 인정하지 않는 자세를 취한 것도 망설임의 원인이 되었다. 군주인 에마누엘레 3세도 전쟁을 계속해야 할지 항복해야 할지 고민했으나 7월 28일에 바돌리오에게 휴전교섭을 하라는 명령을 내렸다. 휴전교섭이 결정된 이튿날인 7월 29일은 무솔리니의 60번째 생일이었다. 여기에는 침묵한 이탈리아 정부와는 대조적으로 독일 정부는 공식적으로 무솔리니의 생일을 축하했으며, 쿠데타를 승인하지 않겠다는 자세를 명료히 했다. 헤르만 괴링 국가원수는 축전을 보냈으며, 히틀러는 특별히 장정한 니체 전집을 편지와 함께 보냈다.

· 바돌리오 정권의 붕괴

휴전교섭에 독일군이 개입할 것을 우려한 바돌리오는 연합군과 전투를 계속할 것이라고 선언했으나, 동시에 카스텔라노 통합참모본부 차장을 스페인으로 보내 친이탈리아파인 호어 전 영국 외무장관과 회담케 하여 연합국에 휴전을 신청했다. 퀘벡 회담 중이던 루즈벨트와 처칠이 서둘러 '단기휴전협정'을 책정했으나, 이 문서에서 무조건 항복에 대해서는 다루지 않았으며 세목은 향후의 '장기휴전협정'을 맺을 때 논의하기로 했다. 연합국 원정군의 드와이트 아이젠하워 최고사령관은 월터

베델 스미스 원정군 참모장에게 '단기휴전협정' 문서를 들고 가서 포르투갈 리스본에서 카스텔라노와 회담을 행하게 했으며, 양자 사이에서 8월 30일까지 본국의 허가를 얻어 9월 1일에 시칠리아 섬의 연합군 사령부에서 조인하기로 결정했다.

그런데 카스텔라노가 육로로 귀국하기에 앞서 바돌리오는 자코모 자누시 육군 부참모장에게 항공편을 통해 리스본으로 가서 교섭결과를 확인하라고 명령했고, 자누시는 연합군으로부터 무조건 항복 내용이 담긴 '장기휴전협정'을 받아가지고 귀국했다. 카스텔라노와 바돌리오에게 각기 다른 교섭조건이 전달되는 연락 미스로 인해서 바돌리오 정권의 정세 판단은 더욱 혼란스러워졌다. 9월 2일, 예정보다 훨씬 늦게 시칠리아 섬의 연합군 사령부로 향한 카스텔라노는 '내게는 결정권이 없다.'며 본국과의 연락을 취하는 것 이상의 행동은 하지 않았으며, 바돌리오가 결단을 피했기에 교섭은 장기화되었다. 결국 휴전협정 조인은 이탈리아 본토 상륙 예정일까지 채 1주일도 남지 않은 9월 3일로 미루어졌으며, 그 사이에 독일군은 첩보와 전력의 이동 등 개입을 위한 준비를 진행했다.

전쟁지도에 대해서도 바돌리오 정권의 미숙함이 계속되어 본국과 본토 주변의 점령지에 있는 군대에 적절한 지시나 재편을 명령하지 못했으며, 독일 진주군 40만 명에 대비한 약 190만 명의 수비전력도 아무런 준비명령을 받지 못했다. 바돌리오가 구두가 아닌 명령문서로 군에 내린 명령은, '향후 일어날 가능성이 있는 사태와 그에 대한 대처'에 관해서 '정보수집을 게을리 하지 말 것'이라는 훈시뿐이었다. 바돌리오의 복심으로 군사계획을 일임받은 암브로시오 통합참모본부 총장은 몇 번인가의 명령을 내렸으나 바돌리오와 마찬가지로 애매한 내용이어서 '독일군과의 교전만을 허가한다.' 그러나 '독일군이 공격하지 않을 경우에는 연합군과도 협력하지 않는다.'는 등의 것이었다.

태도를 명확히 하지 않는 바돌리오 군부정권에 초조함을 느낀 연합군은 이탈리아 왕국군과의 공동전선 구축에 대비하여 로마로의 공정강하와 양륙작전을 준비했으며, 맥스웰 D 테일러 소장을 극비리에 로마로 보내기까지 했으나 바돌리오나 암브로시오는커녕 마리오 로아타 육군 참모장조차 만나지 못했다. 그래도 테일러는 로마 주변의 신설부대를 지휘하고 있던 자코모 카르보니 소장과 연락을 취하여 바돌리오와의 면회를 요청했는데, 잠을 자고 있던 바돌리오는 씁쓸한 태도로 별장에서의 회견에 응했으며, 계획에 대해서도 소극적인 발언을 되풀이했다. 최종적으로 바돌리오가 '독일군의 전력이 강화되고 있다.'며 작전에 반대했기에 테일러는 어쩔 수 없이 작전결행 직전의 공정부대와 양륙함대의 철수를 연합군 원정군사령부에 요청했고, 아이젠하워는 바돌리오의 행동에 분노를 드러냈다. 사보이아 가도 최악의 사태를 피하려는 노력은 전혀 하지 않았을 뿐만 아니라 로마 함락에 대비하여 왕가의 재산을 실은 화물차 40대를 스위스로 보냈다.

1943년 9월 8일, 공동전선구축을 포기한 연합군은 바돌리오 정권에 통고하지 않은 채 '이탈리아 정부의 휴전'과 '이탈리아 국군의 무조건 항복'을 공표하고 시칠리아 섬에서부터 이탈리아 남부로 침공을 개시했다. 사보이아 가와 바돌리오 정권은 공황상태에 빠져 한때는 휴전교섭을 부정하는 선언을 하려 했으나, 같은 날 오전 7시에 바돌리오가 휴전교섭을 인정하는 연설을 행했다.

"……이탈리아 정부는 압도적으로 우세한 적군과 대등한 싸움을 더 이상 지속할 수 없다고 인정하여, 국민에게 더 심각한 피해를 주지 않기 위해 아이젠하워 장군에게 휴전을 요청했다."

바돌리오의 배신이 결정적인 것이 되자 히틀러는 작전을 발동하여 이탈리아 북부의 진주를 개시했다. 이탈리아 육군의 각 사령관으로부터 상황의 확인을 요구하는 전화연락이 쇄도했으나 바돌리오 정권으로부터의 대답은 없었다. 아직 연합군이 이탈리아 남부에 머물러 있는 상태였기에 바돌리오 등 휴전파는 타이프라이터조처 챙기지 못한 채 아무런 책임도 지지 않고 로마에서 도망쳤던 것이다. 정권붕괴에 더해서 휴전연설 때 '연합군과의 전투를 정지하라.'는 명령과 '제3자의 공격에 반격을 가하라.'는 상호 모순되는 발언을 했기에 전선은 한층 더 혼란한 상태에 빠졌다. 군부대의 대부분은 상황도 파악하지 못한 채 무장해제 당하거나, 고립된 상황에서 저항하다 전사하고 말았다.

사보이아 가 사람들도 왕도인 로마를 버리고 브린디지로 천도했는데 이는 히틀러가 바돌리오 정권뿐만 아니라 국왕 비토리오 에마누엘레 3세와 왕태자 움베르토 2세의 구속도 명령했기 때문이라 여겨진다. 버려진 형국이 되어버린 북부와 중부 이탈리아에서는 사보이아 가의 위엄이 크게 실추된 외에도 일련의 불명예스러운 배신을 이탈리아의 국치라 여기는 의식도 확대되어, 이후 전쟁 지속 운동에서는 '9월 8일'을 의미하는 '오토 세템브레'라는 캐치프레이즈가 사용되었다. 파시스트 정권하에서 억압받던 공화파 파르티잔의 대두와도 맞물려, 이들 반쿠데타의 움직임은 전후 왕정 폐지의 단서가 되었다.

1943년 9월 9일, 복수의 당파로 나뉘어 있던 파르티잔과 레지스탕스의 총사령부로 이탈리아 국민해방위원회(CLN)가 설립되었고 바돌리오 정권을 대신하여 서서히 영향력을 갖게 되었다. CLN에 의해 잡다하고 구심점 없이 전개되던 반정부운동은 통제하에 놓였으나, 내부에서는 왕당파와 공화파의 대립이 끊이지 않았으며, 바돌리오 정권이나 사보이아 가에 대한 책임추급도 전개되었다. 1944년 6월, 전쟁책임을 요구하는 목소리를 가라앉히기 위해 에마누엘레 3세는 움베르토 왕태자를 섭정으로 임명하겠다고 로마 해방 직후에 발표, 그로부터 수일 후인 6월 9일에는 바돌리오 정권도 총사퇴하여 왕가와 군부 중심의 망명정부는 해체되었고 새로이 보노미가 임시정권을 수립했다.

만약 바돌리오 정권이 당초부터 의연히 연합군 쪽에 서서 참전했다면 로마에 연합군이 상륙하여 왕국군과 조직적인 저항을 행해서 독일군의 아라릭 작전을 좌절시켰을 가능성도 있었다. 바돌리오 정부가 우유부단한 행동을 거듭했기에 연합군은 진군 시기를 놓쳤으며, 약 50만 명의 이탈리아 군인이 어쩔 수 없이 무장해제 당했고, 사보이아 가도 위신을 잃고 말았다. 바돌리오 등의 쿠데타는 사보이아 가의 유지와 휴전이라는 2가지 목표 모두를 달성하지 못했으며 국가와 국군의 명예에 상처만을 남긴 무익한 결말을 맞이하고 말았다.

· 독일에 의한 구출

한편 로마 근교의 정세가 불안해졌기에 무솔리니는 티레니아 해에서 이탈리아 중부의 그란 사소 산 정상에 있는 호텔에 새로이 유폐되었다. 히틀러는 진주와 동시에 무솔리니 구출을 군에 엄하게 명령했으나 티레니아 해의 섬에 머물러 있던 때에 계획된 작전은 한발 늦어서, 신병이 이송되었기에 실패로 끝나버리고 말았다. 독일군의 쿠르트 슈투덴트 상급대장은 그란 사소로의 이송 정보가 새로이 확인되자 1943년 9월 13일에 구출작전인 '오크'를 실시했다. 그란 사소에 주류하고 있던 것은 주로 경찰과 국가헌병부대였는데 무솔리니의 신병을 휴전에 따라서 연합군에게 인도해야 할지, 왕국정부를 무시하고 석방해야 할지 결정하지 못하고 있던 상태였다. 그러한 때에 오크 작전에 따라서 출격한 하라리트 모르스 공군 소령이 이끄는 독일군 특별부대가 글라이더로 그란 사소에 강하, 호텔로 돌입했다. 진작부터 왕국정부를 이반하여

구출되는 무솔리니

독일군 측에 협력하고 있던 경찰사령관 페르난도 솔레티가 투항을 권했기에 경호부대는 저항하지 않고 무장해제 당했다.

구출된 무솔리니를 호위한 것은 연금당한 곳의 위치 조사에 공적이 있는 오토 스코르체니 무장친위대 대위였다. 만난 자리에서 스코르체니가, "두체! 저희 총통의 명령으로 구출하러 왔습니다!"라며 경례하자 무솔리니는, "친구가 나를 버리지 않을 것이라는 사실은 알고 있었네."라며 포옹했다. 스코르체니는 무솔리니의 모습에 대해서 이전보다 말랐지만, 독재자로서의 위엄은 유지하고 있었다고 회상했다. 구출된 무솔리니는 소형 헬리콥터인 Fa223을 타고 먼저 탈출할 예정이었으나 Fa223이 고장 났기에 소형비행기인 Fi156으로 급히 갈아타고 탈출했다. 독일령으로 들어간 무솔리니는 동프로이센 주 라슈텐부르크의 총통대본영으로 호송되었다.

구출작전 성공 후, 히틀러는 독일에 망명해 있던 무솔리니의 차남 비토리오 무솔리니를 대본영으로 불러 서툰 이탈리아어로 부친의 무사함을 전했다고 한다.

* 내전

·이탈리아 사회공화국

1943년 9월 15일, 무솔리니 본인이 라슈텐부르크의 총통대본영에 도착하자 두 사람 사이에서 비밀회담이 행해졌다. 진주 영역에 건설될 예정인 친독 정권의 지도자로는 당초 파시스트당의 로베르토 파리나치 전 서기장이 예정되어 있었으나 무솔리니를 비판했기에 히틀러의 심기를 건드려 백지화되어 있었다. 비밀회담에서 히틀러는 맹우인 무솔리니에게 진주 영역의 통치를 의뢰했으나 위암으로 쇠약해져 있던 무솔리니는 일단 고사했다가 최종적으로는 히틀러의 설득을 받아들이는 형식으로 이를 승낙했다. 히틀러의 무솔리니에 대한 개인적 존경이나 우정에는 변함이 없었으나 정치적으로는 얼마간 강경한 자세를 보이고 있었다. 히틀러는 자신이 신뢰할 수 있는 인물을 지도자로 삼지 못할 경우에는, 친위대가 주장하는 대로 이탈리아 북부와 중부에서도 폴란드에서와 마찬가지로 총독부에 의한 점령통치를 실행할 수밖에 없다고 말했다.

친위대는 최종 결전을 위해 이용 가능한 모든 자원과 영토를 끌어모으려 하고 있었는데, 이탈리아의 점령지역 역시 예외는 아니었다. 나치스 정권이 슬라브권에서 보여준 냉혹한 통치를 알고 있던 무솔리니는 조국을 지키기 위해서 '히틀러로부터의 호의'를 받아들일 수밖에 없었다. 무솔리니가 지도자 취임을 받아들이자 히틀러는 크게 기뻐했으며, 동시에 건강을 염려하여 자신의 주치의인 테오도어 모렐의 치료를 받게 했다. 후세의 의학자들로부터는 평판이 좋지 않은 모렐이었으나, 이때의 치료만은 성과를 거두어 무솔리니는 뮌헨에서 건강을 회복하여 이탈리아의 밀라노로 돌아갔다.

"우리의 의사, 우리의 용기, 우리의 신념이 이탈리아에 새로운 체제와 장래성과 생명력과 세계 속에서의 응당한 입장을 부여할 것이다. 이는 희망이 아니라 모두에 대한 최고의 신의여야만 한다. 이탈리아 만세! 공화 파시스트당 만세!"

1943년 9월 18일, 무솔리니는 이탈리아 국영방송을 통해서 최초의 성명을 발표, 귀족과 왕정을 폐지한 공화제에서의 파시즘체제 완성을 내건 공화 파시스트당(PFR)을 밀라노에서 결당하고 초대 서기장으로 알레산도로 파볼리니를 지명했다. 9월 23일, 이탈리아 북부·중부에의 진주가 완료되자 로마를 법률상의 수도로 삼고, 공화 파시스트당에 의한 일당독재가 행해지는 이탈리아 사회공화국(RSI)을 건국했다. 무솔리니는 RSI의 원수로 선출되었으며, '사회공화국의 두체'라는 원수칭호를 사용했다. 독일과 일본이 곧 이탈리아 사회공화국을 승인하여 베네치아에 대사관을 두었다.

연합국은 이 움직임에 대항하기 위해 휴전조약을 맺은 이탈리아 왕국의 남부 망명정부를 공동교전국으로 인정, 조반니 메세 육군원수를 총사령관으로 하는 이탈리아 공동교전군을 창설했다. 이탈리아 사회공화국은 안전을 이유로 행정부가 로마에서 살로로 이동해 있었는데, 연합국은 이에 빗대어 이탈리아 사회공화국을 소공화국이라는 멸칭으로 불렀으며 국가 승인을 거부했다. 이 가르다 호수에 면한 도시는 예전에 무솔리니와의 세대교체로 인해 무대에서 사라진 가브리엘레 단눈치오가 여생을 보냈던 곳으로, 거기서 약간 떨어진 가르냐노 시에 집무실을 두었다.

RSI 정부는 앞서 이야기한 것처럼 옛 이탈리아 왕국령의 북부·중부에 건국되었으나 엄밀히 말해서 독일군의 군정 영역이라 여겨진 알펜보르란드 작전영역, 아드리아 연안부 작전영역은 영토에 포함되지

RSI 군기

않았다. 또한 해외 식민지나 발칸 반도 분할로 얻은 신규 영토도 독일령으로 관리되었다. 무솔리니는 최종적인 목표로 '예전에 이탈리아 국기가 펄럭이던 모든 영토'를 회복할 것을 결의했으며, 히틀러도 전승 후에는 옛 이탈리아 왕국령을 RSI 정부에 귀속시키는 것에 동의했다. 그러나 우선은 눈앞에 닥쳐 있는 연합군과 남부 망명정부와의 내전에 대비하지 않으면 안 되었다. 또한 공산주의나 사회주의, 자유주의 등을 이데올로기로 삼고 있는 레지스탕스와 파르티잔이 RSI령 일대에서 봉기하여 독일군과 RSI 정부에 저항하기 위해 해방구(자유공화국) 건설의 움직임을 보이고 있었기에 치안을 회복하는 것도 급선무가 되어 있었다.

새로운 국가에서 무솔리니는 왕당파와의 타협으로 불완전하게 끝났던 수정마르크스주의를 기점으로 하는 파시즘체제의 완성을 추진했다. 대기업의 완전 국유화 등 경제의 사회화를 추진하는 한편, 장래의 헌법제정을 준비하기 위해 베로나에서 개최된 공화 파시스트당 전국대회에서 18개 조항으로 이루어진 헌법 초안인 베로나 헌장을 채택했다. 베로나

당대회에는 파시스트 외에도 여러 정치사상가들이 불려와 광범위한 논의가 행해졌다. 공화제와 대통령제 도입, 코퍼러티즘 국가의 완성을 위한 노동자의 권리 확대(노동헌장 제정, 노동자의 기업경영 참가제도 도입), 대통령제와 균형을 맞추기 위한 정치제도(하원선거 재개, 다당제 의회의 부활, 당원선거에 의한 당직자 선출) 등 여러 가지 개혁안이 채용되었다. 미래적인 국가를 목표로 한 베로나 헌장은 자본주의와 사회주의 초월을 목적으로 한 제3의 위치로 파시즘 사상을 완성시킨 내용이었다.

조각은 왕당파와 친영파 파시스트가 이탈했기에 한정된 인재 속에서 뽑을 수밖에 없는 어려운 작업이 되었으나 어디까지나 무솔리니를 지지하는 자들은 물론, 베로나 헌장으로 그린 미래에 찬동하여 파시스트 이외에도 협력의 뜻을 밝힌 자들도 적지 않았다. 무솔리니의 오랜 친구로 이탈리아 공산당의 창설자 가운데 한 사람이기도 한 니콜라 봄바치는 톨리아티와 결별하고 RSI 정부에 협력하여 경제정책 고문으로 경제의 사회화를 주도했다. 노령의 철학자인 조반니 젠틸레도 이탈리아 학사원 장으로 다시 무솔리니에게 힘을 빌려주었으며, 러시아 파견군에서 돌아온 미래파 시인 마리네티도 RSI 정부에 참가했다. 반공주의와 함께 파시즘이 중요시하는 반자본주의와 반자유주의도 미국과의 대치를 통해서 고조되는 양상을 보였으며, 같은 이유로 아프리카계 흑색인종에 대한 반감도 다시 일어났다.

군사 면에서는 퇴역했던 로돌포 그라치아니 육군원수가 국방장관에 올라, 징병을 영토 전역에서 실시하는 데 성공했다. 모여든 병력은 독일 국방군의 전면적인 협력하에 공화국 국방군(ENR)으로 훈련되었으며 독일군식 장비를 수령한 4개 군단의 편성이 개시되었다. 독일 국방군 이외에도 나치당의 무장친위대가 이탈리아인 친위대원을 모집, 파스케스와 룬 문자를 심벌로 하는 제29SS무장척탄병사단 '제1 이탈리아'를 전선에 투입했다. 옛 국가 파시스트당의 국방의용군을 중핵으로 한 흑색여단과 공화국 방위군이라 불리는 치안조직을 결성한 외에도 독자적으로 연합군, 파르티잔과 싸울 의용군 부대도 편성되었다.

· 독일 정부의 간섭과 대 레지스탕스 정책

연합군과 추축군의 관점에서는 '이탈리아 전선'이라 불린 전투는, 형제가족이 양군으로 나뉘어 싸운 '이탈리아 내전(1943~1945)'으로서의 측면도 가지고 있었다. 내전에서 RSI군과 의용군이 독일군과 함께 용감하게 싸운 것은 '이탈리아의 명예'를 추구하는 무솔리니에게 얼마간 희망을 주었으나, 동시에 반란군과 왕국군 병사의 내전은 민족의 단결(파시)이라는 이상을 잃은 듯한 느낌도 있다.

레지스탕스와 파르티잔은 민중을 끌어들여 테러와 파괴공작을 펼쳤는데, 독일군이 이탈리아 국민에게 잔인한 보복을 가해도 그러한 인질 전략에는 조금도 개의치 않았다. 피해를 주민들에게 떠넘기는 파르티잔들의 전술은 '총을 쏜 뒤 사라진다.'는 비아냥거림으로 평가되어 종전 직전까지 광범위한 지지를 얻지 못했다. 대조적으로 무솔리니는 RSI군 병사들의 분노를 달래가며, 가능한 한 보복을 행하지 않도록 RSI군에 엄명을 내렸고, 때로는 파르티잔 지도자에게 은사를 내리기까지 했다.

또 무솔리니를 고민하게 만든 것은 카를 볼프 SS대장 등 친위대가 직접 통치를 포기하지 않고 RSI 정권에 종종 간섭하려 한 일이었다. 실질적으로 연합군의 점령지로 취급되었던 남부 공동교전국에 비해서 RSI 정부는 징세 · 군비 · 경찰 등 많은 행정권을 위임받은 국가였기에 독일 정부라 할지라도 폴란드처럼 취급하지는 못했다. 친위대는 경호라는 명목으로 호위소대를 무솔리니 집무실 주변에 배치하기도 하고

통화를 도청하는 등 영향력을 행사하려 했다.

RSI 정부를 유명무실화하려 하는 친위대의 점령계획을 최후의 일선에서 막은 것은 히틀러와 무솔리니의 신뢰관계였으며, 북부 이탈리아인에게 있어서 무솔리니는 '독일의 괴뢰'가 아니라 '최후의 보루'이기까지 했다. 단, 그것은 무솔리니가 히틀러에 의존하고 있음을 의미하는 것이기도 해서 쿠데타에 협력했던 갈레아초 치아노 백작과 에밀리오 데 보노 원수의 처형, 유태교도 보호정책 완전 철폐 등 정치신조에 반하는 행위를 히틀러의 제안에 따라서 받아들이기도 했다.

전자에 대해서는 당원은 물론 정적의 목숨조차 빼앗기(그리고 그렇게 해서 반론은 용납하지 않는 일)를 싫어했던 무솔리니에게 있어서, 비록 후자계의 자리에서는 물러나게 했지만 사위인 치아노를 처형한다는 것은 괴로운 일이었으며 장녀 에다로부터의 필사적인 탄원도 있었기에 마음의 동요가 있었다. 또한 지팡이가 없으면 걸을 수조차 없었던 노장군을 처형장으로 끌어내 사살한다는 것은 악취미로밖에 여겨지지 않았다.

그러나 무솔리니의 인간적인 나약함을 걱정한 히틀러도 양보하지 않았으며, 공화 파시스트당 내에서도 사형은 당연한 것이라는 결론이 내려졌다. 우습게도 그들의 배신을 용서한 것은 무솔리니뿐이었다. 베로나에서 열린 재판에서 카를로 파레스키, 루치아노 고타르디, 조반니 마리넬리, 치아노, 데 보노 등에게 국가반역죄에 의한 즉각 처형이 언도되었다.

사형을 언도받은 사람들은 처형장의 평원까지 걸어가 의자에 앉았으며 그 등 뒤에서 공화 파시스트당원인 총병대가 발포하여 총살되었다. 무솔리니는 무신론자였으면서도 '죄인'이라 판결받은 자들을 위해 베로니 교회에 기도를 올려달라고 청했는데, 그때 무솔리니는 창백하게 질려서 자신도 당장 죽음을 선택할 것 같은 모습이었다고 한다.

· 히틀러와의 결별

이러한 노력에도 불구하고 전국은 여전히 불리했으며 베로나 헌장도 전쟁협력이 우선시되었기에 정식 헌법제정까지는 이어지지 못했다. 1944년 4월, 독일의 연병장에서 공화국 국방군의 열병식이 거행되었고, '산 마르코' 해병사단의 훈련을 시찰한 자리에서 무솔리니는 병사들로부터 열렬한 환영을 받았다. 시찰을 마친 뒤에는 잘츠부르크 교외에서 히틀러와 수뇌회담을 가졌다. 이 자리에서 다시 한 번 소련과의 강화를 강력히 권했으나 히틀러는 '비밀병기에 의한 승리'라는 공상만을 입에 담았을 뿐이었다. 귀국하자, 6개월 가까이 독일군과 RSI군이 버티고 있던 수도 로마가 마침내 함락되었다는 보고가 전해졌다. 이에 전 국민에게 연합군에 저항할 것을 호소하는 성명을 발표했다. 로마 함락 이튿날에 노르망디 상륙작전이 개시되어 추축국은 이미 명운이 다해가고 있었다.

1944년 7월 20일, 다시 독일을 방문하여 바이에른에서 척탄병사단 '리트리오'를 필두로 한 공화국 국방군 4개 사단의 합동훈련을 시찰했다. 시찰 후 독일과의 16번째 회담이 열릴 예정인 라슈텐부르크로 향했는데, 이동 중에 독일에서 히틀러 암살·쿠데타 미수사건이 발생했다. 히틀러가 구사일생으로 살아난 암살미수사건 이후, 무솔리니는 외국인 가운데 처음으로 면회를 허가받았으며 치료를 마친 히틀러 자신이 폭파된 집무실을 안내해주었다. 히틀러는 뜻밖에도 차분했으며 암살 위협보다도 거기에서 살아남았다는 사실에 감명을 받았다. 패색이 드리워 우울함을 느끼는 경우가 많았던 히틀러는 추축국의 사명이 아직 끝나지 않았음을 확신한 듯한 모습이었다. 이러한 사실을 의욕에 불타오르는 듯한 모습으로 이야기하는 히틀러에게 무솔리니는, "참으로 옳은 말이오."라고 동의하고, "오늘 일어난 기적을 생각하면, 우리의 사명이 이루어지지 않을 수는 없을 것이오."라고 말했다.

행해진 회담에서 히틀러는 독일 국방군이 훈련을 행하고 있는 RSI군 4개 사단을 동부전선에 투입하자는 빌헬름 카이텔 원수의 계획을 철회하고 무솔리니의 제안대로 이탈리아 전선에 투입하기로 결정했다. 귀국 열차에 오르는 무솔리니를 배웅하러 나온 히틀러는, "당신은 독일에게 있어서 가장 고귀한 친구다."라고 말하며 그 두 손을 굳게 쥐었다. 그리고 "당신이 믿을 만한 사람이라는 사실은 잘 알고 있다. ……. 내가 이 세상에서 가지고 있는 최고의, 그리고 아마도 유일한 친구는 당신이라는 나의 말을 믿어주었으면 한다."라고 덧붙였는데 이것이 두 독재자의 마지막 대화였다.

· 북부방위선

독일 C군집단 사령관인 알베르토 케셀링은 로마 함락으로 구스타프 전선을 돌파당한 뒤, 산악지대를 활용한 지체작전을 계획하고 중부에서 독일령 오스트리아와 인접한 북동부 사이에 복수의 방어선을 구축했다. 또한 스위스의 그라우뷘덴 주와 인접해 있는 발텔리나 지역에도 요새가 있고, 독일의 임시 군정 영역이 되어 있는 트렌티노 알토 아디제 주를 지나 구오스트리아와 바이에른과 근접해 있었기에 독일의 최종방어선인 알프스 국가요새와의 연대도 기대되었다. 사실상의 수도인 밀라노와 자신이 머물고 있던 가르다 호수 · 코모 호수 주변에서도 가까운 이 발텔리나 지역을 무솔리니는 RSI군의 최종방어선으로 생각하여 밀라노 함락 후에는 이 지대에 병력을 집결시키는 'Z조건(발텔리나 방위계획)'을 준비했다.

1944년 6월, 로마 점령을 전쟁의 한 고비라고 생각했던 연합군의 진격 속도는 예상했던 것 이상으로 빨라서 트라시메노 호수를 기점으로

한 트라시메노 전선은 같은 달에 돌파당했으며, 7월에는 피사와 피렌체에 걸쳐서 구축했던 아르노 전선에 도달했다. 그러나 피렌체에서는 여성을 포함한 의용병이 무기를 쥐고 연합군에 저항했으며 RSI군의 사기는 여전히 높았다. 그러한 가운데 국민을 고무시키기 위한 RSI 정부의 성명이 라디오 연설과 기관지를 통해서 발표되었다. 시가지에서는 파르티잔과 레지스탕스에 의한 추축국 요인 암살계획이 빈발했으며, 연합군과의 전투와 폭거도 일상적으로 일어났기에 안전상의 이유로 독일 정부와 RSI 정부는 무솔리니의 연설회나 식전 참석을 권하지 않았다. 그러나 민중과 직접적으로 접촉해야만 의미가 있는 것이라고 본 무솔리니의 정치적 신념은 추축국이 최후의 전쟁에 임하는 가운데서도 나날이 확고해져가기만 했다.

1944년 12월 16일, 라디오 방송을 통해서 '이례적인 중요성을 가진' 행사가 실시될 것이라고만 말한 기묘한 포고가 행해졌다. 그 '어떤 국가 행사'란 무솔리니에 의한 연설회였다. 안전성을 담보하기 위해 고육지책으로 실시된 임시 연설회였으나 놀랍게도 상상 이상의 군중이 밀라노 시가지로 몰려들었다. 스스로 아직 커다란 영향력이 있음을 실감한 무솔리니는 파르티잔이 섞여 있을지도 모른다는 치안부대의 제언을 뿌리치고 민중 앞에 모습을 드러냈다. 무솔리니가 탄 차량이 밀라노 시가지를 지나자 민중은 커다란 환성을 올리며 차로 몰려들어 무솔리니에게 경례를 하기도 하고 달려가 악수를 청하기도 했다.

점령자 독일을 증오하여 연합군에 대항할 수 없는 현실에 실망감을 느낀 이탈리아 국민들도 무솔리니 개인에 대한 기대는 잃지 않았다. 파르티잔에 속한 자들도 그 자리에 몇 명인가 있었으나, 연합군과 독일군과 함께 민중으로부터 미움의 대상이 되어 있던 그들은 군중을 밀쳐낼 수 없었으며, 한 파르티잔은 자신들이 지지를 얻지 못하고 있었다는 사실을 인정하는 기술을 남겼다. 군중을 헤치고 밀라노의 리리코 극장으로 들어간 무솔리니는 자신의 마지막이 된 연설을 행했는데, 독일에의 전쟁협력은 이야기하지 않았으며, 그 대신 마지막까지 이탈리아 민족의 용기를 보여달라고 민중에게 요구했다.

1944년 12월 28일, 밀라노에서의 연설 이후 며칠 뒤 서부전선에서 행해진 벌지 전투에 호응하여 이탈리아 전선에서도 독일 C군집단과 RSI군의 공격이 개시되었다. 독일에서 귀국한 공화국 국방군의 4개 사단은 리구리아 군집단으로 투입되어 영국군, 영국령 인도군, 미국군의 연합부대를 격파하고 루카 북서부까지 진출, 한때는 피렌체 근교까지 들어갔다. 그러나 벌지 전투가 그랬던 것처럼 곧 연합군에게 다시 밀리고 말았다.

· 발텔리나 계획

1945년 1월, 공격 종료에 의해서 다시 방어전으로 돌아갔으며, 혹독한 겨울에 절망적인 전투를 계속하던 RSI군의 전선을 방문, 열병식을 행하여 병사들을 격려했다. 소년병까지도 포함한 병사들은 무솔리니의 기대에 부응하여 희망을 잃은 상황 속에서도 전투를 계속했으며, 겨울 동안에는 연합군의 공격도 정체되어 있었다. 그러나 봄을 맞이한 4월이 되자 고딕 전선은 완전히 돌파당했으며 C군집단과 RSI군은 포 강 전선까지 후퇴, 밀라노에서의 시가전이 시야에 들어오기 시작했다. 이를 뒷받침하듯 무솔리니도 '밀라노를 남부전선의 스탈린그라드로 삼지 않으면 안 된다.'고 연설했으나, 동시에 시민이 희생당하는 전투를 이 이상 계속해서는 안 된다고도 생각했기에 이전부터 준비해오던 'Z조건'의 발동을 검토하기 시작했다.

민중에게 피해를 주지 않고 효과적으로 최종 전투를 행한다는 점에서

'Z조건'은 바람직한 계획이었으나 그것의 실현에는 커다란 장애물이 있었다. 첫 번째는 지휘계통의 문제였는데 의용군, 흑색여단, 국가방위군, 공화국 국방군 등의 RSI군 각 부대는 기본적으로 독일군의 C군집단 사령부의 전투서열에 포함되어 있어서 단독으로는 방어선 구축이 불가능했다. 그 C군집단은 전선에서의 지체전투를 계속하겠다는 의사를 내보였으나, 사실은 RSI 정부는 물론 본국 정부와 히틀러에게까지 숨기고 연합군과 파르티잔 · 레지스탕스 세력과의 휴전교섭을 진행하고 있었다.

두 번째는 연합군이 치안유지를 겸하고 있었는데 파르티잔과 레지스탕스를 그대로 내버려두었기에 연합군이 철수한 후의 거리에서 RSI 정부 지지자에 대한 보복적 학살이 펼쳐지고 있었다는 사실이었다. 특히 반정부운동에서 최대규모를 자랑하는 공산주의세력은 '이탈리아의 스탈린'이라 불리던 이탈리아 공산당 서기장 톨리아티의 지도하에 있었는데 RSI 관계자에 대한 무차별적 테러를 펼치고 있었다. 연합군, CLN, 보노미 정권은 소련의 괴뢰로 경계감을 품고 있으면서도 북부이탈리아에서의 반란을 지도하고 있던 톨리아티파와 이탈리아 북부결기위원회(CLNAI)와 협력관계를 맺고 무기지원의 대상으로 삼았다. 무솔리니는 방위거점을 포기할 때 가족을 지키기를 원하는 병사에게는 제대를 허가하거나, 혹은 가족을 데리고 후퇴하는 것을 허가해왔다. 그러나 대도시 밀라노를 버리고 피난처인 발텔리나로 이동하려면, 가족과의 이동은 불가능했기에 수많은 병사들에게 파르티잔의 보복에도 가족들을 버리라고 명령할 수밖에 없었다.

무솔리니는 CLN 및 CLNAI와의 교섭을 통한 Z조건의 실현을 시도했는데, RSI 정부에게 협력을 약속한 비파시스트계열의 정치가들을 통해서 교섭이 행해졌다. 1945년 4월 21일, 중부의 요충지인 볼로냐가 함락되었고 독일에서도 베를린 전투가 시작된 상황하에서 이탈리아 전선의 독일군은 명백하게 사기를 잃었으며 전선은 급속하게 후퇴했다. 고틱 전선은 사실상 붕괴되었으며 독일군은 이탈리아 전선에서 패주하고 있었다.

1945년 4월 22일, CLN과 RSI 정부의 교섭이 개시되어 무솔리니는 통치권을 남부의 공동교전국과 CLN에 위양하고 실효지배지역에서의 레지스탕스에 대한 전투 및 보복행위를 가하지 않겠다고 약속했다. 무솔리니는 연합군과의 전투만을 계속할 것을 요구했으며 CLN에게 RSI군의 발텔리나 이동을 적어도 방해는 하지 말 것을 요구했다. 그리고 다른 지역의 RSI 관계자나 그 가족에 대한 보복을 즉각 중지할 것도 요청했다. 비인도적인 보복에 대해서는 연합군도 중지할 것을 CLN에게 수시로 엄명했기에 표면적으로는 승인을 얻었다. 또한 RSI군의 정규군 은 물론 흑색여단 등의 치안조직·의용군 조직도 국제법상의 포로로 공정한 취급을 받을 것이라는 연합군 측의 통보를 전했으나 현실에서는 그 어느 쪽도 지켜지지 않았다.

1945년 4월 25일, CLN 대표단과의 직접회담을 희망했으나 C군집단 의 휴전교섭을 안 CLN은 무조건 항복의 요구 이외에는 받아들이지 않게 되었다. 무솔리니는 회담 중에 C군집단의 항복교섭에 대해서 알게 되었고, 최후의 순간에 히틀러에게 배신당했다고 느꼈다. 그러나 이틀 후에 총통지하호에 있는 히틀러로부터 전국의 역전을 확신하고 있으며 '독일과 이탈리아 동맹의 최종적 승리'에 대한 희망을 가지고 있다는 전보가 도착했기에 히틀러 역시 주위 사람들로부터 속고 있다는 사실을 알게 되었다.

* 최후의 날들
· 밀라노에서의 이동

무솔리니가 스위스와의 국경에서 가까운 밀라노를 떠나 죽음을 맞이하기까지의 경위에 대해서는 수수께끼가 많아 지금도 여러 가지 설이 존재한다. 밀라노에서 탈출한 경위와 목적지 및 구속 후 처형에 이르기까지, 무솔리니의 동향에 대한 자료와 증언이 엇갈리고 있기 때문이다. 이러한 점에 있어서는 자결에 이르기까지의 경과가 명확하지 않은 아돌프 히틀러와 궤를 같이하고 있어서 지금도 역사학자들 사이에서 논의가 계속되고 있다.

가족이 스페인에 망명해 있었기에, 무솔리니는 스위스로 향했으며 거기서 중립국이자 유럽에서 유일하게 파시스트 정권이 유지되고 있던 스페인으로 들어갈 계획이었다는 설이 주류를 이루고 있으나 부정적인 의견도 많다. 무솔리니 자신은 애초부터 망명을 거절하는 발언을 했으며, 차남인 비토리오 무솔리니가 망명을 제안했을 때에는, "한심한 소리! 내가 이탈리아를 떠나는 일은 없을 것이다. 부하를 버리는 일은 없을 것이다. 로마를 버린 국왕처럼 비난을 받을 생각은 없다."라고 일축했다. 일본으로부터 명망을 제안받았을 때도, '제안은 고맙지만 나는 이탈리아에서 생애를 마치고 싶다.'라며 정중하게 거절했다.

1945년 4월 25일, CLN과의 회담이 결렬된 날 밤에 무솔리니는 발텔리나로의 이동을 결정, 이동 가능한 사람들에게 집합지인 스위스와의 국경에 면한 코모 호수 부근으로 향할 것을 명령했다. 자신도 기관총을 손에 들고 밀라노에서 흑색여단 1개 소대와 함께 출발했다. 히틀러로부터 무솔리니의 호위를 명령받은 나치스 친위대의 대원들도 동행했다. 국방장관 로돌포 그라치아니 육군원수, RSI 정부의 각료와 니콜라 봄바치 등 무솔리니의 측근, 차남인 비토리오도 동행한 외에 로마 교황청

직원의 딸인 클라라 페타치도 코모 호수로의 동행을 요청했다. 무솔리니에게 있어서 그녀는 수많은 애인 가운데 한 명에 지나지 않았으나 RSI 시절에는 후처인 라켈레 이상으로 무솔리니에게 헌신했으며 서로 마음을 주고받았다.

사전에 예측한 대로 밀라노에 살고 있는 당원이나 병사들 대부분은 가족을 지키기 위해 연합군의 손에 넘어가려 하고 있는 밀라노에 남았으나 무솔리니는 그들을 책망하지 않고 이탈을 허가했다. 이동에 앞서 밀라노 시청사 앞에서 당원과 병사들에게 마지막 인사를 건네자 상이군인들 사이에서, "두체! 떠나지 마십시오! 저희와 함께 밀라노에 남아주십시오! 저희가 당신을 지키겠습니다!"라는 목소리가 나왔다. 한편 공화 파시스트당 서기장인 알레산도로 파볼리니는 발텔리나 방위를 지원한 흑색여단 대원을 모아 최종적으로는 3천 명 이상의 대원을 데리고 코모 호수로 향했다.

· 신병구속

코모로 돌아온 무솔리니에 대해서, 밀라노와는 달리 비협력적인 분위기가 감돌고 있었다. 사실 코모 호수를 포함한 코모 현의 현지사는 CLN 측과 내통하고 있었기에, 차마 무솔리니의 부대를 공격하지는 못했으나 신속하게 이동할 것을 탄원했다. 무솔리니는 어쩔 수 없이 차남 비토리오를 남겨둔 채 코모 호수에서 다음 목적지를 변경할 수밖에 없었는데, 그 이후에야 파볼리니가 도착하여 서로가 엇갈리고 말았다.

파볼리니는 성실한 사람이었으나 군사적인 지휘경험이 없었기에 합류에 실패한 후의 행동은 어수선한 것이었다. 파볼리니는 무솔리니의 행방을 찾기 위해 부대에서 벗어났다. 현지사의 협력을 얻지 못했으며 곳곳에 파르티잔과 레지스탕스가 점재해 있는 상태였기에 연락을 취할 수가 없었다. 무솔리니도 파볼리니도 없고 지휘계통도 없는 상태로 남겨진 지원자들 사이에서 당혹스러움이 번져갔으며, 무솔리니가 자신들을 버리고 스위스로 망명했다는 거짓 정보가 유포되었다. 결국 밀라노에 남은 자들과 마찬가지로 가족을 지키기 위해 행동을 시작했고, 코모 호수에서 40km 떨어진 곳에서 무솔리니의 부대와 합류한 파볼리니는, "저의 몸을 바치겠습니다."라고만 말했다.

발텔리나에서의 방위가 점점 어려워져가고 있다는 사실을 지적한 그라치아니는 독일군과 함께 연합군과의 휴전교섭을 진행할 것을 주장, 각하되자 분개하여 밀라노 사령부로 돌아갔다. 군의 총사령관인 그라치아니가 이탈하고 정규군의 동향도 명료하지 않은 궁지에 몰렸으나 무솔리니는 침착했으며, 한동안 거기에 머물기로 했다. 그때 발텔리나를 경유해서 독일 남부로 퇴각하고 있던 독일군 대공포부대와 조우, 호위를 맡고 있던 친위대 중위로부터의 조언도 있었기에 그들과 동행하기로 결정했고 수십 명의 RSI군 병사도 함께 데리고 갔다.

독일군과 RSI군을 실은 열차는 이동 도중에 코모 호수 부근에서 제52 가리발디 여단의 파르티잔 부대에게 붙잡혔는데, 여단의 정치위원인 우르바노 라자로가 신분증명을 요구하며 열차에 접근, 독일군 대공포부대의 지휘관이 교섭에 나섰다. 교섭은 6시간이나 행해졌고 돌아온 독일인 사관이 파르티잔으로부터, "이는 같은 이탈리아인끼리의 문제로 RSI군이나 공화 파시스트당 사람들을 건네주면 우리 독일인은 통과시켜 주겠다."라는 대답을 들었다는 사실을 무솔리니에게 이야기했다. 동승하고 있던 로마 교황청 고관의 딸 클라라 페타치와 그녀의 오빠인 마르첼로 페타치는 스페인 외무부의 재이탈리아 영사라고 신분을 가장했으나 곧 무솔리니가 탑승하고 있다는 사실이 발각되었다.

여단의 기록에 의하면 무소 · 돈고라는 지방의 관청에서 간단한

심문이 행해졌는데 무솔리니는 전쟁책임 등을 묻는 질문에 정연하게 대답했으며, 주위의 당 간부들도 국가통수와 당에 대한 충성을 철회하지 않았다고 한다.

· 약식 처형

제52 가리발디 여단은 수십 명의 민병으로 이루어진 무명의 소규모 조직에 지나지 않았기에 사령관인 피에르 루이지 스텔레 자작은 뜻밖의 중대한 책무를 앞에 두고 다른 상부조직의 지시를 받기로 했다. 가장 먼저 찾아온 것은 CLNAI에서 파견했다고 하는 '발레리오 대령'이라는 사람으로 부하를 데리고 와서 여단에 사로잡혀 있던 사람들의 신병을 인도할 것을 요청했다.

통설에 의하면 이 발레리오 대령은 발터 아우디시오라는 이탈리아 공산당의 멤버로, 다른 당원인 람프레디와 함께 당서기장 톨리아티의 오른팔인 루이지 론고 부서기장의 명령을 받아 밀라노에서 코모 호수로 간 사람이라고 한다.

단, 아우디시오가 실행범이었는지에 대해서는 당초부터 의문을 품는 사람도 있었다. 현재 역사학자들의 대부분은 아우디시오는 단순한 대역이고 아마도 루이지 론고가 '발레리오 대령'일 것이라 생각하고 있으나 진범에 대해서는 그 외에도 여러 가지 설이 있다.

여단은 신병 인도에는 응했으나 약식 처형과 민간인 살해에 대해서는 전쟁범죄라며 반대했지만, 아우디시오와 CLNAI의 병사는 무솔리니와 페타치 이외의 전범을 돈고에서 재판도 없이 즉각 처형했다. 무솔리니는 페타치와 함께 차량에 실려 밀라노 쪽으로 옮겨지다, 잠시 자코모 데 마리아라는 사람이 소유하고 있던 민가에 유폐되었다. 얼마 뒤, CLNAI는 무솔리니에 대해서도 약식 재판에 의한 즉각 처형을 결정, 무솔리니는 밀라노 근교 메체그라 시의 교외에 있는 줄리노 디 메체그라에 설치된 처형장으로 호송되었다.

1945년 4월 28일 오후 4시 10분, '발레리오 대령'이 소지하고 있던 프랑스제 단기관총인 MAS-38로 페타치와 함께 총살되어 61년 동안의 생을 마감했다. 처형을 지켜본 람프레디가 이탈리아 공산당에 제출한 보고문이 1996년에 공개되었는데 보고서에 의하면 무솔리니는 동요하지 않고, "심장을 쏘게."라며 당당한 태도로 죽음을 받아들였다고 한다.

· 처형 후

1945년 4월 28일 밤, CLNAI는 무솔리니의 생존설이 나돌 것을 우려하여 그것의 불식과 여전히 남아 있는 위엄을 실추시키기 위해서 그의 죽음을 공포할 것을 계획했다. 돈고에서 사살된 몇 명인가의 주요한 간부의 유체와 함께 무솔리니의 유체를 화물트럭에 실어 변경인 메체그라 시에서 주요 도시 가운데 하나인 밀라노 시로 이송했다. 1945년 4월 29일 아침, 밀라노 중앙역에 트럭이 도착하자 역에 있는 대광장인 로레토 광장의 땅바닥에 유체를 내던졌다. 로레토 광장은 1944년 8월에 반정부 테러에 대한 보복으로 RSI 정부에 의해서 파르티잔의 공개처형이 행해진 장소라는 것이 선정 이유였다.

CLNAI을 지지하는 군중에 의해 땅바닥에 내던져져 있던 복수의 유체는 충격을 당했으며, 그곳을 향해 물건이 던지고 그것을 발로 찼다. 흔히 인용되는 무솔리니 등의 유체 사진을 보면 심하게 손괴되어 있는데 그 흔적은 사망 당시의 것이 아니라 이때 생긴 것이다. 뒤이어 CLNAI는, 반란자에 대한 본보기로 '유체를 건물에 매다는 행위'에 대한 앙갚음으로 그들을 거꾸로 매달았다. 그들을 매단 것은 스탠더드 오일 사의 주유소 건물이었다. 단, 거꾸로 매단 것에 대해서는 중세 시대에 행해졌던 징벌을 재현한 것이라는 설도 있으며, 오히려 더 이상 사체가 손괴되는 것을 막기 위해서였다는 설도 있다.

파르티잔에게 사로잡혀 있던 한 파시스트 당원은 예전에 무솔리니를 신과 같은 존재로 찬양했다는 이유로 거꾸로 매달린 무솔리니의 시체 앞에서 사형을 선고받았다. 그러나 그는 사살 직전에 유체에 경례를 했으며 격분한 파르티잔이 그의 유체도 광장에 매달았다.

마침 광장 근처에 있던 미국인 체재자는 로레토 광장의 파르티잔 무리들을 보고, '사악함에 빠져 자신을 억제하지 못했다.'고 혐오감을 드러낸 증언을 했다. 무솔리니에 대한 약식 처형과 아무런 죄도 없는 민간인인 페타치를 살해한 것은 전쟁범죄라는 비판이 당초부터 있었기에 임시정부의 수반이 된 이바노에 보노미 수상은, 신정권이 만행에 가담했다는 사실을 전면적으로 부정했다.

4월 29일 오후 2시 무렵, 연합군 부대가 사태를 듣고 로레토 광장으로 와서 CLNAI를 내쫓고 유체를 회수했다. 유체 수용소에서 미군의 종군 카메라맨이 무솔리니의 손괴된 유체 사진을 촬영했다. 그 가운데는 페타치의 유체와 일부러 팔짱을 끼게 한 것도 포함되어 있었다.

1945년 4월 30일, 밀라노 법의학연구소로 무솔리니의 유체는 이동되었으며 사법해부가 행해져 사인은 심장에 달한 총탄으로 밝혀졌다. 그러나 사체에서 적출해낸 총알의 숫자나 구경은 자료에 따라서 내용이 다르다. 그 외에도 히틀러와 동맹을 맺는 등 정권 후반의 행동에 대해서 '매독에 의한 정신실조설'이 제기되었기에 미군은 뇌의 일부를 절단해 본국으로 가져가 검사했다. 그러나 검사결과 매독은 아니었으며, 유족의 항의로 뇌의 일부는 반환되어 지금은 다른 부위와 함께 매장되어 있다.

◎ 무솔리니 연보

1883 이탈리아 왕국 로마냐 지방의 프레다피오에서 태어남.

1901 에밀리아 지방의 포를림포폴리로 이주. 그곳의 사범학교에서 공부하여 교사자격증 취득. 이탈리아 사회당의 당원이 됨.

1902 초등학교 교사가 되나 같은 해 그만두고 스위스로 망명. 망명 중 레닌과 알게 되어 인정받음.

1903 스위스의 이탈리아어권에서 대규모 총파업을 지도. 스위스 정부의 감시대상이 됨.

1904 로잔 시 체재 중 서류위조 용의로 구속. 국외추방됨.

1905 2년 동안의 병역의무.

1906 병역을 마치고 토르메초로 이주하여 교사로 복직.

1908 이탈리아 사회당 트렌토 당지부에 배속, 오스트리아의 이탈리아어권에서 정치운동을 행함. 당지부의 기관지인 『노동자의 미래』의 편집에 참가.

1910 반기독교 운동을 내세운 소설 『추기경의 애인』을 상티 코르바야와 함께 집필하여 『일 트렌토』에 발표.

1911 제1차 발칸 전쟁 때 반전운동을 펼치다 정부에 의해 구속, 6개월의 징역형을 받음. 젊은 정치가의 필두로 주목받기 시작.

1912 정치운동에 복귀. 당내 항쟁에서 개량주의자 숙청에 기여하여 일

간지 『아반티!』의 편집장으로 발탁.

1913 얀 후스의 전기 『참 예언자, 얀 후스』를 출간.

1914 국제주의노선을 포기. 민족주의와 사회주의를 결합한 독자적 정
    치이론(파시즘)을 착상. 제1차 세계대전 참전을 지지, 영국의 자
    금원조를 받아 일간지 『일 포폴로 디탈리아』를 창간. 반당행위로
    이탈리아 사회당에서 제명.

1915 이탈리아 참전과 함께 육군에 자원입대.

1917 수류탄에 의한 부상의 후유증으로 명예퇴역을 권고받음. 최종 계
    급은 중사.

1919 자신의 정치이론을 실행에 옮기기 위해 퇴역병으로 이루어진 정
    치단체 '전투자 파쇼'를 결성. 반정부집회 등을 방해.

1921 의회선거에 출마, 35의석을 획득하여 정계에 입문. '전투자 파쇼'
    를 정식 정당으로 재편하여 '국가 파시스트당'을 결성.

1922 파시스트당에 의한 쿠데타(로마 진군) 결행. 국왕 비토리오 에마
    누엘레 3세의 승인을 얻어 자유당 정권을 전복시키고 임시정권을
    수립.

1923 선거법개정안이 가결, 득표율 25% 이하인 소규모 정당을 강제적
    으로 해산. 개정 후의 선거에서 해산 정당의 지지율을 흡수하여
    의석 과반수를 확보.

1927 국가보호특별재판소를 설치. 정부에 치안권한을 집중시킴.

1928 왕국의회를 해산시키고 파시스트당의 자문기관인 '파시스트 대평
    의회'로 입법권한을 이양, 독재체제를 확립.

1929 라테라노 조약 가결. 바티칸 시국 건국을 조건으로 교회로부터 독재에 대한 지지를 얻어냄.

1934 에티오피아와의 사이에서 우알우알(Ual Ual) 사건 발발.

1935 제2차 에티오피아 전쟁 발발.

1936 에티오피아 제국 병합. 에리트리아와 합쳐 이탈리아령 동아프리카를 형성. 프랑코 정권을 지지하여 스페인 내전에도 개입.

1939 알바니아 전쟁 발발. 알바니아 왕국 병합. 독일의 나치스 정권과 군사동맹 체결. 제2차 세계대전 발발.

1940 프랑스의 항복으로 망통 시를 병합, 이탈리아의 프랑스 남부 진주 영역을 형성. 독일의 요청으로 이집트 침공을 개시하여 이집트 서부로 진출. 더불어 그리스 원정, 소말릴란드 원정 등도 계획.

1941 물자와 공업력에서 앞서는 영국군에게 패하여 이집트 침공이 좌절. 다른 전선에서도 부진이 계속되어 점차 독일군에 종속되는 입장이 된다.

1943 영미 연합군이 시칠리아 섬을 점령하자 쿠데타가 발생, 국왕과 측근들에게 연금당함. 히틀러에 의해 구출되어 이탈리아 북부에 이탈리아 사회공화국을 건국.

1945 가족을 망명시킨 스페인으로 출국을 시도하던 중 가리발디 여단에게 구속, 총살.

◎ 편집자의 말

이번에 『무솔리니 나의 자서전』의 개정증보판을 내면서 새로이
내용을 첨부한 곳이 있기에 몇 마디 덧붙여두도록 하겠다.

옮긴이가 「역자의 말」에서 밝힌 것처럼 이전의 『무솔리니 나의
자서전』에는 몇 가지 아쉬운 점이 있었다. 그 가운데 하나는 이 책
의 주요 부분을 이루고 있는 무솔리니의 '자서전'이 1928년에 집필
된 관계로 그 이후의 무솔리니에 대해서는 사정을 알 수 없다는 점
이었다.

애초 계획으로는, 1928년에 집필한 이 '자서전'을 훗날 무솔리니
자신이 직접 손본 『나의 흥망』을 출판할 예정이었으나 여러 가지
여의치 않은 사정으로 인해 그 원고는 아직 손에 넣지 못했다. 이에
이번에 개정증보판을 내면서 그 점을 보완하기 위해 '로마 진군' 전
후부터의 무솔리니에 관한 극히 간략한 내용을 위키피디아를 참고
하여 덧붙이게 되었다.

1928년 이후의 무솔리니에 관한 내용을 덧붙인 것 외에 기존의
내용 가운데서도 일부 문장을 가다듬었다. 이는 오역의 문제가 아니
라(한두 군데 오역이 발견되기는 했지만 대부분은) 편집과정에서의
실수이니 이 점에 대해서는 독자 여러분들의 오해 없으셨으면 한다.

이번에 개정증보판을 출간하기 위해 내용을 거듭 읽으며 가장 강
하게 느낀 점은, 이 책의 내용은 결국 '독재를 위한 변명'이 아닐까
하는 것이었다. 핑계 없는 무덤이 없다고도 하고, 처녀가 애를 배도

할 말이 있다고도 하는 것처럼, 이 세상 어떤 일에든 변명거리는 있기 마련이다. 무솔리니가 자신의 독재에 대해서 늘 한 말은, '조국을 위해서.', '국가를 위해서.', '국민을 위해서.', '이탈리아를 위해서.'라는 것이었다. 위에 든 모든 것들을 위해서 '파시즘(결속주의)'이 필요하다는 것이 무솔리니의 주장이었다. 아마도 명분 없는 독재는 어디에도 없을 것이다. 또 설령 명분 없는 독재가 있다 할지라도 그 독재는 그리 오래 가지 못할 것이다. 이러한 명분을 얻기 위한 가장 편리한 방법은 '적'을 하나 두는 것이다. 국가의 적이든 정적이든, 혹은 관념 속의 적이든 '적'을 하나 만들어놓으면 명분을 쥐기 쉬워지며 통치도 매우 쉬워진다. 그리고 그 '적'을 공공의 적으로 만들 수만 있다면 대중의 인기를 얻는 것 역시 그리 어려운 일은 아니다. 무솔리니는 이러한 일들에 매우 능했던 사람이었기에 당시의 세계적 시대상황과 맞물려 독재권을 휘두를 수 있었던 것이리라.

이렇게 몇 줄 글로 써놓고 보니 현재 우리가 처해 있는 상황이 자꾸만 떠오른다. 이 책의 행간을 꼼꼼히 읽어나간다면(무솔리니가 어떤 식으로 독재를 변명하고 있는지 세심하게 살펴본다면) 현재 우리가 처해 있는 상황도 조금은 다른 시각으로 새로이 볼 수 있지 않을까 여겨진다.

현존 최고의 탐정, 셜록 홈즈를 낳은 작가

아서 코난 도일 자서전

—아서 코난 도일 지음 14,000원

내 곧 일본 왕의 권위를 부정해 보이겠네!

운명의 승리자 박열

—후세 다쓰지 지음 13,000원

절대자의 참모습, 그 이면을 파헤친 유니크한 소설

절대제조공장

—카렐 차페크 지음 14,000원

일본 최초의 무가정권을 세웠던 인물의 흥망성쇠기

(전기) 다이라노 기요모리

—가사마쓰 아키오 지음 16,800원

혼돈의 전국시대를 평정한 진정한 영웅

(전기) 도쿠가와 이에야스

—나카무라 도키조 지음 14,000원

전국시대 최고의 무장으로 꼽히는 다케다 신겐의 일대기

(소설) 다케다 신겐

—와시오 우코 지음 13,400원

치열했던 가와나카지마 전투, 그 중심에 섰던 우에스기 겐신의 인간상

(소설) 우에스기 겐신

—요시카와 에이지 지음 13,400원

일본 역사상 최대의 미스터리인 혼노지의 변을 소재로 한 소설

(소설) 아케치 미쓰히데

—와시오 우코 지음 13,000원

옮긴이 **김진언**

대학에서 국문학을 전공 하고 세상 곳곳을 돌아다니며 삶의 경험을 쌓았다. 그 경험을 바탕으로 지금은 인류가 남긴 가치 있는 책들을 찾아 우리말로 번역 중이며 문학과 삶에 대한 탐구를 계속해 나가고 있다. 역서로는 『절대 제조공장』,『아서 코난 도일 자서전』,『미녀와 야수』,『카프카 우화집』 등 다수가 있다.

개정증보판
무솔리니 나의 자서전(독재는 어떻게 태어나는가)

1판 1쇄 발행 2015년 1월 10일
개 정 증 보 판 2024년 5월 15일

지은이 베니토 무솔리니
옮긴이 김진언 · 박현석
펴낸이 박현석
펴낸곳 玄 人
표지디자인 김창미

등 록 제 2010-12호
주 소 서울시 도봉구 덕릉로 62길 13, 103-608호
전 화 010-2012-3751
팩 스 0505-977-3750
이메일 gensang@naver.com

ISBN 979-11-90156-48-6